Amitav Ghosh

*I*N EINEM ALTEN *L*AND

Eine Reise

in die Vergangenheit

des Orients

Deutsch von

Matthias Müller

Rowohlt

Die Originalausgabe erschien 1992 unter dem Titel
«In an Antique Land» bei Granta Books, London
Redaktion Thomas Überhoff
Umschlag- und Einbandgestaltung
Büro Hamburg / Susanne Schmitt

Erste Auflage März 1995

Satz aus der Baskerville (Linotronic 500)
Gesamtherstellung Clausen & Bosse, Leck
Printed in Germany
ISBN 3 498 02470 1

Für Debbie

*I*NHALT

*P*ROLOG

Der Sklave aus MS H.6 betrat die Bühne der Neuzeit zum erstenmal im Jahre 1942. Es war ein kurzes Debut in einem denkbar versteckt gelegenen Theater, und kaum war er aus der Kulisse hervorgetreten, da verschwand er auch schon wieder – eher ein Flüstern des Souffleurs als ein erkennbares Gesicht im Ensemble.

Sein erster Auftritt fand in einem kurzen Artikel des Gelehrten E. Strauss statt, erschienen 1942 in der hebräischen Zeitschrift *Zion* in Jerusalem. Der Artikel trug den Titel «Neue Quellen zur Geschichte der Juden im Nahen Osten» und enthielt die Transkriptionen mehrerer mittelalterlicher Dokumente. Darunter befand sich auch ein Brief, den ein Kaufmann in Aden geschrieben hatte – in jenem Hafen also, der wie die Made im Speck genau dort sitzt, wo sich der schmale Schnabel des Roten Meeres in den Indischen Ozean öffnet. Der Brief, der jetzt die Katalognummer MS H.6 der Staats- und Universitätsbibliothek in Jerusalem trägt, wurde von dem Kaufmann Khalaf Ibn Ishāq verfaßt und war an dessen Freund Abraham Ben Yiju gerichtet. Aus der Adresse auf der Rückseite geht hervor, daß Ben Yiju zu jenem Zeitpunkt in Mangalore lebte – einem Hafen an der indischen Südwestküste. Nach Strauss' Schätzung stammt der Brief aus dem Sommer des Jahres 1148.

In jenem Sommer war Palästina eine Durchgangsstation für europäische Heere. Im April traf ein deutsches Heer ein, angeführt vom alternden Stauferkönig Konrad III., der bei den Arabern Almān hieß. Begleitet wurde der König von seinem Neffen, dem jungen, charismatischen Friedrich von Schwaben. Die Deutschen verbreiteten Angst und Schrecken unter der örtlichen Bevölkerung. «In jenem Jahr kamen die deutschen Franken», notierte ein arabischer Geschichtsschreiber, «eine besonders furchterregende Sorte von Franken.» Kurz darauf besuchte König Ludwig VII. von Frankreich Jerusalem mit seinem Heer und einem Gefolge von Adligen. Mit ihm reiste seine Gattin, die bezaubernde Eleonore von Aquitanien, die größte Erbin Europas und dazu auserkoren, nacheinander Königin von Frankreich und England zu werden.

Es war eine geschäftige Saison in Palästina. Am 24. Juni fand bei Akko in Galiläa ein großes Treffen der gekrönten Häupter Europas statt. König Balduin und Königin Melisande von Jerusalem empfingen sie samt ihren wichtigsten Baronen und Prälaten sowie den Großmeistern der Hospitaliter- und Templerorden. König Konrad wurde von seinen Verwandten Heinrich Jasimirgott von Österreich, Otto von Freisingen, Friedrich von Schwaben und dem Herzog Welf von Bayern begleitet sowie von den Markgrafen von Verona und Montferrat. In der adligen Begleitung des französischen Königspaares befanden sich Robert von Dreux, Heinrich von Champagne und Thierry, Herzog von Flandern.

Zwischen den Festakten berieten die Führer der Kreuzzugheere über die Strategie für die unmittelbare Zukunft. «Ihre Meinungen gingen auseinander», stellten ihre Gegner fest, «aber schließlich trafen sie gemeinsam die Entscheidung, die Stadt Damaskus anzugreifen ...» Für die muslimischen Herrscher Jordaniens und Syriens, die gerade erst dabei waren, sich von den ersten hundert Kreuzzugsjahren zu erholen, war dies ein unerwarteter Glücksfall, da Damaskus damals der einzige muslimische Staat in der Region war, der freundschaftliche Beziehungen zu den an den Kreuzzügen beteiligten Königreichen unterhielt.

Am 24. Juli 1148 schlug das bis dahin größte Kreuzzugsheer der Geschichte sein Lager in den Obstgärten um Damaskus auf. Während der folgenden Tage erzielten die Heerführer einige Erfolge, doch die Damaszener leisteten erbitterten Widerstand, und alsbald waren die Kreuzzügler gezwungen, ihr Lager abzubrechen. Doch auf ihrem Rückzug hefteten sich turkmenische Reiter an ihre Flanken und ließen Pfeile auf sie niederregnen, so daß sich der Rückzug schnell in eine vernichtende Niederlage verwandelte. «Nach dieser Schlacht», schrieb der arabische Geschichtsschreiber, den ihre Ankunft so in Angst versetzt hatte, «kehrten die deutschen Franken in ihr Land zurück, das jenseits liegt, und so hat Allah die Gläubigen von dieser Heimsuchung befreit.»

Erst 1942, in dem Sommer, als Khalafs Brief unauffällig in modernem Druck erschien, erlebte der Nahe Osten wieder einen derartig großen und bunten Aufmarsch von Fremden. Die allermeisten waren in der Gegend um Alexandria versammelt. Kaum vierzig Kilometer vor der Stadt lagen das deutsche Afrikakorps und die italienische Sechste Armee unter dem Oberkommando Erwin Rommels und warteten auf den Befehl für den endgültigen Vorstoß nach Ägypten, während in der Stadt immer noch Soldaten der britischen Achten Armee eintrafen – aus allen Ecken der Welt: Indien, Australien, Südafrika, England und Amerika. In jenem Sommer, während die beiden gegnerischen Heere einem ungewissen Schicksal entgegensahen, erlebte Alexandria den letzten, spektakulärsten Ausbruch dieser kosmopolitischen Fröhlichkeit, für die die Stadt einst so berühmt war.

In diesem Wirbelsturm kühner Vorhaben und historischer Schicksalszeiten scheint Khalaf Ibn Ishāqs Brief eine Falltür zu einem riesigen System von Schutzräumen zu öffnen, in denen das wirkliche Leben ungestört weiterging. Khalaf war über das, was sich weiter im Norden ereignete, wahrscheinlich gut unterrichtet. Die Stadt, in der er lebte, war einer der wichtigsten Leitpunkte für die Handelsströme zwischem dem Mittelmeer und dem Indischen Ozean, und Kaufleute wie Khalaf verfügten über ein großes Netz von Kontaktpersonen, das sich über ganz Nordafrika, den Nahen Osten und Südeuropa erstreckte. Sie trugen Sorge dafür, daß sie stets auf dem laufenden blieben – so, wie sie auch die saisonalen Preisschwankungen von Eisen, Pfeffer und Kardamon auf den Märkten Kairos beobachteten. Neuigkeiten wurden immer rasch an Freunde weitergegeben, egal wo sich diese gerade aufhielten, und es ist anzunehmen, daß sie über die jüngsten Ereignisse in Syrien und Palästina wohlinformiert waren.

Doch in seinem Brief an Abraham Ben Yiju von Mangalore geht Khalaf nicht auf die Ereignisse im Norden ein. Zunächst übermittelt er dem Freund Nachricht von seinem Bruder Mubashshir (der überraschend nach Syrien aufgebrochen ist) und teilt ihm mit, daß dieser wohlauf sei. Dann geht er zum Geschäftlichen über: Er bestätigt den Empfang bestimmter Waren, die Ben Yiju ihm geschickt hat – eine Schiffsladung Arekanüsse, zwei in Indien hergestellte Schlösser und zwei Schalen aus einer Kupfermanufaktur, an der Ben Yiju beteiligt ist. Er teilt Ben Yiju mit, daß er ihm mit dem Brief einige Geschenke schickt – «Dinge, die weder Preis noch Wert besitzen». Die Liste deutet darauf hin, daß Ben Yiju eine Schwäche für Süßes hat: «Zwei Krüge Zucker, ein Krug Mandeln und zwei Krüge Rosinen, insgesamt fünf Krüge.»

Erst ganz am Ende des Briefes tritt der Sklave auf: Khalaf Ibn Ishāq erwähnt ihn ausdrücklich namentlich und schickt ihm «viele Grüße».

Das ist alles: nichts als ein Name und Grüße. Aber diese Erwähnung kommt aus einer Zeit zu uns, als die einzigen Menschen, denen wir in unserer Phantasie auch nur annähernd eine menschliche, individuelle Existenz zuschreiben können, die des Schreibens und Lesens kundigen waren, die Einflußreichen, die Wesire und Sultane, die Chronisten und Priester – jene Menschen, die die Macht besaßen, der Zeit ihren Stempel aufzuprägen. Doch der Sklave in Khalafs Brief gehörte nicht zu dieser Gesellschaft. Es ist purer Zufall, daß diese kaum erkennbaren Spuren, die gewöhnliche Menschen wie er auf der Welt hinterlassen, hier erhalten geblieben sind. Es grenzt an ein Wunder, daß überhaupt etwas über ihn bekannt ist.

Es sollten nochmals einunddreißig Jahre vergehen, bis die heutige Welt wieder etwas von dem Sklaven aus MS H.6 zu sehen bekam. Der sogenannte Jom-Kippur-Krieg war gerade vorüber, und der Ölpreis war innerhalb eines einzigen Jahres um 370 Prozent gestiegen.

Der zweite Auftritt des Sklaven fand, wie sein erster, in einem in Aden geschriebenen Brief Khalaf Ibn Ishāqs statt. Dieser fand sich in einer Sammlung, die den Titel *Briefe mittelalterlicher jüdischer Kaufleute* trug und von Professor S. D. Goitein von der Princeton University übersetzt und herausgegeben wurde. Wie der andere Brief ist auch dieser an Abraham Ben Yiju in Mangalore gerichtet, doch in den einunddreißig Jahren, die zwischen der Veröffentlichung des ersten und des zweiten liegen, ist der Sklave in der Zeit zurückgerutscht wie ein unhandliches Paket auf einem Fließband. Er ist neun Jahre jünger – den Brief, in dem sein Name jetzt erscheint, verfaßte Khalaf Ibn Ishāq im Jahre 1139.

Dies ist ein weiteres ereignisreiches Jahr im Nahen Osten: Der Atabeg von Damaskus ist ermordet worden, und die ganze Levante leidet unter den Kriegen, die verschiedene islamische Fürstentümer gegeneinander führen. Doch Khalaf in Aden schert sich, wie immer, nicht um Politik. Ihm liegt, noch mehr als in dem anderen Brief, Geschäftliches auf der Seele. Bei einem Schiffbruch vor der Meerenge, die ins Rote Meer führt, ist eine Ladung indischen Pfeffers verlorengegangen, in die er und Ben Yiju gemeinsam investiert hatten. Die Strömung dort ist bekannt für ihre Tücken. Sie hat der Meerenge den traurigen Namen «Bāb al-Mandab» eingebracht, «Tor der Klage». Taucher haben nur noch ein paar Eisenstücke gefunden. Zwischenzeitlich ist eine Lieferung Kardamon von Ben Yiju in Aden eingetroffen und im Gegenzug eine Ladung Seide abgeschickt worden. Es finden sich auch Rechnungen für eine lange Liste von Haushaltsgütern, um deren Lieferung Ben Yiju gebeten hat, ferner eine Entschuldigung für die Mißgeschicke einer Bratpfanne – «Ihr habt mich gebeten, eine Bratpfanne aus Stein in einer Halterung zu kaufen. Später ist die Halterung zerbrochen, worauf ich eine Eisenpfanne für einen Nisāfī erwarb, die letzten Endes besser ist als eine Steinpfanne.»

Doch obwohl in dem Brief soviel von Waren die Rede ist, schlägt er keineswegs einen geschäftsmäßigen Ton an. Er strahlt eine Wärme aus, die auch noch in Goiteins Übersetzung zu spüren ist. «Ich war glücklich», schreibt Khalaf Ibn Ishāq, «als ich Euren Brief betrachtete, noch bevor ich von seinem Inhalt Kenntnis nahm. Dann las ich ihn, voller Freude, und während ich ihn studierte, wurde ich fröhlich und guter Dinge... Ihr erwähntet, mein Gebieter, daß Ihr Euch nach mir sehnt. Glaubt mir, ich empfinde das, was Ihr beschrieben habt, zweifach stärker und noch mehr...»

Wieder wird der Sklave gegen Ende des Hauptteils erwähnt. Wieder schickt Khalaf ihm «viele Grüße» und nennt ihn beim Namen. Die Rolle des Sklaven ist bei seinem zweiten Auftritt ebenso kurz wie beim ersten. Aber er hat jetzt an Statur gewonnen. Er hat sich eine Fußnote verdient.

Die Fußnote ist sehr knapp. Darin wird er lediglich als Ben Yijus indischer «Sklave und Geschäftsverwalter» bezeichnet, als «ein geachtetes Mitglied seines Haushalts».

Dem Brief sind einige Erläuterungen über Ben Yiju vorangestellt. Aus ihnen geht hervor, daß er ein jüdischer Kaufmann war, der ursprünglich aus Tunesien stammte und über Ägypten nach Indien gelangte, wo er siebzehn Jahre lang als Händler lebte. Er war ein vielseitig begabter Mann, ein hervorragender Kalligraph, Gelehrter und Dichter; und nachdem er in Indien zu großem Reichtum gekommen war, kehrte er nach Ägypten zurück. Dort verbrachte er seine restlichen Lebensjahre, und seine Korrespondenz gelangte in seine Synagoge in Kairo. Sie wurde schließlich in einer als «die Genisa» bezeichneten Kammer entdeckt.

Auf Professor Goiteins Buch mit den übersetzten Briefen stieß ich im Winter des Jahres 1978 / 79 in einer Bibliothek in Oxford. Ich war Student, dreiundzwanzig Jahre alt, und hatte kurz zuvor ein Stipendium von einer Stiftung erhalten, die eine nach England übersiedelte indische Familie gegründet hatte. Ich hatte Indien erst wenige Monate zuvor verlassen, und so war ich vielleicht etwas verwirrter, als Studenten es gewöhnlich sind. Zu dem Zeitpunkt wußte ich über meine Zukunft nur soviel, daß ich Forschungen betreiben sollte, die mich zum Doktor der Sozialanthropologie machen würden. Vor jenem Tag hatte ich noch nie etwas von der Genisa von Kairo gehört, doch schon wenige Monate später befand ich mich in Tunesien und lernte Arabisch. Ungefähr ein Jahr darauf, 1980, war ich in Ägypten und wohnte in einem Dorf, das Lataīfa hieß und ein paar Autostunden südöstlich von Alexandria lag.

Damals wußte ich nur soviel über den Sklaven aus MS H.6, daß er mir das Recht gegeben hatte, dort zu sein, das Gefühl, eine Berechtigung dazu zu haben.

LATAĪFA

I

Von Kairo träumte ich zum erstenmal an jenen Abenden, als ich in meinem Zimmer saß und zuhörte, wie Abū-Alī seine Frau beschimpfte oder irgendeinen unglückseligen Kunden anbrüllte, der das Pech hatte, sich beim Einkauf in seinem Laden seinen Unmut zuzuziehen. Ich versuchte den Lärm zu neutralisieren, indem ich mich auf mein Buch oder mein Tagebuch konzentrierte oder indem ich mein Transistorradio aufdrehte. Doch Abū-Alīs Stimme behielt immer die Oberhand, trotz der dicken Lehmmauern seines Hauses und dem Geschnatter der Enten und Gänse, die um mein Zimmer herum lebten.

Niemand in Lataīfa mochte Abū-Alī. Weder seine Verwandten noch seine Nachbarn oder sonst irgend jemand im Dorf – womöglich nicht einmal seine eigene Frau und seine Kinder. Einige haßten ihn regelrecht, andere versuchten lediglich, ihm aus dem Weg zu gehen. Es war schwer, sich anders zu verhalten – er war alles andere als liebenswert.

Doch sowenig sie ihn mögen mochten, Abū-Alīs Nachbarn und Verwandte hatten auch Angst vor ihm. Die Kinder des Dorfes achteten stets darauf, es möglichst unauffällig anzustellen, wenn sie ihn nachäfften. Mit einem Blick in die Sträßchen vergewisserten sie sich, daß weder er noch sein stämmiger Sohn Alī in Sicht waren, dann verzogen sie das Gesicht zu einer Nachahmung seiner mißmutigen Miene, formten mit Fingern und Daumen imaginäre Sonnenbrillen, wankten hohlkreuzig die Straße entlang und schleppten sich unter der Last riesiger Bäuche dahin.

Jeder in der Gegend kannte Abū-Alīs Wutanfälle, und die meisten Leute mieden ihn, so gut es ging. Ich aber hatte keine Wahl. Als ich von Abū-Alīs Ruf erfuhr, war ich bereits sein Mieter, und er hatte von sich aus zur Rolle des Vermieters auch noch die des Ersatzvaters übernommen.

Ich war nicht der erste Mensch im Dorf, der in unangenehmer Nähe zu Abū-Alī zu leben hatte. Der Zufall wollte es, daß sein Haus direkt an der einzigen Hauptstraße lag, die es in der Gegend gab, eine schmale, zerfurchte Piste, die gerade so breit war, daß sich zwei leichte Fahrzeuge aneinander vorbeizwängen konnten, ohne in den Kanal zu stürzen, der am Rand verlief. Die Straße verband eine große Zahl von Dörfern um Lataīfa, und den ganzen Tag brauste eine ramponierte Flotte von Pritschenwagen darauf herum, die Menschen nach Damanhur und wieder nach Hause beförderten. Damanhur war Provinzhauptstadt und die größte Stadt in der Gegend.

Von Abū-Alīs Haus war die Straße gut zu überblicken, und Abū-Alī wäre nicht Abū-Alī gewesen, wenn er sich das strategische Potential der Lage nicht sorgfältig zunutze gemacht hätte. Er verbrachte viel Zeit auf einer kleinen Veranda an der Vorderseite, auf einem Diwan gelagert, und behielt den Verkehr im Auge. Zu geschäftigeren Tageszeiten lag er auf der Seite, den einen Arm genüßlich auf die riesige Schwellung seiner Hüfte gelegt, und beobachtete durch eine silberbesetzte Sonnenbrille die vorbeifahrenden Lastwagen. Nachmittags, nachdem er sein Mittagessen eingenommen hatte, rollte er sich auf den Rücken und döste mit halbgeschlossenen Augen vor sich hin wie eine vollgefressene Python, die sich nach ihrer monatlichen Mahlzeit ein Nickerchen gönnt.

Scheich Mūsā, einer der Dorfältesten, erzählte mir einmal während eines gemeinsamen Abendessens bei ihm zu Hause, daß Abū-Alī immer schon dick gewesen sei, auch schon als Junge. Wegen einer Beinverletzung, die er sich als kleines Kind zugezogen hatte, hatte er nie auf dem Feld gearbeitet, und so war er schon bald sehr viel schwergewichtiger geworden als seine Altersgenossen. Anfangs hatten alle Mitleid mit ihm gehabt, doch später wirkte sich seine Verletzung so sehr zu seinem Vorteil aus, daß man sich fragte, ob sie wirklich echt war. Sie hatte ihm einen Grund geliefert, nicht auf dem Feld arbeiten zu müssen, und infolgedessen hatte sein Vater ihm erlaubt, die Schule zu besuchen. Seither war von seiner Verletzung nie wieder die Rede gewesen. Später hatte er sogar noch die Fachhochschule in Damanhur besucht, damals etwas sehr Ungewöhnliches für einen Fellachenjungen, den Sohn eines ungebildeten Bauern. Und er sorgte dann auch dafür, daß er seine Zeit auf der Hochschule gut nutzte. Er pflegte den Kontakt mit Kommilitonen aus einflußreichen Familien sowie mit Bürokraten und Beamten in Damanhur. Deshalb war niemand überrascht, als es ihm gelang, die Genehmigung zu bekommen, ein staatlich subventioniertes Einzelhandelsgeschäft zu gründen, wo Bedarfsgüter und Grundnahrungsmittel zu gebundenen Preisen verkauft wurden.

Diese Genehmigung sollte Abū-Alīs Freibrief zum Wohlstand werden. Sein Laden war der einzige seiner Art in der Gegend (dessen hatte er sich vorher vergewissert), und jeder, der Zucker, Tee, Öl und ähnliches zu staatlich subventionierten Preisen kaufen wollte, mußte zu ihm gehen. Oft kam man eher als Bittsteller denn als Kunde in seinen Laden, da er sich ganz nach Gutdünken aussuchen konnte, wem er etwas verkaufen wollte und wem nicht. Leuten, die aus irgendeinem Grund sein Mißfallen erregt hatten, passierte es häufig, daß es gerade keinen Tee, Sprit oder was sie sonst gerade brauchten gab. Abū-Alī juckte das nicht, er hatte keinen Mangel an Kunden. Sie mußten zu ihm kommen oder bis ins nächste Dorf gehen, nach Nashāwi, drei Kilometer weiter.

Auf diese Weise sei Abū-Alī so breit und dick geworden, sagte Scheich Mūsā. Gewöhnlich redete er nur sehr zögerlich über Abū-Alī, aber diesmal war er sogar bereit, über ihn zu lachen: Jahrelang hatte Abū-Alī Fleisch gegessen wie andere Menschen Bohnen, und schließlich war er so aufgequollen wie eine dieser gestopften Gänse, die seine Frau auf dem Dach hielt.

«Frauen benutzen ihren Zeigefinger, um ihren Gänsen den Mais in den Hals zu stopfen», fügte Scheich Mūsās Sohn Ahmed hinzu, ein ernster junger Mann, der meinen Pflichten als Sammler von Informationen sehr viel gewissenhafter nachkam als ich. «Mais wird, wie du wissen solltest, kurz vor Winterbeginn geerntet, gegen Anfang des koptischen Jahres, das mit dem Monat Tūt beginnt...»

Abū-Alī war immer schon stolz darauf gewesen, daß er mehr besaß als irgend jemand sonst im Dorf – vor allem mehr Gerätschaften aller Art. Deshalb war er zutiefst bekümmert, daß er nicht der erste im Dorf gewesen war, der sich einen Fernsehapparat zulegte. Einer seiner eigenen Halbbrüder, ein Lehrer, war ihm zuvorgekommen.

Daran wurde er oft von Dschābir erinnert, dem Sohn seines Cousins, einem Jungen, der auf die Zwanzig zuging, leuchtende, listige Augen und eine spitze Zunge hatte. Wenn wir abends in Abū-Alīs Gästezimmer saßen, wandte Dschābir sich manchmal an mich und stellte Fragen wie «Wie heißt noch mal der Kapitän der algerischen Fußballmannschaft?» oder «Wer ist doch gleich der Raīs von Indien? Ist das nicht Indira Gandhi?» Es waren gänzlich rhetorische Fragen. Er beantwortete sie gleich selbst, warf dann mit einem vergnügten Seufzer einen Seitenblick auf seinen Onkel und sagte: «Ach, man kann ja soviel aus dem Fernsehen lernen. Was haben wir für ein Glück, daß die nebenan einen Apparat haben.»

Das funktionierte immer.

«Ich versteh diese ganze Aufregung ums Fernsehen überhaupt nicht», brüllte Abū-Alī dann. «Was hat es für einen Sinn, jetzt ein Fernsehgerät zu kaufen, wo unser Dorf nicht mal Strom hat?»

Mit einem gelassenen Lächeln wies Dschābir ihn darauf hin, daß ein Fernsehgerät ohne weiteres mit Autobatterien betrieben werden konnte.

«Autobatterien!» Abū-Alīs Stimme war ganz kehlig vor Verachtung. «Das ist doch das gleiche, als würde man Geld verbrennen. Das laß dir gesagt sein – wenn wir in Lataīfa erst mal Strom bekommen, wie es die Regierung versprochen hat, dann wirst du mit dem größten und besten Gerät fernsehen können, das du je gesehen hast, hier in diesem Zimmer, so Gott will. Es wird besser sein als das beste Fernsehgerät in Nashāwi, *inshā-allāh,* und noch dazu in Farbe.»

Dann erschien ein listiges Lächeln auf Dschābirs Gesicht mit seinen jugendlichen Bartstoppeln und seiner unruhigen Haut. «Hier wird's bald schon andere Farbfernseher geben», sagte er und lehnte sich zufrieden in das Sofapolster zurück. «Mein Onkel Mustafa wird uns in den nächsten Tagen einen besorgen, *inshā-allāh.*»

Das konnte Abū-Alī nur mit einem bösen Blick vergelten. Er wußte, daß er Dschābirs Mundwerk nicht gewachsen war. Er hätte Dschābir liebend gerne aus seinem Haus verbannt, aber Dschābirs Vater war sein Cousin väterlicherseits und somit Mitglied der Großfamilie, deren nominelles Oberhaupt Abū-Alī darstellte. Er hätte Dschābir nicht aus dem Haus werfen können, ohne eine ganze Kompanie Verwandter zu beleidigen. Außerdem war Dschābir zufällig auch der beste Freund von einem von Abū-Alīs Söhnen, einem Jungen in seinem Alter, um die Sechzehn. Die beiden waren immer zusammen, den Arm um die Schultern des anderen gelegt, und kicherten oder redeten in einem verstohlenen Flüsterton. Abū-Alī hatte eigentlich keine Möglichkeit, sich ihn vom Leibe zu halten. Durch die verwandtschaftlichen Verpflichtungen waren ihm die Hände gebunden, und so mußte er täglich den Ärger schlucken, der ihm hochkam, wenn er von den Fußballspielen hörte, die sich Dschābir und sein Sohn bei ihrem Onkel im Haus nebenan im Fernsehen ansahen.

«Was findet ihr bloß so toll an diesem Fußballzeugs?» explodierte Abū-Alī hin und wieder. «Gibt's denn keine Arbeit zu tun? Allah! Soll die Welt etwa vom Fußball leben? Was wird aus…?»

Doch so nachlässig er auch in Sachen Fernsehen gewesen sein mochte, Abū-Alī war unbestreitbar der erste Mensch im Dorf, der ein motorisiertes Transportmittel erwarb – ein leichtes japanisches Moped, zerbrechlich im Aussehen, doch erstaunlich stabil gebaut. Das Moped wurde gewöhnlich von einem seiner älteren Söhne benutzt, der damit jeden Tag zur Schule nach Damanhur fuhr. Er hütete das ihm überlassene Gefährt eifersüchtig und erlaubte seinen Brüdern oder Cousins nie, damit zu fahren – aber bei seinem Vater war das natürlich etwas anderes.

Gelegentlich rollte Abū-Alī von seinem Diwan herunter, beauftragte seine Frau, ihm seine beste Sonnenbrille zu holen, und befahl, das Moped in den Hof zu schieben. Er steckte den Saum seines Dschallābiyya hoch, und dann hob er ein Bein und bestieg das Gefährt mit einem kleinen seitlichen Hopser, während sein Sohn es festhielt. Mir, der all dies vom Dach aus beobachtete, erschien es kaum vorstellbar, daß eine derart zartgebaute Maschine einen Mann von Abū-Alīs Gewicht über diese holprige Sandpiste zu tragen vermochte. Aber zu meinem Erstaunen schaffte sie es immer. Er schoß die Straße hinunter, sein Dschallābiyya blähte sich um ihn herum, während das Moped, von hinten gesehen, zu einem dünnen scharfen Strich zusammenschrumpfte – als würde da ein riesiger, unförmiger Lutscher von seinem Stiel davongetragen.

Es war kein Zufall, daß Abū-Alī so viele Besitztümer erworben hatte. Alle waren sich darüber einig, daß er eine bemerkenswerte Begabung besaß, aus allem, was ihm über den Weg lief, auch noch den letzten Piaster herauszuquetschen. Es hieß oft, es sei sinnlos, mit Abū-Alī zu handeln. Am Schluß würde er doch genau das bekommen, was er wollte.

Wie sehr das zutraf, sollte ich bald am eigenen Leibe erfahren.

Eines Nachmittags, etwa einen Monat nach meiner Ankunft in Lataīfa, kam Abū-Alī in mein Zimmer hinauf, um mir einen Besuch abzustatten. Dies war ein ungewöhnliches Ereignis, weil es einen Aufstieg über die schmale Treppe erforderlich machte. Ich wohnte auf dem Dach seines Hauses, in einem ehemaligen Hühnerstall, den seine Frau einst für das Federvieh benutzt hatte. Ihre Enten, Hühner, Tauben und Gänse waren inzwischen in ein Gehege auf der anderen Seite des Dachs verlegt worden, und den Stall hatte man für mich zu einem provisorischen Zimmer umgebaut, mit einem Bett, einem Tisch und einem Stuhl darin.

Seit meinem Einzug hatte ich festgestellt, daß ein nachmittäglicher Besuch von Abū-Alī meist Anlaß zur Sorge bedeutete. Zu dieser Tageszeit lag er gewöhnlich reglos auf seinem Diwan ausgestreckt und hielt seinen Verdauungsschlaf. Es war ungewöhnlich für ihn, sich auch nur auf die Seite zu drehen, geschweige denn einen Angriff auf die Treppe zum Dach zu unternehmen. Er hatte mich zuvor erst zweimal nachmittags besucht, weil er sich ungestört mit mir unterhalten wollte, während seine Kinder arbeiteten oder in der Schule waren. Das eine Mal hatte er versucht, mir mein Transistorradio abzuluchsen, mein ein und alles, und das andere Mal hatte er mich, nachdem er lange um den heißen Brei herumgeredet hatte, darauf hingewiesen, daß die Miete, die ich ihm zahlte, nicht ausreiche und daß entweder ich oder der *«doktōr»*, der mich zu seinem Haus gebracht hatte, etwas dagegen unternehmen müsse.

Zu Abū-Alīs Haus war ich von Doktor Alī Īsā gebracht worden, Professor an der Universität von Alexandria und einer der bedeutendsten Anthropologen des Nahen Ostens. Ein Bekannter von Doktor Īsā hatte uns zu Abū-Alī geführt, der verkündete: «Ich verspreche Ihnen, *yā doktōr*, der Inder wird hier eine Bleibe haben, und wir werden für ihn sorgen wie für unsere eigenen Söhne, Ihnen zuliebe, *yā doktōr*, weil wir Sie so achten.»

Da er ein äußerst guter und großzügiger Mensch war, hatte Doktor Īsā sich nur allzu leicht dazu verleiten lassen, Abū-Alī beim Wort zu nehmen. Man wurde sich flugs über alles einig – nur nicht darüber, wieviel ich zu zahlen hatte. Der Professor hatte meine diesbezüglichen Sorgen abgetan: «Das wird sich leicht regeln lassen. Ich werde ihm einen Brief schreiben. Machen Sie sich keine Gedanken.»

Und das hatte er auch getan, doch Abū-Alī war von Doktor Īsās Brief wenig beeindruckt gewesen. Jetzt, nachdem er sich auf meinem Bett niedergelassen hatte, zog er den eselsohrigen Brief ein weiteres Mal aus der Tasche seines Dschallābiyya und las ihn durch, wobei er mit der Zunge schnalzte und die Stirn runzelte.

«Sag mal», sagte er schließlich, «wo hast du denn gewohnt, als du in Alexandria warst?»

«In einem kleinen Hotel», erwiderte ich.

«Und wieviel hat es gekostet?»

«Zwei Pfund pro Nacht.»

Er steckte den Brief mit einem kurzen befriedigten Nicken weg. «Hotels sind teuer», sagte er. «Du hast Glück, daß du hier bei uns wohnen kannst. Wir kochen für dich, waschen dir deine Wäsche, geben dir alles, was du brauchst. Wenn du irgend etwas willst, brauchst du nur danach zu fragen. Du bist wie ein Sohn für uns – wir geben dir sogar unser Geld, wenn du es möchtest.»

Er griff nach seiner Brieftasche und hielt sie mir lächelnd hin. Seine Augen verschwanden in den Wülsten seines riesigen fleischigen Gesichts. «Hier, nimm», sagte er, «du kannst es haben.»

Ich starrte gebannt auf die Brieftasche und fragte mich, ob der Brauch vielleicht verlangte, daß ich sie berührte, oder daß ich irgendeine andere symbolische Geste der Annahme oder des Gehorsams vollführte, etwa ihm zu Füßen zu fallen. Ich sah mich schon zu einem dieser winzigen entsetzten Ausländer zusammenschrumpfen, die von den Pharaonen auf den Reliefs des Neuen Reiches an den Haaren hochgehalten werden.

Doch bevor ich reagieren konnte, verschwand die Brieftasche blitzartig wieder in seiner Tasche. «Siehst du», sagte er, «so sehr lieben wir dich.»

«Ich habe schon gedacht», stotterte ich schließlich, «vielleicht könnte ich mir mein Essen selber kaufen.»

«Wie kommst du denn darauf?» erwiderte er entrüstet. «Die Läden sind weit weg, und du weißt, es würde dich mindestens ein Pfund am Tag kosten, wenn du dein Essen in der Stadt kaufst. Nein, nein, du mußt mit uns essen.»

«Nein, ich meine, ich könnte Ihnen das Geld geben…» Mein Arabisch geriet unter der Belastung des Handelns ins Stocken, und allmählich versank ich in ein gelähmtes Schweigen.

«Nein, nein, es geht doch gar nicht um Geld. Du bist unser geehrter Gast. Du siehst doch, daß mir an Geld nichts liegt. Ich habe unten einen großen Laden, und ich verkaufe dort viele Dinge. Nächstes Jahr werde ich einen zweiten Stock auf mein Haus bauen, *inshā-allāh*. Du weißt, daß ich meine Söhne auf die Schule und die Fachhochschule geschickt habe. Du siehst, daß Geld für mich völlig unwichtig ist.»

«Bitte sagen Sie mir», sagte ich, «wieviel ich Ihrer Meinung nach zahlen sollte.»

Er rieb sich mit einem nachdenklichen Seufzer den Schnurrbart.

«Nein», sagte er, «du mußt uns sagen, wieviel du uns geben möchtest.»

Und in dem Stil ging es eine gute Stunde weiter, bevor er sich überreden ließ, eine Summe zu nennen.

An diesem Abend stand ich bei Sonnenuntergang auf dem Dach und blickte über die friedlichen, dämmrigen Baumwollfelder, als unten auf der Veranda Abū-Alīs Stimme losdonnerte und er brüllend seine Frau beschimpfte. Ich zog mich in mein Zimmer zurück und stellte das Radio an, um den Lärm zu übertönen. Ich drehte an dem Knopf herum, suchte die Skala nach einer vertrauten Sprache ab, lauschte auf Worte, bei deren Klang ich mich ein bißchen weniger einsam fühlen konnte. Im Verlauf der Nacht erschien mir die Vorstellung, Abū-Alīs Stimme noch monatelang, vielleicht jahrelang hören zu müssen, immer unerträglicher.

In solchen Nächten träumte ich besonders heftig von Kairo.

2

Kairo ist Ägyptens Metapher für sich selbst.

Im ganzen Land außer in der Stadt selbst ist Kairo gleich Ägypten. Sie werden mit ein und demselben Namen bezeichnet, Masr, ein Name, der ebenso zutreffend wie antik ist und auf einen Wortstamm zurückgeht, der «besiedeln» oder «zivilisieren» bedeutet.

Das Wort hat im Arabischen eine lange Geschichte. Es kommt im Koran vor, wurde aber auch schon vor Entstehung des Islam verwendet. Unter diesem Namen ist das Land in seiner eigenen Sprache mindestens schon seit einem Jahrtausend bekannt, und die meisten Kulturen und Zivilisationen, mit denen alte geschichtliche Beziehungen bestehen, haben seine Selbstdefinition übernommen. In den Sprachen Indiens zum Beispiel findet sich Masr in Form von Variationen des arabischen Namens wieder: «Mishor» auf Bengali, «Misar» auf Hindi und Urdu. Nur Europa hat immer darauf bestanden, das Land nicht mit seinem eigenen Namen zu bezeichnen, sondern als dunklen Spiegel seiner selbst. «Ägyptische Finsternis», heißt es im *Oxford English Dictionary* mit einem Zitat aus der Bibel, «tiefe Dunkelheit, Stockdunkelheit (nach dem 2. Buch Mose, 11,22)». Oder «ägyptische Tage: die zwei Tage eines jeden Monats, die als pechbringend galten». Und: «Ägyptische Gefangenschaft: Gefangenschaft wie jene der Israeliten in Ägypten.»

Wie das Englische leitet jede größere europäische Sprache ihren Namen für Ägypten vom griechischen «Aegyptos» ab, eine Bezeichnung, die mit dem Wort «Kopte» verwandt ist, jenem Terminus, der allgemein für die einheimischen Christen Ägyptens verwendet wird. So hat das Deutsche sein Ägypten, das Englische Egypt, das Holländische Egypte, das Polnische und das Estnische Egipt: alte klangvolle Worte, voller Assoziationen und Geschichten, die weit über das hinausgehen, was sich gewöhnlich mit einem Ländernamen verbindet. In einem englischen Gesetz aus dem siebzehnten Jahrhundert heißt es zum Beispiel: «Wer sich nach England oder Wales begibt und zu jenen anstößigen Menschen zählt, die sich Ägypter nennen, hat eine Buße von 40 Pfund zu entrichten» – eine Erinnerung daran, daß das Wort «Gipsy» gleichfalls von «Ägypter» abgeleitet ist.

Europas scheinbar harmloses «Ägypten» ist daher ebensosehr eine Metapher wie «Masr», nur eine weniger wohlwollende, beinahe ebensosehr eine Waffe wie ein Wort. Durch Ägyptens eigene Metapher für sich selbst andererseits ist die Stadt nicht vom ganzen

Land zu unterscheiden, ein Gebrauch, der voller erfreulicher und unerwarteter Symmetrien steckt.

Wie Ägypten schrumpft Kairo an seinem südlichen Ende zu einem schmalen Band von Siedlungen zusammen, nach Norden hin verbreitert es sich allmählich, wie auch das Land, zu einem weiten, dichtbesiedelten Trichter. Im Süden liegt Oberägypten, der Saīd, ein langer, schmaler grüner Vegetationsteppich, der zu beiden Ufern des Nils verläuft, und im Norden das vom Fluß geschaffene Dreieck, vollkommen wie kaum ein anderes in der Natur, das Delta. Ägyptens Metapher, Ägypten selbst steckt wie ein Scharnier dazwischen, rittlings auf der imaginären Linie, die seit Beginn der Menschheitsgeschichte das Land in zwei Teile geteilt hat, jeder unterschiedlich und zugleich vollkommen komplementär zum anderen.

Für die meisten Ägypter außerhalb Kairos bezeichnet die Metapher die gesamte Stadt. Sie wird insgesamt als Masr bezeichnet – der offizielle Name der Stadt, al-Qāhira, wird selten benutzt. Doch Kairo ist, ähnlich wie Delhi oder Rom, eigentlich nicht eine einzelne Stadt, sondern eher ein Archipel von Gemeinden, die von verschiedenen Dynastien und Herrschern an benachbarten Orten gegründet wurden.

Wenn die Bewohner von Kairo von Masr reden, denken sie dabei meistens an einen ganz bestimmten Bezirk der Stadt. Er liegt im Süden und ist unter mehreren Namen bekannt. Manchmal wird er als Alt-Kairo bezeichnet, als Masr al-Qadīma oder Masr al-Atīqa, manchmal als Mari Gargis, aber am allerhäufigsten als Fustāt Masr oder einfach Fustāt. Auf der Karte wirkt der Bezirk sehr klein, viel zu klein für so einen Namensreichtum. Doch tatsächlich ist die Gegend, so klein sie ist, nicht eine einzelne Insel innerhalb Kairos, sondern eher ein zweiter Archipel innerhalb des ersten.

Eine kleine Enklave innerhalb dieser Formation wurde schließlich zur Heimat für Abraham Ben Yiju, den Herrn des Sklaven aus MS H.6: eine römische Festung namens Babylon. Das Kastell wurde im Jahre 130 nach Christus vom Kaiser Trajan erbaut, an der

Stelle eines noch älteren Baus, und angeblich nannten es die Römer Babylon von Ägypten, um es vom mesopotamischen Babylon zu unterscheiden. Der Name könnte vom arabischen Bāb il-On gestammt haben, «Das Tor von On», nach dem antiken Sanktuarium des Sonnengottes von Heliopolis, aber darüber gibt es viele widerstreitende Theorien, und niemand weiß es genau. Das Kastell hat auch andere Namen gehabt, vor allem Qasr al-Shama, «Festung der Lampe», aber unter dem Namen Babylon war es am längsten bekannt.

Der Eingang nach Babylon wurde einst von zwei riesigen, mit schweren Strebepfeilern besetzten Türmen bewacht. Der eine ist heute nur noch ein verfallener Stumpf, der andere wurde vor mehreren Jahrhunderten in den Bau einer griechisch-orthodoxen Kirche integriert. Heute sind die Türme und das zwischen ihnen liegende Tor mehrere hundert Meter vom Nil getrennt. Doch zu der Zeit, als die Festung errichtet wurde, floß der Fluß direkt an ihr entlang. Die Türme waren deswegen so besonders solide gebaut, weil sie Babylons wichtigsten Damm gegen die jährliche Nilflut bilden sollten. In den Anfangsjahren von Babylons Geschichte lag neben den Türmen ein Hafen. Im Verlauf der Jahrhunderte und mit zunehmender Verstädterung des Festungsareals trat der Fluß nach Westen zurück, und die Hafenanlagen und Warenhäuser breiteten sich allmählich über das neu entstandene Uferland aus. Zu Ben Yijus Zeit war der Hafen einer der belebtesten im ganzen Nahen Osten. Er soll mehr Waren umgeschlagen haben als Bagdad und Basra zusammen.

Heute sind Babylons zwei Türme mit einem Stahltor verbunden, durch das jährlich Millionen von Besuchern strömen. Doch das zweite große Tor des Forts, in seiner Südmauer, ist nicht mehr in Gebrauch. Es steht jetzt mit dem Boden tief im Wasser, ist überschwemmt von Kairos rapide steigendem Grundwasser. Unter dem hoch aufragenden Torgewölbe schimmert eine dicke grüne Schleimschicht, in der alte Reifen, Plastikflaschen und graue Schaumflocken dümpeln. So unglaublich es klingen mag, aber dieses stinkende Loch markiert den Platz, an dem das vielleicht bedeutendste Einzelereignis in der Geschichte Kairos, ja vielleicht ganz Ägyptens stattgefunden hat. Durch dieses Tor soll sich im Jahre 641 nach Christus der arabische General Amr Ibn al-Ās Eintritt in die Festung Babylon verschafft haben, das entscheidende Ereignis des Futūh, des muslimischen Sieges über die christlichen Mächte in Masr.

Für Babylon bedeutete die Kapitulation paradoxerweise den größten Triumph, denn damit legte die kleine Festung ein für allemal den Ort für das Kraftzentrum des Landes fest. Zur Zeit der arabischen Invasion war Alexandria die bedeutendste Stadt Ägyptens. Im Jahre 332 vor Christus von Alexander dem Großen gegründet, hatte es dem Land fast tausend Jahre lang als Hauptstadt gedient. Babylon war lediglich eine Provinzgarnison, ein kleiner militärischer Außenposten. Es wäre also Alexandrias Vorrecht gewesen, den Trichter für die Assimilierung der Neuankömmlinge zu bilden.

Doch der siegreiche muslimische General Amr Ibn al-Ās brach mit der üblichen Praxis von Eroberern und entschied sich dafür, sein Heer nicht in der Hauptstadt des Landes, sondern in einer völlig neuen Stadt zu stationieren. Er wählte dafür den naheliegendsten Standort – den Platz, den das arabische Heer während der Belagerung Babylons als Lager benutzt hatte. Die Festung war somit das Kap, an dem der Archipel von Kairo verankert wurde. Und seit jener Zeit lag Ägyptens Hauptstadt Masr, Ägyptens Metapher für sich selbst, wenige Kilometer von Babylon entfernt.

Die Legende besagt, daß Amr an dem Morgen, als er sein Heer gegen Alexandria führen sollte, nach dem Erwachen eine nistende Taube auf seiner Zeltspitze entdeckte. Es widerstrebte ihm, durch eine Störung der Taube Unglück heraufzubeschwören, und so ließ er das Zelt zurück. Nach seinem erfolgreichen Angriff auf Alexandria nach Babylon zurückgekehrt, soll er seine neue Stadt um das nestgekrönte Zelt herum gegründet haben. Jeder in Kairo glaubt an diese Legende, und wer sie erzählt, fügt hinzu, daß der Name von Amrs Stadt, al-Fustāt, von der arabischen Bezeichnung für Zelt stamme. Doch tatsächlich kam die Geschichte erst lange nach dem

Ereignis in Umlauf, und sie ist höchstwahrscheinlich apokryph. Es ist auch möglich, daß der Name gar nicht aus dem Arabischen stammt, sondern mit dem lateinisch-griechischen Wort «fossaton» verwandt ist, das auch der Ursprung des archaischen und wenig glanzvollen englischen Wortes «fosse» ist, was soviel wie Grube bedeutet.

Über drei Jahrhunderte lang war Fustāt Ägyptens Hauptstadt, doch dann kamen neue Eroberer, die das Machtzentrum einige Kilometer nach Norden verlagerten. Die neuen Herrscher waren die Fatimiden, eine Dynastie, die aus Nordafrika stammte, aus einer esoterischen Schia-Sekte, deren Mitglieder Ismailiten hießen. Im Jahre 969 marschierte einer ihrer Generale, Dschawhar al-Rūmī, ein früherer griechischer Sklave, mit hunderttausend Mann gegen Ägypten. Ihr Heer bereitete den Ägyptern in einer Schlacht bei Fustāt eine vernichtende Niederlage, und die Bevölkerung der Stadt bat bald um Frieden. Wie vor ihm Amr Ibn al-Ās steckte Dschawhar der Grieche neben der eroberten Stadt die Grenzen einer neuen Siedlung ab. Wahrsager sollen die Stadt al-Qāhira getauft haben, die Martialische oder die Siegreiche, weil zur Zeit der Gründungszeremonie der Planet Mars, al-Qāhir, im Aszendenten stand. Dieser Name ging dann als Kairo, Le Caire usw. in die europäischen Sprachen über.

Al-Qāhira war als geplante Hauptstadt konzipiert, ein früher Vorläufer von Neu-Delhi, Canberra, Brasilia und anderen solchen Repräsentations- und Verwaltungsstätten. Der Kalif hatte dort seine Residenz, und die Stadt beherbergte viele bedeutende Gebäude, doch alles, was sich in ihr befand, war das persönliche Eigentum des Herrschers, und ihre Geschäfte und Basare standen ausschließlich ihm und seinem Gefolge zur Verfügung. Im Laufe der Zeit veränderte sich der Charakter von al-Qāhira vollständig; es wurde ein hektischer, überbevölkerter Bezirk, der geschäftige Kern der Großstadt Kairo. Aber das kam alles sehr viel später. In den frühen Jahren des zwölften Jahrhunderts, als Ben Yiju zum erstenmal nach Masr kam, war es wahrscheinlich immer noch ein ziemlich nüchterner, bürokratischer Ort. Zu dieser Zeit klammerten sich die Fatimiden, die sich schon längst in einem katastrophalen Niedergang befanden, an die letzten Fetzen ihrer Macht, und ihre Hauptstadt war immer noch größtenteils ein Ort der Repräsentation und Administration. Damals war es wahrscheinlich Fustāt, das etwas vom geschäftigen Marktcharakter des heutigen al-Qāhira besaß.

Obwohl es ein pulsierendes Zentrum war, bot das mittelalterliche Fustāt vermutlich keinen besonders eindrucksvollen Anblick. Von archäologischen Ausgrabungen weiß man, daß die Behausungen größtenteils aus dem Material erbaut waren, das auch heute noch im ländlichen Ägypten überall gegenwärtig ist, getrockneter Lehm und Stroh – ein Stoff, der sich etwas glanzvoller anhört, wenn er mit dem Wort «Adobe» bezeichnet wird, das hier sicherlich zutreffend ist, da es sich wahrscheinlich vom arabischen al-Tūb herleitet, «der Backstein». Möglicherweise hatte Fustāt etwas vom unverwechselbaren Aussehen eines ägyptischen Dorfes: dieses Zerzauste, das für die Fellachenhäuser so typisch ist, mit den hochaufgetürmten Stroh- und Brennholzschobern auf den Dächern.

Doch tatsächlich hatte das mittelalterliche Fustāt nichts auch nur entfernt Ländliches an sich, wenn es auch so aussehen mochte. Mit dem politischen Erstarken des Fatimidenreiches spielte es eine zentrale Rolle in der damaligen Weltwirtschaft als Umschlaghafen zwischen dem Mittelmeer und dem Indischen Ozean. Die Waren, die durch seine Basare flossen, kamen aus Ostafrika, Südeuropa, der westlichen Sahara, Indien, China und Indonesien. Zu Ben Yijus Zeit war Fustāt längst die größte Insel im allmählich auftauchenden Archipel von Masr geworden: Schnittpunkt einiger der wichtigsten Handelswege der bekannten Welt und Kern einer der reichsten und kosmopolitischsten Städte der Erde.

Mochten es Fustāts Märkte gewesen sein, die Ben Yiju nach Masr gelockt hatten, so sollte Babylon seine geistige Heimat werden. Die Festung hatte sich über die Jahrhunderte kaum verändert und war immer noch größtenteils von Christen verschiedener Konfessionen bewohnt, unter denen die Kopten die Mehrheit bildeten. Aber es gab auch mindestens drei jüdische Gruppen in Babylon, die jeweils ihre eigene Synagoge hatten – es waren die «Iraker», die «Palästinenser» und die «Karaiten». Die «palästinensische» Gemeinde befolgte die Riten der Schulen von Jerusalem, und trotz ihres Namens gehörten ihr auch die einheimischen Juden Ägyptens an. In diese palästinensische Synagoge trat Ben Yiju ein.

Als Ben Yiju nach Masr kam, war Babylon schon längst von der blühenden Stadt Fustāt überflügelt worden. Doch letztendlich sollte die hartnäckige kleine Festung die größere Standfestigkeit beweisen. Heute liegt der Eingang von dem, was von Fustāt übriggeblieben ist, unweit von Babylons Türmen, doch sehr wenige Touristen gehen dort hindurch. Fustāt kann man riechen, bevor man es sieht – es ist eine gigantische offene Abfallgrube, eine riesige Müllhalde.

Das Gelände ist durch ein großes Stahltor gesichert, das eher an ein Gefängnistor erinnert. Aber es läßt sich leicht aufdrücken, und ein staubiger Pfad windet sich von ihm fort, zwischen den Müllbergen hindurch zu einem schilfbedeckten Sumpfstreifen in der Ferne. An den Stellen, wo die sich zersetzenden Stoffe unter der Glut der Kairoer Sonne spontan Feuer gefangen haben, schrauben sich dünne Rauchfahnen träge zum Himmel hoch. Kinder spielen in grauen Schlammpfützen, und ein paar Gestalten in zerrissenen, flatternden Dschallābiyyas bewegen sich langsam durch den Müll und ziehen Haufen von Pappe und Plastik hinter sich her. So unglaublich es klingen mag, aber Ausgrabungen in diesem eiternden Ödland haben riesige Mengen chinesischen Porzellans und andere Schätze zutage gefördert. In dieser unendlichen Abfallwüste wurden einige der frühesten und wertvollsten Fragmente indischer Stoffe gefunden.

Die letzten skelettierten Überreste jener Stadt, deren Märkte einst mit dem Besten handelten, was die Welt zu bieten hatte, liegen etwas weiter unten am Weg: die Umrisse einiger Fundamente und ein paar Backsteinmauern und Bögen, die sich, nach dem Boden krallend, durch ölige Schleimpfützen winden. In der Ferne wachsen in mehreren Schichten Slumhütten auf den Ruinen, und diese wiederum verschmelzen sanft, unmerklich, mit der dürren Geometrie von Kairos Skyline – in einem Tableau von Zerfall und Erneuerung, einer Metapher für Masr.

3

Ich hatte oft vorgehabt, Scheich Mūsā zu sagen, daß ich aus Abū-Alīs Haus ausziehen wolle. Eine Weile spielte ich sogar mit dem Gedanken, ihn zu bitten, mir bei der Suche nach einer anderen Unterkunft zu helfen. Ich hatte mich seiner Freundschaft immer sicher gefühlt, von unserer allerersten Begegnung an. Er hatte etwas Sanftes und Gutmütiges, das Vertrauen einflößte, irgend etwas an der Art, wie er seinen kurzen, stämmigen Leib hin- und herwiegte, während wir uns unterhielten, wie er mir bei jeder Begegnung die Hand schüttelte, wie sich sein rundes, wettergegerbtes Gesicht zu einem Lächeln verknitterte, wenn er ausrief: «Wo hast du die ganze Zeit gesteckt? Warum hast du mich nicht besucht?»

Es gab Zeiten, wo ich den starken Eindruck hatte, daß Scheich Mūsā mich vor Abū-Alī warnen wollte. Die beiden waren schließlich etwa gleichaltrig, Mitte Fünfzig, sie waren zusammen aufgewachsen, und Scheich Mūsā kannte ihn wahrscheinlich besser als sonst irgend jemand im Dorf. Einmal, als ich mit Scheich Mūsā und seiner Familie zu Abend aß, war ich mir sicher, daß er mich auf eine indirekte Art und Weise warnte, mir sagen wollte, daß ich bei Abū-Alī auf der Hut sein müsse. Es lag nur an einer Reihe unglücklicher Unterbrechungen, daß ich ihn nicht an Ort und Stelle bat, eine andere Bleibe für mich zu suchen.

Wir saßen an jenem Abend in seinem Schlafzimmer. Scheich Mūsā, sein Sohn Ahmed, seine beiden Enkel und ich aßen von einer

Platte, während sich die Frauen des Haushalts in der anderen Ecke des Zimmers eine andere teilten. Es war für mich ein ganz besonderer Abend, weil ich eine unsichtbare Schranke überschritten hatte. Bis dahin hatte ich bei Scheich Mūsā immer im «Mandara», im Gästezimmer, gegessen, das an der Außenseite des Hauses lag, zur Straße hin. Jedes Haus hatte so ein Zimmer, denn dort wurden gewöhnlich die männlichen Gäste empfangen. Aber diesmal hatte Scheich Mūsā sich nach seinem Abendgebet erhoben und mich aus dem Gästezimmer herausgeführt, in das lampenbeleuchtete Innere des Hauses.

Wir schoben uns an einem zutraulichen Schaf vorbei, das bei der Tür angebunden war, und gingen direkt in sein Schlafzimmer. Scheich Mūsā scheuchte von einem alten Schafsfell ein paar Hühner herunter, die sich aufgeregt unter sein Bett flüchteten, und wir setzten uns auf den Boden und spielten mit Ahmeds zwei kleinen Söhnen, während wir auf den Rest der Familie warteten. Nachdem Ahmed von der Moschee zurückgekehrt war, kamen zwei Frauen mit speisenbeladenen Platten herein. Die Platten wurden auf den Boden gestellt, die Frauen sammelten sich um eine, während wir uns um die andere setzten. Jede Platte war so groß wie ein Wagenrad; es gab genug Platz für uns alle.

Es waren jetzt drei Frauen im Zimmer, alle jung, eine in ihrer ersten jugendlichen Blüte, mit einem sanften, unschuldigen Gesicht und einem rosigen Teint – ein Familienmerkmal, das viele Bewohner Lataīfas aufwiesen. An ihrer starken Ähnlichkeit mit Ahmed erkannte ich sofort, daß sie seine Schwester war. Die anderen beiden Frauen waren erheblich älter, vielleicht Mitte Zwanzig. Die eine war eine blasse, hübsche, gelassene junge Frau, die einen langen bedruckten Rock anhatte. Die andere, dunkelhäutig und stämmig, war in einen schwarzen Fustān gehüllt, ein schweres, formloses Gewand, die traditionelle Tracht der Fellachenfrauen.

Ich war ihnen allen schon einmal begegnet, manchmal an der Tür von Scheich Mūsās Haus und manchmal im Gästezimmer, wenn sie zum Tee-Einschenken hereinkamen. Hin und wieder hatte ich auch den Eindruck, auf den Straßen des Dorfes an ihnen vorbeigegangen zu sein, aber ich war mir nie ganz sicher. Das war ganz und gar meine Schuld, weil weder sie noch sonst jemand in Lataīfa den Schleier trug (das galt überhaupt für die ganze Gegend), aber damals, zu Anfang meines Aufenthalts, war ich derart eingeschüchtert von dem, was ich über die arabische Tradition von Scham und Schicklichkeit gelesen hatte, daß ich aus Angst, Anstoß zu erregen, kaum einen Blick auf sie warf. Später war ich es dann, der beschämt war, wenn ich an das Erstaunen und Gelächter dachte, das ich hervorgerufen haben muß, wenn ich mit gesenktem Blick und ohne ein Wort des Grußes an ihnen vorbeigegangen war. Während ich ihnen jetzt, wo wir uns zum Essen niederließen, die Hand schüttelte, stellte ich Mutmaßungen an, in welcher Beziehung sie zum Rest der Familie standen. Die hübsche Frau in dem bedruckten Rock war Ahmeds Frau, beschloß ich. Ihre Kleidung und ihr Benehmen ließen darauf schließen, daß sie ein College oder zumindest eine Oberschule besucht hatte. Ich hatte allen Grund zu der Annahme, daß sie ein Paar waren. Und was die andere Frau betraf, die dunkle in dem schwarzen Gewand, so dämmerte mir auch bald, wer sie sein mußte: die Frau von Scheich Mūsās anderem Sohn, Ahmeds jüngerem Bruder Hasan.

Ich war Hasan nie begegnet, da er gerade seinen Militärdienst ableistete, aber ich hatte viel über ihn gehört. Scheich Mūsā sprach oft von ihm, mit mehr als nur der üblichen Wärme, mit der ein Vater sich an seinen schon lange abwesenden Sohn erinnert. Er hatte mir einmal ein Bild von ihm gezeigt. Hasan war ein äußerst gutaussehender Mann mit einem breiten, kräftigen Gesicht und scharfen Zügen. Er hatte eine erstaunliche Ähnlichkeit mit einem Bild von Scheich Mūsā, das an der Wand seines Gästezimmers hing, eine Fotografie, die in seiner Jugend aufgenommen worden war und ihn in Militäruniform zeigte.

Im Gegensatz zu Ahmed, der Schule und College besucht hatte, hatte Hasan keine Ausbildung genossen. Er war schon ziemlich früh von der Schule genommen worden. Scheich Mūsā hatte ihn als Fellachen großgezogen, damit wenigstens einer seiner Söhne von dem Land profitierte, das ihnen ihre Vorfahren hinterlassen hatten. Vielleicht war es dieser gemeinsame Hintergrund, der Scheich Mūsās Stimme diesen besonders zärtlichen Ton verlieh, wenn er von Hasan sprach. Ahmed war ein denkbar pflichtbewußter Sohn, und er half Scheich Mūsā auf dem Feld, wann immer er konnte, aber aufgrund seiner Erziehung bestand jetzt eine unüberbrückbare Kluft zwischen ihnen. Ahmed arbeitete als Angestellter in einer Fabrik bei Damanhur und galt somit als «Muwazzaf», als gebildeter, ein Gehalt beziehender Mann, und wie alle solche Menschen im Dorf unterschied er sich in Kleidung, Ausdrucksweise, Freizeitbeschäftigungen und Sorgen deutlich von den Fellachen. Hasan hingegen befand sich auf der andern Seite dieser Scheidelinie, auf der Seite des Vaters, und es war leicht zu erkennen, daß ihre gemeinsame Weltsicht ein besonderes Band zwischen ihnen hatte entstehen lassen.

Ich war mir bald sicher, daß die Frau in dem schwarzen Gewand Hasans Frau war. Ich hörte Scheich Mūsā einige Worte zu ihr sagen, und den vertrauten Ton, den ich dabei zu vernehmen glaubte, schrieb ich der besonderen Nähe zu seinem jüngeren Sohn zu. Erst dann fragte ich mich, wo eigentlich seine eigene Frau steckte und warum sie nicht mit uns zusammen aß.

Das Essen, das vor uns auf der Platte angerichtet war, war sehr gut. Um einen großen Berg Reis herum waren verschiedene Gerichte angeordnet, gebratene Kartoffeln, in Salzwasser eingelegter Käse, Salat mit gehackten Tomaten und Dill, Teller mit gekochtem Gemüse, große runde Scheiben Maismehlbrot und Schalen mit jungem Nilhecht, in Tomaten und Knoblauch gebacken. Alles war frisch und aromatisch, veredelt von diesem unbenennbaren Etwas, durch das alles, was im ägyptischen Boden wächst, köstlicher, mehr nach sich selbst schmeckt als irgendwo sonst.

Als ich Scheich Mūsā zu dem Essen beglückwünschte, hob er plötzlich den Kopf, als sei ihm gerade ein Gedanke gekommen.

«Auf dem Land ist es eben billig», sagte er, «viel billiger als in der Stadt. In der Stadt müssen die Leute alles mit Bargeld auf dem

Markt kaufen, aber hier ist das anders. Wir bekommen alles vom Feld. Du dürftest hier eigentlich nicht soviel bezahlen müssen wie in der Stadt. Das ist hier nur ein kleines Dorf – nicht mal so groß wie Nashāwi.»

Einen Moment lang war ich ganz irritiert, dann begriff ich, daß er auf Abū-Alī anspielte: Er hatte mich einmal gefragt, wieviel ich ihm zahlte, und war in ein erstauntes Schweigen versunken, als ich ihm die Summe nannte. Doch bevor ich irgend etwas sagen konnte, wechselte Scheich Mūsā das Thema. Er kam auf seine Lieblingsbeschäftigung, die Landwirtschaft, zu sprechen.

«Und die hier», sagte er, indem er auf die Gurken auf der Platte zeigte, «heißen Khīār. Die besten sind die, die früh ausgesät wurden, im Frühling, im Monat Amshīr, nach dem koptischen Kalender.»

Ahmed, der bei solchen Themen immer begeistert dabei war, fügte schnell hinzu: «Amshīr folgt auf den Monat Tūba, wenn die Erde erwacht, wie wir sagen, und dann kommt Baramhāt...»

Später, nach dem Abendessen, als Scheich Mūsā und ich eine Weile allein im Zimmer waren, wurde er ganz gesprächig, erzählte von seiner Kindheit in Lataīfa und von Abū-Alī, als er klein war. Aber sowie die Familie zurückkehrte, brach er das Thema ab, und es gab keine Gelegenheit mehr, über die Sache zu sprechen, denn kurz danach erhob er sich und verließ das Zimmer.

Kaum war Scheich Mūsā gegangen, erzählte Ahmed, daß Baumwolle im Wechsel mit der Futterpflanze «Birsīm», Klee, angebaut wurde. «Schreib dir's auf», sagte er und reichte mir mein Notizbuch, «sonst vergißt du's.»

Ich kritzelte lustlos etwas nieder, und dann, auf der verzweifelten Suche nach einem anderen Gesprächsthema, fragte ich ihn, ob seine Mutter gerade nicht im Dorf sei.

Sofort verstummte alles im Zimmer. Nach einer Weile räusperte Ahmed sich und sagte: «Meine Mutter, Gott habe Erbarmen mit ihr, ist vor einem Jahr gestorben.»

Nach einem kurzen Schweigen lehnte er sich zu mir herüber.

«Siehst du Sakīna dort?» fragte er mich mit einer Kopfbewegung in Richtung der Frau mit dem schwarzen Fustān. «Mein Vater hat sie dieses Jahr geheiratet.»

Einen Moment lang war ich sprachlos. Für mich war Scheich Mūsā sehr alt und sehr ehrwürdig, und die Vorstellung, daß er eine Frau geheiratet hatte, die seine Tochter hätte sein können, beunruhigte mich.

Seine Frau merkte, wie ich sie anstarrte, und lächelte scheu. Dann wandte sich Ahmeds gelassene junge Frau in dem Baumwollkleid zu mir und sagte: «Sie hat über ihre Familie schon von Ihnen gehört. Sie kennen doch ihren Onkel, nicht wahr? Ustāz Mustafa?»

Wieder war ich völlig überrascht. Aber jetzt wurde mir allmählich einiges klar.

4

Kurz nach meiner Ankunft in Lataīfa hatte mich Dschābir, Abū-Alīs junger Verwandter, eines Morgens geweckt. «Sie müssen aufstehen, *yā mister*», sagte er und schüttelte mich. «Sie müssen aufstehen und meinen Onkel kennenlernen.»

Ich setzte mich mit verschwiemelten Augen auf und sah mich einem kleinen pummeligen Mann gegenüber, der eine starke Familienähnlichkeit mit Dschābir hatte, den gleichen rosigen Teint, die gleichen grobschlächtigen Züge und leuchtenden schwarzen Augen. Er hatte auch einen kleinen gestutzten Schnurrbart, und sowie ich ihn sah, wußte ich, daß Dschābir genauso einen Schnurrbart würde haben wollen, wenn erst sein flaumiger Jugendbart gereift war.

Zu jenem Zeitpunkt war ich mir der feineren Unterschiede zwischen Gehaltsempfängern und Fellachen noch nicht so bewußt, aber als ich seinen gestärkten blauen Dschallābiyya und das weiße

Scheitelkäppchen sah, war mir sofort klar, daß Dschābirs Onkel seinen Lebensunterhalt nicht mit Ackerbau verdiente. Noch klarer wurde es, als Dschābir uns vorstellte, denn er stellte dem Namen seines Onkels das Wort «Ustāz», Lehrer, voran – ein Titel, der gewöhnlich Männern gegeben wird, die eher eine moderne als eine traditionelle Bildung genossen haben.

«Das ist Ustāz Mustafa», sagte Dschābir. «Mein Onkel. Er hat an der Universität von Alexandria Recht studiert.»

Ustāz Mustafa lächelte und sprach mich unter heftigem Nicken in klassischem, literarischem Arabisch an. «Es ist uns eine Ehre», sagte er, «Ihrer Anwesenheit gegenwärtig zu sein.»

Ich war entsetzt, so angesprochen zu werden, denn im Verlauf meiner Bemühungen, den Dialekt des Dorfes zu lernen, hatte ich mein Studium des klassischen Arabisch sträflich vernachlässigt. Ich stotterte irgend etwas, unsicher, wie ich zu antworten hatte, doch dann kam mir Dschābir unerwartet zu Hilfe. Er klopfte mir auf die Schulter und sagte zu seinem Onkel: «Er lernt gerade, genauso zu reden wie wir.»

Ustāz Mustafas Miene hellte sich auf. *«Inshā-allāh»*, rief er, «er wird bald einer von uns sein, so Gott will.»

Mir fiel auf, daß er die Angewohnheit hatte, alle paar Minuten den Ärmel seines Dschallābiyya zurückzuschnipsen und einen verstohlenen Blick auf seine Uhr zu werfen. Später sollte ich erfahren, daß diese Geste einer Sorge entstammte, die ihn schon seit langem in seinem Alltagsleben geplagt hatte: der Angst, daß er unbeabsichtigt eines der fünf vorgeschriebenen täglichen Gebete versäumen könnte. Deswegen sah er viel beschäftigter aus als sonst irgend jemand in Lataīfa – er hatte es immer eilig, zur Moschee zu kommen. «Ich habe alles über Indien gelesen», sagte Ustāz Mustafa mit einem strahlenden Lächeln. «Das Essen ist stark mit Chili gewürzt, und wenn ein Mann stirbt, wird seine Frau fortgeschleppt und verbrannt.»

«Nicht immer», protestierte ich, «meine Großmutter zum Beispiel...»

Dschābir saugte das alles mit großen Augen auf.

«Und dann», fuhr Ustāz Mustafa fort, «habt ihr in Indien natürlich auch noch Indira Gandhi und ihren Sohn Sanjay Gandhi, der die Moslems sterilisiert hat...»

«Nein, nein, er hat alle sterilisiert», sagte ich.

Seine Augen weiteten sich, und ich fügte hastig hinzu: «Nein, mich natürlich nicht, aber...»

«Ja», sagte er und nickte weise. «Ich weiß. Ich habe alles über Indien gelesen, als ich auf dem College in Alexandria war.»

Er habe mehrere Jahre als Student in Alexandria verbracht, erzählte er. Er hatte sich auf Zivilrecht und geistliches Recht spezialisiert und praktizierte jetzt am Gericht in Damanhur. Er erzählte ausgiebig von seiner Zeit an der Universität, von dem Zimmer, in dem er gewohnt, und von den Büchern, die er gelesen hatte, und währenddessen kamen zwei von Abū-Alīs Söhnen mit einem Tablett mit Tee zu uns herauf.

Bald wandte sich das Gespräch dem Dorftratsch zu, und eine Zeitlang blieb ich zu meiner Erleichterung völlig unbeachtet. Doch Dschābir ließ mich nicht so leicht davonkommen. Er hatte bemerkt, daß Ustāz Mustafas Fragen mich durcheinandergebracht hatten, und er lechzte nach mehr Spaß.

«Frag ihn noch mehr über sein Land», flüsterte er seinem Onkel zu. «Frag ihn über seine Religion aus.»

Die Aufforderung war überflüssig, denn, wie ich später feststellte, war Ustāz Mustafa mit seinen Gedanken nie weit vom Thema Religion entfernt. «Also gut», sagte er zu mir und bedeutete den Jungs, daß sie schweigen sollten. «Sagen Sie, sind Sie Moslem?»

«Nein», sagte ich, aber auf die Antwort konnte er eigentlich verzichten, da das schon jeder im Dorf wußte.

«Was sind Sie dann?»

«Ich wurde als Hindu geboren», sagte ich widerstrebend, denn wenn ich überhaupt eine religiöse Identität hatte, dann war sie äußerst vernachlässigt.

Es entstand eine lange Schweigepause, in deren Verlauf ich verzweifelt nach einem griffigen Satz suchte, der das Gespräch auf irgendein bukolisches landwirtschaftliches Thema hätte lenken können. Doch der Augenblick ging vorüber, und Ustāz Mustafa sagte mit besorgter Stimme: «Was ist das eigentlich, dieses ‹Hinduki›? Ich habe schon mal davon gehört, und ich verstehe es nicht. Wenn es weder Christentum noch Judentum noch Islam ist, was kann es dann sein? Wer sind seine Propheten?»

«Das ist da nicht so», sagte ich. «Es gibt keine Propheten...»

«Ihr seid also wie die Magi?» sagte er mit leuchtenden Augen. «Ihr betet das Feuer an?»

Ich schüttelte leicht den Kopf, aber bevor ich antworten konnte, klopfte er mit dem Zeigefinger gegen meinen Arm. «Nein», sagte er mit einem koketten Lächeln. «Ich weiß schon – ihr betet Kühe an, nicht wahr?»

Es war ein heftiges kollektives Einatmen zu hören, als Dschābir und die anderen beiden Jungs zurückschraken und flüsternd Gott anriefen, daß er sie vor dem Teufel schützen möge.

Ich räusperte mich. Ich wußte, daß viel von meinen Antworten abhing. «Das stimmt so nicht», sagte ich. «In meinem Land essen manche Leute kein Rindfleisch, weil... weil Kühe Milch geben und die Felder pflügen und so weiter, und deswegen sind sie sehr nützlich.»

Ustāz Mustafa ließ sich mit diesem falschen ökologischen Argument nicht abspeisen. «Das kann nicht der Grund sein», setzte er an, doch dann fiel sein Blick auf seine Uhr, und Sorge überschattete sein Gesicht. Er rutschte auf den äußersten Rand meines Bettes zurück.

«Sie haben mir immer noch nichts von dieser Hinduki-Sache erzählt», sagte er. «Was habt ihr für einen Gott?»

Ich versuchte, irgendeine Antwort hervorzustammeln, aber zu meinem Glück hörte Ustāz Mustafa gar nicht mehr richtig zu.

«Nun, Gott sei Dank», sagte er schnell mit einem Blick auf seine Uhr. «Jetzt, wo Sie hier bei uns sind, können Sie den Islam kennen- und verstehen lernen, und dann können Sie sich entscheiden, ob Sie noch bei Ihrer Religion bleiben wollen.»

Er sprang auf und streckte mir seine Hand entgegen. «Kommen Sie doch gleich mit zur Moschee», sagte er. «Da gehen wir jetzt hin, zum Mittagsgebet. Sie brauchen gar nichts zu tun. Sehen Sie uns nur beim Beten zu, und Sie werden bald verstehen, was der Islam ist.»

Ich zögerte einen Moment und schüttelte dann den Kopf. «Nein», sagte ich. «Ich kann nicht. Ich habe viele Dinge zu erledigen.»

«Dinge zu erledigen?» rief Ustāz Mustafa. «Was gibt es hier zu erledigen, was Sie nicht auch später erledigen könnten? Kommen Sie mit – es ist sehr wichtig. Es gibt nichts Wichtigeres.»

«Nein», sagte ich. «Ich kann nicht.»

«Warum denn nicht?» beharrte er ruhig. «Kommen Sie einfach und gucken zu – mehr verlange ich gar nicht von Ihnen.»

Und gerade in dem Moment wehte die Stimme des Muezzin mit dem gesungenen Ruf zum Gebet aus einer nahe gelegenen Moschee herüber, und bevor ich noch ein Wort sagen konnte, waren Ustāz Mustafa und die Jungs aus meinem Zimmer verschwunden.

Aber selbst als ich wieder allein war, fand ich nicht mehr zu meiner Arbeit zurück. Ich fragte mich, warum ich Ustāz Mustafas Einladung, die Moschee zu besuchen und ihm beim Beten zuzusehen, nicht angenommen hatte. Er hatte es doch nur gut gemeint, hatte mich nur mit dem wichtigsten Element seines Seelenlebens bekannt machen wollen. Ein Teil von mir wollte mitgehen – nicht nur jener Teil, der mir sagte, daß dies im gewissen Sinne zu meiner Pflicht, zu meiner Arbeit gehörte. Aber im entscheidenden Augenblick wußte ich, daß ich es nicht tun konnte. Ich hatte zu große Angst, und es war mir schleierhaft, warum.

Aber Ustāz Mustafa kam bald wieder, um sich mit mir zu unterhalten. Diesmal hatte er ein Kind auf dem Arm. «Das ist mein Sohn», sagte er und zwickte das Kind in die Wangen. Er glühte vor Liebe, während er den Jungen betrachtete.

«Sag Salām zu dem Mister», sagte er, und das Kind vergrub erschrocken das Gesicht in die Schulter seines Vaters.

Ustāz Mustafa lachte. «Ich habe Sie die letzten Tage vermißt», sagte er zu mir. «Ich war abends immer beschäftigt – ich mußte jemand in Nashāwi treffen, so daß ich Sie nicht besuchen konnte. Aber heute habe ich beschlossen, gleich nach der Arbeit vorbeizukommen.»

Diesmal war ich besser gewappnet und fing an, ausführlich über die Geschichte des Dorfes und die Genealogie seiner Bewohner zu reden. Doch Ustāz Mustafa hatte wenig Zeit für derlei Dinge und warf schon bald wieder besorgte Blicke über den Rücken seines Sohnes auf seine Armbanduhr.

Schließlich schnitt er mein Geplauder ab und stellte mir Fragen, zuerst über meine Familie und dann über indische Politik – was ich von Indira Gandhi hielte, ob ich für oder gegen sie sei und so fort. Dann begann er mich mit einem schalkhaften Lächeln zu dem «Mann aus Manufiyya» zu befragen, der derzeitige Spitzname des Präsidenten, des Raīs. Er kleidete seine Fragen in anspielungsreiche elliptische Formen, wie Rätsel, als mache er sich heimlich über die Angewohnheit des Raīs lustig, im ganzen Land Lauscher aufzustellen. Meine Repliken fielen für ihn jedoch etwas enttäuschend aus, da es auf viele seiner Rätsel Standardantworten gab, die mir damals noch nicht bekannt waren.

Plötzlich war der flachsige Ton in seiner Stimme weg.

«Sagen Sie mal», sagte er, «sagen Sie mal, sind Sie Kommunist?»

Er benutzte das Wort «Shuyūī», das in dem Dorfdialekt «Kommunist» ebenso wie «Atheist» oder «Ehebrecher» bedeuten konnte. Ich verstand es so, daß damit Menschen bezeichnet wurden, die jegliche moralischen und ethischen Gesetze ablehnten.

«Nein», erwiderte ich.

«Na schön», sagte er, «wenn Sie kein Kommunist sind, dann sagen Sie mir, wer die Welt erschaffen hat und wer der erste Mann und die erste Frau waren, wenn nicht Adam und Hawwā?»

Diesen Übergang fand ich etwas sehr plötzlich. Später war ich in Gesprächen mit Leuten wie Ustāz Mustafa auf derartige Brüche eingestellt, denn ich fand bald heraus, daß Gehaltsempfänger wie er, ländliche Muwazzafin, fast ausnahmslos ein Thema umkreisten, das trotz seiner pluralen Erscheinung in Wahrheit einfach und unteilbar war – Religion und Politik –, so daß die Erwähnung des einen immer zum anderen führte. Doch damals war ich völlig verdutzt und murmelte irgend etwas Harmloses von wegen, die Menschen in meinem Land glaubten, daß die Welt schon immer existiert habe.

Meine Antwort ließ ihn zusammenzucken. Er drückte seinen schlafenden Sohn fest an die Brust und sagte: «Diese Leute denken also überhaupt nicht an unseren Herrn, nicht wahr? Sie leben nur für die Gegenwart und denken nicht ans Jenseits.»

Ich wollte protestieren, aber Ustāz Mustafa interessierte sich nicht mehr für meine Antworten. Sein Blick war auf seine Uhr gefallen, und er erhob sich eilig. «Morgen», sagte er, «nehme ich Sie mit zum Friedhof, da können Sie zusehen, wie ich am Grabe meines Vaters aus dem Koran rezitiere. Sie werden dann sehen, wieviel besser der Islam ist als euer ‹Hinduki› da.»

An der Tür wandte er sich noch einmal um. «Ich hoffe», sagte er, «Sie konvertieren und werden Moslem. Enttäuschen Sie mich nicht.»

Dann war er fort. Einen Augenblick später hörte ich die ferne Stimme des Muezzin, der zum Gebet rief.

Er hatte es ernst gemeint.

Am nächsten Abend kam er wieder, mit dem Koran in der Hand, und sagte: «Kommen Sie, wir gehen zum Friedhof.»

«Ich kann nicht mitkommen», sagte ich schnell. «Ich muß aufs Feld.»

Er zögerte, und dann beschloß er etwas widerstrebend, mich zu begleiten. So ein Gang durch die Felder war für Ustāz Mustafa ein ziemliches Problem. Er mußte ständig auf der Hut sein, daß keine Partikel unreiner Materie, wie Ziegenkötel oder Kuhdung, mit seinem Dschallābiyya in Berührung kamen, da er sonst gezwungen gewesen wäre, vor seinem nächsten Gang zur Moschee seine Kleider zu wechseln. Das hieß, daß er mit äußerster Vorsicht über diese großzügig gedüngten Felder gehen mußte, den Saum seines Gewandes weit über die Knöchel hochgerafft, ganz ähnlich wie es die Frauen in Kalkutta während der Regenzeit mit ihren Saris machen.

Wir waren noch nicht sehr weit gekommen, als wir einigen Verwandten von ihm begegneten, die auf einem Gemüsebeet arbeiteten. Sie luden uns ein, uns zu ihnen zu setzen, und begannen mich über Boden und Feldfrüchte in Indien auszufragen. Ustāz Mustafa wurde bald ungeduldig und zog mich weg.

«Es sind Fellachen», sagte er entschuldigend. «Sie interessieren sich nicht sonderlich für Religion oder sonst etwas Wichtiges.»

«Ich bin eigentlich genauso», sagte ich schnell.

«Wirklich?» sagte Ustāz Mustafa entsetzt. Wir gingen eine Weile schweigend nebeneinanderher, und dann sagte er: «Ich verliere allmählich die Hoffnung, daß Sie Moslem werden.» Dann kam ihm ein Gedanke, und er drehte sich zu mir um. «Sagen Sie», sagte er, «wäre Ihr Vater bekümmert, wenn Sie den Glauben wechseln würden?»

«Vielleicht», sagte ich.

Er verfiel für ein paar Minuten in nachdenkliches Schweigen. «Hat Ihr Vater die heiligen Bücher des Islam gelesen?» fragte er mich dann begierig.

«Das weiß ich nicht», entgegnete ich.

«Er muß sie unbedingt lesen», sagte Ustāz Mustafa. «Bestimmt würde er dann selber konvertieren.»

«Ich weiß nicht», sagte ich. «Er ist an seine eigene Lebensart gewöhnt.»

Er ließ sich die Sache durch den Kopf gehen, und als wir wieder nach Lataīfa zurückgingen, sagte er: «Na ja, es wäre nicht richtig, wenn Sie Ihrem Vater Kummer machen. Das stimmt.»

Von da an fehlte seinen Versuchen, mich zu bekehren, die Begeisterung. Er hatte selbst einen Sohn, und es ging gegen seine tiefste Überzeugung, einen Mann dazu zu drängen, sich gegen seinen eigenen Vater zu stellen. Und so waren Ustāz Mustafa und ich, während sich in seinem Innern die rivalisierende Moral von Religion und Familie allmählich neutralisierte, zu einer Verständigung gelangt.

In meinen Gedanken begann sich schon eine Verbindung zu bilden, während ich mich zu Scheich Mūsās Frau wandte. «Ist Ustāz Mustafa wirklich Ihr Onkel?» fragte ich sie, unsicher, ob sie das Wort im konkreten oder allgemeinen Sinn benutzte. «Der richtige Bruder Ihres Vaters, Ihr Amm sahīh?»

Sie war zu schüchtern, um mich direkt anzusprechen, zumindest in Ahmeds Anwesenheit, deshalb sprach er für sie. «Ustāz Mustafa ist ihr richtiger Onkel», sagte er. «Ihr Vater und er wurden im selben Bauch getragen. Und sie leben immer noch im selben Haus.»

«Aber dann muß ja Dschābir ihr Cousin sein», sagte ich erstaunt. «Sie müssen im selben Haus großgeworden sein.»

«Ja», sagte Ahmed, «sie ist Dschābirs Bint Amm, die Tochter des Bruders seines Vaters.»

Er hätte hinzufügen können: «Wenn Dschābir etwas älter wäre, hätte er sie selber heiraten können.» Sicherlich hätten sich Dschābirs Eltern und Verwandte nichts sehnlicher gewünscht, denn eine Heirat zwischen Cousins ersten Grades, den Kindern von Brüdern, galt traditionell als eine ideale Verbindung – als Stärkung eines bereits vorhandenen Bundes.

«Sie stammt also aus Abū-Alīs Familie?» fragte ich Ahmed.

«Ja», sagte Ahmed, «Abū-Alī ist der Cousin ersten Grades ihres Vaters. Seine Halbschwester ist sowohl ihre als auch Dschābirs Großmutter. Sie lebt bei ihnen. Du hast sie kennengelernt.»

Das stimmte; eine korpulente, schwarzgewandete Matriarchin mit feinen Gesichtszügen und einer zarten papierenen Haut. Sie hatte nicht die geringste Ähnlichkeit mit Abū-Alī. Ich erinnerte mich gut an sie wegen der gebieterischen Haltung, die sie, vollkommen natürlich, eingenommen hatte, das eine Knie flach auf dem Boden und das andere angezogen, um Arm und geballte Faust zu stützen. Ein Blick von ihr genügte, um selbst Dschābir zum Schweigen zu bringen.

«Ja», sagte Ahmed, «Abū-Alīs Vater war der Bruder ihres Urgroßvaters. Und sein Vater, Abū-Alīs Großvater, war natürlich der Bruder meines Ururgroßvaters.»

Inzwischen hatte ich mich hoffnungslos in diesem Labyrinth von Verwandtschaftsbeziehungen verirrt. Erst sehr viel später, als Scheich Mūsā mir half, einen Stammbaum der gesamten «Familie» von Lataīfa zusammenzustellen, begriff ich endlich, warum er so sorgfältig jedes Wort der Kritik an Abū-Alī vermied: Seine Frau Sakīna war Abū-Alīs Urgroßnichte. Die Linien des Stammbaums hatten unerbittlich zu dem Schluß geführt, daß Abū-Alī bei der Vermittlung der Ehe eine entscheidende Rolle gespielt hatte.

Da wurde mir klar, daß das Verhältnis zwischen Scheich Mūsā und Abū-Alī von einer Komplexität war, die ich nicht durchschaute und wahrscheinlich auch nie durchschauen würde, und daß es ihm zutiefst peinlich wäre, wenn ich ihn bäte, mir bei der Suche nach einem anderen Haus oder einer anderen Familie behilflich zu sein.

Und da begriff ich auch schließlich, daß die Erlösung von Abū-Alī nicht so leicht kommen würde wie die Träume, die mich nach Kairo trugen.

5

Für Ben Yiju hätte das Zentrum Kairos in einem bescheidenen Gebäude unweit der Ostmauer der Festung von Babylon gelegen: in der Synagoge von Ben Ezra, auch als «Synagoge der Palästinenser» bekannt. Das Gebäude sollte Ben Yijus Lebzeiten um siebenhundert Jahre überdauern. Ende des neunzehnten Jahrhunderts stand es immer noch. 1884 wurde es von A.J. Butler, einem britischen Historiker und Archäologen, als kleine und etwas vereinfachte Ausführung einer koptischen Basilika beschrieben. Die Holzverkleidung war inzwischen größtenteils verschwunden, und «vom früheren Filigranwerk ist nicht viel übriggeblieben...».

Als Ben Yiju es zum erstenmal sah, hatte das Gebäude wahrscheinlich noch einen leichten Hauch des Neuartigen an sich, da es erst etwa hundert Jahre zuvor, um 1025, völlig umgebaut worden war. Es soll damals zwei Eingänge gehabt haben: einen für die Männer, das Haupttor, und eine «Geheimtür», die zu einer hölzernen Plattform innerhalb des Gebäudes führte, der Frauengalerie. Der Hauptraum der Synagoge hatte eine Giebeldecke und Glasfenster und war mit äußerst kunstvollen Holzarbeiten verziert. Einiges davon ist erhalten geblieben und kann heute im Louvre und in den Museen von Kairo und Jerusalem besichtigt werden.

Daß Ben Yiju sich gerade dieser Synagoge anschloß, hatte vermutlich eher etwas mit seiner Herkunft zu tun als mit seiner persönlichen Präferenz. Er stammte aus einer Region, die in der arabischsprachigen Welt des Mittelalters Ifrīqiya hieß und deren Zentrum im heutigen Tunesien lag. Der Region war es im elften Jahrhundert schlecht ergangen, und über mehrere Jahrzehnte, lange vor Ben Yijus Lebzeiten, waren Kaufleute und Händler von dort Richtung Osten nach Ägypten gezogen. Juden bildeten ein großes Kontingent unter diesen Emigranten, und jene, die nach Masr zogen, traten gewöhnlich in die «palästinensische» Gemeinde in Babylon ein. Ben Yiju beschritt daher ausgetretene Pfade.

Der Zustrom der Zuwanderer aus Ifrīqiya kam der Synagoge von Ben Ezra sehr zugute. Die Neuankömmlinge erwiesen sich als die fleißigsten Mitglieder der Gemeinde und übernahmen bald ihre Führung, sie gaben den anderen in Sachen Sprache, Kultur und Handel die Richtung vor. Die Nordafrikaner scheinen eine besondere Vorliebe für den blühenden Handel zwischen dem Mittelmeer und dem Indischen Ozean gehabt zu haben, und über einen Zeitraum von mehreren Jahrhunderten bildeten die Händler von Fustāt einen integralen Bestandteil jener buntgemischten Gruppe von Kaufleuten, die in asiatischen Gewässern Handel trieben. Auf den Strömen dieses Handelskreislaufes reisten viele von ihnen regelmäßig zwischen drei Kontinenten hin und her – Männer, deren Familiennamen sich oft wie die Kapitelüberschriften eines Epos lesen, Namen, die ihre Herkunft aus verschlafenen Oasen und staubigen

Marktflecken in der Sahara verraten, Orte wie al-Fayūm und Tlemcen.

Es war also keine gewöhnliche Gemeinde, in die Ben Yiju in Masr eintrat. Sie bestand aus einer Gruppe von Menschen, deren Weitgereistheit, Erfahrungshorizont und Bildung uns auch heute noch in einer Welt, die angeblich immer kleiner wird, in Erstaunen versetzen. Doch im Gegensatz zu anderen ihrer Zeit, die in der Geschichte ihre Spuren hinterlassen haben, hatten die Mitglieder dieser Gemeinde von Geburts wegen keinen Anspruch auf Privilegien oder Titel. Es waren weder Aristokraten noch Soldaten oder Berufsgelehrte. Die überwiegende Mehrheit von ihnen waren Händler, und wenngleich einige wohlhabend und erfolgreich waren, so zählten sie keineswegs zu den mächtigsten Kaufleuten ihrer Zeit – die meisten waren kleine Händler, die kleine Familienunternehmen betrieben. Doch trotz der im allgemeinen bescheidenen Umstände, in denen sie lebten, besaß eine große Zahl von ihnen beträchtliche Bildung, und einige gehörten zu den angesehensten Gelehrten ihrer Zeit. Ihre Ärzte zum Beispiel studierten Hippokrates und Galen in arabischer Übersetzung, neben den medizinischen Schriften arabischer Ärzte und Gelehrter wie Ibn Rūshd (Averroes) und al-Rāzī. Ein Mitglied der Synagogengemeinde gilt sogar als einer der größten Geister des Mittelalters, der große Arzt, Gelehrte und Theologe Mūsā Ibn Maimūn, bekannt als Maimonides. Wie so viele andere in seiner Gemeinde war auch seine Familie eng mit dem Indienhandel verbunden.

Die größte Leistung der Ben-Ezra-Gemeinde war jedoch das Ergebnis einer Reihe größtenteils zufälliger Umstände. Die Mitglieder der Gemeinde pflegten den damals weitverbreiteten Brauch, ihre Schriften in einer besonderen Kammer in der Synagoge zu deponieren, damit sie später unter Ausführung besonderer Riten vernichtet werden konnten. Der Zweck dieser Praxis, die auch heute noch bei bestimmten jüdischen Gruppen befolgt wird, bestand darin, zu vermeiden, daß der in schriftlicher Form erwähnte Name Gottes aus Versehen entweiht wurde. Da die meisten Schriftdokumente jener Zeit mindestens eine heilige Anrufung beinhalteten, wurde durch diesen Brauch sichergestellt, daß Schriftstücke jeglicher Art in der Synagoge deponiert wurden. Die Kammern, in denen die Dokumente gelagert wurden, trugen die Bezeichnung «Genisa», ein hebräisches Wort, das sich, so vermutet man, aus dem persischen Wort «gandsch» herleitet, was soviel wie «Lagerhaus» bedeutet – ein häufiger Bestandteil von Ortsnamen in Indien und im Iran und besonders beliebt bei den Briten, die damit großzügig ihre indischen Siedlungen bedachten, in sonderbar anglisierten Formen wie «Ballygunge» und «Daltongunj».

Früher hatte jede Synagoge im Nahen Osten eine Genisa, und entsprechend dem Brauch wurde ihr Inhalt regelmäßig geleert und vernichtet. Die Genisa der Synagoge von Ben Ezra wurde dem Gebäude hinzugefügt, als die Synagoge 1025 umgebaut wurde, aber aus irgendeinem Grund – möglicherweise aus Ehrfurcht vor der Vergangenheit, möglicherweise aus reiner Nachlässigkeit – wurde sie nie geleert. Über acht Jahrhunderte lang häuften sich in der Genisa die Schriftstücke an. In der Blütezeit der Gemeinde, während der ersten zweieinhalb Jahrhunderte nach dem Umbau der Synagoge im Jahr 1025, kamen riesige Mengen von Handschriften hereingeströmt. Gegen Mitte des dreizehnten Jahrhunderts versiegte der Fluß dann zu einem Rinnsal und schwoll erst wieder drei Jahrhunderte später an, als, ausgelöst durch die spanische Inquisition, eine weitere jüdische Auswanderungswelle Ägypten erreichte. Mit Unterbrechungen häuften sich weiterhin Papiere (und später Bücher) in der Genisa an, bis ins neunzehnte Jahrhundert, als Fustāt längst ein armer vernachlässigter Randbezirk in Kairos wachsendem Archipel war. Das vermutlich letzte in der Genisa deponierte Dokument trägt das Datum des Jahres 1875. Es war eine in Bombay verfaßte Scheidungsvereinbarung.

Jahrhundertelang lag die Synagoge der Palästinenser vergessen auf dem halbverlassenen Areal der alten Festung von Babylon. Um 1890 wurde der Bau aus dem elften Jahrhundert, das Gebäude, das Ben Yiju gekannt hatte, schließlich abgerissen und an seiner Stelle ein neues errichtet, das noch heute dort steht.

Bis vor kurzem befand sich die Synagoge von Ben Ezra am Ende eines Trümmerplateaus, einer großen Fläche zerschlagener Ziegel und Steine, die aussah, als sei sie mit einem riesigen Hammer geplättet worden. Die Synagoge selbst, ein unbedeutender, rechteckiger Bau, schien gerade noch so davongekommen zu sein. Das Mauerwerk war größtenteils zerbröckelt, und von vielen Fenstern waren die Fensterläden abgefallen. Ihr auffallendstes Merkmal waren zwei schmiedeeiserne Tore. Obwohl stark verfärbt und verrostet, waren sie immer noch anmutig mit ihren sehnigen, überschwenglichen Jugendstilformen. Sie sahen aus, als hätte sie jemand nach einem Sommerurlaub in einem Anfall von Begeisterung in Paris bestellt. Über dem schmalen Tor, fixiert durch eine Eisenstange und ein paar schwere Steine, befand sich ein Davidstern, ein bißchen schief und mit Spinnweben behängt.

Heute ist das Gebäude wieder verjüngt, die Fassade gesäubert und gepflegt. Draußen auf den Trümmern sind Fertigbauhütten aus dem Boden geschossen, wo junge Ingenieure hinter Reißbrettern stehen und mit den Füßen leicht den Takt zu gedämpfter Rockmusik klopfen. Ein Team kanadischer Experten und Restaurateure ist wie eine Truppe von Elitepolizisten eingetroffen, um die Synagoge vor den Angriffen der Zeit zu retten.

Am Eingang der Synagoge stehen ein paar Männer hinter Tischen, auf denen Perlen, Ketten, bronzene Skarabäen und Nofretete-Büsten ausgelegt sind, und warten auf Touristen. Einer ist schon seit Jahren da, ein dicklicher, lächelnder Mann in Hemd und Hose. Seine Souvenirs scheinen sich über die Jahre nicht sehr zu verändern – er scheint überhaupt so gut wie gar kein Geschäft zu machen –, doch er lächelt stets, ist immer gutgelaunt und hilfsbereit. Er erklärt, daß Amm Shahata, der Hausmeister, drinnen ist; er kann Besucher hineinführen und alles erklären – er ist Jude, «Yahudi», und er weiß alles über die Synagoge.

Alsbald erscheint Amm Shahata, ein rüstiger alter Mann, sehr dünn und etwas gebeugt. Auch er ist in Hemd und Hose gekleidet, und sein Scheitelkäppchen sieht dem eines ägyptischen Moslems sehr ähnlich. Die beiden Männer scherzen miteinander. Sein Arabisch ist von dem der anderen, von der Stakkato-Sprechweise des proletarischen Kairo, nicht zu unterscheiden. Er sagt einem, wie er heißt: «Nathan auf hebräisch und Shahata auf arabisch.» Aus der Nähe sieht er überraschend alt aus; er ist zahnlos, und auf seiner Stirn treten die Adern hervor.

Amm Shahata läßt einen bald wissen, daß er ein vielbeschäftigter Mann ist. Er hat keine Zeit zu verlieren. Er schiebt einen forsch durch das Tor und führt einen in den Hauptsaal der Synagoge. Durch bunte Fenster fallen Lichtprismen. Man befindet sich in einem Raum mit einer sehr hohen Decke, der aber ansonsten von bescheidener Schulzimmergröße ist. In der Mitte steht ein erhöhter, achteckiger Altar, zu beiden Seiten von Bänken flankiert. Der Raum hat zwei Ebenen. Auf der oberen Ebene befindet sich die Frauengalerie, die über drei Seiten des Raumes verläuft. Am hinteren Ende der Galerie, auf der linken Seite, ist ein kleines Loch, hoch oben in der Wand. Amm Shahata zeigt auf die Öffnung: das ist die Genisa, erklärt er einem, wo vor Jahren eine Menge Papiere gefunden wurden.

Man wünscht sich, es wäre tatsächlich die alte Genisa, aber das kann nicht sein. Sie ist kaum zwei Meter hoch, während die Genisa der alten Synagoge erwiesenermaßen mindestens so groß war wie das übrige Gebäude, an die zweieinhalb Stockwerke hoch. Wahrscheinlich hatte man die alte Genisa noch eine Weile nach Abriß des Hauptgebäudes stehenlassen, aber später wird sie dann auch niedergerissen worden sein.

Man hat natürlich keinen Grund, enttäuscht zu sein. Der Standort der Synagoge ist trotz aller äußerlichen Veränderungen der gleiche geblieben. Tatsache ist, daß man genau an jener Stelle steht, welche die größte jemals entdeckte einzelne Sammlung mittelalterlicher Dokumente enthielt.

Hier, in diesem verlassenen Winkel von Masr, blieben die Erinnerungen an Abraham Ben Yiju und seinen Sklaven über sieben Jahrhunderte lang erhalten.

6

Als mir einmal an einem sehr heißen Nachmittag der Schweiß vom Gesicht auf die Arbeitshefte tropfte, gab ich es auf, legte die Arbeit beiseite und blieb einfach bei geöffneter Tür in meinem Zimmer sitzen, in der Hoffnung, etwas frische Luft abzubekommen. Es war ein sehr stiller Tag, die Feuchtigkeit von den frischgewässerten Baumwoll- und Reisfeldern hing schwer in der Luft. Zwischendurch, als jage ihnen die Stille Angst ein, veranstalteten die Enten und Hühner, mit denen ich das Dach teilte, ein Riesenspektakel, schossen aus ihren Verschlägen und flappten in einem Sturm hysterischen Gequakes auf dem Dach herum, unbeeindruckt von der ermattenden weißen Nachmittagsglut.

Während ich dasaß und zusah, fingen zwei Enten an, einander in wilder Hatz im Kreis über das Dach zu verfolgen. Es war eine Spezies, die ich vor meinem Aufenthalt in Ägypten noch nie gesehen hatte. Gedrungene, häßliche Tiere, fast selbstmörderisch mit sich selbst beschäftigt, mit großen roten Warzen am Hals und räudigen schwarzweißen Körpern. Der Verfolger war größer; er holte das andere Tier bald ein und nagelte es mit dem Schnabel am Boden fest. Dann hievte er sich ihm auf den Buckel, hob ein Bein, und plötzlich erschien sein Penis, feucht und leuchtendrosa, etwa so lang wie ein Daumennagel. Er schlug kurz mit den Schwanzfedern, preßte sich gegen das Weibchen und wankte dann mit einem verdutzten Gesichtsausdruck davon. Ich sah gebannt zu. Ich hatte keine Ahnung gehabt, daß Enten Penisse und Vaginen haben.

In dem Moment blickte ich zufällig auf und sah Dschābir, der schweigend im Treppeneingang stand und mich beobachtete.

Er fing an zu lachen.

«Du hast da zugeguckt, als wär's ein Film, *yā Amitab*», sagte er lachend. «Hast du noch nie Enten so was machen sehen?»

«Nein», sagte ich.

Sein Lachen war so ansteckend, daß ich bald einstimmte.

Er kam ins Zimmer und nahm auf dem Stuhl Platz, sorgfältig darauf achtend, daß sein sauberer Dschallābiyya nicht den Boden berührte.

«Dann erzähl mir doch mal», sagte er und warf mir einen interessierten, fragenden Blick zu, «was weißt du zum Thema …?»

Er benutzte ein Wort, das ich noch nie gehört hatte. Ich muß ziemlich verwirrt ausgesehen haben, denn er schnappte ungläubig nach Luft und sagte: «Heißt das, du hast noch nie von … gehört?»

Es war wieder das gleiche Wort.

Ich schüttelte den Kopf. Er sank auf seinem Stuhl zurück und schlug sich mit der Faust an den Kopf, wodurch fast sein weißes Scheitelkäppchen verrutscht wäre.

«*Yā Amitab*», sagte er in gespielter Verzweiflung. «Wie willst du im Leben zurechtkommen, wenn du darüber nicht Bescheid weißt?»

«Worüber?» fragte ich.

Das brachte ihn nur zum Lachen. «Wenn du nicht Bescheid weißt, weißt du eben nicht Bescheid», murmelte er geheimnisvoll.

«Worüber nicht Bescheid?» sagte ich verzweifelt.

«Es ist nicht so wichtig», sagte er mit einem schiefen Grinsen. «Man tut gut daran, nicht allzuviel an solche Sachen zu denken. Aber sag mal – da, wo du herkommst, gibt's doch auch Beschneidung, genauso wie bei uns, oder?»

Vor dieser Art Befragung hatte mir schon seit langem gegraust, da ich genau wußte, worauf sie hinauslaufen würde.

«Manche Leute sind beschnitten, manche nicht», sagte ich.

«Das heißt also», sagte er fassungslos, «in deinem Land gibt es wirklich Leute, die nicht beschnitten sind?»

Im Arabischen kommt das Wort «beschneiden» von einem Stamm, der «reinigen» bedeutet. Von jemandem zu sagen, daß er «unbeschnitten» ist, heißt soviel wie ihn als unrein zu bezeichnen.

«Ja», sagte ich, «ja, viele Menschen in meinem Land sind ‹unrein›.» Mir blieb keine Wahl, ich war in der Sprache gefangen.

«Aber du bist natürlich …» Er konnte sich nicht überwinden, den Satz zu beenden.

«Nein», sagte ich. Mein Gesicht glühte vor Verlegenheit, und meine Kehle war ganz trocken geworden. «Nein, ich bin's nicht.»

Das verschlug ihm die Sprache, und sein ungläubiger Blick streifte über die Vorderseite meiner Hose. Einen Moment lang starrte er mit fassungsloser Neugier darauf, dann sagte er mühsam: «Und wenn du zum Haareschneiden zum Friseur gehst, läßt du dir dann nicht auch die Achselhöhlen rasieren, so wie wir?»

«Nein», sagte ich. «Warum macht ihr das?»

«Das ist in Ägypten so Brauch», sagte er. «Wir rasieren sämtliche Haare an unserem Körper.»

Er beugte sich vor und runzelte angestrengt die Stirn. «Heißt das also», sagte er und zeigte mit einem Finger zwischen meine Beine, «daß du dich da auch nicht rasierst?»

«Ja», sagte ich.

«Aber», rief er, «werden die Haare dann nicht immer länger und länger, bis...»

Er senkte die Augen und warf einen schnellen Blick auf meine Knöchel. Ich bin bis zum heutigen Tag fest überzeugt, daß er erwartete, zwei lange lockige Zöpfe aus meinen Hosenbeinen hervorlugen zu sehen.

An jenem Abend, gegen Sonnenuntergang, machte ich einen Spaziergang durch die Felder. In einiger Entfernung vom Dorf traf ich auf Dschābir und einige Jungs in seinem Alter, die an der Böschung eines kleinen Kanals saßen. Sie hatten ihre Schulbücher dabei und nutzten die relative Stille der Felder, um ihre Schularbeiten zu erledigen. Ich blieb wie angewurzelt stehen, als ich Dschābir sah. Ich war mir nicht sicher, ob wir noch miteinander redeten. Aber zu meiner Erleichterung winkte er mir fröhlich zu, als er mich kommen sah, und dann sprangen er und seine Freunde auf und schlossen sich mir an.

«Ihr solltet lieber weiterlernen», sagte ich. «Es ist noch hell genug.»

«Es ist besser, wenn wir jetzt gehen», sagte Dschābir. «Es ist bald Zeit für das Abendgebet. Schau – der Mond ist schon aufgegangen.»

Ich blickte hoch und sah den Vollmond, der im verblassenden Violett des Abendhimmels erstrahlte. Es war sehr still, bis auf das Knarren entfernter Wasserräder. Im fernen Lataīfa leuchteten die ersten Lichter.

Dschābir hatte die Arme um die Schultern der anderen Jungs gelegt. «Soll ich euch was sagen?» sagte er. Er flüsterte, aber ich konnte ihn in der Sonnenuntergangsstille deutlich hören.

«Ich hab mich heute nachmittag mit ihm unterhalten», sagte er und wies mit dem Kinn auf mich. «Und wißt ihr was? Er weiß nicht, was Sex ist.»

Gleich nachdem er gegangen war, hatte ich im Wörterbuch nachgesehen. Er benutzte das gleiche Wort, das er am Nachmittag benutzt hatte.

«Was sagst du da, *yā* Dschābir?» rief einer der Jungs aus. «Er weiß nicht, was Sex ist?»

«Sag ich doch», entgegnete Dschābir. «Er weiß es nicht. Ich hab ihn gefragt.»

«Wo er doch so erwachsen aussieht.»

«Aber er hat keine Ahnung», sagte Dschābir. «Weder von Religion noch von Politik oder von Sex, wie ein Kind.»

Man verfiel in ein ehrfürchtiges Schweigen. «Meinst du, er weiß auch nicht, was ‹die Zehn schlagen› bedeutet», flüsterte einer der Jungs. Ich kannte diesen Ausdruck damals nicht, aber die Geste mit der Faust, die ihn begleitete, war ziemlich eindeutig.

«Nein», sagte Dschābir, «ich sag doch, er ist wie ein Kind. Deswegen stellt er auch ständig Fragen.»

«Sollten wir's ihm nicht sagen?» sagte einer der Jungs. «Wie soll er erwachsen werden, wenn er nicht die Zehn schlägt?»

«Es hat keinen Zweck», sagte Dschābir. «Er würde es nicht verstehen. Er hat keine Ahnung. Paßt auf, ich werd's euch beweisen.»

Er löste sich von den anderen und rief mir zu: «*Yā Amitab* – bleib mal kurz stehen.»

Er ergriff meinen Ellbogen und führte mich an den Rand des Kanals. «Sieh dir das an», sagte er und zeigte auf die Spiegelung des Monds im Wasser. «Was ist das? Weißt du das?»

«Natürlich weiß ich das», spottete ich. «Das ist Ahmed, Scheich Mūsās Sohn, der mit seiner Taschenlampe übers Wasser leuchtet.»

Es folgte ein gedämpftes Schweigen, und Dschābir drehte sich um, um den anderen einen triumphierenden Blick zuzuwerfen, während ich seelenruhig weiterging.

«Nein, *yā Amitab*», sagte einer der Jungs und rannte mir hinterher. Seine Stimme war ganz heiser vor Sorge. «Das stimmt nicht. Das ist nicht Ahmed, der mit seiner Taschenlampe übers Wasser leuchtet – das ist die Spiegelung des Vollmonds.»

«Nein», sagte ich. «Da liegst du falsch. Ahmed hat mir gesagt, daß er heute mit seiner Taschenlampe spazierengehen wollte.»

«Aber wenn es Ahmed ist, wieso haben wir ihn dann nicht gesehen?»

«Wir haben ihn nicht gesehen, weil er sehr weit weg war. Seine Taschenlampe ist sehr stark. Sie läuft mit vier Batterien. Er hat gerade gestern in Damanhur neue Batterien gekauft.»

Und so argumentierten wir hin und her, und als wir Lataīfa erreichten, hatte ich mich fast durchgesetzt.

7

Noch lange Zeit danach blieb ich in Dschābirs Augen ein Kind.

Eines Abends, kurz vor Beginn des Ramadan (der sich in jenem Jahr über Juli und August erstreckte), ging Dschābir mit mir zu einem Maulid, einem Volksfest zur Feier des Geburtstags eines Heiligen, das in einem Dorf auf der anderen Seite der Felder veranstaltet wurde. Noch einige andere Jungs aus Lataīfa kamen mit uns, darunter Dschābirs jüngerer Bruder Mohammad und ein Neffe von

Scheich Mūsā, ein scheuer, stiller fünfzehnjähriger Junge, der Mabrūk hieß.

Während wir über die Felder den fernen Lichtern des Maulid entgegengingen, erzählten Dschābir und die anderen Jungs die Legende von Sīdī Abbās von Nakhlatain, zu dessen Ehren das Maulid begangen wurde.

Sīdī Abbās hatte vor langer, langer Zeit in Nakhlatain gelebt, in einer Zeit, an die sich niemand mehr erinnern konnte, und er war in der ganzen Gegend berühmt gewesen wegen seiner Gottesfürchtigkeit und Frommheit. Man hatte ihm nachgesagt, er sei ein «guter Mann», mit der Gabe des «Baraka» ausgestattet, der Macht, Segen zu erteilen. So groß war sein Ruhm, daß sich eine große Menschenmenge in seinem Dorf versammelte, als er starb, und so wurden viele Menschen Zeuge der wundersamen Ereignisse, die sein Begräbnis begleiteten. Als die Männer des Dorfes versuchten, die Bahre des Sīdī zu heben, stellten sie erstaunt fest, daß sie sie überhaupt nicht bewegen konnten. Dutzende versuchten es, aber es gelang ihnen nicht einmal, sie auch nur zu verrücken. Erst als der Sohn des Sīdī mithalf, begann sich der Körper zu bewegen, doch selbst dann war nicht er es, der den Körper bewegte, sondern der Sīdī hatte sich aus eigener Willenskraft bewegt.

Der Leichnam des Sīdī hatte die verzückten Dorfbewohner in seine Moschee geführt, und dort kommunizierte der Sīdī mit ihnen und sagte ihnen, sie sollten ihm ein Grabmal mit einer Kuppel errichten, ein Maqām. Sie sollten jedes Jahr sein Maulid dort feiern. Die Dorfbewohner befolgten seine Worte, und in den folgenden Jahren zeigte der Sīdī ihnen durch Wunder und Gnadenakte immer wieder seine Kraft. Einmal zum Beispiel wurden Diebe, die mit einer Herde gestohlener Wasserbüffel fliehen wollten, mitsamt den Büffeln in der Erde angewurzelt, als sie auf der Höhe des Grabmals waren. Die Macht des Sīdī war derart groß, daß alles, was mit seinem Grabmal in Berührung kam, sicher war. Bauern, die abends erst spät nach Hause konnten, ließen solche wertvollen Dinge wie ihre Holzpflüge an den Wänden des Grabmals stehen, wohlwissend, daß sie nicht angerührt würden. Einmal hatte jemand einen Pflug mit Lederriemen an die Mauer gelehnt. Nach einer Weile kam eine Maus daher, und da Mäuse gerne an Leder knabbern, hatte sie in die Riemen des Pflugs gebissen. Aber kaum hatten ihre Zähne den Pflug berührt, wurde sie an den Boden gebannt. So fand man sie am nächsten Morgen, mit den Zähnen im Leder. Selbst Tiere waren nicht von den Gesetzen der Zuflucht befreit, die rings um das Grabmal des Sīdī herrschten.

Das Grabmal war schon von weitem, von den Feldern aus zu sehen. Ein schlichter, rechteckiger Bau mit einer niedrigen Kuppel und einem großen freien Platz auf der Vorderseite, der als öffentlicher Platz diente – als gemeinsamer Dreschboden wie auch als Standort für den Wochenmarkt des Dorfes. Jetzt war das Grabmal mit Dutzenden kleiner Lampen geschmückt, seine frischgetünchten Wände waren mit bunten Lichtflecken gesprenkelt. Auf dem Vorplatz drängten sich die Menschen; einige strebten ins Innere des Gebäudes, andere schlenderten zwischen den drumherum aufgebauten Festständen umher.

Als wir auf den Platz kamen, rief uns ein Budenbesitzer zu: «Na los, laßt mal sehen, was ihr jungen Burschen so könnt.»

Auf seiner Theke waren mehrere Luftgewehre aufgebaut, die auf ein Brett mit aufgehängten Ballons und Kerzen gerichtet waren. Mit einem aufmunternden Lächeln drückte er uns ein paar Gewehre in die Hände. Als ich mich zum Zielen vorbeugte, hörte ich Dschābirs Stimme hinter mir: «Aus Indien ...»

Ich blickte mich um und sah schnell wieder nach vorn. Um mich herum hatte sich eine große Menschenmenge versammelt, viel größer als bei irgendeinem anderen Stand. «Hat von nichts eine Ahnung», hörte ich Dschābir sagen, «von gar nichts ...» Ich versuchte, einen großen Ballon anzuvisieren und drückte ab.

«Daneben», sagte Dschābir.

Ohne meine gemurmelte Erwiderung zu beachten, wandte er sich wieder an sein Publikum. «Hab ich's euch nicht gesagt?» flüsterte er. «Hat keine Ahnung.»

Ich versuchte erneut, den Ballon anzuvisieren, während sich die Leute neugierig um Dschābir drängten. «Betet nicht, kennt nicht mal unseren Herrn...»

«Was sagst du da, er kennt unseren Herrn nicht!»

Ich drückte ab, und wieder schlug die Schrotkugel dumpf ins Brett, weit von dem Ballon entfernt.

«Kennt den Herrn nicht! O Erlöser!»

Ich machte mich schnell davon zur nächsten Bude, wo ein Junge rosa Zuckerwatte verkaufte. Dschābirs Stimme verfolgte mich: «Liest Bücher, stellt den ganzen Tag lang Fragen, hat nichts zu arbeiten...»

«Können wir mit ihm reden?» fragte jemand.

«Nein», sagte Dschābir gebieterisch. «Er würde kein Wort verstehen. Nur wir in Lataīfa wissen, wie man mit ihm reden muß.»

Ich schob mich eilig durch die Menschenmenge zum anderen Ende des Platzes. Ich hoffte, Dschābir auf diese Weise loszuwerden, aber er ließ sich nicht abschütteln und heftete sich an meine Fersen. Doch ich hatte Glück: Er und seine Cousins entdeckten ein paar Schaukeln am Rand des Platzes und rannten davon, um sich in der Schlange anzustellen.

Als ich mich dann endlich durch die Menge gearbeitet hatte, waren sie schon an der Reihe und schaukelten mit bauschenden Dschallābiyyas hin und her, wobei jeder versuchte, den anderen zu übertrumpfen. Die Menge spornte sie mit Rufen an, und einer der Jungs schaukelte so hoch, daß er die Stange in einem Überschlag umrundete. Dschābir nahm ebenfalls ein paarmal kräftig Anschwung, aber ohne Erfolg, und so sprang er mit einem abschätzigen Achselzucken ab. «Ich hab's nicht richtig versucht», sagte er und klopfte sich die Hände ab. «Ich würde es schaffen, wenn ich's richtig versuchen würde.»

Dann lotste er uns wieder über den Platz, zum Grabmal des Sīdī. «Wir sollten uns das Zikr ansehen», sagte er ernst zu seinen Cousins. «Das ist sowieso das Wichtigste beim Maulid.»

Eine Gruppe von etwa dreißig Männern in allen Altersstufen

hatte sich vor dem Grabmal versammelt. Sie standen in mehreren Reihen hintereinander mit gespreizten Beinen da und schüttelten Kopf und Körper, während ein Mann in einem weißen Turban in ein Mikrofon sang. Sie schwangen ihre Körper im Rhythmus dazu, wobei sich nur Kopf und Oberkörper bewegten, die Beine blieben völlig ruhig.

«Das sind Sufis», klärte Dschābir mich auf. «Sie rufen Gott an, indem sie seinen Namen singen.»

Einige Männer hatten die Augen geschlossen, und die anderen wirkten wie verzückt, von Rhythmus und Bewegung hypnotisiert. Während der Sänger das Tempo beschleunigte, bewegten sich die Köpfe immer schneller im Takt, die Augen wurden glasig und blind.

Dschābir und seine Cousins fanden das Zikr bald langweilig. «Wird mir schwindlig von», sagte einer, und wir gingen weiter, um uns wieder die Stände anzusehen.

Es dauerte nicht lange, und Dschābir hatte ein neues Publikum.

«Kennt unseren Herrn nicht, hat keine Ahnung... Wenn ihr ihn fragt, wie Wasserräder gemacht werden, wird er sagen: ‹Sie kriegen Kinder.›»

«O schwarzer Tag!»

«Nein!»

«Na los, fragt ihn doch.»

«Kriegen Wasserräder Kinder, *yā doktōr*?» fragte ein Junge.

«Nein», sagte ich. «Sie legen Eier.»

«Habt ihr das gehört? Er glaubt, Wasserräder legen Eier.»

Ich sehnte mich allmählich nach der Einsamkeit meines Zimmers, und zu meiner Erleichterung mußte ich nicht lange warten, bis die Jungs beschlossen, den Heimweg über die Baumwollfelder anzutreten.

Am nächsten Morgen kam Dschābir mit vor Aufregung gerötetem Gesicht bei mir hereingeplatzt. «Weißt du, was gestern nacht passiert ist?» sagte er und rüttelte mich aus dem Bett. «Es hat einen Mord gegeben – auf dem Maulid ist ein Mann ermordet worden.»

«Was ist passiert?» fragte ich verwirrt.

Es sei bei den Schaukeln passiert, sagte Dschābir, genau da, wo wir am vergangenen Abend gewesen waren. Der Mann hatte auf einer Schaukel gesessen, dann war jemand gekommen und hatte ihn aufgefordert, den Platz zu räumen. Als er sich weigerte, wurde er gestoßen, fiel hinunter, schlug mit dem Kopf gegen einen Stein und starb.

Und jetzt, sagte Dschābir, wobei er sich zu seiner ganzen Höhe aufrichtete, werde es eine Blutfehde geben. Das war das Gesetz der Araber: «Ich und mein Bruder gegen meinen Cousin, ich und mein Cousin gegen den Fremden.» Das war eine ernste Angelegenheit. Wenn ein Mann einen anderen umbrachte, konnten er und seine ganze männliche Verwandtschaft väterlicherseits von der Familie des Toten aus Rache getötet werden. Sie würden sich bei ihren Verwandten mütterlicherseits verstecken müssen, bis ihre Onkels und die Scheichs der Gegend mit der Familie des Toten sprachen und sie dazu überredeten, zu einem Versöhnungsrat zu kommen. Wenn dann bei der Familie des Toten die Trauer etwas nachließ, würde eine Amnestie verkündet. Die beiden Sippen würden sich an irgendeinem sicheren, zentralen Ort treffen, und in Anwesenheit ihrer Ältesten würden sie eine Blutgeldzahlung aushandeln. Das war «Thār», das Gesetz der Fehde, und «Damm», das Gesetz des Blutes; das uralte, unveränderliche Gesetz der Araber.

«Und das alles, nur weil einer einen Mann von der Schaukel geschubst hat?» fragte ich.

Dschābir überlegte kurz. «Na ja, vielleicht nur eine kleine», sagte er sehnsüchtig. «Nur eine kleine Fehde.»

«Wer war der Mann, der getötet wurde?»

«Er hieß Fathī», sagte Dschābir, «aber die Leute haben ihn ‹den Spatzen› genannt. Er war aus dem nächsten Dorf, aus Nashāwi. Jetzt wird's dort eine Blutfehde geben.»

Ich hatte irgendwie meine Zweifel daran, aber ich hätte ein sechsjähriges Kind sein können, sowenig Beachtung schenkte mir Dschābir.

8

Mabrūk, Scheich Mūsās Neffen, hatte ich es zu verdanken, daß ich in Dschābirs Ansehen wieder stieg.

In jenem Jahr hatte Mabrūks Vater außerordentlich gute Einnahmen mit seinem Gemüsefeld erzielt. Im Herbst zuvor war er ein Risiko eingegangen, indem er nach der Baumwollernte eine Menge Karotten pflanzte. Alle hatten versucht, es ihm auszureden – seine Frau, seine Brüder (einschließlich Scheich Mūsā) und die meisten seiner Cousins und Verwandten. Die Karotten müßten alle zur gleichen Zeit geerntet werden, hatten sie gesagt, und wenn in jener Woche die Preise auf dem Markt zufällig niedrig wären? Dann würde er eine ganze Lastwagenladung Karotten mit Verlust verkaufen müssen. Es sei besser, viele verschiedene Gemüsesorten zu pflanzen, weniger riskant.

Mabrūks Vater hörte nicht auf sie. Es war seine sture Natur, und ihre Einwände bestärkten ihn nur in seinem Entschluß. Und tatsächlich hatte er Glück. Zur Zeit seiner Ernte waren die Karottenpreise zufällig außergewöhnlich hoch, und er machte einen unerwartet großen Gewinn.

Ein paar Wochen später kratzte er seine ganzen Ersparnisse zusammen, mietete einen Transporter und fuhr mit zweien seiner Brüder nach Damanhur. Als der Transporter einige Stunden später zurückkehrte, saßen die drei Brüder, alles beleibte Männer, vorne zusammengedrängt neben dem Fahrer. Auf der Ladefläche befand sich ein geheimnisvoller Gegenstand, etwa so groß wie ein Kalb, doch anders geformt, in mehrere Planen eingewickelt. Der Lastwagen fuhr gemächlich zu Mabrūks Haus, wo der Gegenstand entladen und durch einen Hintereingang hineingetragen wurde, immer noch in seine Planen eingewickelt.

Von all dem erfuhr ich erst, nachdem Mabrūk an jenem Nachmittag in mein Zimmer gestürzt war. Ich hörte eilige Schritte, und dann stieß Mabrūk die Tür auf und packte mich am Arm.

«Komm mit, *yā doktōr*», rief er, «du mußt sofort mitkommen. Mein Vater und meine Familie brauchen dich.» Er befand sich in einem Zustand derartig fiebriger Aufregung, daß er es nicht schaffte zu warten, bis ich mein Arbeitsheft zuklappte. Er zerrte mich auf der Stelle aus dem Zimmer, ohne auch nur einmal meinen Ellbogen loszulassen.

Abū-Alī und seine Familie waren sehr erstaunt, daß Mabrūk so durch ihr Haus stürmte, denn er war bekannt für seine Schüchternheit. Dschābir erzählte mir einmal, daß Mabrūk, obwohl er von allen Jungs ihres Alters der größte und schnellste war, in ihrer Fußballmannschaft nicht im Sturm spielen durfte: Der Anblick eines leeren Tores reichte manchmal aus, um einen seiner Schüchternheitsanfälle auszulösen.

Doch jetzt war Mabrūk wie verwandelt. Während wir durch die Gassen eilten, erzählte er mir ausführlich, wie sein Vater und seine Onkels einen Transporter gemietet hatten und nach Damanhur gefahren waren. Aber als ich fragte, was sie denn gekauft hatten, schüttelte er den Kopf und lächelte nur geheimnisvoll. «Wart's ab», sagte er, «du wirst schon sehen.»

Als wir ankamen, hatte sich in Mabrūks Gasse bereits eine Menschenmenge versammelt, und das ganze Haus war in Aufruhr. Sein Vater wartete schon auf mich, und nach einer eiligen Begrüßung schob er mich an der Menge vorbei in sein Gästezimmer und führte mich dann schnell weiter in einen ummauerten Hof auf der Rückseite, neben den Verschlag, in dem das Vieh gehalten wurde – der geheimste, abgeschiedenste Teil des Hauses, die Zarība. Ihre Neuerwerbung stand mitten im Hof, wie ein neugeborenes Kalb, mit einem alten Schuh behängt, um den bösen Blick abzuwehren.

Es war eine brandneue Diesel-Wasserpumpe, die erste ihrer Art in Lataīfa. In den umliegenden Dörfern gab es mehrere solcher Pumpen. Sie waren gattungsmäßig als «al-Mākīna al-Hindī» bekannt, die indische Maschine, denn sie wurden alle in Indien hergestellt.

Mabrūk, sein Vater, seine Mutter und mehrere Cousins und Onkels standen jetzt in einem Kreis um mich herum und blickten mit leuchtenden Augen erwartungsvoll von mir zu der Maschine.

«Mākīna hindī!» sagte ich zu Mabrūks Vater, demonstrativ begeistert. «Gratuliere – Sie haben eine ‹indische Maschine› gekauft!»

Sein Blick verschleierte sich vor Stolz, als er die Maschine betrachtete. «Ja», seufzte er. «Ja, deswegen haben wir Sie hergebeten. Sie müssen sie sich ansehen und uns sagen, was Sie davon halten.»

«Ich?» sagte ich. Ich war entsetzt. Ich hatte nicht die geringste Ahnung von Wasserpumpen, ich konnte mich nicht einmal erinnern, jemals eine gesehen zu haben, bevor ich nach Lataīfa kam.

«Ja!» Mabrūks Vater klopfte mir auf den Rücken. «Sie ist doch aus Ihrem Land, nicht? Das hab ich dem Händler in Damanhur erzählt, ich hab ihm gesagt: ‹Sieh zu, daß du uns eine gibst, die auch gut funktioniert. Bei uns im Dorf wohnt nämlich ein Inder, und der wird feststellen können, ob wir eine gute gekriegt haben oder nicht.›»

Ich zögerte und murmelte ein paar Worte des Protests, aber er schob mich ungeduldig vor sich her. Ein schneller Blick auf die erwartungsvollen, aufmerksamen Gesichter um mich herum sagte mir, daß Flucht ausgeschlossen war. Ich mußte eine Meinung von mir geben, ob ich wollte oder nicht.

Stille senkte sich über den Hof, als ich mich der Maschine näherte, ein Dutzend Hälse reckten sich, ein Dutzend Augenpaare verfolgten jede meiner Bewegungen. Ich ging zum Ausflußrohr der Maschine, beugte mich vor und spähte, indem ich ein Auge zukniff, kennerhaft ins tintige Innere. Dann richtete ich mich wieder auf, ging in einer Totenstille um die Pumpe herum, nickte hin und wieder bedeutungsvoll und klopfte die eine oder andere Stelle mit dem Fingerknöchel ab. Schließlich legte ich beide Hände auf den Dieselmotor, fiel auf die Knie und schloß die Augen. Als ich wieder aufblickte, stand Mabrūks Vater neben mir, in ängstlicher Erwartung des Ergebnisses meines Zwiegesprächs mit diesem Erzeugnis meines Heimatlandes.

Ich ergriff seine Hand und schüttelte sie kräftig. «Es ist eine sehr gute Mākīna hindī», sagte ich und klopfte auf den Dieseltank der Pumpe. «Ausgezeichnet! *Azīm!* Es ist eine ausgezeichnete Maschine.»

Sofort brach ein fröhlicher Tumult im Hof aus. Mabrūks Vater drückte mir immer wieder die Hand und klopfte mir auf den Rükken. «Tee», rief er seiner Frau zu. «Tee für den *doktōr al-Hindī*.»

Am nächsten Tag, am späten Abend, bekam ich Besuch von Dschābir. Er wirkte irgendwie bedrückt, viel stiller und weniger großspurig als sonst.

«Ich habe mit Mabrūk geredet», sagte er. «Ich habe gehört, er hat dich zu sich nach Hause geholt, damit du dir ihre neue ‹indische Maschine› anguckst.»

Ich zuckte lässig die Achseln. «Ja», sagte ich, «stimmt.»

«Und wie war deine Meinung?» fragte er.

«Sie haben eine gute Maschine gekauft», sagte ich. «Eine sehr gute.»

Dschābir schwieg nachdenklich und nickte. Später, als er sich zum Gehen erhob, blieb er an der Tür stehen und verkündete: «Mein Vater und meine Onkels haben vor, auch eine indische Maschine zu kaufen, *inshā-allāh*.»

«Schön», sagte ich.

«Ich hoffe, du kommst mit», sagte er.

«Wohin?»

«Wenn wir nach Damanhur fahren, um sie zu kaufen», sagte er verlegen. «Es wäre für uns von Vorteil, deine Meinung zu hören.»

In jener Nacht blieb ich noch lange auf, erstaunt darüber, welchen Respekt mir die Wasserpumpe eingebracht hatte. Ich versuchte mir vorzustellen, wo ich in Dschābirs Ansehen stünde, wenn mein Land noch größere, bessere und eindrucksvollere Maschinen exportieren würde – Autos etwa und Traktoren, oder gar Schiffe, Flugzeuge und Panzer. Ich fragte mich, wie Lataīfa aussähe, wenn ich die Fähigkeit besäße, gleichsam durch es hindurchzuschweben und, beschützt von der delegierten Macht der Technologie, ungestört durch eine klare Glasscheibe darauf hinausblicken zu können.

9

Bald darauf begann der Monat Ramadan, und ich überlegte mir, ob ich mal Urlaub machen sollte. Ich würde zuerst nach Alexandria fahren, um mit Doktor Īsā zu sprechen und zu sehen, ob ich irgend etwas in bezug auf meinen Auszug aus Abū-Alīs Haus erreichen konnte. Anschließend würde ich nach Kairo weiterreisen. Nach meiner Ankunft hatte ich dort eine Nacht verbracht, aber nichts außer dem Flughafen und dem Bahnhof gesehen. Jetzt war es endlich an der Zeit, der Stadt einen richtigen Besuch abzustatten.

Während die Tage vergingen, erregte mich der Gedanke an meine Reise immer mehr. Wir waren schon mitten im Ramadan, und ich gehörte zu der Handvoll Leute im Dorf, die nicht fasteten. Ich hatte eigentlich mitfasten wollen, aber alle sagten: «Nein, du darfst nicht fasten, du bist kein Moslem – nur Moslems fasten im Ramadan.» Und da mich die abgespannten, durstigen Gesichter um mich herum nun jeden Tag an mein Ausgeschlossensein erinnerten, erschien mir der Gedanke an Kairo und Alexandria, wo ich in der Nähe von anderen Ausgeschlossenen wäre, um so reizvoller.

Vom allerersten Tag des lunaren Monats an hatte sich die Alltagsroutine des Dorfes radikal verändert. Als wäre ein Stück Zeit aus dem Kalender herausgenommen und gründlich umgekrempelt worden. Am frühen Morgen, einige Zeit vor Sonnenaufgang, gehen ein paar junge Männer von Haus zu Haus und wecken alle für das «Sahūr», das frühmorgendliche Mahl. Im weiteren Verlauf des Tages senkt sich eine geladene Trägheit über Lataīfa. Um die Härten des Fastens zu mildern, versucht man die dringendste Arbeit am frühen Morgen zu erledigen, solange die Sonne noch tief am Himmel steht. Es ist unmöglich, mit leerem Magen und ausgedörrter Kehle irgend etwas Anstrengendes zu tun, wenn erst die volle Tageshitze eingesetzt hat. Gegen Mittag liegen die Gassen des Dorfes still und verlassen da. Die Frauen sind in ihren Küchen und Backstuben und bereiten die Speisen vor, die nach Sonnenuntergang, wenn das Fasten beendet ist, verzehrt werden. Die Männer sitzen im Schatten der Bäume oder in ihren Hauseingängen und fächeln sich Luft zu. Auf Mund und Lippen bilden sich manchmal dünne weiße Krusten, und oft, während sich die Stunden dahinschleppen, werden ihre Nerven empfindlich.

Ich fragte mich oft, ob es im Dorf irgendwelche Leute gab, die gelegentlich gegen die Vorschriften des Fastens verstießen. Tatsächlich waren die Schwächsten – schwangere Frauen, kleine Kinder, Kranke, Alte und so weiter – durch religiöses Gesetz von den Fastenpflichten befreit, doch selbst für die Kräftigen und Gesunden muß das Fasten sehr hart gewesen sein. Es waren lange, glühendheiße Sommertage, und es muß sehr schwer gewesen sein, sie ohne Essen, Wasser und Tabak durchzustehen. Aber niemals sah ich irgend jemanden in Lataïfa, der auf irgendeine Weise das Fasten brach. Gelegentlich kursierten Gerüchte, daß bestimmte Leute in dem und dem Dorf angeblich gegessen und getrunken hatten, aber selbst die waren sehr selten.

Während die Sonne langsam zum Horizont sinkt, legen in jedem Haus die Frauen ihre Platten aus und servieren das Essen, das sie tagsüber gekocht haben. Ihre Familie versammeln sich ausgehungert drumherum, vor sich große Gläser mit kühlem Wasser. Sie sitzen da und beobachten angespannt und stumm die länger werdenden Schatten, lauschen ihren Radios und warten darauf, daß die Scheichs der al-Azhar-Moschee in Kairo den offiziellen Augenblick des Sonnenuntergangs verkünden. Es genügt nicht, mit eigenen Augen zu sehen, wie die Sonne untergeht. Das Ende des Fastens ist der Beginn eines gemeinsamen Mahles, an dem Millionen von Menschen teilnehmen, und dieser Augenblick muß öffentlich und gemeinschaftlich begangen werden.

Wenn die Mahlzeit beendet ist und die Platten weggeräumt sind, waschen sich die Männer, ziehen sich um und begeben sich plaudernd und lachend auf den Weg zur Moschee, erfüllt von einem Wohlgefühl, das die Entbehrungen des Tages noch um einiges süßer gemacht haben.

Ich ging dann hinauf in mein Zimmer, allein, lauschte dem Ruf des Muezzin und versuchte mir vorzustellen, was für ein Gefühl es ist, zu wissen, daß sich an diesem Tag, während die Sonne um die Erde wanderte, in jedem Winkel des Globus Abermillionen Menschen dem gleichen Ort zuwandten, die gleichen Gebetsworte sprachen und sich genauso zu Boden warfen wie man selbst. Ein Kollektivgefühl derartigen Ausmaßes überstieg mein Vorstellungsvermögen, aber durch diese Übung konnte ich jetzt besser verstehen, warum so viele Leute im Dorf mir gesagt hatten, ich solle nicht fasten. Dieser riesigen Gemeinschaft anzugehören war ein Privileg, das sie sich jedes Jahr neu verdienen mußten, und die Anstrengung machte sie des Wertes seiner Grenzen doppelt bewußt.

Abends, nach den Gebeten, ist das Dorf voller Leben und Lachen. Während zu anderen Zeiten des Jahres die Gassen und Wege um acht Uhr abends gewöhnlich längst verlassen daliegen, sind sie jetzt voller Betriebsamkeit und Geschäftigkeit. Kinder ziehen singend von Haus zu Haus und verlangen Geschenke, man besucht Verwandte, bleibt lange auf, plaudert und scherzt mit seinen Freunden.

Am Vorabend meiner Reise nach Kairo und Alexandria ging ich zu Scheich Mūsā, um mich zu verabschieden. Er und seine Familie ruhten sich aus, nachdem sie das tägliche Fasten beendet hatten. Sie hatten gut gegessen, und Scheich Mūsā war soeben von der Moschee zurückgekommen. Er saß in seinem Schlafzimmer auf einer Matte, paffte an seiner Shīsha, einer selbstgebauten Wasserpfeife, und entschädigte sich jetzt für den Verzicht auf den ganzen Tabak, den er sich tagsüber hatte versagen müssen.

Er war in angeregter Stimmung. «Willkommen, *yā Amitab*», sagte er. «Wie geht es dir? Komm, setz dich zu mir.»

Sowie ich mich gesetzt hatte, deutete er auf einen jungen Mann, der in der anderen Ecke des Zimmers saß, und sagte: «Weißt du, wer das ist?»

Der Raum war nur vom Schein einer einzigen Petroleumlampe erhellt, aber ich erkannte den jungen Mann, auf den er gezeigt hatte, sofort. Es war sein jüngerer Sohn Hasan. Er sah dem Foto sehr ähnlich, das Scheich Mūsā in seiner Brieftasche aufbewahrte: kräftig, klare, wie gemeißelte Züge und ein angenehmes, etwas scheues Lächeln. Er legte die rechte Hand auf sein Herz, um mich in seinem Haus willkommen zu heißen, und wir schüttelten uns die Hand und tauschten die üblichen Begrüßungsformeln aus.

«Du hast Segen gebracht.»

«Gott segne dich.»

«Du hast Licht in unser Haus gebracht.»

«Das Licht ist dein.»

Sein Gesicht war braungebrannt, und er trug den khakifarbenen Kampfanzug der ägyptischen Armee.

«Er ist auf Heimaturlaub», sagte Scheich Mūsā. «Er hat ein paar Tage freibekommen, damit er seine Familie besuchen kann.»

In dem Moment erschien Sakīna in der Tür und reichte Hasan ein Tablett mit drei Gläsern Tee. Er nahm es ihr wortlos ab, und sie verschwand wieder in der Küche. Weder sie noch Hasan sprachen einander an, aber mir ging plötzlich auf, daß sie wahrscheinlich genau gleichaltrig waren. Als Kinder hätten sie in derselben Gruppe auf den Baumwollfeldern gearbeitet und die Rüsselkäfer von den Pflanzen gepflückt, und abends hätten sie zusammen auf den Dreschboden des Dorfes gespielt. Ich mußte unwillkürlich über die Nuancen ihrer gegenwärtigen Situation nachdenken, darüber, wie sie als Stiefmutter und Stiefsohn miteinander umgingen.

«Er ist heute nachmittag angekommen», sagte Scheich Mūsā. «Er war den ganzen Vormittag unterwegs.»

Ich fragte Hasan, wo er hergekommen sei, und er erzählte mir, daß er in Mansura stationiert war, einer kleinen Stadt ein paar hundert Meilen entfernt am anderen Ende des Deltas. Seine Stimme klang müde, und als er zu Ende geredet hatte, lehnte er seinen Kopf an die Wand.

«Es geht ihm nicht gut», erklärte Scheich Mūsā. «Der Kopf tut ihm weh.»

Erst da sah ich, daß er einen Verband um die Stirn trug. Ich hatte ihn vorher nicht bemerkt, da er fast vollständig von Hasans dichtem schwarzem Haar verdeckt wurde.

«Er kommt für einen Tag nach Hause, und dann passiert ihm gleich so was», sagte Scheich Mūsā mit gespielter Entrüstung. «Sollte die Regierung nicht wenigstens seinen Urlaub verlängern?»

Nach kurzer Zeit trafen weitere Besucher ein. Einige waren Verwandte, die erfahren hatten, daß Hasan auf Heimaturlaub da war, und einige waren Freunde von Scheich Mūsā aus den umliegenden Dörfern. Ich merkte bald, daß einige aus Nashāwi waren, und sowie die erste Pause in der Unterhaltung eintrat, fragte ich, ob es in ihrem Dorf eine Blutfehde geben werde. Sie sahen sich erst verwundert an, und als ich ihnen die Geschichte schilderte, die Dschābir mir erzählt hatte, fingen sie an zu lachen.

Der Junge habe sich das alles nur eingebildet, sagten sie. Es würde keine Fehde geben, obwohl es stimmte, daß der Mann namens Spatz gestorben war. Die Polizei hatte einen Bericht erstellt, und die Angelegenheit war zwischen den beiden Familien geregelt worden. Der Spatz war ein armer Mann gewesen, der geistig etwas verwirrt war und nur sehr wenige Verwandte in der Gegend hatte. Der Mann, der ihn geschubst hatte, stammte aus einer großen und mächtigen Familie. Von einer Fehde war nie die Rede gewesen. Die Ältesten der beiden Familien hatten sich zusammengesetzt und sich auf eine symbolische Zahlung geeinigt, und das war's, *khalas*.

Scheich Mūsā, der aufmerksam zugehört hatte, seufzte und schüttelte den Kopf. «Nashāwi!» sagte er. «Da gibt's immer irgendwelchen Ärger.»

Nashāwi war ein großer, betriebsamer Ort mit fast vierzehnhundert Einwohnern, ganze tausend mehr als Lataīfa! All diese Leute, die da dichtgedrängt zusammenlebten – kein Wunder, daß es Ärger gab.

Sie fingen an, sich über Nashāwi zu unterhalten, und wie ich ihnen so zuhörte, fragte ich mich, warum ich das Dorf eigentlich noch nicht besucht hatte. Es lag nur etwa anderthalb Kilometer weiter unten an der Straße, und ich hörte oft die Fahrer der Pritschenwagen, die durch Lataīfa fuhren, «Nashāwi? Nashāwi?» rufen. Während meiner ersten Wochen im Dorf hatte ich mir oft überlegt, einfach mal mitzufahren. Aber inzwischen hatte ich den Namen so oft gehört, daß er wie eine Herausforderung klang. Es war ein Ort geworden, auf den ich mich würde vorbereiten müssen, genauso wie ich mich auf Kairo vorbereitete.

Als ich mich etwas später zum Gehen erhob, luden mich Scheich Mūsās Gäste zu einem Besuch in Nashāwi ein, doch Scheich Mūsā schnitt ihnen das Wort ab. «Er hat jetzt keine Zeit», sagte er. «Er fährt nach Kairo, nach Masr.»

Er und seine beiden Söhne kamen mit zur Tür, um mir auf Wiedersehen zu sagen. Scheich Mūsā stand in der Mitte und hielt seine beiden Enkel an der Hand, zur Rechten seinen älteren Sohn Ahmed, und Hasan, den jüngeren, zur Linken. «Komm bald wieder, *yā mister*», sagte er, «und erzähl uns von deiner Reise. Wir wollen was darüber hören, über Masr.»

«Ich erzähle euch alles», sagte ich, «sowie ich wiederkomme.» Am Ende der Gasse blickte ich mich noch einmal um. Scheich Mūsā stand immer noch da, ein Abbild von Glück und Erfüllung, umgeben von seinen Söhnen und Enkeln.

«Weißt du, was die Leute über Masr sagen?» rief er mir nach. «Sie sagen, es ist die Umm al-Dunyā, die ‹Mutter der Welt›.»

10

Im achtzehnten Jahrhundert schwärmte eine neue Spezies von Reisenden nach Kairo aus, Europäer mit wissenschaftlichem und antiquarischem Interesse, für die Masr lediglich die malerische, doch größtenteils zufällige Erscheinungsform einer älteren und viel wichtigeren Landschaft war. Zu dieser Zeit war Europa der restlichen Welt mit seiner Rüstung und Industrie bereits weit voraus, und auf den Spitzen dieser Waffen sollte bald das Banner des aufstrebenden Imperialismus herangetragen werden. Masr war schon lange nicht mehr Herr seines eigenen Schicksals. Es war eine Provinz des Osmanischen Reiches geworden, das jetzt seinerseits geschwächt war und nur mit Zustimmung der Großmächte seine Gebiete behalten durfte. Der Handel im Indischen Ozean und die Kultur, die ihn getragen hatte, waren längst von den europäischen Flotten zerstört worden. Der Überseehandel war kein gemeinschaftliches Unternehmen mehr, die Handelsschiffahrt auf den Meeren wurde jetzt vollständig von den europäischen Seemächten kontrolliert. Es fiel nicht mehr Masr zu, seine Händler über den Indischen Ozean zu schicken. Statt dessen wurde es durch die geographische Lage, die ihm einst so große Reichtümer eingebracht hatte, zum Objekt der Begierde der Großmächte, als mögliche Brücke zu ihren Gebieten am Indischen Ozean.

Während Ägypten im Kräftespiel der europäischen Mächte zu neuer strategischer Bedeutung gelangte, entwickelte es sich allmählich zu einem Kontinent voller Schätze für die wissenschaftliche und künstlerische Phantasie des Westens. Gegen Ende des siebzehnten Jahrhunderts wurde Europa von einem Fieber der Ägyptomanie erfaßt. Überall auf dem Kontinent tauchten in Häusern und Gärten Sphinxe und Pyramiden auf; es wurden verschiedene Opern geschrieben, die Themen aus dem alten Ägypten verarbeiteten; mehrere Päpste hintereinander zeigten Interesse an den Standorten von Roms Obelisken, und kein Geringerer als Sir Isaac Newton nahm es auf sich zu beweisen, daß Osiris, Bacchus, Sesostris und Sisac nur verschiedene Namen für die gleiche Gottheit waren. Zugleich mit diesem wachsenden Interesse entwickelte sich das Studium ägyptischer Altertümer von einer esoterischen und beinahe mystischen Beschäftigung zu einem neu vermessenen Feld wissenschaftlicher Initiative, und im Dienste dieser neuen Wissenschaft unternahmen mehrere Reisende Entdeckungsfahrten nach Ägypten.

So lagen die Dinge, als in Europa der erste Bericht über die Genisa veröffentlicht wurde. Im Jahre 1752 oder 1753 besuchte ein jüdischer Reisender, Simon van Geldern, ein Vorfahre des deutschen Dichters Heinrich Heine, die Synagoge von Ben Ezra in Babylon. Der Besuch erbrachte allem Anschein nach nichts Bemerkenswertes. Van Geldern wußte lediglich zu berichten, daß er sich in der Genisa «umgesehen» und fünf Münzen bezahlt habe. In der Tat fand sein Besuch auch keine weitere Beachtung. Damals konzentrierte sich das wissenschaftliche Interesse in Europa auf das Ägypten des Altertums. Die Synagoge von Ben Ezra war zu sehr ein Teil von Masr, um Beachtung zu verdienen.

Zum Ende des achtzehnten Jahrhunderts hin war Ägypten das wissenschaftliche Gegenstück zu jenen riesigen Landmassen geworden, die damals von europäischen Siedlern beansprucht und erforscht wurden. Ohne es zu ahnen, war das Land auf dem besten Wege, ein Opfer der von der Aufklärung propagierten Wissens- und Entdeckungsprinzipien zu werden. Der erste detaillierte Plan zur Eroberung Ägyptens etwa wurde nicht von einem Soldaten, sondern von einem Philosophen ausgearbeitet, bereits 1670, von Gottfried W. Leibniz. Als Napoleon über einhundert Jahre später die Invasion Ägyptens vorbereitete, orientierte er sich dabei teilweise an dem Modell einer wissenschaftlichen Expedition.

In den Jahrzehnten nach Napoleons Invasion von 1798 zog Ägypten die Aufmerksamkeit der akademischen westlichen Welt auf sich wie kein anderer Ort zuvor. Doch in dieser ganzen Zeit, trotz all der konzentrierten Bemühungen, die auf die umliegenden Gebiete verwandt wurden, blieb die Genisa vollkommen unbeachtet. Sie war damals noch Teil einer lebendigen Tradition, und die auf Eroberungszügen befindlichen Wissenschaftler zeigten sich wenig interessiert an den abgerissenen und unscheinbaren Einwohnern des zeitgenössischen Masr.

Über hundert Jahre nach Simon van Gelderns Besuch war der Genisa von Ben Ezra immer noch keine öffentliche Beachtung geschenkt worden. Als die nächsten Berichte veröffentlicht wurden, war Masr unter die Herrschaft der Briten gekommen, und seine

Lage auf der Route nach Indien war ihm zum Verhängnis geworden, zum unmittelbaren Grund seiner Annexion. Der Besuch, durch den die Aufmerksamkeit wissenschaftlicher Kreise zum erstenmal auf die Genisa gerichtet wurde, fand im Jahre 1864 statt, und darauf nahmen in aller Stille verschiedene Ereignisse um sie herum ihren Lauf – gleich einer versteckten Allegorie über das Verhältnis zwischen Macht und Geschichtsschreibung.

Im Sommer des Jahres 1864, als der Bau des Suezkanals schon weit gediehen war und Ägypten ein weiteres Mal zum Sprungbrett nach Indien zu werden begann, stattete Jacob Saphir, ein Gelehrter und Sammler judaischer Altertümer, der Synagoge von Ben Ezra mehrere Besuche ab, als er durch Ägypten kam. Die Synagoge wurde von den jüdischen Bewohnern Kairos nach wie vor sehr verehrt, und oft führte man Reisende dorthin, weil man in ihr immer noch eine Stätte sah, die eine Wallfahrt lohnte.

Bei seinen Besuchen wurde Saphir die Genisa aus einiger Entfernung gezeigt, und man teilte ihm mit, daß sie viele zerlesene und zerfledderte alte Bücher enthalte. Doch als er darum bat, einen Blick in die Kammer werfen zu dürfen, wurde das rundweg abgelehnt. Am Eingang liege eine zusammengerollte Schlange, erklärten ihm die Vertreter der Synagoge, es sei äußerst gefährlich, hineinzugehen. Ihre Weigerung machte Saphir um so entschlossener, der Sache auf den Grund zu gehen, und er kehrte zur Synagoge zurück, nachdem er vom Leiter des rabbinischen Gerichts die Erlaubnis bekommen hatte, die Kammer zu betreten. Die Vertreter der Synagoge beeindruckte das wenig, und sie sagten lachend: «Wie kann ein Mensch sein Leben für nichts aufs Spiel setzen? Er wird das Jahr nicht überleben!» Sie gaben erst nach, nachdem Saphir ihnen versichert hatte, daß er sich aufs Schlangenbeschwören verstehe und ihnen eine Belohnung versprochen hatte.

Die Genisa, die Saphir dann vorfand, war zweieinhalb Stockwerke hoch mit Handschriften gefüllt. Sie war oben zum Himmel hin offen, und drinnen lagen Trümmer und Schutt verstreut. Nachdem er zwei anstrengende Tage in ihr verbracht hatte, ging er wieder, ohne irgendwelchen «hitzigen Schlangen oder Skorpionen» begegnet zu sein, und nahm «nur ein paar Blätter aus verschiedenen alten Büchern und Handschriften» mit. Nach genauer Prüfung erwiesen sich die Fragmente als wertlos, doch seiner Beschreibung des Besuchs in seinen Erinnerungen fügte Saphir den Zusatz an: «Aber wer weiß, was noch darunter verborgen liegt?»

Sein Bericht, der 1866 erschien, weckte das Interesse eines kleinen Kreises von Wissenschaftlern und verlieh dem Gerücht Glaubwürdigkeit, daß in Kairo eine potentielle Schatztruhe mit Dokumenten der Entdeckung harrte.

Bald darauf bekam die Synagoge von Ben Ezra wahrscheinlich erneut Besuch, diesmal von einem Mann, der schließlich die weltweit größte Einzelsammlung hebräischer Handschriften zusammentrug. Das war Abraham Firkowitsch, Krimjude und Mitglied der karaitischen Sekte, ein Sammler, der gleichermaßen für seine Skrupellosigkeit wie für sein scharfes Urteil berühmt war. Die Sammlung, die er im Laufe seines Lebens zusammentrug, befindet sich heute in der öffentlichen Bibliothek in St. Petersburg. Die Handschriften wurden in zwei Teilen erworben: den ersten verkaufte Firkowitsch selbst, und der zweite wurde bald nach seinem Tod im Jahr 1874 erstanden. Allein schon der zweite Teil enthält fünfzehnmal so viele biblische Handschriften, wie das Britische Museum sein eigen nennt. Der deutsche Gelehrte Paul Kahle, der sich das Studium der Firkowitsch-Sammlung zur Lebensaufgabe machte, schätzte, daß die in sämtlichen Bibliotheken Europas zusammengenommen vorhandenen biblischen Handschriften nicht einmal ein Drittel jener Menge betrug, die sich in dieser einen Sammlung in St. Petersburg befand. Es ist bekannt, daß viele dieser Dokumente aus der Genisa in Kairo stammten, aber welche es waren, läßt sich nicht feststellen, da Firkowitsch nie seine Quellen preisgab. Viele seiner Dokumente hatte er erhalten, indem er in verschiedenen Gegenden des Nahen Ostens Synagogenvertreter beschwindelte, und er pflegte seine Sammelmethoden hinter einem Schleier der Verschwiegenheit zu verbergen.

Wenn heute eine Ironie in der Vorstellung liegt, daß sich vor nicht allzu langer Zeit ein jüdischer Sammler veranlaßt gesehen haben sollte, seinen jüdischen Glaubensbrüdern in Palästina Handschriften zu stehlen, um sie dann nach Rußland zu schaffen, so wird diese Ironie für Firkowitsch nicht erkennbar gewesen sein. Er wandte bei seinen Glaubensbrüdern lediglich jene Methoden an, nach denen die westliche Wissenschaft überall in der kolonisierten Welt vorging.

Im Lauf der nun folgenden Jahre wechselten immer mehr Genisa-Dokumente den Besitzer. Bereits in den achtziger Jahren des letzten Jahrhunderts wurden beträchtliche Mengen nach Palästina, Europa und in die Vereinigten Staaten geschafft – von Sammlern, die oft immer noch nichts von der Existenz der Genisa in Kairo wußten. Gegen Ende jenes Jahrzehnts, 1888, verbrachte ein britischer Jude, der eine wichtige Rolle bei der Verstreuung der Genisa-Handschriften spielen sollte, den Jom Kippur zufällig in der Gesellschaft einiger prominenter jüdischer Familien in Kairo. Er hieß Elkan N. Adler, und nach seiner Rückkehr nach London veröffentlichte er im *Jewish Chronicle* einen Bericht über seine Reise. Er beschäftigte sich darin hauptsächlich mit anderen britischen Juden, die durch Kairo gekommen waren, und zeigte keinerlei Interesse an der jüdischen Gemeinde der Stadt. Er selbst äußerte sich sehr zufrieden über sein Erlebnis. «Es geschieht nicht oft», schrieb er, «daß sich einem Europäer die Gelegenheit bietet, an den Festen der Eingeborenen teilzunehmen.»

Während seines Besuchs war Adler mit einer Familie bekannt geworden, die in der jüdischen Gemeinde der Stadt eine höchst einflußreiche Stellung innehatte. Sie hieß Cattaoui und sollte in der weiteren Geschichte der Genisa eine entscheidende Rolle spielen. Die Cattaouis sollen über Holland nach Ägypten gekommen sein, und wie die meisten der führenden jüdischen Familien im Kairo des späten neunzehnten Jahrhunderts waren sie eher sephardische als orientalische Juden. Zu diesem Zeitpunkt stellten die einheimischen Juden Kairos, jene, die die engste Beziehung zur Synagoge von Ben

Ezra hatten, eine kleine und verarmte Minderheit innerhalb der Gemeinde dar. Die Cattaouis hatten selbst einmal in einer jüdischen Enklave in Kairo gelebt, aber sie waren eine der ersten Familien, die die Hāra verließen. Später hatten sie ein blühendes Bankunternehmen gegründet, mit Filialen in Kairo, Alexandria und Paris, und zur Zeit von Adlers Besuch waren sie die bei weitem mächtigste Familie der Gemeinde.

Der Gründer der Sippe, Jaqub Cattaoui, war der erste ägyptische Jude, dem der Titel «Bey» verliehen wurde, und Anfang der achtziger Jahre wurde er auch noch zu einem Baron des Habsburgerreiches ernannt. Mit ihrem neuen Statusbewußtsein als österreichische Aristokraten nannte sich die Familie oft «von Cattaoui». Wenn die Barone von Cattaoui geahnt hätten, daß sie eines Tages Elkan Adler zu der Gelegenheit verhelfen würden, einem «Eingeborenenfest» beizuwohnen!

In dem Bericht über seinen Aufenthalt in Kairo erwähnte Adler die Privatsynagoge der Cattaouis und ihre daneben liegende Residenz, ein prächtiger Palast, der einmal einem Pascha gehört hatte. Er gab auch eine kleine Anekdote über das damalige Oberhaupt der Familie, Moses Cattaoui, wieder.

Etwa sechs Jahre vor Adlers Besuch hatten es die Briten mit einem bewaffneten Aufstand zu tun, angeführt von Ahmed Arabī Pascha, einer volkstümlichen Figur, die in Ägypten bis heute verehrt wird. 1882 wurden die Ägypter besiegt, und in der Folge des Krieges brachten die Briten die Verwaltung des Landes unter ihre direkte Kontrolle. Bald darauf wurde der britische Botschafter in Konstantinopel, Lord Dufferin, nach Kairo entsandt, um einen Plan für die «Rehabilitation» des Landes auszuarbeiten. Die Cattaouis stellten ihm für die Dauer seines Aufenthalts ihr Herrenhaus zur Verfügung, und in Anerkennung dieses Dienstes schickte Königin Victoria später Moses Cattaoui ihr Porträt – ein Erinnerungsstück, das er, wie Adler schreibt, «mit nicht geringem Stolz» hochschätzte.

Adler wurde gestattet, im Tresorraum der Cattaouis einen Blick auf ein bemerkenswertes Dokument zu werfen: das vom Kalifen ausgestellte, achthundert Jahre alte Dekret, in dem die Synagoge von Ben Ezra ihrer Gemeinde übergeben wird. Er stattete auch Fustât einen Besuch ab und war entsetzt, als er erfuhr, daß die Synagoge demnächst abgerissen und neu aufgebaut werden sollte. Doch ansonsten hinterließ der Besuch bei ihm keinen großen Eindruck. Seine Nachforschungen über die Genisa ergaben nichts von Bedeutung, und er kam zu dem Schluß, daß «keine wichtigen hebräischen HS in Kairo gekauft werden können». In seinem Reisebericht fand die Genisa nicht einmal Erwähnung.

Einige Jahre später wurde, genauso wie man es Adler gesagt hatte, der alte Bau der Synagoge von Ben Ezra tatsächlich abgerissen, und das Gebäude, das heute dort steht, an seiner Stelle errichtet. Im Verlauf der Abrißarbeiten dürfte der Schriftenbestand der Genisa in Bewegung geraten sein, denn die rapide Streuung der Handschriften scheint etwa um diese Zeit eingesetzt zu haben. Inzwischen waren sich die Synagogenvertreter und die notorisch gerissenen Antiquitätenhändler Kairos völlig im klaren darüber, daß diese Dokumente gute Preise auf dem internationalen Markt bringen konnten, und durch ihre Aktivitäten fanden damals große Mengen von Handschriften ihren Weg zu Bibliotheken in Paris, Frankfurt, London, Wien und Budapest. Der Bodleian Library in Oxford gelang es in diesen Jahren durch die Bemühungen zweier Mitarbeiter, die ihren Wert schnell erkannt hatten, eine große Sammlung zu erwerben.

In Cambridge dagegen fanden die Handschriften kaum Beachtung. Fachmann für hebräische Handschriften in Cambridge war damals Dr. Solomon Schechter, ein bedeutender Gelehrter und ein energischer, charismatischer Mensch, der noch dazu mit einer natürlichen Herzenswärme und einer großen Portion Charme gesegnet war. Ihm hatte ein gelehrter Rabbi in Jerusalem, Solomon Wertheimer, ein Dokument aus der Genisa geschickt. Innerhalb weniger Jahre sollte Schechters Name enger als irgendein anderer mit der Genisa verbunden sein, doch bis Mitte der neunziger Jahre war er (wie viele andere Gelehrte) noch der Meinung, daß diese «ägyptischen Fragmente» nicht wirklich bedeutsam seien. Rabbi Solomon Wertheimer schrieb ihm mehrere Briefe, in denen er ihn bat, die Dokumente Oxford zu überlassen, wenn er sie für wertlos hielt, doch seine Bitten wurden nicht erhört: Doktor Schechter hatte noch keine Zeit gefunden, sie aus ihren Kisten auszupacken.

Etwa zu dieser Zeit muß Elkan Adler erkannt haben, daß er sich in seiner ursprünglichen Einschätzung geirrt hatte, denn er kehrte 1896, im, wie sich herausstellte, entscheidenden Jahr der Existenz der Genisa, nach Kairo zurück. Er hatte Briefe von seinem Bruder Herman Adler dabei (der später Oberrabbiner des Britischen Empire wurde) und wurde mit großer Herzlichkeit vom Oberrabbiner von Kairo, Rafaïl ben Schimon ha Cohen, und dessen Stellvertretern empfangen, die niemand anderes waren als die führenden Mitglieder der Familie Cattaoui. Gemeinsam erteilten sie Adler die Erlaubnis, die Genisa zu betreten und eine bestimmte Anzahl von Dokumenten seiner Wahl mitzunehmen. Rabbi Rafaïl begleitete ihn höchstpersönlich nach Fustāt, und nachdem er drei oder vier Stunden in der Kammer zugebracht hatte, schleppte er einen Sack Handschriften fort. Das Material, das er an diesem Tag gesammelt hatte, ist heute über mehrere Bibliotheken verstreut und bildet den Kern der wichtigen Sammlung des Jüdischen Theologischen Seminars von New York.

Im selben Jahr, 1896, kehrten zwei Presbyterianerinnen, Agnes S. Lewis und Margaret D. Gibson, von einem Besuch in Ägypten mit einer kleinen Sammlung von Genisa-Dokumenten nach England zurück. Die Frauen waren Geschwister, eineiige Zwillinge mit wissenschaftlichen Neigungen, deren großes Privatvermögen es ihnen gestattete, ausgedehnte Reisen im Nahen Osten zu unternehmen. Im Verlauf ihrer Streifzüge hatten sie eine beträchtliche Sachkenntnis über Handschriften und Altertümer erworben, und in diesem Fall waren sie davon überzeugt, daß einige der Dokumente, die sie mitgebracht hatten, von beträchtlichem Wert waren.

In Cambridge angekommen, wählten sie zwei Fragmente aus, die ihnen besonders interessant erschienen, und brachten sie zu Solomon Schechter, dem Dozenten für Talmud-Forschung. Schechter willigte ein, sie sich anzusehen, doch hauptsächlich aus Höflichkeit, denn er war immer noch skeptisch bezüglich des Wertes der «ägyptischen Fragmente». Doch nun stand ihm eine große Überraschung bevor. Eines der Dokumente erregte sofort sein Interesse, und nachdem er es am nächsten Morgen in seinem Büro untersucht hatte, erkannte er, daß er auf eine sensationelle Entdeckung gestoßen war. In großer Eile schickte Schechter folgende Mitteilung von der Bibliothek ab:

> Liebe Mrs. Lewis,
>
> ich glaube, wir haben Anlaß, uns zu beglückwünschen. Denn das Fragment, das ich mitnahm, stellt einen Teil des hebräischen Originals des Ekklesiastikus dar. Es ist das erste Mal, daß so etwas entdeckt wurde. Bitte bewahren Sie bis morgen Stillschweigen darüber. Ich werde Sie gegen 23 Uhr aufsuchen, um mit Ihnen zu besprechen, wie die Sache bekanntgemacht werden sollte.
> In Eile und großer Aufregung,
>
> Hochachtungsvoll
> S. Schechter

Schechters Mitteilung datiert vom 13. Mai 1896. Noch am selben Tag schickte Mrs. Lewis die Nachricht von der Entdeckung an die renommierte Londoner Zeitschrift *The Academy*. Der Brief wurde drei Tage später unter der Überschrift «Entdeckung eines Fragments des Ekklesiastikus im hebräischen Original» veröffentlicht, und er begann mit folgenden Worten: «Alle jene, die sich mit der Bibel und den Apokryphen befassen, werden mit Interesse zur Kenntnis nehmen, daß unter einigen Fragmenten hebräischer HS, die meine Schwester Mrs. Gibson und ich kürzlich in Palästina erworben haben, heute von Mr. S. Schechter, Dozent für Talmud-

Forschung an der Universität Cambridge, ein Blatt aus dem Buch des Ekklesiastikus entdeckt wurde.»

In seinem eigenen vorläufigen Bericht, der noch im selben Jahr in der wissenschaftlichen Zeitschrift *Expositor* erschien, gab Schechter bekannt, daß er einen Teil des ursprünglichen Ekklesiastikus-Textes (das Buch der Weisheit) von Jesus Ben Sirah aufgefunden habe, das, wie man wußte, um 200 vor Christus entstanden war. Das hebräische Original war schon vor Jahrhunderten verlorengegangen und das Buch nur in der griechischen Übersetzung erhalten geblieben. «Wenn bewiesen werden könnte», schrieb Schechter, «daß Sirah, der um 200 vor Christus seine Hauptschaffensperiode hatte, sein Werk, wie manche glauben, im rabbinischen Idiom verfaßt hat..., dann müssen zwischen Ekklesiastikus und den Büchern des Alten Testaments Jahrhunderte liegen, nein, es müssen, in den meisten Fällen, die tiefen Wasser der Gefangenschaft dazwischenliegen...»

Keine der beiden Bekanntmachungen erwähnte die Genisa von Fustāt als Quelle des Dokuments. Schechter war so aufgeregt über seine Entdeckung, daß er bereits daran dachte, nach Kairo zu reisen, um zu erwerben, was von den Handschriften noch vorhanden war. Geheimhaltung war von entscheidender Bedeutung, wenn diese Kalkulation aufgehen sollte. Es gelang ihm schnell, sich die Unterstützung von Doktor Charles Taylor zu sichern, dem Master des St. John's College in Cambridge. Taylor war Mathematiker, doch er interessierte sich auch sehr für rabbinische Studien und überredete die Universität, sich mit ihrem beträchtlichen Einfluß für Schechter einzusetzen. Im Dezember 1896 reiste Schechter ab, im Gepäck ein an den Oberrabbiner von Kairo gerichtetes Empfehlungsschreiben von Herman Adler, zu dem Zeitpunkt Oberrabbiner von England, sowie eine «wunderschöne, mit Band und Siegel versehene Beglaubigung» des Vizekanzlers von Cambridge, die für den Vorsitzenden der jüdischen Gemeinde Kairos bestimmt war.

Schechter hätte sich für seine Reise keinen günstigeren Zeitpunkt aussuchen können. Die britische Verwaltung in Ägypten wurde damals von Sir Evelyn Baring geleitet, dem späteren Lord Cromer. Von seinen Untergebenen «Over-Baring», der Anmaßende, genannt, hatte er auf verschiedenen Verwaltungsposten in Indien und Ägypten gedient und wenig Anlaß gefunden, von den Fähigkeiten der neuzeitlichen Bewohner dieser Länder begeistert zu sein. Er hielt so wenig von den Ägyptern, daß er einmal, als er eine berühmte ägyptische Sängerin ein Lied singen hörte, das die Zeile enthielt: «Meine Liebe ist verloren, ach! Leute, sucht sie für mich», bemerkt haben soll, es sei typisch für die Ägypter, daß sie sich ihre Liebe von jemand anderem suchen ließen. Seine Auffassungen legte er auf prägnante Weise in einem Essay dar, der den Titel «The Government of the Subject Races» trug.

«Wir brauchen nicht allzu genau danach zu fragen, was diese Menschen, die sich, als Volk, alle mehr oder weniger *in statu pupillari* befinden, selbst als das Beste für sich erachten ... Die Entscheidung jeder konkreten Frage sollte sich unbedingt daran orientieren, was *wir* im Lichte westlichen Wissens und westlicher Erfahrung ... als das Beste für die Untertanenrasse erachten.»

Unter Lord Cromers Oberaufsicht wurden in allen Bereichen der Landesverwaltung britische Beamte in Schlüsselpositionen eingesetzt. So daß, als Schechter in Kairo eintraf, ein bandgeschmückter Brief vom Vizekanzler der Universität Cambridge nicht bloß ein Blatt Briefpapier mit geprägtem Kopf war, sondern das Hinterzimmer-Äquivalent eines kaiserlichen Edikts.

Schechter hatte das Glück, daß sich Cromer persönlich am Erfolg seiner Mission interessiert zeigte. Was genau zwischen Schechter, der britischen Verwaltung und den Vorstehern der jüdischen Gemeinde Kairos besprochen wurde, ist im ungewissen geblieben, doch schon bald trafen der Oberrabbiner von Kairo und Joseph M. Cattaoui Pascha eine Entscheidung, die im nachhinein geradezu erstaunlich erscheint. Sie beschlossen, das Erbe ihrer Gemeinde – und ihrer Stadt – Solomon Schechter zum Geschenk zu machen. Sie gaben ihm die Erlaubnis, aus der Genisa zu entfernen, was er wollte, bis zum letzten Bogen Pergament, ohne irgendwelche Bedingungen daran zu knüpfen oder gar eine Bezahlung zu verlangen.

Gelegentlich ist behauptet worden, Schechter habe sein Ziel deshalb so mühelos erreicht, weil die Hüter der Synagoge von Ben Ezra keine Ahnung vom tatsächlichen Wert der Genisa-Dokumente gehabt hätten – ein Argument, das im neunzehnten Jahrhundert oft und gern angeführt wurde, um den Erwerb historischer Artefakte durch die Kolonialmächte zu rechtfertigen. Aber angesichts der Tatsache, daß es schon mehrere Jahre vor Schechters Besuch einen lebhaften und lukrativen Handel mit Genisa-Schriften gegeben hatte, müssen die Pedelle und kleinen Beamten der Synagoge von deren Wert gewußt haben. Und verarmt, wie sie waren, ist es schwer vorstellbar, daß sie sich freiwillig von einem Schatz getrennt hätten, der schließlich die letzte wertvolle Hinterlassenschaft ihrer Vorfahren darstellte. Aller Wahrscheinlichkeit nach wurde die Entscheidung ausschließlich von den Führern der Gemeinde getroffen, und ihnen war nichts anderes übriggeblieben, als sie zu akzeptieren. Und was jene Führer betraf, so sind die Motive für ihre außergewöhnliche Großzügigkeit nicht schwer zu erraten: Wie die Eliten so vieler anderer Gruppen in der kolonisierten Welt beschlossen sie offensichtlich, ihre große Chance in einer Zeit zu nutzen, als die Macht – die Macht der Schiffe und Kanonen – deutlich auf seiten Englands lag.

Doch Schechter nahm nichts als gegeben hin. Während der ganzen Zeit, die er in Fustāt arbeitete, achtete er sehr darauf, die Kontakte mit den Führern der jüdischen Gemeinde sorgfältig zu pflegen. Er besaß beträchtlichen Humor, und in den Briefen an seine Frau beschrieb er sein Verhältnis zum Oberrabbiner und dessen Familie in dem für ihn typischen prägnanten Stil: «Ich habe ihm stundenlang den Hof gemacht und nehme jetzt dreimal die Woche Arabischunterricht. Du siehst, wie praktisch veranlagt Dein Göttergatte ist.» Er beschloß auch, dem Oberrabbiner die Pyramiden zu zeigen, die dieser erstaunlicherweise noch nie gesehen hatte: «Das wird mich gut zehn Shilling kosten, aber es ist die einzige Möglichkeit, sich beliebt zu machen.» Der Rabbi war derart von ihm eingenommen, daß Schechter sich in einem späteren Brief zu der Bemerkung veranlaßt sah: «Der Rabbi ist sehr liebenswürdig und küßt mich auf den Mund, was nicht sehr angenehm ist...»

Andere Mitglieder der Gemeinde wurden mit weniger Herzlichkeit bedacht. Über die Wächter der Synagoge notierte Schechter in einem Brief an seine Frau: «Wochenlang hatte ich die Belästigung durch diese schurkischen Pedelle zu ertragen, denen ich Bakschisch geben muß.» Später, in einer ausführlichen Schilderung seiner Erlebnisse, schrieb er: «Die gesamte Bevölkerung innerhalb des Synagogengeländes trat ständig mit Forderungen an meine Freigebigkeit an mich heran – die Männer als ehrenwerte Kollegen, die mit der gleichen Tätigkeit (des Sortierens) wie ich befaßt waren..., die Frauen dafür, daß sie mich respektvoll grüßten, wenn ich den Ort betrat, oder daß sie mir ihr tiefempfundenes Mitgefühl ausdrückten, wenn mich meine durch den Staub verursachten Hustenanfälle überfielen. An Festtagen, zum Beispiel bei Neumond oder am Abend vor dem Sabbat, war der Betrag, der für all diese Aufmerksamkeiten von mir erwartet wurde, noch sehr viel größer, da es ja nur recht und billig schien, daß der Millionär aus dem Westen etwas von seinem Vermögen zur Herrlichkeit des nächsten Mahles beisteuerte.»

Es muß als ein bemerkenswertes Merkmal jenes Zeitalters gelten, daß es Schechter, einen ansonsten freundlichen und humanen Menschen, selbst Angehöriger einer Familie verarmter rumänischer Chassidim, dazu verleiten konnte, eine Art von Sprache zu benutzen, die jedem britischen Kolonialbeamten sogleich vertraut geklungen hätte. Der Unterschied ist nur der, daß Schechter über seine eigenen Glaubensbrüder schrieb, dazu noch über just jene Gruppe, die die Genisa fast tausend Jahre lang erhalten hatte und deren erstaunliche Leistung er im Begriff war, sich anzueignen. Lord Cromer hätte sich wahrscheinlich noch deutlicher ausgedrückt, doch hätte er mit dieser Weltanschauung, in der die Interessen der Mächtigen als Notwendigkeit definiert wurden, während die Forderungen der Armen als Habgier erschienen, völlig übereingestimmt.

Schechter mußte mehrere Wochen lang in der Kammer der Genisa arbeiten und mit Hilfe der «schurkischen Pedelle» ihren Inhalt sortieren. Die dort gelagerten Dokumente waren von unterschiedlichster Art; nur ein kleiner Teil von ihnen hatte einen im engeren Sinne religiösen Inhalt. Doch die Menschen, die die Genisa benutzten, hätten die moderne Unterscheidung zwischen «weltlich» und «religiös» nicht nachvollzogen. Für sie befand sich wenig außerhalb von Gottes Werk, ob es nun mit Heirat, Gebet oder Trägerlohnverträgen zu tun hatte. Gewiß enthielt die Genisa zahllose biblische Handschriften, doch war sie weder eine religiöse Bibliothek noch ein Archiv. Es war ein Ort, an dem die Mitglieder der Gemeinde alle in ihrem Besitz befindlichen Schriftstücke ablegten, einschließlich Briefen, Rechnungen, Verträgen, Gedichten, Heiratsurkunden und so fort. Oft fanden sich auf demselben Stück Papier verschiedene Handschriften, denn im Mittelalter war Papier teuer, die Leute gingen sparsam damit um. All diese unterschiedlichen Papiere wurden wahllos in der Genisa deponiert, und im Lauf der Jahrhunderte brachten diejenigen, die die Kammer betraten, sie noch weiter durcheinander. Um alles noch komplizierter zu machen, wurden nach dem sechzehnten Jahrhundert auch noch große Mengen von Gedrucktem und Büchern in der Genisa gelagert.

Schechter entschied sich schließlich dafür, die Druckfragmente zurückzulassen und nur die handschriftlichen mitzunehmen. Er füllte an die dreißig Säcke und Kisten mit dem Material, und mit Unterstützung der britischen Botschaft in Kairo ließ er sie nach Cambridge transportieren. Einige Monate später kehrte er selber zurück, beladen, wie Elkan Adler es später ausdrückte, «mit den Schätzen der Ägypter».

1898 wurden die Handschriften, die Schechter aus Kairo mitgebracht hatte, formell der Universitätsbibliothek übergeben, wo sie seitdem als Taylor-Schechter-Sammlung wohlbehütet aufbewahrt werden. Die Sammlung umfaßt über einhunderttausend Fragmente und stellt das weltweit größte Einzellager von Genisa-Material dar. Und eben in dieser Sammlung, über ein paar Dutzend Dokumente verstreut, sind die Geschichte von Abraham Ben Yiju und seinem Sklaven erhalten – winzige Fäden, in die Ränder eines gigantischen Bildteppichs eingewebt.

Weitere Mengen von Dokumenten, dem Genisa-Material sehr ähnlich, wurden um die Jahrhundertwende auf dem jüdischen Friedhof von Fustāt entdeckt, und dann noch mehr an die zehn Jahre später. Innerhalb weniger Jahre gelangten auch sie nach Europa und Amerika und fanden größtenteils den Weg in private Sammlungen.

Bei Ausbruch des Ersten Weltkriegs war die Genisa schließlich leer. Doch in ihrem Heimatland schenkte niemand dieser Entleerung auch nur die geringste Beachtung. In irgendeinem tieferen Sinne hatte die islamische Hochkultur von Masr die parallele Geschichte, für welche die Genisa stand, eigentlich nie richtig bemerkt, hatte nie einen Platz für sie gefunden, und ihre Entfernung bestätigte nur eine ganz bestimmte Sichtweise der Vergangenheit.

Und so trug, nachdem sie aus den entferntesten Winkeln der bekannten Welt nach Fustāt gelangt waren, eine zweite Reisewelle die Dokumente noch weiter in die Welt hinaus. Die Ironie dabei ist, daß sie größtenteils in Länder gelangte, die die Genisa längst zerstört gehabt hätten, wäre sie Teil ihrer eigenen Geschichte gewesen. Nun fand sich in Masr, das die Genisa beinahe ein Jahrtausend lang erhalten hatte, keine Spur mehr von ihren Schätzen. Nicht ein einziger Fetzen Papier, der an diesen Aspekt seiner Vergangenheit erinnerte.

Es war, als wären hier bereits jene Grenzen gezogen worden, die einige Jahrzehnte später Palästina teilen sollten, doch eher in der zeitlichen als in der territorialen Dimension, und in gemeinsamem Einvernehmen.

II

Eine Woche vor Ende des Ramadan kehrte ich nach Lataīfa zurück. In meiner Tasche hatte ich ein paar Geschenke – ein kommentiertes Exemplar des Koran für Scheich Mūsā, eine Lederbrieftasche für Dschābir, einen Ball für die Fußballmannschaft der Dorfjugend, und so weiter. Ich reiste stehend auf der Ladefläche eines Pritschenwagens und kam abends im Dorf an, als die Jungs und die jungen Männer wie immer an der Hauptstraße saßen und mit ihren Freunden plauderten. Einige liefen auf mich zu, sowie ich von dem Wagen herunterstieg. Ich winkte, aber zu meiner Überraschung lächelten sie nicht, noch winkten sie zurück. Mir fiel auf, daß ihre Mienen ungewöhnlich ernst waren, und plötzlich befiel mich eine dunkle Ahnung.

«Es ist etwas Furchtbares passiert, während du fort warst, *yā mister*», sagte der Junge, der mich als erster erreichte.

«Was denn?»

«Erinnerst du dich an Scheich Mūsās Sohn Hasan?» sagte er.

«Ja.»

«Er ist tot. Er ist vor ein paar Tagen gestorben.»

«Er wurde erst vor kurzem begraben», sagte einer der Jungs. «Mit einer großen Zeremonie und allem Drum und Dran. Du hast es verpaßt.»

Später am Abend besuchte ich Scheich Mūsā. Ich hatte das Geschenk dabei, das ich ihm aus Kairo mitgebracht hatte. Ich war mir nicht sicher, ob es der richtige Moment war, es ihm zu geben, aber ich nahm es trotzdem mit, weil ich nicht mit leeren Händen bei ihm erscheinen wollte.

An der Tür wurde ich von seinem Sohn Ahmed begrüßt. Er trug einen verknitterten Dschallābiyya, und er sah erschöpft aus, mit dunklen Ringen unter den Augen. Ich schüttelte ihm die Hand und gab die gebräuchlichen Trauerbekundungen von mir. Er flüsterte die Erwiderungen und führte mich ins Gästezimmer.

Scheich Mūsā saß in einer Ecke. Der Raum war dunkel. Die Fenster waren geschlossen und die Lampe nicht angezündet worden. Scheich Mūsā erhob sich etwas mühsam und murmelte die üblichen Begrüßungsformeln: «Willkommen, wie geht es dir?» und so weiter, als wäre ich zu einem beiläufigen Plausch über den Baumwollanbau vorbeigekommen. Ich sagte die konventionellen Worte des Trostes und versuchte dann noch etwas Persönliches anzufügen. «Eine schreckliche Nachricht», sagte ich. «Es war ein großer Schock für mich...»

Er nahm dies nur mit einer Geste zur Kenntnis, und eine Weile saßen wir drei schweigend da. Als sich meine Augen allmählich an die Dunkelheit gewöhnten, bemerkte ich, daß er unrasiert war, ein mehrere Tage alter weißer Stoppelbart hob sich gegen die dunkle Haut ab. Er schien schrecklich gealtert seit unserer letzten Begegnung. Er sah aus, als wäre er zusammengeschrumpft und verwelkt, sein Dschallābiyya war ihm plötzlich viel zu groß.

Als ich ihm das mitgebrachte Päckchen überreichte, nahm er es mit einem kaum merklichen Kopfnicken entgegen. Ahmed nahm es ihm ab, indem er ein paar Worte des Dankes murmelte, und kurz darauf verließ er den Raum.

Nachdem wir eine Zeitlang allein gewesen waren, sagte Scheich Mūsā leise: «Er war krank, als du ihn getroffen hast. Du hast gesehen, daß er an dem Abend diesen Kopfschmerz hatte. Es wurde wieder etwas besser, also ist er in seine Kaserne zurückgekehrt. Aber dann wurde es wieder schlimmer, und er mußte ins Militärkrankenhaus. Ahmed hat ihn dort besucht, und ich wäre auch hingefahren, aber Ahmed kam wieder und meinte, es sei alles in Ordnung, er werde bald wieder gesund, die Ärzte hätten gesagt, wir brauchten uns keine Sorgen zu machen. Und dann, eines Nachts, kam die Nachricht, daß er gestorben sei. Es war schon sehr spät, zur Stunde des Sahūr, aber wir haben uns im Nachbardorf einen Wagen geliehen, und dann bin ich mit einem meiner Brüder sofort nach Mansurah gefahren. Als wir ankamen, saßen da seine Vorgesetzten und Kameraden und hielten bei seinem Leichnam die Totenwache. Die

Armee hat uns sogar einen Wagen zur Verfügung gestellt, mit dem wir seinen Leichnam heimbringen konnten, und die Vorgesetzten und Soldaten sind auch mitgekommen, um an seinem Begräbnis teilzunehmen.»

«Was hat er denn gehabt?» fragte ich. «Was war das für eine Krankheit?»

Verwunderung trat in seinen Blick, als er sich mir zuwandte. «Er war eben krank», sagte er. «Er hatte einen Kopfschmerz. Du hast doch gesehen, daß sein Kopf verbunden war.»

Meine Frage kam mir grausam vor, ich beharrte nicht weiter darauf. Wir saßen eine Weile schweigend da, und dann kamen seine beiden jungen Enkelkinder mit ihren Schulbüchern und einer Petroleumlampe herein. Sie schlugen ihre Bücher auf, aber schon nach ein paar Minuten lenkte irgend etwas sie ab, und sie fingen an zu spielen. Ich war erleichtert, als ein kleines Lächeln auf Scheich Mūsās Gesicht erschien.

«Wenn du dagewesen wärst», sagte er, «hättest du sein Begräbnis miterlebt und den Trauerempfang danach. Es sind so viele gekommen, die mit uns getrauert haben...»

«Wenn ich es gewußt hätte», sagte ich, «wäre ich sofort zurückgekehrt.»

Er blickte auf seine Füße und verstummte. Ich wollte ihm eigentlich meine große Neuigkeit erzählen, daß Dr. Īsā dafür sorgen wollte, daß ich Abū-Alīs Haus verlassen und von Lataīfa nach Nashāwi ziehen konnte. Aber es schien nicht der geeignete Augenblick zu sein, und nach einer Weile machte ich mich auf.

«Er war so jung», sagte Scheich Mūsā. «Und immer so gesund.»

Er erhob sich, und als sein Gesicht auf gleicher Höhe mit meinem war, sah ich, daß er weinte. *«Ad-dunyā zayy kida»*, sagte er hilflos. «So ist die Welt...» Nachdem er mich nach draußen begleitet hatte, lief er schnell wieder hinein, und ich wandte mich um und ging fort.

Und so geschah es, daß ich mein Versprechen doch nicht hielt, ihm von Masr zu erzählen.

12

Ich verließ Ägypten 1981, und erst sieben Jahre später wurde es mir möglich, mich ernsthaft mit der Geschichte des Sklaven aus MS H.6 zu befassen. Im Verlauf der zehn Jahre seit meiner ersten Begegnung mit Abraham Ben Yiju und seinem Sklaven in Goiteins kurzer Erwähnung hatten sich unsere Wege immer wieder gekreuzt, mal absichtlich, mal zufällig, in Nordafrika, Ägypten und an der Malabarküste, bis mir klar wurde, daß ich der Logik dieser Zufälle nicht mehr widerstehen konnte.

Ich heftete mich auf die Spur des Sklaven, in der Hoffnung, Goitein persönlich um Orientierungshilfe bitten zu können. Ich fühlte mich dazu durch einen Artikel ermutigt, den er in Indien veröffentlicht hatte und in dem er versuchte, bei den Indern Interesse für die Genisa zu wecken. Aber dann erfuhr ich zu meiner großen Enttäuschung, daß er bereits 1985 vierundachtzigjährig gestorben war. So blieb mir nur noch die Möglichkeit, Goiteins Werk zu durchforsten und über Hinweise auf Abraham Ben Yiju dem Sklaven auf die Spur zu kommen.

Der anfängliche Schwung verflog jedoch bald, als ich mir der Ungeheuerlichkeit dieser Aufgabe bewußt wurde. Die vollständige Bibliographie von Goiteins Schriften ergibt ein Buch von 70 Seiten mit einem Anhang von 22 Seiten. Sie umfaßt insgesamt 666 Einträge auf hebräisch, deutsch, englisch und französisch. Seine Schriften wurden in Europa, Amerika, Israel, Tunesien, Indien und Pakistan veröffentlicht, darunter Aufsätze in populären Zeitschriften, ein hebräisches Theaterstück und natürlich zahllose Bücher und Artikel. Mit dreißig hatte Goitein im Alleingang ein Projekt begonnen, für das Universitätsfakultäten gewöhnlich eine ganze Kommission einsetzen: eine Ausgabe der *Ansāb al-Ashrāf* (Die edlen Geschlechter), ein 2500 Seiten umfassendes Werk des arabischen Geschichtsschreibers al-Balādhurī aus dem neunten Jahrhundert. Goiteins Interesse an der Genisa war 1948 bei einem Besuch in Budapest geweckt worden und hatte sich sein ganzes Leben über gehalten. Seine monumentale Studie, der seine Genisa-Forschung zugrunde lag, *A Mediterranean Society*, wurde als Meilenstein der Mittelalter-Forschung gefeiert, schon als der erste von fünf Bänden 1967 erschien. Damit wurde er zum möglicherweise bedeutendsten aller Genisa-Gelehrten, der Forscherpionier, ohne dessen Leistungen eine Beschäftigung mit dem Leben von Ben Yiju und des Sklaven aus MS H.6 heute nicht möglich wäre.

Während ich die relevanten Teile von Goiteins Werk überflog, stellte ich fest, daß er sich in erster Linie für die großen geschichtlichen Zusammenhänge interessierte, so daß Hinweise auf Einzelpersonen wie Ben Yiju in seinen Schriften breit gestreut waren, wie die windverwehte Spur einer Schnitzeljagd. Einige dieser Hinweise führten zu den Werken anderer Forscher wie etwa E. Strauss, der den Brief aus MS H.6 herausgegeben hatte. Andere zeichneten beiläufig die Umrisse von Ben Yijus Laufbahn, während sie gleichzeitig noch in zwei andere Richtungen deuteten: zum einen auf bestimmte Genisa-Dokumente, zum anderen auf eine von Goiteins eigenen unvollendeten Arbeiten, ein Projekt, das er «das Indienbuch» nannte.

Die Hinweise auf dieses Werk setzten in den fünfziger Jahren ein, bald nachdem Goitein begonnen hatte, sich mit den Genisa-Dokumenten zu beschäftigen. Im Verlauf seiner Forschungen war er bald auf eine große Zahl Briefe und andere Manuskripte gestoßen, die sich auf den Handel zwischen dem Indischen Ozean und dem Mittelmeer bezogen. Er faßte bald den Plan, sie als Sammlung unter dem Titel *The India Book* zu veröffentlichen, doch je tiefer er in dieses Thema eindrang, desto mehr Material entdeckte er dazu. Das Projekt wurde immer wieder verschoben, während andere Aspekte seiner Forschung Vorrang einnahmen. Das Indienbuch wurde jedoch nie aufgegeben; Goitein ließ verlauten, daß es etwa dreihundert Dokumente enthalten würde, und 1964 veröffentlichte er sogar schon die Katalognummern dieser Dokumente, einschließlich jener, die sich auf Ben Yiju bezogen, als Leitlinie für andere Forscher. Doch trotz offiziell verkündeter Absichten war das Buch immer noch unvollendet, als er 1985 in Princeton starb.

Der Weg führte jetzt also direkt zur Princeton University, wo Goitein jahrelang gelehrt hatte. Ich hatte gehört, daß seine Kollegen und Studenten in der Abteilung für Nahoststudien dort ein Archiv seiner Papiere zusammengestellt hatten. Dieses Archiv besuchte ich schließlich, doch mich erwartete eine Enttäuschung: Der Zugang zu einem Großteil seiner Papiere blieb mir verwehrt, weil gerade eine Ausgabe seiner Aufzeichnungen zu dem geplanten Indienbuch vorbereitet wurde, mit deren Veröffentlichung jedoch in den nächsten Jahren nicht zu rechnen war. Aus den Papieren, die ich einsehen durfte, gewann ich den Eindruck, daß Goitein die meisten Informationen über Ben Yijus Leben bereits weitverstreut veröffentlicht hatte, denn das Material war mir von meinen früheren Quellenstudien größtenteils schon bekannt.

Am Ende dieses Besuchs war mir klar, daß es für mich jetzt nur noch einen Weg vorwärts gab, nämlich die Genisa-Dokumente, Ben Yijus eigene Papiere, direkt einzusehen. Doch über diesem Weg lag eine scheinbar unüberwindliche Schranke: das Hindernis der Sprache.

Ben Yijus Schriften waren zum Großteil in einer ungewöhnlichen, hybriden Sprache verfaßt, die derart obskur klingt, daß sie ohne weiteres Eingang in ein Buch über erstaunliche Fakten finden könnte. Sie ist heute als Judäo-Arabisch bekannt, ein umgangssprachlicher Dialekt des mittelalterlichen Arabisch, der in hebräischer Schrift transkribiert wurde.

Das Judäo-Arabische entwickelte sich, nachdem muslimische Heere, die sich hauptsächlich von der Arabischen Halbinsel rekrutierten, im siebten Jahrhundert den Großteil des Nahen Ostens und Nordafrikas erobert hatten. Die Sprache der Eroberer verdrängte bald die anderen Sprachen des Reiches, einschließlich des Aramäischen, der Sprache, die von den Juden in diesen Regionen hauptsächlich gesprochen wurde. Aber natürlich verwendeten die Juden weiterhin für religiöse Zwecke das Hebräische, und als sie dann später anfingen, in ihrer neuerworbenen Sprache zu schreiben, taten sie dies im Alphabet ihrer Heiligen Schrift.

Aus dieser sonderbaren Verschmelzung entstand eine Legierung, die ihre ganz eigene Oberfläche und Textur hatte und wenig Ähnlichkeit mit der Sprache aufwies, die von muslimischen Arabern geschrieben wurde. In seiner üblichen Form ist das geschriebene Arabisch die klassische, literarische Variante der Sprache, die sich im Lauf der Zeit erstaunlich wenig verändert hat und mehr oder weniger in der gesamten arabischen Welt, von Marokko bis zum Irak, gültig ist. Gesprochenes Arabisch jedoch ist von Region zu Region derart unterschiedlich, daß ein Marokkaner einen Iraki kaum verstehen würde. Eine tiefe Kluft trennt die beiden Register des Arabischen, die förmliche literarische Sprache und die saloppen regionalen Dialekte. Es sind letztendlich zwei getrennte Sprachen, mit eigenem Vokabular und eigener Grammatik.

Das Judäo-Arabische glich weder der einen noch der anderen Form des Arabischen. Anders als die Dialekte war es eine geschriebene Sprache, und anders als das Schriftarabisch benutzte es den Wortschatz und die Grammatik der gesprochenen Sprache. In gewisser Weise war es etwas viel Einfacheres als die eine oder andere Form des Arabischen: die schriftliche Darstellung einer Umgangssprache. Doch da das umgangssprachliche Arabisch zwischen den Regionen immer variiert hat, neigte auch das Judäo-Arabische dazu, in den verschiedenen Teilen der arabischen Welt verschiedene Schattierungen anzunehmen. Die Sprache der Genisa-Dokumente zum Beispiel hat einen starken Einschlag von nordafrikanischem Arabisch, da so viele Mitglieder der Gemeinde aus dieser Gegend stammten.

Doch obwohl das Judäo-Arabische der gesprochenen Sprache soviel näher war als das Schriftarabisch, war es nicht ausschließlich umgangssprachlich geprägt. Diejenigen, die es benutzten, versuchten häufig, arabische Klassizismen in ihre geschriebene Sprache einzubauen, mit unterschiedlichem Erfolg. Sie verwendeten oft Wörter und Schreibweisen, die gebildete muslimische Araber überrascht hätten, die sie aber für eleganten Sprachgebrauch hielten. Acht Jahrhunderte später besitzen diese seltsamen Solözismen oft eine umständliche, einnehmend menschliche Anmut, wo die korrekte Form lediglich förmlich oder gestelzt wirken würde.

Gleichzeitig verfügten alle, die Judäo-Arabisch schrieben, auch über eine umfassende Kenntnis der hebräischen Heiligen Schrift, und obwohl sie Hebräisch gewöhnlich nicht als sprachliches Ausdrucksmittel benutzen konnten, waren sie doch in der Lage, in ihm zu zitieren. Und so ist ihr Stil mit hebräischen Sprichwörtern und langen Passagen aus der Bibel durchsetzt sowie mit rechtlichen und religiösen Ausdrücken aus dem archaischen Aramäisch.

Als ich das erste Mal etwas darüber las, kam mir das Judäo-Arabische verwirrend esoterisch vor. Es fällt einem schließlich nicht leicht, sich vorzustellen, daß man sich hinsetzt und eine Sammlung von achthundert Jahre alten Dokumenten durchblättert, die in einem umgangssprachlichen Dialekt des mittelalterlichen Arabisch verfaßt, in hebräischer Schrift transkribiert und großzügig mit Hebräisch und Aramäisch durchsetzt sind. Schon in seiner einfachsten Form ist Arabisch eine sehr schwierige Sprache für einen Ausländer, und meine Sprachkenntnisse beschränkten sich größtenteils auf den Dialekt, der in der Gegend von Lataïfa gesprochen wurde – ein breiter, bäuerlicher Dialekt, der so erdig war, daß Kellner in Kairoer Restaurants oft über meinen Akzent die Nase rümpften und Ladenbesitzer sich veranlaßt sahen, mich aufzufordern, ich solle ihnen mein Geld zeigen, bevor sie etwas aus ihren Regalen holten. Durch solche Erfahrungen hatte ich auch etwas von dieser Zaghaftigkeit des Fellachen bezüglich seiner Sprache angenommen. Es wäre mir nie in den Sinn gekommen, daß dieser schlichte, rustikale Dialekt in einer solch exklusiven Domäne der Gelehrsamkeit wie der Lektüre judäo-arabischer Handschriften aus dem zwölften Jahrhundert von irgendeinem Nutzen sein könnte.

Es kam noch schlimmer, denn ich entdeckte bald, daß es keine andere Möglichkeit gab, das Lesen der Handschriften zu erlernen, als durch eine lange Lehre bei einem der wenigen Gelehrten, die sich die Beschäftigung mit diesem Thema zur Lebensaufgabe gemacht hatten. Die einzige andere Möglichkeit bestand darin, die bereits veröffentlichten Dokumente zu kopieren und sie mit den originalen Folioseiten – verwischte, mürbe, achthundert Jahre alte Stücke Papier – so lange zu vergleichen, bis sich der Blick für die Entschlüsselung des Textes geschärft hatte.

Ich war drauf und dran, aufzugeben, aber gerade als sich mir alle Tunnel auf diesem Weg endgültig verschlossen zu haben schienen, schöpfte ich neue Hoffnung aus einem kurzen Gespräch mit einem der bedeutendsten Experten auf diesem Gebiet, Mark Cohen, einem früheren Studenten von Goitein und Kustos seines Archivs in Princeton. Die Sprache sei gar nicht so schwierig, wie es den Anschein habe, erklärte mir Mark Cohen. Hebräische Schriftzeichen seien leicht zu lernen, und sei die Schrift erst einmal entschlüsselt, sei das Arabische relativ einfach zu verstehen. Das Schwierige an der Sache sei eher die Entschlüsselung der Dokumente als die Sprache selbst. Die Sprache werde jemandem, der umgangssprachliches Arabisch könne, keine besonderen Schwierigkeiten bereiten. Die Paläographie, die Entschlüsselung der Texte, sei dagegen oft äußerst schwierig, doch wisse man von vielen, die es darin schnell zu einer gewissen Geschicklichkeit gebracht hatten. Natürlich würde ich nie das Rüstzeug erlangen, um maßgebliche Ausgaben der Genisa-Texte zu veröffentlichen, aber es sei durchaus möglich, daß ich, wenn ich gewissenhaft an der Paläographie arbeitete und lernte, die Dokumente zu entschlüsseln und zu transkribieren, sie gut genug verstehen könnte, um die Geschichten des Sklaven aus MS H.6 und Abraham Ben Yiju weiterzuverfolgen.

Mit Mark Cohens Ermutigung stand für mich jetzt fest, daß ich nicht aufgeben konnte, ohne es wenigstens versucht zu haben. Ich stellte überrascht fest, daß er recht hatte, daß die hebräische Schrift tatsächlich viel einfacher zu entschlüsseln war als das kursive Arabisch, da die Buchstaben voneinander getrennt standen. Bald machte ich weitere erstaunliche Entdeckungen. Ich stellte fest, daß in einigen Fällen der Wortgebrauch im Lataīfa-Dialekt verblüffende

Ähnlichkeit mit dem des nordafrikanischen Arabisch aufwies, das Ben Yiju gesprochen hatte; daß der Dialekt von Lataīfa und Nashāwi, weit davon entfernt, nutzlos zu sein, mir hier auf unschätzbare Weise zustatten kam.

Im Verlauf der nächsten Jahre, während ich von Bibliothek zu Bibliothek den Spuren des Sklaven folgte, gab es Zeiten, wo mir das Vergrößerungsglas aus der Hand fiel, wenn ich auf bestimmte Wörter und Redewendungen stieß, denn aus den Dokumenten, die da vor mir lagen, hörte ich plötzlich die Stimme Scheich Mūsās sprechen, so klar und deutlich, als wäre ich gerade auf meinem Weg zwischen Lataīfa und Nashāwi an dem Kanal vorbeigegangen.

Nashāwi

1

Im Dezember 1988, als ich dem Sklaven endlich dicht auf der Spur war, besuchte ich wieder Lataīfa. Es waren fast acht Jahre vergangen, seitdem ich Ägypten verlassen hatte.

An einem kalten Wintertag fuhr ich aus Kairo ab, Regen hing in dünnen Schleiern vom wolkengerippten Himmel. Als ich in Damanhur eintraf, war bereits die Nacht hereingebrochen, und auf den Straßen klafften Untiefen aufgewühlten Schlamms. Eigentlich hatte ich schon nachmittags ankommen wollen, mit einem der alten ungarischen Züge, in denen die Sitze gepolsterte Fußstützen hatten und die Bediensteten aufwendige Mahlzeiten auf Tabletts servierten. Ich hatte mir ausgemalt, daß ich, während ich mein Mittagessen verspeiste, die vertrauten Bilder an meinem Fenster vorbeiziehen lassen würde wie vor all den Jahren, als das gebratene Hühnchen in der Eisenbahn nach der wochenlangen ländlichen Kost stets aromatisch nach großstädtischer Aufregung geschmeckt hatte.

Aber als ich im Ramses-Bahnhof ankam, war es bereits zu spät am Vormittag; die Fahrkarten für diesen Tag waren ausverkauft.

Ich hatte frühzeitig dort sein wollen, dann aber den ersten Teil des Vormittags damit verbracht, fieberhaft von Geschäft zu Geschäft zu laufen. Unsicher, ob ich auch wirklich genug Geschenke in meiner Tasche hatte, hatte ich hier noch einen Kugelschreiber und dort eine Brieftasche gekauft und ein weiteres Mal meinen Vorrat an Schals, Feuerzeugen und Uhren vergrößert. Nach ungefähr diesem Muster waren meine Tage verlaufen, seit ich wieder in Kairo war. Jeden Morgen beim Aufwachen hatte ich mir vorgenommen, noch am selben Vormittag nach Lataīfa zu fahren, und jedesmal hatte ich eine Ausrede gefunden, es zu verschieben. Immerhin wurde ich ja nicht erwartet. Ich hatte niemandem meinen bevorstehenden Besuch angekündigt. Mein Briefverkehr mit Lataīfa und Nashāwi, der einmal recht rege gewesen war, war zunehmend unregelmäßiger geworden und schließlich ganz eingeschlafen. Es war jetzt fast drei Jahre her, daß ich den letzten Brief aus Ägypten bekommen hatte. Ich hatte keine Ahnung, was mir jetzt bevorstand: wer was tat, wer noch lebte und wer gestorben war. Die Jahre dazwischen waren eine dunkle Kluft zwischen mir und einem hellerleuchteten Winkel meiner Erinnerung.

Da alle Züge voll waren, blieb mir nichts anderes übrig, als auf die andere Seite des Ramses-Bahnhofs zu gehen und mir ein Sammeltaxi mit acht anderen Personen zu teilen. «Die Welt schwimmt im Regen», sagte der Mann neben mir, als wir losfuhren. Es sei ein schlechter Tag, um aufs Land zu fahren. Es habe die ganze Woche geregnet, und die Dorfstraßen hätten sich bestimmt in Sümpfe verwandelt. Die Datsun-Pick-ups würden wahrscheinlich nicht durchkommen, niemand käme durch so einen Schlamm, außer den Fellachen auf ihren Eseln. Ich solle mich lieber schon mal darauf einstellen, die Nacht in Damanhur zu verbringen. Es sei unwahrscheinlich, daß ich noch weiterkommen würde.

Doch als wir Damanhur erreichten, ging er mit mir zur Lastwagen-Haltestelle und half mir, einen Platz auf dem letzten Wagen Richtung Nashāwi zu bekommen. Der Fahrer machte mir im Fahrerhaus Platz, aber er war nicht darauf erpicht, sich bei diesem Wetter weit aufs Land zu wagen. Sobald wir losgefahren waren, sagte er: «Ich kann nicht bis Nashāwi. Die Straße da draußen ist der reinste Schlammfluß.»

«Und Lataīfa?» fragte ich. «Können Sie so weit fahren?»

«Mal sehen», sagte er widerwillig. «Weiß ich noch nicht.»

Schon nach wenigen Minuten hatten wir die Stadt verlassen und rasten eine schmale, verlassene Straße entlang. Seit Jahren hatte ich versucht, mir diesen Augenblick vorzustellen – die Fahrt von Damanhur nach Lataīfa und Nashāwi. In meiner Vorstellung hatte ich immer einen strahlenden, sonnigen Tag gesehen, der Kanal neben der Straße glitzerte unter einem blauen Himmel, Kinder spielten nackt im Wasser, und die Frauen waren auf dem Weg zur Stadt, Körbe mit Gemüse auf den Köpfen. Die Szene war in meiner Vorstellung so lebendig, daß sich mir oft der Magen vor Aufregung zusammengezogen hatte, wenn ich sie mir ausmalte. Doch jetzt, als ich diese Straße nach so vielen Jahren entlangfuhr, verspürte ich überhaupt keine Aufregung, nur ein altes, vertrautes Gefühl, eines, das mich immer auf der Rückfahrt von Damanhur begleitet hatte, ganz gleich, ob ich eine Stunde oder eine Woche fortgewesen war: die Trägheit des Heimkehrens, vermischt mit einem leisen Gefühl der Angst.

Die meisten Passagiere des Transporters stiegen schon beim ersten Halt aus, einem kleinen Marktflecken, der noch ziemlich weit von Lataīfa entfernt war. Es war schon spät, lange nach dem Abendgebet, die Hauptstraße menschenleer. Die Läden waren alle geschlossen, und außer ein paar flackernden Lampen brannte kein Licht. Sowie wir das Dorf hinter uns gelassen hatten, fing der Wagen an, auf den Schlammgraten, die der Regen in die Straße gekerbt hatte, herumzuschlingern und zu rutschen. Die Dörfer um uns herum lagen in einem unheimlichen Dunkel, und als wir an ihnen vorbeikrochen, rannten Meuten von Hunden hinter dem Wagen her und schnappten böse nach den Reifen. Die restlichen Passagiere stiegen unterwegs einzeln oder zu zweit aus, und bald saß ich allein mit dem Fahrer im Führerhaus.

Der Fahrer war jetzt nervös, beunruhigt von der Dunkelheit und den heulenden Hunden. Er zündete sich eine Zigarette an, wobei er das Lenkrad mit dem Ellbogen festhielt, und warf mir einen Seitenblick zu. «Zu wem wollen Sie in Lataīfa?» fragte er.

«Zu Scheich Mūsā», sagte ich. «Kennen Sie ihn?»

«Nein.» Er schüttelte den Kopf. *«La.»* Die Straße vor uns schien sich schon halbwegs mit dem Kanal vermählt zu haben, der neben ihr verlief.

«Ich weiß nicht, ob wir noch sehr lange weiterfahren können», sagte der Fahrer. Durch die schimmernde, regennasse Windschutzscheibe war vor uns nichts zu sehen außer dem kleinen Stück Straße, das die Scheinwerfer beleuchteten.

«Wie wollen Sie bei dieser Dunkelheit überhaupt das Haus finden?» fragte der Fahrer. «Es schläft schon alles – es gibt niemand, der Ihnen den Weg zeigen kann.»

«Ich kenne das Haus», sagte ich. «Wenn Sie da anhalten, wo ich es Ihnen sage, finde ich es schon.»

«Woher kennen Sie das Haus?» Er wurde auf einmal neugierig. «Sie sind doch Ausländer. Warum fahren Sie so spät in der Nacht ganz allein dahin?»

Ich erklärte ihm, wie mich mein Professor von der Universität in Alexandria nach Lataīfa gebracht hatte, doch er war aufgeregt, und die Geschichte machte ihn eher mißtrauisch.

«Wieso hat man Sie hierhergebracht?» fragte er scharf. «Wieso ausgerechnet hierher? Und was haben Sie eigentlich genau gemacht?»

Ich versuchte ihn zu beruhigen, so gut ich konnte, doch mein Arabisch war im Lauf der Jahre ziemlich eingerostet, und meine zögernden Erklärungen machten ihn nur noch mißtrauischer.

«Ich begleite Sie zu dem Haus, wo Sie hinwollen», sagte er und starrte in die Windschutzscheibe. «Nur um sicherzugehen, daß Sie's auch finden.»

«Und Sie werden willkommen sein», sagte ich, in der Hoffnung, daß er nicht zu jenen Leuten gehörte, die gern die Geheimpolizei mit Geschichten belieferten. «Sie werden Segen mit sich bringen. Es ist jetzt nicht mehr weit.»

Plötzlich erblickte ich auf der linken Seite durch das Fahrerfenster Lataīfas kleine Moschee. «Da», sagte ich und deutete nach vorn. «Halten Sie an – ich steig da aus.»

Er trat versehentlich zu fest auf die Bremse, und der Transporter rutschte über den nassen Schlamm und kam erst zum Stehen, als die Schnauze bereits über den Kanal ragte. Ich stieg behutsam aus, trat vom Rand zurück und patschte mit schweren Schritten durch den Schlamm. Als ich wieder aufblickte, sah ich in der Ferne eine schmale, geisterhafte Gestalt, einen Jungen in einem Dschallābiyya, der unter einem Überhang an einer Wand lehnte und mich beobachtete. Einen kurzen Moment lang war ich mir sicher, daß es Dschābir war, und beinahe hätte ich ihm laut zugerufen. Im Widerschein der Scheinwerfer schien er die gleichen groben, runden Züge und den rötlichen Teint zu haben wie alle Lataīfer. Aber schon im nächsten Moment wurde mir natürlich klar, daß ich da an den Dschābir dachte, den ich vor acht Jahren gekannt hatte, als die Gestalt im Schatten ein Sieben- oder Achtjähriger gewesen wäre.

Ich trat verlegen im Schlamm auf der Stelle, dann erhob ich die Hand und sagte: *«As-salām alaikum.»* Meine Zunge war plötzlich schwer, von einer unerwarteten Schüchternheit gehemmt.

«Alaikum as-salām», antwortete er mit dem vollen Gruß. *«Wa rahmatullāhi wa barakātu.»*

Der Transporter fuhr plötzlich wieder an und hielt mit heulendem Motor zwischen uns.

«He, Junge», rief der Fahrer. «Wer ist Scheich Mūsā? Kennst du ihn?»

Der Junge trat vor und blickte ins Fenster des Fahrers. «Ja», sagte er in dem groben, mürrischen Ton, den die Dorfjungen für die Städter bereithielten.

«Wo ist sein Haus?»

«Da.» Der Junge zeigte die Gasse hinunter.

«Gut, gehen wir», sagte der Fahrer. Er stieg aus und schüttelte seine Füße, um die langen Schlammschlieren loszuwerden, die sich an seinen Schuhsohlen festgesetzt hatten.

«Na los, *yallā*», sagte er ärgerlich. «Ich will mit dem Mann reden, diesem Scheich Mūsā.»

Auf halbem Weg durch die Gasse trat der Junge an meine Seite. «Ich kenne Sie», sagte er mit einem überraschten Lächeln. «Sie haben uns früher oft besucht, als ich klein war, und sind immer durch die Felder spaziert, wenn wir am Baumwollpflücken waren.»

Ich sah ihn mir genau an und versuchte mich an seinen Namen zu erinnern, aber natürlich war er, als ich ihn das letzte Mal gesehen hatte, ein Kind gewesen, und ich selbst noch in einem Alter, in dem ich Kinder kaum wahrnahm. Bevor ich ihn nach dem Namen seines Vaters fragen konnte, blieb er stehen und zeigte auf Scheich Mūsās Haustür. Das Haus lag vollkommen im Dunkeln. Nicht einmal einen Lichtstreif konnte ich hinter der Tür oder zwischen den Fensterläden entdecken. Der Junge sah, wie ich zögerte, und gab mir einen Stups, indem er auf die Tür deutete.

Ich streifte mir sorgfältig den Schlamm von den Schuhen, ging zur Tür und klopfte. Es schien viel Zeit zu vergehen, bis eine Stimme antwortete und fragte: «Wer ist da?» Es war eine Frauenstimme, und sie schien die ganze Gasse hinunterzuhallen.

«Anā», sagte ich mit sonderbar wackligen Beinen, was ziemlich dämlich war, und im selben Moment brüllte Scheich Mūsās Stimme «*Amitab, yā Amitab, yā doktōr*, wo hast du gesteckt?», und in der ganzen Zeit, die seine Frau brauchte, um den Riegel aufzuschließen, wiederholte er immer wieder: «*Amitab, yā Amitab*, wo hast du gesteckt?» Als die Tür schließlich offen war, brachten wir unsere Hände mit einem großen Klatschen zusammen und schüttelten sie fest, erst eine, dann beide zugleich, und dabei sagte er ständig: «Wo hast du die ganze Zeit gesteckt? Wo warst du?», aber jetzt standen ihm – und auch mir – Tränen in den Augen, und so kam es mir erst Monate später in den Sinn, mich zu fragen, wie er nur meine Stimme erkannt hatte, wo ich auf die Frage seiner Frau doch nur «Ich bin's» geantwortet hatte.

Nun trat der Fahrer zu Scheich Mūsā und schüttelte ihm die Hand. «Sie kennen ihn also?» fragte er mit einem Kopfnicken in meine Richtung und lächelte etwas verlegen.

«Ja», lachte Scheich Mūsā. «Ja, wir kennen ihn alle hier.»

«Dann ist ja alles in Ordnung», sagte der Fahrer und wandte sich zum Gehen. «Ich wollte nur dafür sorgen, daß er sicher bei Ihnen ankommt.»

«Kommen Sie doch herein und trinken ein Glas Tee mit uns», rief

Scheich Mūsā ihm hinterher, aber er war schon fort, stapfte geräuschvoll die Gasse hinunter.

Scheich Mūsās Frau führte uns aus dem Regen ins Besucherzimmer. Sie leuchtete uns mit einer Petroleumlampe. «Sie setzen sich hier hin und unterhalten sich», sagte sie. «Ich bringe Ihnen in ein paar Minuten Tee und etwas zu essen.»

Sie stellte die Lampe auf einen Fenstersims und rieb kurz mit dem Ärmel über den verrußten Glaszylinder. «Wir machen unsere Lampen kaum sauber», sagte sie. «Wir haben jetzt Elektrizität. Es ist einfach Schicksal, daß Sie ausgerechnet während eines Stromausfalls angekommen sind.»

«In den Jahren, wo du weg warst, hat sich hier alles verändert», sagte Scheich Mūsā. «Die ganze Zeit habe ich mir immer wieder gesagt, der *doktōr* wird eines Tages wiederkommen, er wird bald wiederkommen, jeder kehrt nach Masr zurück. Es geht gar nicht anders, denn Masr ist die Mutter der Welt.»

Seine Frau rieb noch einmal über die Lampe und öffnete die Tür. «Wissen Sie?» sagte sie, während der kalte Wind hereinpfiff und die Flamme flackern ließ. «Er hat jeden Tag nach Ihnen gefragt. ‹Wo ist der *doktōr al-Hindī*? Wo ist er? Was macht er?› Jeden Tag hat er gefragt.»

Als sie das Zimmer verlassen hatte, schwiegen wir erst mal. Scheich Mūsā saß auf dem Diwan, ein Bein untergeschlagen, und beobachtete die Flamme mit einem sanften, fragenden Lächeln. Bis auf ein paar Falten in den Mundwinkeln war er vollkommen unverändert.

Dann sah er auf und zeigte auf eine gerahmte Fotografie an der Wand, eine Vergrößerung des Bildes von seinem Sohn Hasan, das er immer in seiner Brieftasche getragen hatte. «Ich habe mir dieses große in Damanhur machen lassen», sagte er. «In einem Studio in der Nähe vom Bahnhof.»

Er hatte es neben sein eigenes Bild gehängt, das aufgenommen worden war, als er als junger Mann seinen Militärdienst ableistete. Sie waren einander sehr ähnlich, Vater und Sohn, beide in Uniform, Scheich Mūsā mit einer spitzen Mütze und Hasan im Kampfanzug.

«Du warst in Masr, als er starb», sagte er. «Als du zurückgekommen bist, war die Trauerfeier schon vorbei.»

Er blickte zu Boden und fingerte mit jener langsamen, bewußten Bewegung, die in meiner Erinnerung unzertrennlich mit ihm verbunden war, an seinen Betperlen.

«All die Offiziere sind gekommen», sagte er. «Die Offiziere und alle Soldaten seiner Einheit. Alle sind sie gekommen, und wir hatten einen Koranleser aus Damanhur. Aber als du wiedergekommen bist, war schon alles vorbei.»

Dann leuchteten unerklärlicherweise seine Augen auf, und er sprang auf und öffnete die Tür. «Warte einen Moment», sagte er und eilte aus dem Zimmer. Nach ein paar Minuten kam er mit einem verzierten Kästchen wieder. Er stellte es ehrfürchtig auf den Diwan ab und wandte sich mir zu. «Weißt du, was das ist?»

Einen Moment lang war ich mir unsicher, doch dann erinnerte ich mich plötzlich.

«Das ist der Qurān al-Sharif, den du mir aus Masr mitgebracht hast», sagte er. Er öffnete den Deckel und betrachtete lange den Einband.

«Das war nach Hasans Tod», sagte er. «Du bist aus Masr wiedergekommen, und danach hast du gesagt, du würdest Lataīfa verlassen und nach Nashāwi gehen.»

2

Selbst nachdem ich – acht Jahre zuvor – nach Nashāwi gezogen war, hatte ich immer noch Scheich Mūsā aufgesucht, wenn ich irgendwelche Fragen hatte. Scheich Mūsā kannte Nashāwi gut aus früheren Jahren, und er steckte voller Erinnerungen und Geschichten über die Bewohner. Wenn wir uns unterhielten, überraschte er sich manchmal selbst damit, daß ihm plötzlich wieder irgendein Ereignis oder Detail von vor fünfzehn oder zwanzig Jahren einfiel. Wenn ich später an diese Zeit zurückdachte, hatte ich oft das Gefühl, daß wir uns in diesen Gesprächen gemeinsam ein ganz eigenes Dorf geschaffen hatten.

Die meisten seiner Erinnerungen gingen mindestens zehn Jahre zurück, denn mit fortschreitendem Alter hatten sich die anderthalb Meilen bis Nashāwi zu einer immer schwerer überwindbaren Entfernung verlängert, und er ging nur noch selten hin, es sei denn, um an der Beerdigung eines alten Freundes oder an der Hochzeit eines Verwandten teilzunehmen. Daß er in bezug auf das, was sich in Nashāwi tat, überhaupt auf dem laufenden bleiben konnte, lag daran, daß so viele ihn in seinem eigenen Haus besuchten. Deswegen genoß er unsere Unterhaltungen ebensosehr wie ich: Er hörte gerne die Neuigkeiten, um auf dem neuesten Stand zu sein.

In der Anfangszeit nach meinem Umzug nach Nashāwi besuchte ich Scheich Mūsā in Lataīfa mit großer Regelmäßigkeit. Er fragte mich darüber aus, wen ich kennengelernt und was ich gemacht hatte, und dann gab er mir Ratschläge, welche Leute ich am liebsten meiden und wen ich näher kennenlernen sollte. Er war es zum Beispiel, der mir erstmals etwas von Imām Ibrāhīm erzählte.

Sie seien beide gleichaltrig, erzählte er mir, aber man würde es nicht glauben, wenn man sie zusammen sähe, soviel älter sehe Imām Ibrāhīm aus. Heute kannten ihn nicht mehr viele Leute, weil er zurückgezogen lebte und nicht oft ausging, doch in seinen jungen Jahren war sein Name in der ganzen Gegend bekannt gewesen. Man sagte ihm nach, daß er die Gabe des «Baraka» besitze.

Imām Ibrāhīm gehörte einer der beiden Gründerfamilien von Nashāwi an, einer Sippe, die Abū-Kanaka hieß. Die andere hieß Badawi. Es waren die ersten beiden Familien, die in diese Gegend kamen und dort seßhaft wurden. Sie waren noch nicht sehr lange dort, denn Nashāwi war nach ägyptischen Maßstäben kein altes Dorf. Tatsächlich war noch vor ein paar Generationen das Land drumherum Teil der großen westlichen Wüste gewesen. Erst nachdem 1820 der Mahmūdiyya-Kanal fertiggestellt war, der Kairo mit Alexandria verband, wurde die Gegend unter den Pflug genommen. Doch selbst dann war die Region noch lange Zeit eine menschenleere und unbesiedelte Wildnis.

Eines Tages waren dann zwei junge Männer von einem Dorf im Inland nach Westen aufgebrochen, um nach Land und einem günstigen Platz zum Siedeln zu suchen. Einer der beiden Männer war beduinischer Abstammung. Seine Vorfahren waren früher bis nach Libyen und Tunesien gezogen, doch mit der Zeit hatten sie das Nomadenleben satt und verließen die Wüste, um seßhaft zu werden. Sie ließen sich im Delta nieder, wo ihre Nachfahren über viele Generationen als Fellachen das Land bearbeiteten, bis nur noch ihr Familienname an ihre beduinische Vergangenheit erinnerte: al-Badawi.

Der andere junge Siedler kam aus einem Geschlecht von Barbieren und Heilern, einer Familie, die Abū-Kanaka hieß und deren Mitglieder in der ganzen Region für ihren religiösen Eifer und ihre Geschicklichkeit in den Heilkünsten bekannt waren. Der junge Abū-Kanaka, der zu dieser Reise nach Westen aufbrach, genoß trotz seiner jungen Jahre bereits ein gewisses Ansehen. Er war allseits bekannt für seine vorbildliche Güte und Frömmigkeit sowie für seine Geschicklichkeit und seinen Kenntnisreichtum als Heiler.

Also waren die zwei jungen Männer von ihrem Heimatdorf aufgebrochen, und nach einer langen, beschwerlichen Reise erreichten sie die Gegend um Nashāwi. Damals gab es dort gar nichts, weder Häuser noch Kanäle, noch Felder, doch der junge Abū-Kanaka verkündete, er spüre in seinem Herzen, daß das Land Baraka habe, und so beschlossen sie, sich dort niederzulassen. Der junge Badawi erwarb bald etwas Land und fing an, Feldfrüchte anzubauen. Im Lauf der Jahre verließen immer mehr Verwandte von ihm ihr heimatliches Dorf, und auch sie kauften Land und bauten Häuser in Nashāwi. Bald war das Dorf so voller Badawis, daß sie als das vorherrschende Geschlecht des Dorfes angesehen wurden, das «Asl al-Balad». Später ließen sich auch Menschen aus vielen anderen Geschlechtern in

Nashāwi nieder, doch bis zur Revolution im Jahre 1952 waren es die Badawi, die das meiste Land besaßen, und stets war ein Badawi der Vorsteher, der «Umda», des Dorfes.

Der junge Abū-Kanaka dagegen kaufte überhaupt kein Land. Er bestritt weiterhin seinen Lebensunterhalt damit, als Heiler zu arbeiten und den Leuten die Haare zu schneiden, wie seine Familie es schon immer getan hatte, ein bescheidener Mann mit einem einfachen Haus und einer kleinen Familie. Doch gleichzeitig wuchs sein Ruf als guter Mensch und Mann der Religion, und als schließlich in Nashāwi eine Moschee gebaut wurde, wurde er zum Imām ernannt, zum Hüter und Leiter der Gebete. Die Achtung, die man ihm entgegenbrachte, war so groß, daß sein Sohn die Position von ihm übernehmen konnte, und bis zum heutigen Tag kam der Imām stets aus den Reihen seines Geschlechts. Als er starb, wurde er allseits betrauert, und die Dorfbewohner errichteten ihm ein besonderes Grab direkt neben dem Kanal. Später wurde er sogar zum Schutzheiligen des Dorfes.

Früher, sagte Scheich Mūsā, gab es viele, die fanden, daß Imām Ibrāhīm Abū-Kanaka seinem berühmten Vorfahren nachschlage. Er hatte zum Beispiel ein erstaunliches Geschick bei der Heilung von Kranken bewiesen; in seinem Haus war ein Regal voll mit medizinischen Schriften, und jeder wußte, daß er profunde Kenntnisse in den klassischen Heilkünsten besaß. Er hatte sich bald einen Ruf als Heiler erworben, der mit seinen Wurzeln und Kräutern Wunder vollbringen konnte, und Patienten aus allen umliegenden Dörfern kamen zu ihm. Seine Kenntnisse der Heiligen Schrift waren gleichfalls allgemein bekannt, und es hatte Zeiten gegeben, wo seine Meinung zu theologischen Problemen und Angelegenheiten der religiösen Jurisprudenz sehr gefragt war.

«Du mußt ihn unbedingt kennenlernen», sagte Scheich Mūsā. «Er ist sehr belesen in Geschichte, Religion und vielen anderen Gebieten; du könntest eine Menge von ihm lernen.»

Aber als ich mich erkundigte, wie ich Imām Ibrāhīm denn kennenlernen könne, bestand Scheich Mūsās Antwort aus einem Seufzer und einem zweifelnden Kopfschütteln. Er habe den Imām schon so viele Jahre nicht mehr gesehen, sagte er, und er habe gehört, daß er jetzt sehr zurückgezogen lebe und nur noch selten ausgehe oder sich mit jemandem treffe. Ihn plagten viele Sorgen, erzählte man sich, weil er in seiner Lebensmitte eine zweite, unglückliche Ehe eingegangen war und ihn seitdem häusliche Schwierigkeiten quälten. Sein Sohn hatte inzwischen viele seiner Pflichten übernommen, er selbst lebte mehr oder weniger abgeschieden.

«Aber du mußt versuchen, ihn kennenzulernen», sagte Scheich Mūsā. «Frag die Leute, die du in Nashāwi triffst. Sie werden dir von ihm erzählen können...»

3

Später erkundigte sich Scheich Mūsā mehrmals ausdrücklich, ob ich schon mit irgend jemandem über Imām Ibrāhīm gesprochen hätte. Aber als ich dann schließlich tatsächlich etwas zu berichten hatte, überraschte ihn das. Er war nicht ganz darauf vorbereitet, wie anders Angehörige einer jüngeren Generation die Dinge sahen, selbst in einem Ort, der so nah der Heimat war wie Nashāwi.

Einer der Leute, mit denen ich kürzlich geredet hatte, war ein junger Lehrer namens Ustāz Sabri. Scheich Mūsā hatte ihn noch nie persönlich kennengelernt, aber, wie jeder in der Gegend, schon von ihm gehört, denn Ustāz Sabri war im Begriff, in den umliegenden Dörfern eine ziemlich bekannte Persönlichkeit zu werden.

«Es heißt, er sei ein eindrucksvoller Redner», sagte Scheich Mūsā mit geschürzten Lippen. «Aber ich habe auch gehört, er sei einer von diesen Männern, die wir bei uns Zuviel-Redner nennen – er hat zu allem etwas zu sagen.»

«Ich kann Ihnen nur sagen», erwiderte ich, «daß er eine Menge weiß. Er ist sehr belesen, und er ist einer der bestinformierten Menschen, die ich kenne.»

«Du wirst recht haben», sagte Scheich Mūsā. Aber er setzte eine zweifelnde Miene auf, während er an seiner Shīsha paffte.

Bei unserer allerersten Begegnung hatte mich Ustāz Sabri in Erstaunen versetzt. Ich lernte ihn über den Direktor der Schule kennen, in der er unterrichtete, der Grundschule in Nashāwi. Der Direktor war ein freundlicher, angenehmer Mann Anfang Vierzig, der hauptsächlich deswegen auf diesen Posten befördert wurde, weil sein Vater vor ihm Direktor gewesen war. Er spielte die ererbte Rolle mit gewissenhafter Sorgfalt, doch er war im Grunde ein zu sanfter Mann, um sich der Autorität zu erfreuen, die die Position mit sich brachte. Ich sah einmal, wie er einen Jungen mit dem Lineal züchtigte. Er vollbrachte diese Aufgabe mit derart geringer Begeisterung, daß der Junge keinen Moment lang sein freches Grinsen ablegte.

Ich glaube, der Direktor hoffte, in mir einen Quell des Mitleids für seine täglichen Ärgernisse zu finden, eine Verbindung mit der studentischen Welt von Alexandria, in der er einst selbst gelebt hatte. Jedenfalls gab er sich immer große Mühe, mir gegenüber besonders entgegenkommend zu sein, lud mich oft zu sich nach Hause ein und benachrichtigte mich immer, sowie ein an mich adressierter Brief auf Abwege geriet und auf seinem Tisch landete.

Bei einer solchen Gelegenheit, als ich gebeten worden war, in seinem Büro einen Brief abzuholen, lernte ich Ustāz Sabri kennen.

Es war gerade Vormittagspause, als ich in der Schule eintraf, und eine Reihe von Lehrern hatte sich vor dem Wirbelwind schreiender Kinder, der durch die Flure fegte, ins Büro des Direktors verzogen. Einige Lehrer kannte ich bereits, und der Direktor stellte mir die übrigen vor, einen nach dem andern. Die meisten stammten aus Damanhur und anderen Orten in der Nähe, und sie waren alle fein gekleidet, die Männer in Schlips und Kragen und die Frauen in Rock und weißem Nylonschal. Es hatte mich zuerst überrascht, daß sie immer makellos herausgeputzt in Nashāwi eintrafen, richtige Effendis, jedes Haar an seinem Platz, trotz der staubigen Fahrt von Damanhur. Wie ich später erfuhr, war es ihr Privileg, in den Fahrerkabinen der Wagen zu reisen, die in der Gegend verkehrten – die Dörfler hatten ihnen das Recht auf Schutz vor ihrem niederen Staub gegeben.

Als ich händeschüttelnd durch das Zimmer ging, kam ich zu einem Mann, der nicht zu den anderen zu gehören schien. Er trug einen tintenbekleckstem, schmierigen Dschallābiyya, ein tonnenförmiger Mann Mitte Dreißig mit dicken, leberfarbenen Lippen und großen, wäßrigen Augen.

«Das ist Ustāz Sabri», sagte der Direktor. «Er ist aus Nashāwi. Seine Familie wohnt am entgegengesetzten Ende des Dorfes, auf der anderen Seite des Kanals gegenüber der staatlichen Klinik. Sie werden sich viel zu erzählen haben, er schreibt nämlich auch gerade an seiner Doktorarbeit.»

Er legte Ustāz Sabri die Hand auf die Schulter und fragte: «Was studieren Sie noch mal genau?»

Ustāz Sabri warf mir ein Lächeln zu und sagte schnell etwas von mittelalterlicher ägyptischer Geschichte. Seine Stimme hatte das präzise, sonore Timbre eines Mannes, der es gewöhnt ist, vor großem Publikum zu reden, und als er sich mir zuwandte und mich fragte, was mein Thema sei, stellte ich überrascht fest, daß er im einfachen Fellachendialekt von Nashāwi sprach. Alle anderen Lehrer hatten gebildete städtische Akzente.

«Anthropologie», antwortete ich, und er reagierte sofort mit einer weiteren Frage: «Soziale oder biologische?»

«Soziale», sagte ich, und er nickte lächelnd: «Ja, schön. Das ist ein bißchen wie Geschichte oder Philosophie, nicht? Viel besser als diese ganzen Knochen und Gerippe.»

Der Direktor freute sich über diesen Austausch. «Ich hab doch gewußt, daß ihr euch viel zu erzählen habt», sagte er. Er klopfte mir auf den Rücken und sagte: «Sie müssen sich mal richtig mit Ustāz Sabri unterhalten. Er hat soviel gelesen, daß er Ihnen eine Menge Dinge erzählen kann.»

Später, nachdem wir noch einige Bemerkungen über unsere jeweiligen Arbeitsgebiete ausgetauscht hatten, lud mich Ustāz Sabri für den Abend zu sich nach Hause ein, damit wir unser Gespräch fortsetzen konnten.

Ich ging kurz vor dem Abendgebet los, und in meinem Eifer, ihn wiederzusehen, hatte ich ganz vergessen, mich zu erkundigen, wo genau er wohnte. Mit dem Ergebnis, daß ich mich nach kurzer Zeit verlaufen hatte, denn Nashāwi war viel größer als Lataīfa, die Häuser standen dichtgedrängt um ein Labyrinth tunnelartiger Gassen, von denen einige plötzlich als Sackgassen endeten und andere kreisförmig zu ihrem Ausgangspunkt zurückliefen. In der Mitte des Dorfes befand sich ein großer offener Platz, an dem die Moschee und das zeremonielle «Gästehaus» standen, zwei bescheidene, miteinander verbundene Gebäude, ordentlich, rechteckig und weiß getüncht. Das einzelne Minarett der Moschee erhob sich hoch über die zerzausten Heuschober auf den Dächern der umliegenden Häuser. Nachdem ich schon zum zweitenmal über den Platz gekommen war, schluckte ich meinen Stolz herunter, wandte mich zu dem langen Schwanz von Kindern um, die sich mir an die Fersen geheftet hatten, und bat den größten Jungen unter ihnen, mich zu Ustāz Sabris Haus zu führen.

Er lief voran, und nach ein paar Biegungen blieb er stehen und zeigte auf eine geschnitzte Tür am Schnittpunkt zweier Gassen. Direkt gegenüber befand sich ein öffentlicher Wasserhahn, und die dort versammelten jungen Mädchen blickten von ihren Blechkanistern und Tonkrügen auf, als ich in einer Staubwolke um die Ecke bog, die lärmende Kinderschar im Gefolge. Sie sahen zu, wie ich vor das Haus trat und unentschlossen auf die schwere Holztür blickte, und bald fingen sie an zu kichern und zu pfeifen.

«Komm und red doch mit uns. Hierher.»

«Warum so schüchtern, *yā Hindī*?»

«Wie wär's mit etwas Wasser?»

Ich drehte ihnen den Rücken zu, während die Kinder vor Vergnügen kreischten. In steifer Haltung und mit versteinerter Miene stieg ich zur Tür hinauf und klopfte. «Wer ist da?» fragte eine Frauenstimme, und ein Mädchen brüllte von der anderen Straßenseite herüber: «Es ist der *Hindī*.»

Die Tür öffnete sich, und vor mir erschien eine Frau, die das strenge schwarze Gewand einer älteren Witwe trug. «Ja?» sagte sie mit einem verwunderten Stirnrunzeln.

«Laß ihn rein», lachten die Mädchen. «Sonst läuft er noch weg.»

Der Kopf der Frau schnellte hoch, ihre Augen funkelten. «Haltet den Mund, ihr da drüben», rief sie. «Schämt ihr euch denn nicht?»

Die Mädchen murmelten aufsässig vor sich hin – «Hört euch die an, was die sich einbildet!» –, aber zu meiner Erleichterung verstummte ihr Gekicher.

«Ist Ustāz Sabri da?» fragte ich.

Sie beobachtete mich jetzt genau, und plötzlich schlug sie die Hände an ihre dünnen, feinknochigen Wangen und rief: «Ja, sind Sie denn nicht der *doktōr al-Hindī*? Ich habe Sie letzte Woche auf dem Donnerstagsmarkt gesehen. Sagen Sie mal, warum haben Sie bloß für diese kleine Handvoll Erbsen fünfzehn Piaster bezahlt? Alle haben darüber geredet.»

Ich ließ meine Gedanken zurückschweifen, aber sosehr ich mich bemühte, ich konnte mich nicht mehr erinnern, wieviel ich für meine Erbsen bezahlt hatte.

«Sie sollten Amm Taha für Sie auf dem Markt einkaufen lassen», sagte sie. «Hilft er Ihnen denn nicht im Haus? Er wird wissen, was zu tun ist – er kennt sich im Kaufen und Verkaufen bestens aus.»

«In Ordnung», sagte ich, «doch ich bin jetzt gekommen, weil Ustāz Sabri mich gebeten hatte...»

«Willkommen, willkommen», sagte sie. «Bitte treten Sie ein, Sie sind willkommen, aber Ustāz Sabri ist gerade nicht zu Hause.»

«Er ist nicht da? Aber er hat mir doch gesagt...»

Sie reckte mit beträchtlicher Mühe den Kopf nach hinten und brüllte ins Innere des Hauses: «Wo ist Sabri hingegangen?»

Es kam keine Antwort, und sie drehte sich wieder zu mir um, so langsam, daß ich beinahe ihre Gelenke knacken hören konnte. «Er müßte bald zurück sein», sagte sie.

Dann richtete sie ihren leuchtenden Blick plötzlich auf mich, streckte einen dünnen, knochigen Finger aus und tippte mir auf die Schulter. «Sagen Sie mal, stimmt das, was man sich über Sie erzählt? Daß in Ihrem Land die Toten verbrannt werden?»

«Es gibt Leute, die das tun», sagte ich. «Das kommt drauf an.»

«Warum tun sie das?» rief sie. «Wissen die denn nicht, daß das unrecht ist? Man kann doch nicht den Tag des Jüngsten Gerichts betrügen, indem man seine Toten verbrennt.»

«Bitte», sagte ich. «Wissen sie, wann Ustāz Sabri zurück sein wird?»

«Bald», antwortete sie. «Bald. Aber sagen Sie jetzt mal: Stimmt es, daß Sie Kühe anbeten? Das erzählt man sich nämlich auf dem Markt. Es heißt, daß Sie erst neulich vor einer Kuh auf die Knie gefallen sind, draußen auf dem Feld, vor aller Augen.»

«Ich bin gestolpert», sagte ich und wich einen Schritt zurück. «Sagen Sie Ustāz Sabri, daß ich ein andermal wiederkomme.»

«Sie müssen damit aufhören», rief sie mir hinterher, während ich durch die Gasse davoneilte. «Sie sollten versuchen, die Leute bei Ihnen zu zivilisieren. Sie sollten ihnen sagen, daß sie aufhören sollen, Kühe anzubeten und ihre Toten zu verbrennen.»

4

Der Hausmeister des Hauses in Nashāwi, in das ich gezogen war, hieß Taha. Er war eine bekannte Erscheinung im Dorf und jedem als Onkel bekannt. Ich erlebte nie, daß jemand ihn anredete, ohne ein Amm vor seinen Namen zu setzen. Er war ungefähr Ende Fünfzig, entsetzlich dünn, mit hängendem Mund, weil sein Unterkiefer nicht ganz auf der gleichen Linie wie der obere lag, und mit einem unbeweglichen Auge, das mit unverwandt starrem Blick im scharfen Winkel vom anderen wegstierte.

Bald nach meinem Einzug war ich mit ihm übereingekommen, daß er mir einmal täglich von sich zu Hause eine Mahlzeit mitbrachte. Er verrichtete eine Reihe verschiedener Gelegenheitsarbeiten, und diese war eine weitere auf einer langen Liste. Er kam gewöhnlich gegen Mittag mit meiner Mahlzeit, und eines Tages, nicht lange nach meinem mißratenen Besuch bei Ustāz Sabri, erzählte ich ihm davon.

Amm Taha war überhaupt nicht überrascht. «Natürlich war er nicht da», sagte er. «Ustāz Sabri ist ein vielbeschäftigter Mann, und wenn Sie ihn zu Hause antreffen wollen, dann müssen Sie zur richtigen Zeit hingehen. Um wieviel Uhr sind Sie hingegangen?»

«Kurz vor dem Abendgebet.»

«Das ist nicht die richtige Zeit», sagte er mit einem betrübten Kopfschütteln. «Um die Zeit geht er gewöhnlich zum Fernsehen zu einem seiner Freunde, oder er besucht seine Verwandten im Nachbardorf.»

Sosehr es mich auch überraschte, wie umfassend er informiert war, ich brauchte ihn nicht zu fragen, woher er das wußte. Ich hatte schon mitbekommen, daß in Nashāwi sehr wenig passierte, ohne daß Amm Taha darüber Bescheid wußte. In der Regel sammelte er seine Informationen abends, wenn er von Haus zu Haus ging, um zu sehen, ob irgend jemand Eier, Milch oder sonst etwas zu verkaufen hatte. Eine seiner Haupttätigkeiten war die des Händlers; er kaufte regelmäßig lokale Erzeugnisse in Nashāwi und verkaufte sie dann andernorts. Eier, Milch und Käse waren seine Hauptartikel, aber er war nicht wählerisch. Ebenso bereitwillig nahm er ein Bündel Karotten oder einen Blumenkohl, der am Vorabend dem Topf entronnen war, oder sogar ein gemästetes Hühnchen oder Kaninchen.

Jeden zweiten Tag oder so sammelte er seine Ausbeute zusammen, lud sie auf seinen Eselskarren und fuhr die Landstraße hinunter nach Damanhur oder zu einem der Wochenmärkte in den umliegenden Dörfern. Sein Gewinn war mager und hing weitgehend von der Qualität seiner Informationen ab. Davon, ob er wußte, wessen Kuh gerade Milch hatte oder nicht, wer schnelles Bargeld für die Hochzeit seiner Tochter brauchte und wer sich auf einen Wucherpreis für ein Hühnchen einlassen würde. Mit anderen Worten, Amm Tahas Einnahmen als Händler hingen davon ab, wie erfolgreich er einige der eifersüchtigst gehüteten Haushaltsgeheimnisse aufzudecken vermochte: herauszufinden, wie genau die Dinge hinter den Wänden und Talismanen standen, die das Innere eines jeden Hauses vor dem bösen Blick und neidischen Nachbarn schützten. In der Tat war Amm Taha außerordentlich erfolgreich in seinem Beruf, weil die Wächter dieser Geheimnisse hauptsächlich Frauen waren, und viele von ihnen redeten mit ihm so, wie sie mit keinem anderen Mann geredet hätten – größtenteils deswegen, glaube ich, weil er sich jede erdenkliche Mühe gab, seinen Ruf als armer, harmloser alter Mann zu pflegen, der trotz langjähriger Ehe immer noch kinderlos war und zu gebrechlich, um die Art von Anstrengung auf sich zu nehmen, die zur Fortpflanzung führt.

«Amm Taha behält alles im Auge», sagten die Leute, «weil sein eines Auge nach links guckt, während das andere die rechte Seite beobachtet.» Amm Taha widersprach dem nicht und ließ denen, die in seiner Voraussicht etwas Übernatürliches zu sehen glaubten, ihren Glauben.

Einmal war Amm Taha zufällig in meinem Zimmer, als ein Wiedehopf durch ein offenes Fenster hereingeflogen kam. Durch den Anblick des Vogels war er von einem Moment zum anderen wie verwandelt. Er raste im Zimmer herum und schlug Türen und Fenster zu.

«Laß das», rief ich, während der verängstigte Vogel mit den Flügeln gegen die Wände schlug und eine Dreckspur auf meinem Schreibtisch hinterließ. «Hör auf, was machst du da, Amm Taha?»

Amm Taha beachtete mich nicht. Er befand sich selbst halb im Flug, sprang wendig vom Bett zu meinem Schreibtisch und wieder zurück, seine Hände wie Klauen gekrümmt, die Ärmel seines Dschallābiyyas wild flatternd, ein Albatros, der auf seine Beute herabstößt. Dann schlug er den Vogel mit einem Wedeln seines Dschallābiyyas zu Boden, und nachdem er ihm mit einer fachmännischen Handdrehung den Hals gebrochen hatte, steckte er ihn so beiläufig in die Tasche, als handele es sich um einen Zehn-Piaster-Schein.

Ich war sehr erstaunt über diese Szene, denn ich hatte Leute oft sagen gehört, daß der Wiedehopf der «Freund der Fellachen» sei und daß ihm nichts getan werden dürfe, weil er dadurch, daß er Würmer fraß, die Feldfrüchte schützte. Amm Taha muß meine Verwunderung gespürt haben, denn er erklärte eilig, es sei nichts Wichtiges, nur brauche er an diesem Tag dringend etwas Wiedehopfblut.

«Wiedehopfblut?» sagte ich. Es war deutlich, daß er das Thema lieber fallengelassen hätte, aber ich blieb hartnäckig. «Was wirst du damit tun?»

«Ich brauche es für einen Zauber», sagte er barsch, «für Frauen, die keine Kinder gebären können.» Ein Flügel des Wiedehopfs hatte sich irgendwie aus seiner Tasche geschoben, und jetzt hing die Spitze heraus wie der Zipfel eines Taschentuchs. Er schob ihn vorsichtig zurück, und nach einem kurzen Schweigen senkte er den Blick wie ein schüchternes Schulmädchen und erklärte, es mache ihm nichts aus, mir zu sagen, daß er eine Art Zauberer sei, ein «Sāhir», und sich gelegentlich etwas zusätzliches Geld verdiene, indem er den einen oder anderen Zauber wirke.

Es dauerte eine Weile, bevor ich mich traute, wieder etwas zu sagen, teils aus Angst loszulachen und teils weil ich mich gehütet hätte, mich über die eindrucksvolle Vielfalt seiner Fähigkeiten zu äußern. Ich hatte einige Zeit zuvor festgestellt, daß er bezüglich dessen, was über seine vielen kleinen Nebentätigkeiten gesagt wurde, die er unternahm, um Geld zu verdienen, sehr empfindlich war – so empfindlich, daß er einige Tage, nachdem wir unsere Vereinbarung getroffen hatten, krank wurde.

Unsere Wege hatten sich zum erstenmal gekreuzt, als ich bald nach meinem Umzug nach Nashāwi im Begriff war, eine Reihe von

Zimmern in einem leerstehenden Haus zu mieten. Die Zimmer waren Teil eines Hauses, das etwa zehn Jahre vor der Revolution von 1952 von dem alten Umda gebaut worden war, dem Oberhaupt oder Vorsteher des Dorfes. Der Umda war damals der größte Grundbesitzer im Dorf, und das Haus, das er baute, war nach örtlichen Maßstäben schon palastartig, eine Villa, wie man sie in den am Strand gelegenen Vororten von Alexandria vorfinden könnte, mit fließendem Wasser, Strom und Toiletten. Aber er starb kurz nach der Fertigstellung, und das Haus wurde verriegelt und blieb leer. Seine Kinder waren erfolgreiche Geschäftsleute in Alexandria und Kairo und hatten keinerlei Interesse am Dorf ihrer Vorfahren. Nur eines machte sich überhaupt noch die Mühe, Nashāwi zu besuchen, eine kettenrauchende Frau mittleren Alters, die gelegentlich von Alexandria herunterkam, um die Pacht für die paar Hektar zu kassieren, die der Familie nach der Revolution noch geblieben waren. Sie war es, die sich bereit erklärte, mir die Räume zu vermieten, die ihr Vater an der Außenseite des Hauptgebäudes für seine Gäste gebaut hatte – ein großes Schlafzimmer mit danebenliegender Toilette und eine kleine Küche. Die Dielen im Zimmer waren schon längst verbogen und verzogen, der Putz war von den Wänden gebröckelt, aber das Zimmer war gemütlich und hatte eine freundliche Atmosphäre, trotz der düsteren Schatten des leerstehenden Hauses und des unheimlichen Geklappers, das es nachts erzeugte, wenn der Wind durch seine unverriegelten Fenster und die schlagenden Türen pfiff.

Dieselbe Frau hatte mich auch zu Amm Taha geführt. Eine seiner vielen Tätigkeiten war die des Hausmeisters. Sie hatte vorgeschlagen, ich solle ihm einen Teil seines Lohnes bezahlen und mit ihm übereinkommen, daß er mir Essen brachte, das seine Frau kochen könnte – die zum Gästezimmer gehörige Küche war zu klein für den täglichen Gebrauch. Die Sache wurde schnell geregelt, und an den ersten Tagen nach meinem Einzug kam er mittags, wie vereinbart, und brachte ein paar Gerichte mit. Aber dann, eines Nachmittags, ließ er mir ausrichten, daß es ihm nicht gutgehe, und als er auch am nächsten Tag nicht auftauchte, beschloß ich, selber nachzusehen, was los war.

Sein Haus befand sich im am dichtesten bevölkerten Teil des Dorfes, in der Nähe des Platzes, wo die Behausungen so dichtgedrängt waren, daß die Heuschober auf den Dächern sich über den engen, gewundenen Gassen fast berührten. Es war ein sehr kleines Haus, ein paar Räume mit Lehmwänden, mit einer niedrigen, tunnelartigen Tür. Als ich klopfte, rief Amm Taha heraus, ich solle eintreten, aber es drang so wenig Licht ins Haus, daß es eine Weile dauerte, bis ich feststellen konnte, wo er war.

Er lag auf einer Matte, sein hageres, schiefes Gesicht war starr vor Verdruß, und sowie ich eintrat, fing er an zu klagen. Er sei krank, zu krank, um irgendwo hinzugehen, er wisse nicht, was mit all seinen Eiern passieren sollte, er habe seine Frau auf den Markt schicken müssen, weil er schon seit zwei Tagen das Haus nicht mehr verlassen könne.

«Aber was ist denn passiert, *yā* Amm Taha?» fragte ich. «Weißt du, was dir fehlt?»

Sein gesundes Auge funkelte mich kurz zornig an, und dann sagte er: «Was wird schon passiert sein? Der böse Blick natürlich – jemand hat mich beneidet, was sonst?»

Ich ließ den Blick langsam durch den Raum über die zerschlissenen Matten und die schmierigen Kochutensilien in den Ecken schweifen.

«Worum hat man dich denn beneidet?» fragte ich.

«Sehen Sie das denn nicht?» sagte er ärgerlich. «Jeder beneidet mich heutzutage. Meine Nachbarn sehen mich jeden zweiten Tag auf den Markt gehen, und sie sagen sich – dieser Taha, er handelt mit Eiern, und dann verkauft er manchmal auch noch Milch und Gemüse; jetzt hat er sogar einen Eselskarren, dieser Taha, und dazu hat er so viele Nebentätigkeiten, er ist den ganzen Tag geschäftig, rennt ständig herum und scheffelt Geld. Was macht er bloß damit? Er hat nicht mal Kinder, er braucht es doch gar nicht.»

Er setzte sich auf und fixierte mich mit seinem unbeweglichen

Auge. «Sie verzehren sich vor Neid», sagte er. «Es geht ihnen allen gut, aber sie halten es nicht aus, daß ich hart arbeite und mein Los verbessere. In den letzten paar Tagen haben sie gesehen, wie ich mit Essen zu Ihrem Haus gehe, und das war einfach zuviel für sie. Sie haben's nicht ertragen.»

Ich fühlte mich unbehaglich mit der Rolle, die mir in diesem Bericht zugewiesen worden war. Ich war mir nicht sicher, ob ich den Schuldigen zugerechnet wurde. «Aber, *yā* Amm Taha», sagte ich, «kannst du denn nichts dagegen tun?»

Er nickte ungeduldig. Ja, natürlich, sagte er, er sei an diesem Morgen schon in der staatlichen Klinik gewesen, und man habe ihm eine Spritze und ein paar Tabletten gegeben. Und gleich komme eine Frau, die ein paar Häuser weiter wohne, um den Zauber zu brechen – ich könne bleiben und zusehen, wenn ich wolle.

Die Frau traf bald darauf ein, eine mollige, gesprächige Matrone, die eher geneigt schien, über die Schlechtigkeit ihrer Nachbarn zu tratschen, als ihre Pflichten zu erfüllen. Doch Amm Taha war schlecht gelaunt und schnitt ihr bald das Wort ab. Er reichte ihr einen Papierstreifen und sagte, sie solle sich beeilen, wenn sie ihr Honorar haben wolle. Sie lächelte mir kurz zu, schloß dann die Augen und fing an, unter leisem Gemurmel mit dem Papierstreifen über seinen Rücken zu streichen. Manchmal, wenn ihre Stimme lauter wurde, meinte ich ein paar Passagen aus der Fātiha zu hören, dem Eröffnungsgebet des Koran, doch die meiste Zeit bewegten sich ihre Lippen lautlos und ununterbrochen.

Nach einigen Minuten dieser Behandlung öffnete sie die Augen und erklärte wehmütig: «Du hast kein einziges Mal gegähnt, *yā* Amm Taha. Dir geht's gut, niemand ist neidisch auf dich gewesen.»

Das löste bei Amm Taha einen Sturm der Entrüstung aus. «Ich hab nicht gegähnt, sagst du?» fuhr er sie an. «Wie willst du das wissen, wo du die Augen zugehabt hast?»

«Ich weiß, daß du nicht gegähnt hast», beharrte sie. «Und wenn du nicht gegähnt hast, während ich den Zauber gesprochen habe, dann bedeutet das, daß niemand neidisch auf dich gewesen ist.»

«Ach, wirklich? Dann sieh dir das an», sagte Amm Taha. Er öffnete den Mund, lehnte sich vor, und als seine Nase gerade noch einen Zentimeter von ihrer entfernt war, gab er ein Riesengähnen von sich.

Sie wich erschrocken zurück und protestierte: «Ich weiß nicht, *yā* Amm Taha, wenn man wirklich neidisch auf dich gewesen wäre, würde ich auch gähnen. Und ich hab überhaupt nicht gegähnt – siehst du mich etwa gähnen?»

«Du machst es nicht richtig», sagte er. «Weiter nichts. Komm, *yallā*, versuch's noch einmal.»

Sie schloß die Augen und strich wieder mit dem Papierstreifen über seinen Rücken, und diesmal waren beide nach einigen Minuten heftig am Gähnen. Als sie fertig war, lehnte sie sich an die Wand zurück, voller Stolz über ihren Erfolg, während Amm Taha seinen Kerosinofen anpumpte, damit er uns etwas Tee kochen konnte.

«Weißt du denn, wer auf dich neidisch gewesen ist?» fragte ich.

Sie wechselten einen wissenden Blick, aber keiner von beiden wollte mir sagen, wer es war. «Gott ist der Beschützer», sagte Amm Taha fromm. «Es ist egal, wer es war – der Neid ist gebrochen, und mir geht's wieder gut.»

Und tatsächlich, am nächsten Morgen war er wieder bei der Arbeit, sammelte Eier und fuhr mit seinem Karren nach Damanhur.

Da ich nun schon seit einer Weile von Amm Tahas Fähigkeiten wußte, war ich sicher, daß er mir genau sagen könnte, wann Ustāz Sabri zu Hause sein würde.

Ich wurde nicht enttäuscht.

«Gehen Sie heute abend hin», sagte er. «Etwa eine Stunde nach dem Abendgebet, und Sie können sicher sein, daß Sie ihn antreffen werden.»

5

Und tatsächlich, Ustāz Sabri war zu Hause, als ich ihn an diesem Abend besuchen ging. Er saß in seinem Besuchszimmer, umringt von einem halben Dutzend Besuchern. Er redete mit seiner klaren, kraftvollen Stimme, eine Shīsha in den Händen, während die anderen im Kreis drum herum saßen. Ein paar Besucher waren in Hemd und Hose gekleidet und sahen wie College-Studenten aus; die anderen waren Fellachen, die vorbeigekommen waren, um am Ende des Tages noch ein bißchen zu plaudern.

Ustāz Sabri stieß einen überraschten Laut aus, als er mich an der Tür sah, und fragte mich, warum ich nicht früher gekommen sei, er habe mich schon einige Tage zuvor erwartet. Da seine Mutter es offenbar versäumt hatte, ihn von meinem früheren Besuch in Kenntnis zu setzen, machte ich Anstalten, ihm selber davon zu erzählen, aber ich hatte Ustāz Sabris Aufmerksamkeit schon verloren: Er hatte längst begonnen, mich seinen Besuchern vorzustellen.

Ich sei ein Student aus Indien, erzählte er ihnen, ein Gast, der zu Forschungszwecken nach Ägypten gekommen sei. Es sei ihre Pflicht, mich in ihrer Mitte willkommen zu heißen und dafür zu sorgen, daß ich mich bei ihnen wohl fühlte, schon wegen der traditionellen Freundschaft zwischen Indien und Ägypten. Unsere Länder seien einander nämlich sehr ähnlich; Indien sei, wie Ägypten, in erster Linie ein Agrarstaat, die Mehrheit der Bevölkerung wohne in Dörfern, wie die ägyptischen Fellachen, und pflüge ihr Land mit Hilfe von Vieh. Unsere Länder seien arm, da sie beide von Imperialisten ausgeplündert worden seien, und jetzt versuchten sie beide, auf sehr ähnliche Weise mit der Armut und all den anderen Problemen fertig zu werden, die ihnen ihre bewegte Geschichte vermacht habe. Das sei eine schwierige Aufgabe, und unsere Länder hätten einander in der Vergangenheit stets unterstützt: Mahatma Gandhi sei nach Ägypten gekommen, um Saad Zaghlūl Pascha, den Führer der ägyptischen Unabhängigkeitsbewegung, zu beraten, und später hätten Nehru und Nasser ein enges Bündnis geschmiedet. Kein Ägypter könne je die Unterstützung vergessen, die sein Land während der Suezkrise von 1956 von Indien erhalten habe, als Ägypten Opfer eines grundlosen Angriffs der Briten und Franzosen geworden sei.

Einer der Männer, die auf der anderen Seite des Raumes saßen, war während Ustāz Sabris Rede ungeduldig auf seinem Platz herumgerutscht. Ein kleiner, verhutzelter, vorzeitig gealterter Mann mit einem entrückten Blick in seinen in tiefen Falten liegenden Augen. Er hieß ebenfalls Zaghlūl, wie ich später erfuhr, und war Weber; er hatte sich das Weben selber beigebracht, sponn sein eigenes Wollgarn und webte es auf einem primitiven Webstuhl.

Jetzt hatte Zaghlūl eine Frage, und sowie er eine Gelegenheit fand, sagte er atemlos und hastig: «Und gibt's in seinem Land auch Geister, so wie bei uns?»

«Allāh!» rief Ustāz Sabri aus. «Du könntest ihn nach soviel nützlichen und wichtigen Dingen fragen – Religion oder Politik –, statt dessen fragst du ihn nach Geistern! Was soll er von dir denken?»

«Über diese Dinge weiß ich nichts», beharrte Zaghlūl. «Ich will nur wissen, ob es in seinem Land auch Geister gibt, so wie bei uns.»

«Was für Geister?» explodierte Ustāz Sabri. «Diese Geister, von denen du redest, diese Afārīt, das sind doch nur Produkte deiner Phantasie. Die gibt's gar nicht, verstehst du das denn nicht? Was hat es für einen Sinn, ihn nach Geistern zu fragen, was kann er dir schon erzählen? Es gibt überall Menschen, die sich solche Dinge einbilden. In Indien gibt es genauso wie hier Leute, die glauben, daß sie Geister sehen, und auch in England und Europa gibt es welche, die auf bestimmte Häuser zeigen und sagen: ‹In diesem Haus spukt's, der Geist von Lord Soundso geht hier nachts um.› Aber all diese Dinge sind doch pure Einbildung – derartige Wesen gibt es nicht.»

«Einbildung!» rief der Weber. «Von wegen Einbildung! Wie kann etwas Einbildung sein, wenn jemand es mit eigenen Augen sieht, direkt vor seinem Gesicht?»

«Hast du jemals so etwas gesehen?» entgegnete Ustāz Sabri.

Ein träumerischer Blick trat in die entrückten Augen des Webers. «Nein», sagte er, «aber hör zu, ich will dir was erzählen: Mein Vater hat mal einen weiblichen Geist gesehen, eine Ifrīta, als er eines Nachts am Friedhof vorbeigegangen ist. Er ist diesen Weg nie wieder nachts gegangen, bei Gott. Und erst neulich hat die Frau meines Nachbarn einen gesehen, der in eine Decke gewickelt war und beim Kanal die Straße entlanggelaufen ist. Ich kann dir sogar sagen, wessen Geist es war, aber nur, wenn du's wirklich wissen willst.»

«Wer war es?» fragte jemand.

«Es war Fathī der Spatz», verkündete er triumphierend. Sogleich wichen zwei Männer, die neben ihm saßen, entsetzt zurück und flüsterten die Fātiha und andere schützende Gebete.

«Meinen Sie den Mann», sagte ich, «der bei dem Maulid in Nakhlatain gestorben ist – vor ein paar Monaten?»

«Ja», sagte Zaghlūl, «bei Gottes Namen, er war es, der Spatz, der bei dem Maulid von einer Schaukel gestoßen und getötet wurde. Es heißt, daß sein Geist zurückgekommen ist, um uns zu plagen, weil seine Sippe zu schwach war, um eine Fehde zu beginnen oder die Familie des Mörders dazu zu bringen, das angemessene Blutgeld zu bezahlen.»

Das provozierte umgehend den Widerspruch von Ustāz Sabri und einem der College-Studenten. Von einer Blutfehde könne keine Rede sein, sagte Ustāz Sabri. Es sei erwiesen, daß der Tod des Mannes ein Unfall gewesen sei – es habe eine polizeiliche Untersuchung gegeben, und die Angelegenheit sei beigelegt. Fehden und Rachemorde gehörten der Vergangenheit an. Heutzutage sei es Sache des Staates, sich mit Verbrechen und Morden zu befassen.

«Die Welt ist groß», sagte Zaghlūl, «und mit Gebeten an den Propheten, Gott erbarme sich seiner, sage ich euch jetzt etwas, und achtet auf meine Worte: Irgend etwas war nicht in Ordnung daran, wie bei dieser ganzen Sache mit dem Tod des Spatzen vorgegangen wurde. Die Ältesten der Familie des Mörders hätten zu den Ältesten der Familie des Spatzen gehen und zu ihnen sagen sollen: Setzen wir uns zusammen, lesen den Koran und treffen eine Vereinbarung, *inshā-allāh*. Und während sie die Dinge regeln, hätte der Mörder irgendwo anders Unterschlupf suchen müssen. Statt dessen lief er frei herum, ohne jegliche Achtung vor den Rechten des Toten.»

«Aber es war ein Unfall», sagte Ustāz Sabri. «Die Angelegenheit wurde der Polizei übergeben, und die Sache wurde geregelt, und das war's, *khalas*.»

«Gott stärke dich, *yā* Ustāz Sabri», entgegnete der Weber demütig, aber hartnäckig. «Du weißt viele Dinge, die wir nicht wissen, aber irgend etwas stimmt da nicht; warum würde sonst der Geist des Spatzen so vielen Leuten erscheinen?»

Ustāz Sabri schlug sich verzweifelt die Hände an die Schläfen.

«Das passiert jedesmal», sagte er zu mir. «Nach jedem Unfalltod geht das Gerede über Geister und Dschinns los. Vor ein paar Jahren geriet das ganze Dorf in Panik, als ein Junge während des Maulid in Nashāwi von einem Dach fiel und starb.»

«Weiß der *doktōr al-Hindī* denn über unser Maulid Bescheid?» fragte Zaghlūl eifrig und warf einen Blick in meine Richtung. «Das ist eine Geschichte, die man ihm erzählen sollte.»

Später, als ich Zaghlūl besser kennenlernte, stellte ich fest, daß er nicht nur ein großer Freund von Geschichten war, sondern auch eine Art hatte, sie zu erzählen, die den metaphorischen Implikationen des Handwerks seiner Wahl auf wunderbare Weise entsprach. Ich traf ihn oft draußen auf den Feldern an, in der Hocke, den Blick abwesend und seltsam wehmütig auf seine Hände gerichtet, Garn spinnend und darauf wartend, daß jemand kam, mit dem er reden konnte. Tatsächlich konnte er sehr viel besser Geschichten erzählen als weben, denn die Früchte seiner Arbeit neigten dazu, ein bißchen wie Sackleinen auszusehen, und brachten ihm nie mehr als ein gerütteltes Maß an Spott ein. Zaghlūl selbst machte sich keinerlei Illusionen über die Qualität seines Stoffes. Deshalb war er vollkommen schockiert, als ich ihn bat, mir ein paar Schals anzufertigen, die ich als Erinnerung mitnehmen könnte. «Sie wollen sich über mich lustig machen», sagte er, «Sie wollen meinen Stoff dazu benutzen, Ihren

Leuten zu zeigen, wie rückständig und primitiv die Fellachen in Ägypten sind.»

Seine Frau war noch erstaunter als er, vor allem als sie erfuhr, daß ich die Schals bezahlen wollte. «Können Sie ihn selbst nicht auch gleich mitnehmen?» fragte sie und brach in Gelächter aus. «Damit Sie ihn Ihren Leuten vorführen können?» Später fand ich heraus, daß zwischen den beiden eine nagende Bitterkeit herrschte, die manchmal in häßlichen Streit ausartete. Dann drohte Zaghlūl damit, daß er sich von ihr scheiden lassen und wieder heiraten werde, worauf sie spöttelnd zurückschlug: «Bildest du dir etwa ein, irgend jemand würde dich heiraten wollen, dich verschrumpelten alten Mann? Du bist der Dorfalte, der Adschūz al-balad, dich will doch niemand haben.» Wahrscheinlich verbrachte er wegen Szenen wie dieser so unmäßig viel Zeit draußen auf den Feldern und war immer froh, ein Publikum für seine Geschichten zu bekommen.

«Der *doktōr* kennt die Geschichte von Sīdī Abū-Kanaka nicht», verkündete Zaghlūl den anderen im Zimmer, und dann lehnte er sich auf dem Diwan zurück, machte einen tiefen, zufriedenen Zug an seiner Shīsha und fing am Anfang an.

Die Geschichte sei alt, sagte er. Selbst in seinen Kindertagen hätten nur noch sehr wenig Leute gelebt, die Zeugen der Ereignisse jener Zeit geworden waren, und auch sie hatten Sīdī Abū-Kanaka nie in Fleisch und Blut gesehen, denn er war schon lange vor ihrer Geburt gestorben. Aber alle kannten ihn natürlich, denn er war zu seinen Lebzeiten zu großem Ruhm gelangt. Sein Tod wurde allseits betrauert, und die Dorfbewohner errichteten ihm sogar ein besonderes Grabmal auf ihrem Friedhof.

Viele Jahre später, lange nach Sīdī Abū-Kanakas Tod, als das Land um Nashāwi längst grün und dicht besiedelt war, befand der Staat, es sei an der Zeit, einen Kanal zu bauen, der den Bauern der Gegend zugute kommen sollte. Alsbald begann man mit den Arbeiten, und es ging schnell voran mit dem Kanal, an Lataīfa vorbei, immer der Straße nach, und alle waren froh, denn die Gegend brauchte schon seit langem eine bessere Bewässerung. Doch als der

Kanal Nashāwi erreichte, stellten die Dorfbewohner fest, daß ein Debakel bevorstand, denn wenn er so weiter verlief wie von den Ingenieuren geplant, würde er mitten durch ihren Friedhof gehen. Alle fanden die Vorstellung entsetzlich, daß dadurch die Toten gestört würden, und so sprachen die Dorfältesten bei den Behörden vor und baten sie, die Trasse zu ändern. Doch ihre Beschwerden machten die Effendis nur ungehalten; sie schlugen den Dorfscheichs mit der Erklärung, der Kanal müsse in einer geraden Linie verlaufen, so wie es in den Plänen stehe, die Tür vor der Nase zu.

Also sahen die Dorfbewohner schweren Herzens zu, wie der Kanal durch ihren Friedhof pflügte. Dann, eines Morgens, trafen die Arbeiter zu ihrer großen Verblüffung auf ein Grab, das sich ihren Spaten widersetzte. Sie hämmerten daran herum, tagelang, alle zusammen, aber das Grab war zu Fels geworden, und sosehr sie es auch versuchten, es gelang ihnen nicht, auch nur den kleinsten Kratzer hineinzumachen. Als nichts mehr fruchtete, versuchten sich die Ingenieure und die großen Effendis daran, aber ohne Erfolg – sie hatten immer noch nicht die geringste Spur auf dem Grabmal hinterlassen. Als sie schließlich erkannten, daß ihre Mühen vergeblich waren, sprachen sie mit den Dorfscheichs, und als sie erfuhren, daß es das Grabmal von Sīdī Abū-Kanaka gewesen war, das ihnen getrotzt hatte, gingen sie zu seinen Nachfahren und baten sie, die Gruft zu öffnen, wenn es ihnen möglich sei.

«Aber selbstverständlich», sagte der Enkel des Sīdī, «ganz zu Ihren Diensten», und nachdem er es berührt hatte, ließ sich das Grabmal mühelos öffnen. Daraufhin konnten alle, die sich dort versammelt hatten, mit eigenen Augen sehen, was sie sonst nie geglaubt hätten: daß der Leichnam des Sīdī immer noch ganz und gar unverwest war, und anstatt vom Zahn der Zeit angenagt zu sein, verströmte er einen wunderbaren parfümierten Duft.

Alle Anwesenden bezeugten dieses Ereignis, und niemand, nicht einmal die Effendis, konnte das von Sīdī Abū-Kanaka vollbrachte Wunder leugnen. So geschah es, daß der Kanal dort mit einem kleinen Knick weitergebaut wurde, und auf diesem Stück Land errichteten die Bewohner des Dorfes ein Maqām für den Sīdī. Der Sīdī seinerseits dehnte seinen Schutz über ganz Nashāwi aus und bewahrte seine Bewohner vor Unheil. Einmal zum Beispiel, als eine Bande bewaffneter Räuber zu einem Angriff auf Nashāwi ansetzte, ließ der Sīdī ein Wunder geschehen und umgab das Dorf mit einem tiefen, unüberwindlichen Graben. In den nachfolgenden Jahren lieferte er den Dorfbewohnern immer wieder mit Wundern und Gnadenakten Beweise seiner Güte.

«Das ist die Geschichte, die sich die Leute hier erzählen», sagte Ustāz Sabri zu mir, während ich wie ein Wilder Aufzeichnungen in mein Notizbuch kritzelte. «Sie sehen, wie die Fellachen dem Staat trotzen können, wenn sie nur wollen...»

Doch obwohl alle im Dorf den Sīdī verehrten, gab es kein Maulid zu Ehren seines Namens. Bei Nashāwis jährlichem Maulid wurde eines Heiligen des Mutterdorfes tief im Landesinnern gedacht. Dann, nach einigen Jahren, ereignete sich beim Maulid von Nashāwi ein schrecklicher Unfall. Ein Junge, der auf ein Hausdach geklettert war, um einen besseren Blick auf das Zikr zu bekommen, verlor auf dem Stroh den Halt, fiel herunter und brach sich das Genick. Die Dorfbewohner waren so entsetzt, daß sie nach Hause liefen und die Türen verriegelten, und Nacht um Nacht waren fortan die Straßen menschenleer, während sich alle in ihren Häusern versteckten. Es gab viele, die diese Ereignisse als Zeichen deuteten, daß das Dorf ein Maulid zu Ehren von Sīdī Abū-Kanaka begehen sollte.

Es herrschte in jenen Tagen soviel Angst in Nashāwi, sagte Ustāz Sabri, daß er und ein paar andere Lehrer eines Abends beschlossen, etwas zu unternehmen, um die Panik zu bekämpfen, die das Dorf ergriffen hatte. Sie taten folgendes: Sie sammelten sich zusammen mit anderen gebildeten Menschen aus dem Dorf zu kleinen Gruppen, und jeden Abend nach dem Gebet gingen sie durch die Gassen, riefen laut den Namen Gottes und forderten die Fellachen auf, aus ihren Häusern zu kommen. Am ersten Abend schloß sich ihnen niemand an, aber im Lauf der nächsten Tage kamen immer mehr Leute heraus, bis schließlich jedermann draußen in den Gassen war und «Allāhu akbar» rief. So überwanden die Dorfbewohner ihre Angst, und in Nashāwi kehrte allmählich wieder der Alltag ein.

Später kamen die Lehrer zusammen und beschlossen, daß es an der Zeit sei, den Ausschweifungen bei den Maulids Einhalt zu gebieten. Das Abhalten von Maulids für lokale Heilige gehöre nicht zur korrekten Praxis des Islam, argumentierte Ustāz Sabri. Solche Bräuche dienten nur dazu, Aberglauben und religiöse Laxheit zu fördern. Außerdem vergeudeten die Fellachen jedes Jahr eine Menge Geld für das Maulid, Geld, das sie sich hart erarbeitet hatten und das sie besser für Dünger und Insektenvertilgungsmittel hätten ausgeben sollen.

Danach feierten die Dorfbewohner ein paar Jahre lang Sīdī Abū-Kanakas Maulid, wenn auch in sehr viel bescheidenerem Rahmen. Doch dann gab es neue Unstimmigkeiten wegen der Heiligen und ihren Maulids, und am Schluß waren der Imām und viele andere der Meinung, daß es, so wie die Dinge standen, besser sei, überhaupt kein Maulid mehr abzuhalten.

«Meinen Sie damit den Imām Ibrāhīm?» fragte ich.

«Ja», sagte Ustāz Sabri überrascht. «Haben Sie ihn kennengelernt? Er verläßt kaum noch das Haus.»

«Nein», antwortete ich, «ich habe ihn nicht kennengelernt. Aber ich habe viel von ihm gehört; die Leute sagen, daß er in dieser Gegend früher mal als ‹Mann der Religion› berühmt war.»

Einer der College-Studenten, ein schmaler, drahtiger junger Mann mit tiefliegenden Augen, warf mir einen erschrockenen Blick zu. «Heutzutage lachen die Leute über seine Predigten», sagte er. «Er scheint nichts von all dem zu wissen, was um uns herum passiert, in Afghanistan, im Libanon und in Israel.»

Ustāz Sabri zuckte die Achseln. «Er ist aus einer anderen Zeit», sagte er. «Was er über Religion weiß, hat er von seinem Vater in der Kuttāb gelernt, in der Koranschule des Dorfes.»

«Er hat keine Ahnung von der heutigen Welt», sagte der Student.

«Wenn Sie die Freitagspredigt halten, *yā* Ustāz Sabri, dann ist das so inspirierend – dann hat jeder das Gefühl, daß er etwas unternehmen muß gegen all das, was um uns herum auf der Welt passiert.»

Ustāz Sabri nickte ihm anerkennend zu. «Die Zeiten haben sich geändert», sagte er. «Als Imām Ibrāhīm ein junger Mann war, war es sehr schwierig für Leute wie ihn, aufs College oder auf die Universität zu gehen, und sie kamen nie in Berührung mit den großen Städten. Wie hätten sie da etwas über die wahren Grundsätze der Religion lernen sollen?»

«Aber ich habe gehört, Imām Ibrāhīm liest viel», sagte ich. «Und kennt sich sehr gut mit traditioneller Medizin aus.»

«Ja», räumte Ustāz Sabri ein, «das stimmt zweifellos. Er hat sehr viele klassische Texte gelesen, und er besitzt großes Wissen über Pflanzen und Kräuter und solche Sachen – sagt man jedenfalls.»

Zaghlūl unterbrach ihn mit einem plötzlichen Gelächter. «Diese Blätter und Puder wirken doch nicht mehr», sagte er. «Heutzutage geht jeder in die Klinik, läßt sich eine Spritze geben, und die Sache ist geregelt.»

«Aber Imām Ibrāhīm hat auch gelernt, Spritzen zu geben», sagte Ustāz Sabri, «genau wie alle anderen Barbiere.»

«Außer daß er einem die Nadel reinjagt wie einen Speer», sagte der Weber.

In dem Gelächter, das darauf folgte, erhob ich mich zum Gehen, denn es war spät geworden, und ich mußte noch die Notizen eines langen Tages ins reine schreiben. Ustāz Sabri stand auf, um mich hinauszubegleiten, und lud mich ein, bald zu einem weiteren Gespräch wiederzukommen. An der Tür wandte er sich um und bat die zwei College-Studenten, mich zu begleiten.

«Es ist dunkel draußen», sagte er, ohne auf meinen Protest zu hören. «Sie werden den Rückweg nicht finden. Ihr Städter verlauft euch doch immer in Dörfern. Diese beiden Jungs, Nabīl und Ismāīl, werden Sie zu Ihrem Zimmer führen.»

6

«***Ich habe etwas über diese*** Freunde von dir gehört», rief Scheich Mūsā plötzlich aus, während wir in seinem Besucherzimmer saßen und über all die Dinge redeten, die in den Jahren meiner Abwesenheit passiert waren. «Diese zwei Burschen, von denen du soviel erzählt hast, Nabīl und Ismāīl – ich habe etwas über sie gehört.»

«Ja?» sagte ich. «Was denn?»

«Irgend jemand hat's mir erzählt, ich weiß nicht mehr, wer», sagte er. «Einige Jahre, nachdem du wieder nach Indien zurückgegangen bist.»

Er überlegte und kratzte sich am Kinn, während ich ungeduldig wartete.

«Ich habe gehört, daß sie in den Irak wollten», sagte er schließlich. «Sie waren nach Kairo gefahren, um alles in die Wege zu leiten.»

«Nabīl und Ismāīl?» sagte ich. «Sind Sie sicher, daß Sie die beiden meinen?»

«Ja», sagte Scheich Mūsā. «Ich habe mich manchmal nach ihnen erkundigt, wenn ich Leute aus Nashāwi getroffen habe. Wie es ihnen ging, was sie machten. Solche Dinge. Wußtest du nicht, daß sie fortgehen wollten?»

«Nein», erwiderte ich. Ich konnte nur völlig verdutzt den Kopf schütteln. Ich war nie darauf gekommen, daß Nabīl Ägypten verlassen und ins Ausland gehen könnte.

Es war schon einige Jahre her, daß ich etwas von Nabīl gehört hatte. Nach meiner Abreise hatten wir uns eine Weile regelmäßig geschrieben, aber dann hatte ich mehrmals meine Adresse in Neu-Delhi gewechselt, während er seinen Wehrdienst ableistete, und irgendwie war unsere Korrespondenz unterbrochen und nie wiederaufgenommen worden. In den dazwischenliegenden Jahren hatte ich angenommen, er und Ismāīl seien Angestellte des Landwirtschaftsministeriums geworden, wie sie es immer vorgehabt hatten.

Als ich sie kennenlernte, an jenem Abend in Ustāz Sabris Haus, studierten sie noch am landwirtschaftlichen Ausbildungszentrum in Damanhur. Sie hatten nur noch eine kurze Zeit vor sich, und einmal im Besitz des Abschlußdiploms, hätten beide Anspruch auf eine Stelle im Landwirtschaftsministerium gehabt. Sie wußten, es würde noch mehrere Jahre dauern, bis sie diese Stelle dann auch bekamen – sie würden zuerst ihren Militärdienst ableisten müssen, und dann gäbe es eine lange Wartezeit, während das Ministerium versuchte, eine Stelle für sie zu finden (keine leichte Sache, da es jedes Jahr mit Tausenden von neuen Anwärtern fertig werden mußte). Trotzdem waren sie sich ganz sicher, daß es sich wegen der Sicherheit, die sie am Ende hätten, auf jeden Fall zu warten lohnte, und beide hatten längst beschlossen, ihre Unterlagen ans Ministerium zu schicken, sowie sie ihren Militärdienst hinter sich hätten.

Es war kein Zufall, daß sich ihre Visionen von ihrer jeweiligen Zukunft so ähnlich waren. Sie waren nicht nur Cousins, sondern auch beste Freunde. Ihre Mütter waren Schwestern, willensstarke, findige Frauen, die ihren Kindern immer gesagt hatten, daß ihre Familien es nur durch enges Zusammenhalten in einer rauhen und feindseligen Welt zu etwas bringen könnten.

Sie hatten beide gehofft, daß sie, wenn sie erst mal ihre Stellen im Landwirtschaftsministerium hatten, nach Nashāwi oder zu irgendeiner anderen Dorfkooperative geschickt würden. In Nashāwi, wie im übrigen Ägypten, waren landbesitzende Bauern bald nach der Revolution von 1952 zu Kooperativen zusammengeschlossen worden. Die Kooperative war mit einem kleinen Team von Angestellten des Landwirtschaftsministeriums bestückt, das die Fellachen in technischen Fragen beriet. Diese Beamten stellten im Dorf eine bedeutende Kraft dar, beinahe so stark wie die der Lehrer, denn obwohl ihrem Beruf die moralische Autorität fehlte, die mit dem Lehrberuf einherging, besaßen sie eine viel größere Macht. So kümmerten sie sich zum Beispiel um das lebenswichtige (und potentiell lukrative) Geschäft, staatlich subventionierte Düngemittel und Insektizide zu verteilen.

Im allgemeinen zogen es die Beamten der Kooperative vor, ihre Macht aus einer gebieterischen Distanz auszuüben. Sie hielten Abstand zu den Fellachen und verkehrten mit niemandem im Dorf außer einigen Lehrern. In den Augen der Dorfbewohner verlieh ihnen ihre Unnahbarkeit zwangsläufig einen gewissen Glamour. Schüler achteten genau darauf, wie sie sich kleideten, ehrgeizige Mütter umwarben unauffällig die Junggesellen unter ihnen, und alle außer den Lehrern beugten sich ihren Ansichten über Politik und Religion.

Wie viele ihrer älteren Kollegen hatten Nabīl und Ismāīl seit ihrer Kindheit Beamte in Nashāwis Kooperative werden wollen. Wenn sie von ihren Absichten sprachen, standen immer praktische Aspekte im Vordergrund: Wie sie, indem sie zu Hause wohnten, Geld sparen könnten, wie sie ihren Familien helfen und sich um ihre Eltern kümmern könnten, wie ihre Mütter sie im Dorf haben wollten, damit sie sich rechtzeitig über geeignete Ehepartien Gedanken machen konnten, und so weiter. Doch hinter dieser nüchternen Argumentation lag ein üppiger und glänzender Hintergrund erinnerter Bilder: Erinnerungen aus einer Zeit, wo sie sich um die Türen der Kooperative versammelt und die Beamten belauscht hatten, die sich über die große weite Welt unterhielten, bis sie mit Gebrüll davongejagt wurden: «Haut ab, ihr Knirpse, ihr Hurensöhne. Raus hier.» Über die Jahre war es ihr innigster Wunsch geworden, sich hinter genau jenen Schreibtischen thronen zu sehen.

«Ich glaube, Nabīl und Ismāīl sind, kurz nachdem sie ihren Wehrdienst absolviert haben, in den Irak gefahren», sagte Scheich Mūsā. «Ich dachte, sie hätten dir geschrieben.»

Er schüttelte lächelnd den Kopf. «Das waren prachtvolle junge Burschen, richtige Dschidān», sagte er. «Ich habe nur das Beste von ihnen gehört. Alle haben immer nur gut von den beiden gesprochen.»

Doch anfangs hatte Scheich Mūsā das anders gesehen. Er war entsetzt gewesen, daß Ismāīl abfällig über Imām Ibrāhīm geredet hatte. «Diese Studenten!» rief er entrüstet aus. «Die bilden sich ein, sie wüßten alles!» Es fiel ihm schwer, zu akzeptieren, daß sich das öffentliche Leben seit seiner eigenen Jugend fast bis zur Unkenntlichkeit verändert hatte.

Für Ismāīl war Ustāz Sabri eine Respektsperson, nicht Imām Ibrāhīm. Er sprach ausführlich von ihm, während er und Nabīl mich an jenem Abend unserer ersten Begegnung zu meinem Zimmer zurückbegleiteten. Es gebe keinen im Dorf, den er mehr bewundere, sagte er, keinen, von dem er soviel gelernt habe, keinen, dem er so sehr nacheifern wolle. Ustāz Sabri sei zum Beispiel derjenige gewesen, der auf die Idee gekommen war, Geld für die Afghanen zu sammeln. In einer Rede in der Moschee hatte er davon gesprochen, wie in Afghanistan Moslems von Kommunisten niedergemetzelt wurden, und die Männer des Dorfes waren so betroffen gewesen, daß sie eine recht eindrucksvolle Summe Geld für die Mudschahidīn aufbrachten. Ein anderes Mal, in einer Rede über den Aberglauben, hatte er auf beredte Weise den von Frauen gepflegten Brauch verurteilt, auf den Gräbern ihrer toten Verwandten Gaben zu hinterlassen. Er hatte die Praxis als Unrecht und als Verstoß gegen den Geist des Islam dargestellt, und seine Rede war so mitreißend und überzeugend gewesen, daß die Männer schnurstracks von der Moschee nach Hause gingen und den Frauen verbaten, es noch einmal zu tun. Ihm und den anderen Lehrern war es sogar gelungen, die Dorfbewohner gegen einen Mann zu vereinen, dem nachgesagt wurde, daß er Exorzismusrituale für Frauen vollführte, geheime äthiopische Rituale, die «Zār» hießen. Eine große Gruppe Männer war zu ihm gegangen, um ihn zur Rede zu stellen, und hatte ihn aufgefordert, sein Treiben zu unterlassen.

Wenn Ustāz Sabri wirklich wolle, sagte Ismāīl, könne er sich gegenüber anderen immer durchsetzen, weil kein anderer so redegewandt sei wie er. Freunde, die mit ihm zusammen in der Armee gedient hatten, erzählten die Geschichte von einem Streit, den er einmal mit einem Ostdeutschen gehabt hatte, einem kommunistischen Militärexperten, der seiner Einheit angeschlossen war. Der Deutsche war schon seit vielen Jahren in Ägypten und sprach gut Arabisch.

«Glaubst du an Gott?» hatte der Deutsche gefragt, und als Ustāz Sabri antwortete, ja, allerdings, entgegnete der Deutsche: «Wo ist er denn? Zeig ihn mir.»

Ustāz Sabri konterte mit einer Gegenfrage. «Sag mir, glaubst du, daß Menschen einen Geist haben, den Geist des Lebens an sich?»

«Ja», erwiderte der Deutsche, und so sagte Ustāz Sabri zu ihm: «Wo ist dieser Geist, kannst du ihn mir zeigen?»

«Er ist an keinem bestimmten Ort», erwiderte der Deutsche, «er ist überall – im Körper, im Kopf...»

«Und genau dort», sagte Ustāz Sabri, «ist auch Gott.»

Der Deutsche wußte, daß er geschlagen war, aber er war nicht bereit, aufzugeben. «Ich glaube nicht an Gott», beharrte er, «für uns Kommunisten ist Religion Opium fürs Volk.»

«Du kannst glauben, was du willst», hatte Ustāz Sabri zu ihm gesagt, «aber du wirst sehen, die Menschen deines eigenen Landes werden eures atheistischen Glaubens bald überdrüssig werden, so wie wir hier in Ägypten.»

Das war eine Geschichte, die oft erzählt wurde.

Ustāz Sabri und die anderen jungen Lehrer hätten Nashāwi völlig verändert, sagte Ismāīl. Sie seien ständig aktiv, kämpften ständig gegen die Ignoranz an. Jetzt hätten sie sogar einen Plan ausgeheckt, eine Verbraucher-Kooperative zu gründen, in der Grundnahrungsmittel wie Reis, Zucker, Öl und ähnliches zu Tiefstpreisen verkauft würden, damit die Leute in Nashāwi sich nicht mehr den sündigen Wucher der Ladenbesitzer gefallen lassen mußten. Mit der Zeit, und mit Gottes Hilfe, würden sie es schaffen, jegliche Ausbeutung und Ungläubigkeit im Dorf auszumerzen, und die Menschen würden mit eigenen Augen sehen, wo der Weg des wahren Islam lag.

Während Ismāīl redete, hatte Nabīl, abgesehen von ein paar gemurmelten Lauten der Zustimmung, sehr wenig gesagt. Wie ich später herausfand, war das nichts Ungewöhnliches. Wenn die beiden zusammen waren, redete gewöhnlich Ismāīl. Zwischen den beiden bestand etwas Komplementäres, ein enggenähter Saum von Verschiedenheiten, der besonders sichtbar wurde, wenn sie beisammen waren. Nabīl war der Ruhige, Nachdenkliche, nicht schüchtern, aber ernst; er sagte nie etwas und legte sich nie fest, ohne es sich vorher gründlich zu überlegen. Ismāīl war dagegen wie ein Vogel – so charakterisierte ihn jedenfalls seine Familie –, er sprach jeden flüchtigen Gedanken aus und hatte immer einen Witz oder ein Wortspiel parat. Schon von weitem konnte man den Unterschied zwischen ihnen erkennen. Nabīl war stämmig, mit einem quadratischen, kantigen Gesicht, während Ismāīl klein und drahtig war und eine Adlernase hatte. Wenn Nabīl durchs Dorf ging, dann mit einem gleichmäßigen, überlegten Gang; Ismāīl hingegen ging mit schnellen, schwungvollen Schritten und schien es immer eilig zu haben, dort hinzukommen, wo er hinwollte.

Als ich die beiden Cousins besser kennengelernt hatte, begriff ich, daß die Unterschiede zwischen ihnen ebensosehr ein Ergebnis ihrer Erziehung waren wie eines der Familienbande. Ihre Mütter waren zwar Geschwister, die sich in vielerlei Hinsicht sehr ähnelten, aber ihre Väter waren sich völlig unähnlich, und die Verschiedenheit ihrer Persönlichkeiten hatte bei ihren Kindern tiefe Spuren hinterlassen. Ismāīls Vater gehörte einem niedrigen Geschlecht von Kleinhändlern an, aber er war ein hart arbeitender, fröhlicher Mann, der gut für seine Familie sorgte und dem es gelungen war, seinen Kindern etwas von seinem eigenen optimistischen Gemüt weiterzugeben. Nabīls Vater Idris dagegen war ein Mitglied der größten und mächtigsten Sippe des Dorfes, der Badawi. Aber natürlich lebten die Badawi nicht alle in den gleichen materiellen Verhältnissen, und Idris gehörte zufällig einem sehr verarmten Zweig der Familie an. Er selbst besaß fast keine weltlichen Güter außer dem Haus, das er mit seiner Familie bewohnte, ein baufälliger Komplex von drei lehmgemauerten Zimmern, die um einen winzigen Hof herum angeordnet waren. Seine Vorväter hatten einmal einiges Land besessen, aber irgendwie hatten sie es fertiggebracht, es zu verlieren, und seitdem waren ihre Nachfahren gezwungen gewesen, sich auf die niederste Art und Weise ihren Lebensunterhalt zu verdienen, indem sie als Tagelöhner auf anderer Leute Land arbeiteten.

Idris war eine seltene Gelegenheit geboten worden, sein Los zu verbessern, als ihm nach der Revolution von 1952 ein Stück Land zugeteilt wurde. Aber zur gleichen Zeit war es ihm zufällig auch gelungen, eine Anstellung als Dorfwachmann zu finden, ein Posten, der ein monatliches Gehalt einbrachte. Ein Muwazzaf, ein «Gehaltsempfänger», zu sein, war für ihn mit unendlich mehr Ansehen verbunden als die Tätigkeit des im Schlamm schwitzenden Fellachen, und so entschied er sich für die Stelle des Wachmanns. Es wäre sowieso schwierig für ihn gewesen, das Land zu bearbeiten, hatte er argumentiert, weil sein ältester Sohn damals noch ein Kind war und er selbst nicht stark genug, ein paar Feddan ganz allein zu bebauen. So verzichtete er auf das Grundstück, und während der nachfolgenden Jahre, in denen er sich mühsam mit seinem Wachmanngehalt über die Runden brachte, hatte er reuevoll zugesehen, wie die anderen Empfänger von Reformland langsam zu Wohlstand kamen und sich größere und bessere Häuser bauten.

Doch Idris neidete es ihnen nicht und rechnete es sich als Verdienst an, daß es ihm gelungen war, ein Muwazzaf zu werden, selbst wenn seine Arbeit bescheiden war und sein Gehalt gering. Einmal zeigte er mir das Gewehr, das man ihm in seiner Eigenschaft als Wachmann anvertraut hatte. Er war mächtig stolz darauf und bewahrte es in einer Truhe unter dem Bett auf. Es war eine in England hergestellte Enfield und eine reichlich altertümliche Waffe, im Grunde einer Donnerbüchse ziemlich ähnlich. Wenn er die Flinte auf den Boden stellte, sah sie wie eine aufgestellte Kanone aus; sie reichte ihm bis über die Schulter und ließ ihn, mit seiner schmächtigen, gebeugten Figur und seinen schmalen Handgelenken, daneben klein erscheinen. Ich konnte kaum glauben, daß er jemals in der Lage gewesen sein sollte, diese respektgebietende Waffe ans Kinn zu heben, geschweige denn sie abzufeuern, doch er versicherte mir, ich würde mich irren, er habe sie tatsächlich schon einige Male benutzt. Das letzte Mal war zugegebenermaßen schon an die fünfzehn Jahre her; da hatte er auf ein paar Diebe gehalten, die durch ein Maisfeld flüchteten. Die Diebe entkamen, aber die Explosion plättete eine große Garbe Mais.

Idris selbst war nicht unglücklich mit seinem Los, da er es als Ehre betrachtete, ein monatliches Gehalt vom Staat zu beziehen. Nabīl hingegen haßte die Armut seiner Familie, und obgleich er treu zu seinem Vater stand, betrachtete er die Tätigkeit eines Wachmanns als erniedrigend und seines Geschlechts unwürdig. Er war von seinen wohlhabenderen Badawi-Cousins immer als armer Verwandter behandelt worden, und er hatte darauf reagiert, indem er sich in das defensive Schweigen der stillen Innenschau zurückzog. Aber er hatte einen stolzen Zug, und noch mehr als Ismāīl war er entschlossen, seiner Armut zu entrinnen und die Lage seiner Familie zu verbessern.

Nabīl hatte das Glück, daß es seiner Mutter gelungen war, ihm und seinem jüngeren Bruder die Möglichkeit zu geben, ihr Los zu verbessern. Sie hatte ihren ältesten Sohn Alī frühzeitig aus der Schule genommen und ihn zur Arbeit aufs Feld geschickt. Da ihr klar war, daß die größten Aussichten für die Familie darin lagen, den anderen Kindern eine Ausbildung zu ermöglichen, hatte sie es irgendwie geschafft, mit Hilfe von Alīs magerem Verdienst die Familie durchzukriegen, während Nabīl und seine jüngeren Brüder die Schule und das College absolvierten. Indessen war ihr deutlich bewußt, daß nur Alīs Opfer den anderen die Aussicht auf eine bessere Zukunft ermöglicht hatte, und um ihre Dankbarkeit zu zeigen, machte sie sich daran, seine Hochzeit zu arrangieren, sowie klar wurde, daß jetzt, so Gott wollte, nichts mehr Nabīl daran hindern konnte, seinen Abschluß zu machen.

Nabīl und Ismāīl erzählten mir von Alīs bevorstehender Hochzeit gleich bei unserer ersten Begegnung, als sie mich von Ustāz Sabris Haus zu meinem Zimmer begleiteten. Als wir angekommen waren, bat ich sie herein, und während ich Tee kochte, erzählte Ismāīl ausführlich davon.

Alī sollte Ismāīls Schwester Fauziyya heiraten (die natürlich seine Cousine ersten Grades war) – jetzt waren er und Nabīl nicht nur beste Freunde und Cousins, sondern sie würden auch noch durch Heirat verbunden sein! Das sei die beste Art von Verbindung, sagte er. Braut und Bräutigam waren Cousins und kannten sich schon ihr ganzes Leben lang, sie waren gleichaltrig und hatten praktisch seit dem Tag ihrer Geburt im Haus des anderen gelebt. Kein Außenstehender war daran beteiligt, alles würde in der Familie bleiben und zwischen Verwandten arrangiert werden, so daß es keine von diesen Problemen geben würde, die entstanden, wenn man einen Fremden in die Familie brachte.

«Wir werden für die Braut und den Bräutigam singen und tanzen», sagte Ismāīl. «Sie müssen kommen. Das wird ein Erlebnis, das Sie nicht vergessen werden.»

«Es wird mir eine Ehre sein zu kommen», sagte ich.

Nabīl hatte zwischenzeitlich den Blick schweigend durch mein Zimmer schweifen lassen, von meinen Kleidern, die an Haken hingen, zu meinem mit Papieren übersäten Schreibtisch und dem Geschirr, das in dem winzigen Raum untergebracht war, der mir als provisorische Küche diente. Er schien völlig versunken in diese Begutachtung, während Ismāīl redete und ich den Tee zubereitete. Er sah sich alles nacheinander mit einer tiefen und nachdenklichen Konzentration an und strich dabei mit den Händen über seinen Dschallābiyya.

Plötzlich, als ich gerade den Tee in den Kessel löffelte, ergriff er das Wort, indem er Ismāīl unterbrach.

«Sie müssen sicherlich an all die Menschen denken, die Sie zu Hause zurückgelassen haben», sagte er zu mir, «wenn Sie diesen Kessel da auf den Herd tun, mit gerade soviel Wasser, wie Sie für sich allein brauchen.»

Es entstand eine kurze Pause, und dann sagte Ismāīl schnell: «Wieso? Er hat doch uns und so viele andere Freunde, die hierherkommen und mit ihm Tee trinken. Er hat keinen Grund, sich einsam zu fühlen.»

«Das ist was anderes», sagte Nabīl. «Stell dir vor, wie du dich fühlen würdest.»

Das Gespräch wechselte bald zu einem anderen Thema über, aber Nabīls Bemerkung blieb haften. Ich konnte sie nie mehr vergessen, denn es war das erste Mal, daß jemand in Lataīfa oder Nashāwi das gleiche versucht hatte wie ich – sich in meine Vorstellungswelt zu versetzen und meine Lage so zu betrachten, wie sie mir erscheinen mochte.

Es dauerte eine Weile, bis ich die Tatsache verdaut hatte, daß Nabīl und Ismāīl jetzt fort waren. Eine Zeitlang fiel es mir schwer zu glauben, was Scheich Mūsā mir da erzählt hatte. Während der vielen Jahre, die seit unserer letzten Begegnung vergangen waren, hatte ich mich an die Vorstellung gewöhnt, die beiden Cousins als Beamte in der Kooperative zu sehen. Ich hatte sogar versucht, mir ihre Reaktionen vorzustellen, wenn ich zur Tür hereinkäme.

«Nabīl hat mich zum Bahnhof begleitet, am Tag meiner Abreise aus Nashāwi», erzählte ich Scheich Mūsā. «Er hat gesagt, bis ich wiederkomme, hätte er hier seine feste Stelle.»

«Wissen Sie, warum sie fortgegangen sind?» fragte ich. «Gab es irgendeinen bestimmten Grund?»

Scheich Mūsā zuckte die Achseln. «Warum geht einer fort?» sagte er. «Die Gelegenheit kommt, und sie muß ergriffen werden.»

7

Nach Osten zu reisen muß dem jungen Ben Yiju als die einfachste und natürlichste Art und Weise erschienen sein, von den Möglichkeiten, die seine Welt zu bieten hatte, den lohnendsten Gebrauch zu machen.

Seine eigenen Ursprünge lagen in Ifrīqiya – wohl im Mittelmeerhafen Mahdia, heute eine große Stadt in Tunesien. Sein Familienname «Ibn Yiju» – oder Ben Yiju auf hebräisch – war wahrscheinlich vom Namen eines Berberstammes abgeleitet, der früher einmal der Beschützer seines Geschlechts gewesen war. Die Chronologie seiner Kindheit und jungen Jahre liegt im dunkeln, und über Geburtsdatum und -ort ist nichts Genaues bekannt. Wenn man sein Leben von den späteren Ereignissen her aufrollt, könnte man vermuten, daß er um die Jahrhundertwende geboren wurde, in den letzten Jahren des elften oder in den ersten des zwölften Jahrhunderts. Da seine Freunde manchmal von ihm als «al-Mahdāwī» sprachen, scheint es wahrscheinlich, daß er in Mahdia geboren wurde, damals ein bedeutendes Zentrum jüdischer Kultur und auch einer der wichtigsten Häfen in Ifrīqiya.

Ungefähr zu der Zeit, als Ben Yiju dort aufgewachsen sein muß, machte ein Zeitgenosse von ihm, Sharīf al-Idrīsī, ein bedeutender arabischer Geograph, persönlich Bekanntschaft mit Mahdia. Die Qualität des Wassers dort veranlaßte ihn zu ein paar spitzen Bemerkungen, aber ansonsten fand er viel Bewundernswertes in der Stadt: sie hatte hübsche Gebäude, schöne Promenaden, großartige Bäder und zahlreiche Karawansereien. Die Bewohner waren im allgemeinen gutaussehend und gut gekleidet, und «insgesamt bot Mahdia einen wunderbaren Anblick».

Von Ben Yijus nächsten Verwandten kommen in seiner späteren Korrespondenz nur zwei Brüder vor, Yūsuf und Mubashshir, und eine Schwester, Berākhā. Über seine Mutter ist gar nichts bekannt und über seinen Vater nur sehr wenig, abgesehen von seinem Namen und ein paar nebensächlichen Einzelheiten. Er hieß Perahyā (Farhiyya auf arabisch), und er war ein Rabbi, ein geachteter Gelehrter und Schriftgelehrter. Möglicherweise hat er nebenher auch noch ein Geschäft betrieben, wie die meisten Gelehrten seiner Zeit, doch die Familie scheint in bescheidenen Verhältnissen gelebt zu haben, und aller Wahrscheinlichkeit nach bestand der wesentliche Nachlaß an seine Söhne in der hervorragenden Erziehung, die er ihnen angedeihen ließ.

Abraham Ben Yiju war jedenfalls gebildet genug, um selbst Gelehrter zu werden, und er war sehr beschlagen in doktrinären und religiösen Fragen. Seine persönliche Vorliebe schien jedoch mehr zum Literarischen als zum Scholastischen zu tendieren. Er dichtete gelegentlich, und er hatte einen klaren, ausgefeilten Stil, mit einigen packenden Bildern, die sich unter einer täuschend schlichten Oberfläche verbargen.

Aber trotz allem, als es um die Wahl seines Berufes ging, müssen dem jungen Ben Yiju die Aussichten, die der Osthandel bot, unwiderstehlich erschienen sein, ihm, der in einer auf diesem Gebiet spezialisierten Gemeinschaft aufgewachsen war. Und einmal damit begonnen, hätte diese Laufbahn eine natürliche Entwicklung genommen, hätte ihn von Ifrīqiya nach Fustāt geführt, und dann nach Aden, dem Hafen, über den die wichtigsten Seerouten zwischen dem Nahen Osten und dem Indischen Ozean verliefen.

Ben Yijus Papiere lassen keinen Zweifel daran, daß er tatsächlich nach Aden zog, wahrscheinlich für längere Zeit, und zwar in den zwanziger Jahren des zwölften Jahrhunderts oder vielleicht sogar noch früher. Die genauen Daten oder die Länge seines Aufenthalts bleiben jedoch unbekannt, weil kein Fitzelchen Material aus dieser Periode seines Lebens erhalten geblieben ist. Abgesehen von ein paar schmalen Lichtstreifen, welche von den Briefen, die er in Indien erhielt, zurückgeworfen werden, bleiben diese Jahre im dunkeln.

Aus seiner späteren Korrespondenz geht jedoch klar hervor, daß die frühen Jahre in Aden eine prägende Rolle in seinem Leben spielten. Zum Beispiel machte er wahrscheinlich dort die Bekanntschaft eines Mannes, der zuerst sein Mentor und dann sein Geschäftspartner wurde, ein wohlhabender und mächtiger Händler namens Madmūn Ibn al-Hasan Ibn Bundār.

Madmūn Ibn Bundār war, wie sein Vater vor ihm, der «Nadschīd» oder Hauptvertreter der Kaufleute in Aden. Er war somit der Führer der großen und wohlhabenden jüdischen Gemeinde der Stadt und zugleich der Oberaufseher des Hafenzolls – ein vermögender, einflußreicher Mann, eine Schlüsselfigur im Indischen-Ozean-Handel, dessen Netz von Freundschaften und Bekanntschaften sich von Spanien bis Indien erstreckte.

In Ben Yijus Korrespondenz finden sich mehrere Briefe von Madmūn. Sie sind in einem knappen, unumwundenen Stil verfaßt, der einem das Bild eines aufrichtigen, vielbeschäftigten Kaufmanns aufdrängt, ohne Schnörkel und mit viel weniger überflüssigen Worten als sonst damals üblich. Die Briefe sind oft über eine Reihe verschiedener Folioblätter verteilt, einige in seiner eigenen Handschrift verfaßt, andere von Schreibern. Madmūn selbst hatte eine Sauklaue, das eilige Gekritzel eines Kaufmannes, im Gedränge des Marktes entstanden. Oft enden die von seinen Schreibern sorgfältig kalligraphierten Abschriften in Schwaden seiner eigenen hastigen Handschrift. Diese Abschriften strahlen eine Frische und Dringlichkeit aus, die es einem leichtmacht, sich vorzustellen, wie er sie seinen Schreibern aus den Händen riß, um noch ein paar letzte Anweisungen hinzuzufügen, während die Schiffe, die sie befördern sollten, unten im Hafen warteten.

Ben Yiju hatte mit Sicherheit schon von Madmūn gehört, lange bevor er Ägypten verließ, und seine Freunde und Verwandten dürften ihn für seine Reise nach Aden mit Empfehlungsbriefen ausgestattet haben. Madmūn seinerseits war wahrscheinlich von seinen eigenen Informanten über die bevorstehende Ankunft des Neulings unterrichtet worden, und er könnte ihm durchaus schon wohlgesonnen gewesen sein, noch bevor er überhaupt in Aden eintraf. Für einen jungen Mann in Ben Yijus Lage hätte es gar keine glücklichere Verbindung geben können, als den Hauptvertreter der Kaufleute zum Schutzherrn zu haben. Tatsächlich scheint er auf Madmūn einen guten Eindruck gemacht zu haben, und wahrscheinlich erwarb er in dessen Warenhaus die Grundkenntnisse im Indischen-Ozean-Handel.

Madmūns früheste, noch existierende Briefe stammen aus einer Zeit, als Ben Yiju Aden bereits wieder verlassen hatte, um sich an der Malabarküste eine geschäftliche Existenz aufzubauen. Nach Ton und Inhalt jener frühen Briefe zu schließen, dürfte Ben Yijus Beziehung zu Madmūn irgendwo zwischen der eines Agenten und der eines Juniorpartners gelegen haben. Die Briefe sind voller detaillierter Anweisungen, und unter der Oberfläche ihrer konventionsgemäß höflichen Sprache liegt eine gewisse gebieterische Art, als hege Madmūn Zweifel an den Fähigkeiten und der Tüchtigkeit seines unerfahrenen Partners. Doch zugleich läßt Madmūns warmer und gelegentlich gereizter Ton erkennen, daß er Ben Yiju gegenüber eine fast elterliche Zuneigung empfand. Aus seiner Vertrautheit mit Ben Yijus Geschmack und Gewohnheiten könnte man schließen, daß er den jungen Mann sogar in seinem Haus aufnahm und ihn als Mitglied seiner Familie betrachtete, ähnlich wie Kunsthandwerker manchmal ihre Lehrlinge zu Familienangehörigen machten.

Tatsächlich wurde Ben Yiju von Madmūns gesamtem engverstrickten Gesellschaftskreis in Aden anscheinend wärmstens aufgenommen. Die zwei anderen Personen dort, mit denen er am häufigsten brieflich verkehrte, waren beide mit Madmūn verwandt. Einer der beiden, Yūsuf Ibn Abraham, war Justizbeamter und Kaufmann, ein Mann, der, nach den Briefen zu schließen, zu Selbstvergessenheit und Reizbarkeit neigte. Der andere war Khalaf Ibn Ishāq – der Verfasser des Briefes aus MS H.6 und möglicherweise Ben Yijus engster Freund in Aden.

Das Vermögen dieser beiden Männer erwuchs aus dem Handel zwischen Indien und dem Nahen Osten, aber sie spielten darin eher die Rolle des Maklers und Finanziers als die des reisenden Kaufmanns. Zu irgendeinem Zeitpunkt hatten wahrscheinlich auch sie ausgedehnte Reisen im Indischen Ozean unternommen, doch als Ben Yiju sie kennenlernte, lagen die Jahre des Reisens längst hinter ihnen, sie hatten sich behaglich in Aden niedergelassen.

In ihren Kreisen herrschte jedoch kein Mangel an Reisenden. Mindestens zwei von Madmūns Freunden verdienen es, zu den am weitesten gereisten Männern des Mittelalters gezählt zu werden, vielleicht sogar irgendeines Zeitalters vor dem zwanzigsten Jahrhundert. Der erste war eine prominente Persönlichkeit in der jüdischen Gemeinde von Fustāt, Abū Saīd Halfon ben Nethan'el ha-Levi al-Dumyātī, ein wohlhabender Kaufmann, Gelehrter und Förderer der Literatur, dessen Familienname ihn mit dem ägyptischen Hafen Dumyāt oder

Damietta in Verbindung bringt. Eine große Anzahl von Abū Saīd Halfons Papieren sind in der Genisa erhalten geblieben, und die auf ihnen verzeichneten Datums- und Ortsangaben zeugen von einem derart fließenden und weitreichenden Bewegungsmuster, daß daneben die Fahrten späterer mittelalterlicher Reisender wie Marco Polo und Ibn Battuta eher unbedeutend wirken. Jedes Jahr hielt er sich in einem anderen Land und auf einem anderen Kontinent auf, reiste zwischen Ägypten, Indien, Ostafrika, Syrien, Marokko und Spanien hin und her. Er war auch ein enger Freund und Mäzen eines der größten hebräischen Dichter des Mittelalters, Judah Halevi, der ihm eine Abhandlung widmete und ihm zu Ehren eine Reihe von Gedichten verfaßte. Abū Saīd Halfon stand mit Madmūn und Khalaf in regelmäßigem Brief- und Geschäftskontakt, und obwohl es keinen Beleg für einen direkten Briefwechsel zwischen ihm und Ben Yiju gibt, kann kein Zweifel darüber bestehen, daß die beiden gut miteinander bekannt waren.

Der zweite große Reisende in Madmūns Kreis war Abū-Zikrī Judah ha-Kohen Sidschilmāsī. Wie aus seinem Namen hervorgeht, stammte Abū Zikrī Sidschilmāsī aus der Wüstenstadt Sidschilmāsa in Marokko, aber er emigrierte später nach Fustāt, kam dort in der jüdischen Gemeinde zu Ansehen und wurde schließlich der Hauptvertreter der dortigen Kaufleute. Auch er reiste weit, zwischen Ägypten, Aden, Südeuropa und Indien. Hinweise in Ben Yijus Korrespondenz zeigen, daß er Abū Zikrī Sidschilmāsī und seinem Schwager, einem Schiffsbesitzer namens Mahrūs, häufig in Mangalore begegnete. So eng war die Verbindung zwischen den dreien, daß Ben Yiju Abū Zikrī Sidschilmāsī, als dieser vor der Küste von Gujarat von Piraten gefangengenommen worden war, im Namen von Mahrūs einen Brief schrieb, in dem er ihn drängte, schnell von Broach nach Mangalore herunterzukommen.

Da Kaufmannsfamilien die Bande des Handels immer mit verwandtschaftlichen Bindungen verstärkt haben, war es wahrscheinlich kein Zufall, daß ausgerechnet Abū Zikrī Sidschilmāsīs Schwester mit Madmūn verheiratet war. Es ist auch gut möglich, daß es

Abū Zikrī war, der aus Loyalität zu einem nordafrikanischen Landsmann Ben Yiju die Empfehlung gab, die ihm den Zugang zu Madmūns Kreis sicherte.

Die Umstände waren also günstig für Ben Yijus Eintritt in Madmūns privilegierten Kreis in Aden. Doch muß gesagt werden, wenn es Ben Yiju gelang, trotz seines verhältnismäßig niederen Status als junger Kaufmannslehrling mühelos Aufnahme in die Gesellschaft der wohlhabenden Kaufleute Adens zu finden, dann wird dies in erster Linie an seinen menschlichen Tugenden gelegen haben. Seine geistige Größe tritt in seinen Briefen deutlich genug hervor, aber er muß auch eine gewisse Wärme, einen gewissen Charme besessen haben sowie die Gabe, sich die Loyalität anderer Menschen zu sichern – Eigenschaften, deren Zuordnung nicht deswegen zweifelhafter ist, weil sie reine Mutmaßungen wären, denn der unwiderlegbare Beweis dafür liegt in den langen Freundschaften, die in seiner Korrespondenz bewahrt sind.

Der Kreis, in den der junge Ben Yiju aufgenommen wurde, war einer, in dem sowohl für literarisches Talent als auch für Geschäftssinn Raum und Platz war. In der Zeit seines Aufenthalts in Aden lebten und schrieben dort auch mehrere talentierte hebräische Dichter. Einem Mann wie Ben Yiju mit seiner poetischen Ader und seinem geschäftlichen Fleiß muß das Ambiente dort sehr zugesagt haben. Zusammen mit der Herzlichkeit von Ben Yijus Aufnahme in eine exklusive Gesellschaft muß dieses Ambiente dazu beigetragen haben, daß Aden für diesen jungen Händler mit literarischen Neigungen ein äußerst angenehmer Ort war.

Doch seltsamerweise zog Ben Yiju irgendwann vor 1132 an die Malabarküste und kehrte erst zwei Jahrzehnte später nach Aden zurück.

Auf den ersten Blick erscheint nichts ungewöhnlich an Ben Yijus Wegzug, denn Kaufleute, die im Osthandel tätig waren, reisten natürlich oft nach Indien. Aber es gibt zwei gute Gründe, warum diese Ortsveränderung anomal vom üblichen Muster kaufmännischen Reisens abzuweichen scheint.

Der erste ist der, daß die meisten im Osthandel tätigen Kaufleute wie Abū Saīd Halfon und Abū Zikrī Sidschilmāsī in regelmäßigen Abständen zwischen den Häfen des Indischen Ozeans hin- und herreisten. Es finden sich in der Genisa zwar einige andere Fälle von Händlern, die längere Zeit im Ausland gelebt haben, bei keinem von ihnen ist aber eine ähnlich lange und ununterbrochene Aufenthaltsdauer wie bei Ben Yiju zu verzeichnen. Während der neunzehn oder zwanzig Jahre, die er in Indien war, scheint er nicht ein einziges Mal nach Aden oder Ägypten zurückgekehrt zu sein. Und wenn sich die Notwendigkeit ergab, hat er offenbar lieber seinen Sklaven – den Sklaven aus MS H.6 – zur Abwicklung der Geschäfte nach Aden geschickt, während er in Mangalore blieb.

Der zweite Grund, der zu der Vermutung Anlaß gibt, daß sich Ben Yijus Wegzug aus Aden unter ungewöhnlichen Umständen vollzogen haben könnte, findet sich in einem rätselhaften Brief, der heute im Besitz der Taylor-Schechter-Sammlung in Cambridge ist. Das Papier ist ziemlich groß, etwa achtundzwanzig Zentimeter lang und über zwölf Zentimeter breit, ist aber trotzdem ein Fragment – ein Stück, das Ben Yiju von einem längeren Blatt abriß, um die Rückseite zu beschreiben. Das wenige, was von dem ursprünglichen Brief übriggeblieben ist, ist stark beschädigt, der Text schwer zu entziffern. Zum Glück enthält das Fragment den Namen des Absenders: Er ist gerade noch lesbar und stellt die Verbindung zwischen dem Brief und dieser Geschichte her, denn der Verfasser war niemand anderes als Madmūn Ibn al-Hasan Ibn Bundār aus Aden.

Bis kurz vor Schluß handelt es sich um einen ganz gewöhnlichen Brief. Dem üblichen Protokoll ihrer Korrespondenz folgend, spricht Madmūn von Ben Yiju als «meinem Gebieter» und von sich als seinem Diener. Er beginnt mit einer Empfangsbestätigung für eine Lieferung Arekanüsse, erwähnt den Verkauf einer Ladung Pfeffer und teilt Ben Yiju mit, daß bestimmte Güter bei seinen anderen beiden Partnern in Aden sicher angekommen seien.

Der rätselhafte Teil des Briefes kommt gegen Ende. Er besteht aus einer kurzen, sechszeiligen Passage und hat folgenden Wortlaut:

> Betreffs dessen, was er (mein Gebieter in seinem Brief) erwähnt hat: daß er den Entschluß gefaßt hat, nach Aden zurückzukehren, aber das, was ihn daran hindert, die Angst ist, es könnte heißen, er habe voreilig gehandelt. Sein Diener sprach seinetwegen bei (dem König) al-Mālik al-Saīd vor... und bekam von ihm eine Garantie zu seinem Schutze für den Fall seiner Rückkehr, *inshā-allāh*. Er (Mein Gebieter) hat also nichts zu befürchten: (der König) wird alles an seinem Gericht im Lande Indien klären. Und falls, Gott behüte, er (mein Gebieter) verlieren sollte..., wären das, was er besitzt, und seine Kinder Teil dieses (Verlusts)...

Der Rest ist verlorengegangen. Auf diese quälend unvollständige Zeile fielen Ben Yijus Finger, als er den Brief zerriß. Es gibt kein weiteres Dokument, in dem die Angelegenheit erwähnt wird, auf die sich Madmūn in seinem Brief bezog. Wenn nicht eines Tages der Rest des Briefes entdeckt wird, werden wir nie erfahren, worum es sich gehandelt hat.

Wenn die Passage auch kurz ist und plötzlich abbricht, so stellt sie doch eine Tatsache ohne jeden Zweifel klar. Sie beweist, daß Ben Yijus Fortgang nach Indien nicht ganz freiwillig erfolgte – daß in Aden irgend etwas passiert war, das es ihm schwermachte, dort zu bleiben oder dorthin zurückzukehren.

Die Passage liefert uns keinen direkten Hinweis, was passiert sein könnte. Die naheliegendste Erklärung ist, daß die Sache mit Schulden oder mit finanziellen Unregelmäßigkeiten zu tun hatte. Doch andererseits ist es kaum wahrscheinlich, daß der Herrscher von Aden sich für einen rein zivilrechtlichen Streit interessieren könnte, wie im Brief angedeutet wird. Wenn jedenfalls nur nicht bezahlte Schulden der Hinderungsgrund für Ben Yijus Rückkehr nach Aden gewesen wären, dann hätten er und seine Freunde die Angelegenheit doch sicherlich umgehend und in aller Stille geregelt, ohne beim Herrscher Zuflucht zu nehmen.

Die Passage, so wie sie dasteht, gibt wenig her, und die sorgsame

Diskretion von Madmūns Sprache hat eine weitere Rätselschicht um eine Angelegenheit gelegt, die ohnehin schon geheimnisvoll genug ist. Zum Beispiel ist das Wort, das Madmūn benutzt, um den Schutz zu beschreiben, der vom Herrscher von Aden angeboten wird, einer jener arabischen Begriffe, die eine schwindelerregende Spirale von Bedeutungen ausspinnen können. Das Wort heißt «Dhimma», dessen Stamm- und Schwesterwörter sowohl «Schuld zuweisen» bedeuten können als auch den Schutz, der einem gewährt werden mag.

So wie es hier benutzt wird, könnte das Wort darauf hindeuten, daß der Herrscher von Aden sich bereit erklärt hatte, Ben Yiju wegen eines Verbrechens, das er begangen hatte oder dessen er beschuldigt wurde, nicht zur Rechenschaft zu ziehen. Es könnte auch bedeuten, daß er gelobt hatte, ihn vor bestimmten Personen zu schützen, vor deren Feindschaft Ben Yiju Anlaß hatte, sich zu fürchten. Nach arabischer Tradition war dies die Art von Garantie, die jemandem gegeben wurde, der einen anderen getötet hatte. Sie hatte den Zweck, ihn und seine Verwandten vor einem Rachemord zu schützen, um ihnen die Möglichkeit zu geben, das Blutgeld für den Ermordeten aufzutreiben.

Diese implizite Deutung, zusammen mit dem Hinweis, daß in der Sache nicht nur Ben Yiju selbst, sondern auch seine Kinder betroffen waren, ist alles, was unsere Vermutung bekräftigt, Ben Yiju sei möglicherweise nach Indien geflohen, um einer Blutfehde zu entkommen.

Es könnte sich allerdings genausogut um einen schlichten Fall von Steuerhinterziehung gehandelt haben.

8

Scheich Mūsā hatte noch nie von Khamīs der Ratte gehört, bevor ich den Namen erwähnte.

Als ich ihn danach fragte, schürzte er die Lippen, fingerte an seinen Perlen und überlegte angestrengt, aber nach einer Weile, voller Widerwillen darüber, sich geschlagen geben zu müssen, schüttelte er herrisch den Kopf und rief aus: «Die Ratte? Al-Fār? Was ist denn das für ein Name? Bist du sicher, daß du richtig gehört hast?»

Es sei ein Spitzname, sagte ich, seine Verwandten nannten ihn so wegen seiner Art zu reden und mit der Zunge an Dingen zu nagen, so wie Ratten es mit den Zähnen tun.

Doch im Grunde wußte ich nicht, wie er zu dem Namen gekommen war. Er hätte ihn genausogut wegen seines Aussehens bekommen haben können. Man konnte sich vorstellen, daß sein schmales Gesicht mit den blitzenden, unruhigen Augen seine Cousins vor Jahren, als er noch ein Junge war, an ein Nagetier erinnert hatte. Auch jetzt, wo er schon Mitte Zwanzig war und zwei Ehen hinter sich hatte, war noch etwas von dieser Ähnlichkeit übrig, eine gewisse Flinkheit der Bewegung und ein wilder, knopfäugiger Humor.

«Sein Land liegt nahe bei dem von Zaghlūl, dem Weber», fügte ich hinzu, denn es waren oft solche Details, die Scheich Mūsā auf die Sprünge halfen. Doch diesmal entging der Name den Stolperdrähten seines Gedächtnisses, obwohl er sich die größte Mühe gab.

«Nashāwi ist groß», sagte er schließlich weise. «Weißt du, zu welcher Familie er gehört?»

Zu den Dschammāl, sagte ich, und als ich das leichte Kräuseln auf seinen Lippen sah, wurde mir plötzlich klar, daß das natürlich der Grund war, warum Scheich Mūsā Khamīs nicht kannte – seine Herkunft. Leute wie die Latīf und die Badawi neigten dazu, auf die Dschammāl herabzublicken. Sie haben schlechte Manieren, pflegten die Badawi zu flüstern, ein unflätiges Benehmen und ein wildes Temperament, und am besten halte man sich von ihnen fern. Aber sie achteten stets darauf, derlei leise zu sagen. Die Dschammāl waren sowohl sehr zahlreich als auch sehr kampfeslustig, und jeder wußte, daß ihre Männer bei der geringsten Provokation auf die Straße gehen würden, um ihre Ehre zu verteidigen.

Es ging Nabīl und seiner Badawi-Verwandtschaft gegen den Strich, daß die Dschammāl die größten Nutznießer der Landumverteilung gewesen waren, die nach der Revolution von 1952 stattgefunden hatte. Ihre Feindseligkeit war jetzt mit Neid gewürzt, da viele unter den Dschammāl, die vorher zu den Ärmsten des Dorfes gehört hatten und bloße Tagelöhner und Pächter gewesen waren, inzwischen zu landbesitzenden Fellachen avanciert waren, die mehrere Feddan Land ihr eigen nannten. Jetzt konnten es sich die Badawi nicht mehr leisten, so hochmütig wie früher zu sein, und wenn sie ein Heiratsangebot von einer der wohlhabenderen Dschammāl-Familien erhielten, nahmen sie es oft nur allzugern an. Doch für Leute wie Scheich Mūsā gehörte die Mehrheit der Dschammāl immer noch nicht zur ehrenwerten Gesellschaft, trotz der dramatischen Veränderungen in den letzten Jahrzehnten.

Auf einmal fiel mir ein weiteres, vielversprechenderes Detail ein, das in Scheich Mūsās Erinnerung mit Sicherheit irgendein Echo auslösen würde. «Sie kennen vielleicht Khamīs' Schwester», sagte ich. «Sie hat in Nakhlatain geheiratet, ganz in Ihrer Nähe, aber sie hat ihren Mann vor ein paar Monaten verlassen und ist mit ihren Kindern wieder nach Nashāwi gezogen.»

«Ach du meine Güte!» rief Scheich Mūsā. «Die große, süß aussehende Frau mit den zwei kleinen Jungen – meinst du die?»

Ja, sagte ich, genau. Das war sie, groß und süß aussehend. Sie hieß Buthaina, und sie war Khamīs' Schwester.

Daß ich diese Einzelheiten über sie wußte, hatte ich Amm Taha zu verdanken. Ohne ihn wäre mir die eigenständige Welt von Nashāwis Frauen noch verschlossener geblieben als anderen Männern, da ich im Gegensatz zu ihnen keine weiblichen Verwandten im Dorf hatte, die mich über diese parallele Geschichte auf dem laufenden halten konnten.

Noch am Tag, als ich Buthaina kennenlernte – draußen auf dem Feld während der Reisernte, zusammen mit Khamīs und ihrer übrigen Familie –, hatte ich Amm Taha über sie ausgefragt. Da hatte ich noch nicht einmal gewußt, wer sie war, denn wie immer wurden bei der Vorstellung nur die Namen der Männer erwähnt. Aber während wir uns unterhielten, hatte jemand auf das Kind auf ihrem Arm gezeigt und lachend erklärt, das sei Khamīs' Sohn. Soviel ich wußte, wurde über so etwas gewöhnlich keine Witze gemacht, und so hatte ich natürlich angenommen, daß sie verheiratet waren.

Aber sowie ich sie Amm Taha beschrieben hatte, korrigierte er mich. Nein, erklärte er mit seinem trockenen, hustenden Lachen, das sei nicht Khamīs' Frau, die ich da gesehen hätte, sie könne es nicht sein, wenn sie ein Kind auf dem Arm gehabt habe, weil Khamīs gar keine Kinder habe. Er war vor einigen Jahren mit fünfzehn verheiratet worden, und nachdem es ihm nicht gelungen war, ein Kind zu zeugen, hatte er sich kürzlich eine zweite Frau genommen, aber wieder ohne Erfolg. Die Heirat hatte einen ziemlichen Skandal verursacht, weil seine erste Frau wutentbrannt davongelaufen war und alle Welt wissen ließ, es sei seine Schuld, daß er kinderlos war, nicht ihre. Und nach all dem Ärger hatte die zweite Eheschließung auch nichts gebracht – mehrere von Khamīs' Brüdern hatten bereits Familien, doch obwohl er der älteste und der am längsten verheiratete war, blieb er kinderlos und wurde deswegen oft zur Zielscheibe ihrer Witze.

«Das kann also nicht seine Frau gewesen sein, die Sie da gesehen haben», sagte Amm Taha und schüttelte mit einem Finger in meine Richtung. «Das war wahrscheinlich seine Schwester, Buthaina, die vor kurzem mit ihren Kindern nach Nashāwi zurückgekommen ist.»

Buthaina war Jahre zuvor mit einem Mann aus Nakhlatain verheiratet worden, nicht weit von Lataīfa. Aber obwohl sie ihrem Mann zwei prächtige, gesunde Kinder geschenkt hatte, kamen die beiden nie richtig gut miteinander aus. Sie stritten die ganze Zeit über dies und das, und am Schluß war es so schlimm geworden, daß ihr Mann verkündete, er werde wieder heiraten. Sie sagte ihm damals klar und deutlich, daß sie ihn verlassen würde, wenn er das tat. Und als ihr dann Gerüchte zu Ohren kamen, daß er mit dem Vater eines anderen Mädchens gesprochen hatte, sammelte sie tatsächlich ihre Sachen zusammen, ihr Geschirr und ihre Möbel, und zog mit ihren Kindern wieder nach Nashāwi. Und so war sie jetzt wieder im Haus ihres Vaters, zusammen mit Khamīs und allen ihren Brüdern und deren Kindern.

«Das mußte ja früher oder später passieren», sagte Scheich Mūsā. «Sie hat nie auf jemand gehört. Sie und ihr Mann haben den ganzen Tag lang nur gestritten, weil sie in allem ihren Willen haben mußte.»

Er schüttelte wehmütig den Kopf und strich sich über die weißen Bartstoppeln auf seinem Kinn.

«Das lag an ihrer Herkunft», sagte er. «Die Dschammāl sind alle so, schwierig und streitsüchtig; am besten hält man sich von ihnen fern.»

Er sah mich nicht an, aber ich spürte eine Mißbilligung, die mich mahnte, ihm lieber nicht von meiner ersten Begegnung mit Khamīs und seiner Familie zu erzählen.

Zaghlūl der Weber hatte mich mit ihnen bekannt gemacht. Es war die Zeit der Reisernte, Spätherbst. Er hatte mich über die Felder gehen sehen, das Notizbuch in der Hand, und hatte zu mir herübergerufen: «Kommen Sie her, *yā doktōr* – kommen Sie her und essen Sie mit uns.»

Er hockte mit einer Gruppe von Leuten auf einem kleinen baumbeschatteten Hügel, an dem ein paar hölzerne Wasserräder standen. Er und die anderen Männer saßen im Schneidersitz um eine riesige Blechplatte. An der Anzahl der Gerichte vor ihnen konnte ich ersehen, daß sie ein großzügiges Mittagsmahl zu sich nahmen, wie es in der Erntezeit üblich ist. Die Frauen, die das Essen aufs Feld gebracht hatten, hockten neben ihnen und teilten Portionen Reis, Käse, Salat und Fisch aus.

Eine Frau hatte sich ein wenig von den übrigen fortgesetzt. Sie saß abseits, an einen Baum gelehnt, einen Schal beiläufig über die

Schulter drapiert, und säugte ein Kind. Als ich über die frisch abgeernteten Reisfelder herankam, sah sie auf und fixierte mich mit einem klaren, fragenden Blick, und als ihr versehentlich der Schal von der Brust rutschte, rückte sie ihn ohne jegliche Verlegenheit oder Scheu zurecht. Sie hatte ein breites, ovales Gesicht mit klargezeichneten Zügen und Augen, deren leuchtender Blick offen und direkt war.

Als ich die Kuppe erreichte, streckte Zaghlūl mir unter brüllendem Gelächter die Hand entgegen. «Diese Männer hier hatten Schiß, als Sie den Weg entlangkamen», sagte er, «wegen diesem Notizbuch, das Sie da in der Hand haben. Sie haben gedacht, Sie sind ein Effendi aus Damanhur, der überprüfen will, ob sich hier jemand vor dem Militärdienst drücken will.»

Er warf einen Blick auf die verlegen grinsenden Gesichter um ihn herum, und sein verhutzeltes schmales Gesicht war ganz knittrig vor Vergnügen.

«Deswegen hab ich ihnen gesagt», fuhr er fort, «aber nein, das ist doch kein Militärinspektor. Das ist kein Effendi, nicht mal ein Tierarzt – das ist der *doktōr* aus *al-Hind*, wo es Geister gibt, genauso wie bei uns.»

«Ahlan!» sagte der Mann neben ihm, ein junger Fellache mit einem scharfen Gesicht, in einem braunen Dschallābiyya. «*Ahlan!* Sie sind also der *doktōr* aus *al-Hind*?»

«Ja», sagte ich, «und Sie?»

«Er ist eine Ratte», antwortete jemand, worauf sich ein Sturm von Gelächter erhob. «Kommen Sie ihm nicht zu nah.»

Er heiße Khamīs, sagte Zaghlūl, der lauter als alle anderen lachte, Khamīs die Ratte, und die anderen, die da saßen, seien seine Brüder und Cousins. Ihre Grundstücke lägen nebeneinander, erklärte er, deswegen arbeiteten sie immer zusammen in einer Gruppe. Heute arbeiteten sie auf dem Land von Khamīs' Familie, morgen sei seins dran und so weiter, bis sie alle mit ihrer Reisernte fertig waren, in einer kurzen Woche voll harter Arbeit und gutem Essen.

«Warum stehen Sie denn immer noch, *yā doktōr*?» rief Khamīs. «Sie sind von weit hergekommen, und vor Sonnenuntergang schaffen Sie es sowieso nicht mehr in Ihr Land zurück, also können Sie sich ruhig eine Weile zu uns setzen.»

Er machte lächelnd Platz und klopfte auf die Erde neben sich. Er war Mitte Zwanzig, etwa in meinem Alter, dürr, mit einem dünnen, beweglichen, von der Sonne versengten Gesicht. Ich konnte nicht anders, ich fühlte mich bei ihm auf der Stelle wohl. Er hatte diesen leuchtenden Blick und das leicht süffisante Spiel um den Mund, das mich an die Kaffeehäuser in Delhi und Kalkutta erinnerte; er schien der mir vertrauten Welt von Vorlesungsräumen, nächtlichen Theaterproben und schwarzem Kaffee anzugehören.

Während ich mich setzte, lehnte er sich zurück, um mich zu betrachten, und taxierte mich mit seinem scharfen, satyrhaften Blick.

«Also, *yā doktōr*», sagte er, als ich mich mit gekreuzten Beinen neben ihm niedergelassen hatte. «Sagen Sie, stimmt es, was alle sagen, daß ihr in eurem Land eure Toten verbrennt?»

Sowie er das sagte, drückten sich die Frauen in der Gruppe die Hände ans Herz und riefen in atemlosem Entsetzen: *«Harām! Harām!»* Und mehrere Männer murmelten eilige Gebete, in denen sie den Herrn anriefen, er möge sie vor dem Bösen schützen.

Mir sank das Herz. Diese Frage begegnete mir fast täglich, und da es mir noch nicht gelungen war, im Arabischen ein Wort wie «kremieren» zu finden, wußte ich, daß ich mich mit dem Ausdruck, den Khamīs benutzt hatte, würde abfinden müssen – jenem Verb «verbrennen», dem Wort für etwas, was mit Brennholz, Stroh und den in alle Ewigkeit Verdammten passierte.

«Ja», sagte ich im Wissen, daß ich das Unvermeidliche nicht verhindern konnte. «Ja, es stimmt, manche Leuchte in meinem Land verbrennen ihre Toten.»

«Sie meinen», sagte Khamīs mit gespieltem Entsetzen, «daß ihr sie einfach auf einen Haufen Brennholz legt und anzündet?»

«Ja», sagte ich schnell, in der Hoffnung, das Thema würde ihm langweilig werden.

Es war mir nicht vergönnt. «Warum?» beharrte er. «Gibt es in Ihrem Land zuwenig Kienholz?»

«Nein», sagte ich, «Sie verstehen nicht.»

Es gebe dafür ein besonderes Wort, versuchte ich zu erklären, eine besondere Zeremonie, bestimmte Riten und Rituale – es sei nicht so, wie wenn man mit einem Streichholz ein Feuer entzünde. Aber meine Erklärung machte so wenig Eindruck, daß ich ebensogut hätte schweigen können.

«Auch kleine Kinder?» fragte Khamīs. «Verbrennt ihr auch kleine Kinder?»

Jetzt ergriff Buthaina zum erstenmal das Wort. «Natürlich nicht», sagte sie ungläubig und drückte ihr Baby an die Brust. «Die würden doch keine kleinen toten Kinder verbrennen – das bringt niemand fertig.»

«Doch», sagte ich bedauernd. «Doch, wir verbrennen jeden.»

«Aber warum?» rief sie. «Warum? Sind Menschen denn Fische, die man über einem Feuer brät?»

«Ich weiß nicht, warum», sagte ich. «Das ist eben so Brauch – es war schon so, als ich auf die Welt kam. Ich hatte nichts damit zu tun.»

«Eigentlich braucht man sich nicht zu wundern», sagte Zaghlūl weise und starrte auf den Horizont. «Im Lande von Nam-Nam essen die Leute sogar ihre Toten. Mein Onkel hat mir das erzählt: Es ist bei ihnen so Brauch – sie können nicht anders.»

«Hör auf zu schwatzen, *yā* Zaghlūl», fuhr Buthaina ihn an und richtete ihr Augenmerk dann wieder auf mich.

«Sie müssen dafür sorgen, daß das mit dieser Verbrennerei aufhört», sagte sie energisch zu mir. «Wenn Sie zurückgehen, sollten Sie den Menschen von unseren Bräuchen erzählen und wie wir diese Dinge machen.»

«Das werde ich», versprach ich, «aber ich weiß nicht, ob sie auf mich hören werden. Sie sind sehr stur, sie tun immer das gleiche, Jahr für Jahr.»

Plötzlich klatschte Khamīs jubelnd in die Hände. «Ich sag euch, warum sie's tun», sagte er. «Sie tun es, damit ihre Körper am Tag des Jüngsten Gerichts nicht bestraft werden können.»

Die anderen krümmten sich vor Lachen, während er triumphierend in die Runde sah, seine Augen voll blitzender Aufregung über seine Entdeckung. «Versteht ihr denn nicht?» sagte er. «Das ist wirklich schlau – sie verbrennen ihre Körper, damit's dann nichts mehr zu bestrafen gibt und sie nicht für ihre Sünden büßen müssen.»

«Nein, nein, das stimmt nicht», sagte ich, irgendwie gekränkt durch diese Unterstellung. Aber kaum hatte ich meinen Einwand vorgebracht, da begriff ich, daß Khamīs' Interpretation nicht als Beleidigung gemeint war, im Gegenteil: Er war von einer Art entsetzter Bewunderung gegenüber der Gerissenheit «meiner Leute» überwältigt – was ihn betraf, waren wir jetzt Freunde, was unser Bündnis durch diesen gewagten kosmischen Betrug besiegelt.

«Also gut», sagte Zaghlūl, indem er den anderen mit erhobener Hand Schweigen gebot. «Die Leute in Ihrem Land – haben die denn auch ein heiliges Buch, so wie wir?»

«Ja», sagte ich und hielt inne, um mir eine Antwort zu überlegen, die ebenso kurz wie unbestreitbar wahr war. «Ja, sie haben mehrere.»

«Und haben sie auch einen Propheten, so wie wir?»

Ich antwortete mit einem kurzen Nicken, und da ich nun genug von diesem Gespräch hatte, versuchte ich es mehr in Richtung Agronomie zu lenken, indem ich eine Frage zu Phosphaten und Reisanbau stellte. Doch Zaghlūl besaß, wie ich später entdecken sollte, diese ganz geduldige Hartnäckigkeit, die dem Weber eigen ist; er ließ sich nicht so leicht beirren, wenn er sich erst einmal auf ein Thema eingeschossen hatte.

«Und wer ist euer Prophet?» sagte er, ohne auf meine Frage einzugehen. «Wie heißt er?»

Mir blieb jetzt nichts anderes übrig, als zu improvisieren. Ich überlegte kurz und sagte dann: «Al-Buddha.»

«Wie?» rief Khamīs. «Was haben Sie da gesagt?»

«Al-Buddha», wiederholte ich zaghaft, und Zaghlūl sagte mit einem verblüfften Blick zu den anderen: «Wer soll das denn sein? Alle

Welt weiß, daß unser Prophet, der Bote Gottes, Friede seiner Seele, der letzte Prophet war. Das ist kein richtiger Prophet, von dem er da redet. Wir haben den wahren Propheten und die wahre Religion.»

Khamīs beugte sich vor und tippte mir aufs Knie. «Also gut, *yā doktōr*», sagte er. «Dann möchten wir noch was anderes wissen: Stimmt das, was die Leute sich erzählen? Daß Sie ein Madschūsī, ein Magier, sind und daß in Ihrem Land alle Leute Kühe anbeten? Stimmt es, daß Sie sich neulich, als Sie über die Felder gingen und sahen, wie ein Mann eine Kuh schlug, so aufgeregt haben, daß Sie in Tränen ausgebrochen und in Ihr Zimmer zurückgerannt sind?»

«Nein, das stimmt nicht», sagte ich, doch ohne große Hoffnung. Ich wußte aus Erfahrung, daß ich nichts vorzubringen vermochte, was diese Geschichte als Lüge entlarven hätte können. «Sie irren sich. In meinem Land schlagen die Leute ihre Kühe ständig, das versichere ich Ihnen.»

«Dann sagen Sie doch mal», meinte jemand anders, «gibt es in Ihrem Land Militärdienst, so wie bei uns in Ägypten?»

«Nein», erwiderte ich, und im Bestreben, den Schock dieser Enthüllung zu lindern, erklärte ich, daß in meinem Land über 700 Millionen Menschen lebten und daß, wenn es bei uns Wehrpflicht gäbe, unsere Armee größer als ganz Ägypten wäre. Doch bevor ich zu Ende sprechen konnte, wurde ich von Buthaina unterbrochen, die mit einem Ausruf der Verzweiflung die Hände hochwarf.

«In dem Land steht alles auf dem Kopf», sagte sie. «Sagen Sie uns, *yā doktōr*, haben Sie in Ihrem Land wenigstens Feldfrüchte, Felder und Kanäle, so wie wir?»

«Ja», sagte ich, «wir haben Feldfrüchte und Felder, aber nicht immer Kanäle. In einigen Gegenden meines Landes braucht man sie nicht, weil es das ganze Jahr über regnet.»

«*Yā salām*», rief sie und schlug sich mit dem Handballen gegen die Stirn. «Habt ihr das gehört, ihr Leute? Oh, der Beschützer, oh, der Herr! In seinem Land regnet es das ganze Jahr über.»

Sie war vor Erstaunen blaß geworden. «Und sagen Sie mal», fragte sie, «gibt es bei euch auch Tag und Nacht, so wie hier?»

«Sei still, Frau», sagte Khamīs. «Natürlich nicht. Da drüben ist die ganze Zeit Tag, hast du das nicht gewußt? Sie richten das so ein, damit sie kein Geld für Lampen ausgeben müssen.»

Nachdem das Gelächter verstummt war, zeigte einer von Khamīs' Brüdern auf Buthainas Baby, das jetzt in ein Tuch gewickelt im Schatten eines Baumes lag.

«Das ist Khamīs' Kind», sagte er grinsend. «Es ist letzten Monat geboren.»

«Das ist ja wunderbar», sagte ich. Ich hatte damals keine Ahnung, daß er mit mir einen Scherz auf Khamīs' Kosten machte. «Das ist ja wunderbar. Khamīs muß sehr glücklich sein.»

Khamīs stieß einen Entzückensschrei aus, ohne seinen Bruder zu beachten. «Der Inder weiß Bescheid», sagte er. «Er versteht, daß Leute glücklich sind, wenn sie Kinder haben. Er ist gar nicht so verkehrt herum, wie wir dachten.»

Er gab mir grinsend einen Klaps aufs Knie und schob seinen Bruder Īd vor, eine exakte Miniaturausgabe von ihm selbst, der ihm kaum bis zur Hüfte reichte.

«Nehmen Sie diesen Burschen mit, *yā doktōr*, wenn Sie in Ihr Land zurückkehren, nehmen Sie ihn mit. Er sitzt hier immer nur in den Maisfeldern rum und spielt mit sich selbst.»

Er streckte die Hand aus und kniff den Jungen in den Nacken, bis dieser sich voller Unbehagen hin und her wand. «Was würde passieren», fragte er mich, «wenn dieser Bursche hier an der Tür Ihres Hauses in Indien klopfen und sagen würde: Ist jemand da?»

«Irgend jemand würde aufmachen», sagte ich, «und meine Familie würde sich um ihn kümmern.»

Khamīs verzog das Gesicht. «Sie meinen, sie würden ihn nicht anzünden, damit er nicht für seine Sünden büßen muß? Was hat es dann für einen Zweck, ihn hinzuschicken?»

Alle warfen die Köpfe zurück und lachten, aber Buthaina beugte sich vor und klopfte mir auf den Arm. «Es ist besser, wenn Sie nicht zurückgehen», sagte sie mit ernstem Gesicht. «Bleiben Sie hier, werden Sie Moslem, und heiraten Sie ein Mädchen aus dem Dorf.»

Zaghlūl wippte jetzt auf den Fersen hin und her, runzelte die Stirn und schüttelte den Kopf, als hätte er jegliche Hoffnung aufgegeben, dem Gespräch noch folgen zu können.

«Aber sagen Sie, *yā doktōr*», platzte er los, «wo liegt dieses Land eigentlich, aus dem Sie kommen? Kann man in einem Tag dorthin kommen, wie die Leute, die in den Irak oder an den Golf fahren?»

«Könnte man», sagte ich, «aber mein Land ist viel weiter entfernt als der Irak, Tausende von Kilometern entfernt.»

«Sagen Sie, *yā doktōr*», fuhr er fort, «wenn ich auf meinen Esel steigen würde (wenn Sie das Wort entschuldigen) und tagelang reiten und reiten und reiten würde, käme ich am Ende in Ihr Land?» Er schielte mit schiefgelegtem Kopf zu mir herüber, als erfüllte ihn allein schon die Aussicht auf die Reise mit Schrecken.

«Nein, *yā* Zaghlūl», sagte ich, und während ich mir all die Gründe überlegte, warum es nicht möglich wäre, auf einem Esel von Ägypten nach Indien zu reisen, entzündete sich etwas in meiner Phantasie, und ich fing an zu reden, wie ich noch nie zuvor geredet hatte, weder in Lataīfa noch in Nashāwi, über Visa und Quarantäne, über das Band von Kriegen, das sich von Irak bis Afghanistan erstreckte, über die Hitze des Dascht-e-Kavīr und die Höhen des Hindukusch, über die umherstreifenden Schneeleoparden und die haarigen Jaks. Niemand hörte mir aufmerksamer zu als Zaghlūl, und noch Monate später, wann immer er mich jemandem vorstellte, erzählte er demjenigen mit einem verwirrten, verwunderten Tonfall davon, wie weit entfernt mein Land sei, von den Wüsten und Kriegen und Bergen, die es von Ägypten trennten, und von dem schrecklichen Schicksal, das einen befallen würde, wenn man sich auf einem Esel auf den Weg dorthin machte.

Die Verwunderung, die jedesmal in Zaghlūls Stimme trat, wenn er vom Reisen erzählte, hatte für mich etwas Wunderbares. Für die meisten seiner Nachbarn barg das Reisen keinerlei Überraschungen mehr. Die Gegend um Nashāwi war nie ein Ort tiefer Verwurzelung gewesen; manchmal herrschte dort die geschäftige, rastlose Atmosphäre einer Flughafen-Transithalle. Eine lange Geschichte des

Reisens war sogar in den Namen der dort lebenden Familien belegt: Sie kündeten von Verbindungen mit fernen Teilen der arabischen Welt – mit Städten in der Levante, im Sudan und im Maghreb. Dieses Erbe der Ortsveränderung war nicht mit ihren Vorfahren verflossen. In Zaghlūls eigener Generation waren Dutzende von Männern «draußen» gewesen, hatten in den Scheichtümern am Golf gearbeitet oder in Libyen, während viele andere auf der Hadsch in Saudi-Arabien gewesen waren oder als Soldaten im Jemen – einige Männer hatten solche dicken Pässe, daß sie wie tintengeschwärzte Ziehharmonikas aufgingen. Aber Zaghlūl und Khamīs waren natürlich in vieler Hinsicht Exzentriker, und in keiner so sehr wie in dieser, so daß für sie die Außenwelt immer noch voll mit den Wundern des Unbekannten war. Und deshalb schlossen wir so schnell Freundschaft.

9

Für Ben Yiju hätte die Reise von Ägypten nach Aden und Indien mit einer vierhundert Meilen langen Schiffspassage auf dem Nil begonnen.

Diese Fahrt hätte bis zu achtzehn Tagen dauern können, da man gegen die Strömung segeln mußte. In umgekehrter Richtung konnte die gleiche Strecke manchmal in nur acht Tagen zurückgelegt werden. Die erste Etappe der Reise nach Osten endete gewöhnlich an einem der verschiedenen Weganschlüsse in den südlichen Stromgebieten des Nils. Im zwölften Jahrhundert war der größte und am häufigsten benutzte davon ein Ort namens Qūs, heute eine bescheidene Distriktstadt etwas nördlich von Luxor. Ein andalusischer Araber, Ibn Dschubaīr, der diesen Teil der Route an die sechzig Jahre nach Ben Yiju hinter sich gebracht hatte, verbrachte dort einige Wochen, während er für die nächste Etappe seiner Reise auf eine Kamelkarawane wartete. Er bemerkte in seinem Bericht, daß die Stadt wunderbar kosmopolitisch sei, voller jemenitischer, äthiopischer und indischer Kaufleute auf der Durchreise – «eine Station für den Reisenden, ein Sammelplatz für Karawanen und ein Treffpunkt für Pilger».

Am Montag, dem 6. Juni 1183, brachten er und seine Gefährten ihr Gepäck zu einem palmengesäumten Platz am Stadtrand, wo sich schon andere Pilger und Kaufleute versammelt hatten, um sich der Karawane anzuschließen. Ihr Gepäck wurde gewogen und auf Kamele geladen, und nach dem Abendgebet brach die Karawane auf. Während der nächsten siebzehn Tage drangen sie langsam in südöstlicher Richtung durch die Wüste vor, kampierten nachts und reisten tagsüber. Eine gutmarkierte Kette von Brunnen half ihnen auf ihrem Weg, und auf der ganzen Strecke kamen ihnen Karawanen entgegen, so daß die ungastliche Einöde «belebt und sicher» war. An einem der Brunnen versuchte Ibn Dschubaīr die vorbeiziehenden Karawanen zu zählen, doch es waren so viele, daß er den Überblick verlor. Ein Großteil ihrer Ladung bestand aus Waren aus Indien. Vor allem die Pfefferladungen waren derart zahlreich, «daß wir uns vorstellen könnten, sie glichen in ihrer Menge dem Staub».

Es war eine lange, beschwerliche Reise, aber es gab Wege, ihre Härten zu lindern – zum Beispiel besondere Sänften, die «Shaqāzif» hießen und von denen die besten im Jemen hergestellt wurden, große, geräumige Konstruktionen, innen mit Leder bespannt und mit Stützen für ein Dach versehen. Diese Sänften wurden gewöhnlich paarweise angebracht, so daß sie einander ausgewichteten und zwei Personen in relativer Bequemlichkeit und vor der Hitze der Sonne geschützt auf einem Kamel reisen konnten. Ibn Dschubaīr bemerkte, daß «jene, die es für schicklich erachten», unterwegs mit ihrem Gefährten Schach spielen könnten, doch er selber befand sich auf einer Pilgerreise, und da er nicht geneigt war, seine Zeit mit Beschäftigungen von zweifelhafter Schicklichkeit zu verbringen, verbrachte er die Reise damit, «das Buch des Großen und Glorreichen Gottes auswendig zu lernen».

Am 23. Juni erreichte die Karawane ihr Ziel, einen Hafen am Roten Meer, an der Küste des heutigen Nordsudan. Dreiundfünfzig Tage waren vergangen, seit Ibn Dschubaīr Masr verlassen hatte.

Der Hafen, den er erreichte, Aidhāb, ist eines der Rätsel der mittelalterlichen Handelsstraße zwischen Ägypten und Indien. Es war ein winziger Außenposten, eine Handvoll Schilfhütten und ein paar neuerrichtete verputzte Häuser, mitten in einem glühendheißen und ungastlichen Wüstenabschnitt. Die umliegende Gegend war von einem Stamm bewohnt, der die Kaufleute und Pilger, die durch ihr Gebiet zogen, mit an Feindseligkeit grenzendem Mißtrauen betrachtete. Diese Gefühle wurden von Reisenden wie Ibn Dschubaīr vollauf erwidert: «Die Männer und Frauen laufen nackt umher; sie tragen nichts außer dem Lappen, der ihr Geschlecht bedeckt, und zumeist nicht einmal den. Mit einem Wort, es ist ein Stamm, der keiner Achtung wert ist, und es ist keine Sünde, sie mit Verwünschungen zu überschütten.» In der dürren Wüstenumgebung wuchs nichts. Alles mußte per Schiff eingeführt werden, einschließlich des Wassers, das bei seiner Ankunft so bitter schmeckte, daß Ibn Dschubaīr fand, es sei «weniger angenehm als Durst». Es war in jeder Beziehung ein abscheulicher, ungastlicher Ort: «Ein Aufenthalt dort ist die größte Falle auf dem Weg nach (Mekka)... Die Männer erzählen sich Geschichten von seinen Scheußlichkeiten; sie sagen sogar, daß Salomon, der Sohn Davids... es als Gefängnis für die ‹Ifrīt› verwendete.»

Doch diese kleine, zwischen Wüste und Meer eingekeilte Ansammlung von Hütten war ein betriebsamer, blühender Hafen. Auch Ibn Dschubaīr war, trotz seiner Abneigung gegen den Ort, einer der vielen Reisenden, die über das Handelsvolumen von Aidhāb in Begeisterung gerieten: «Es ist einer der am meisten frequentierten Häfen der Welt, wegen der Schiffe aus Indien und dem Jemen, die dorthin und von dort absegeln, sowie wegen all der Pilgerboote, die von dort verkehren.»

Etwa fünfhundert Jahre lang fungierte Aidhāb als eine der wichtigsten Stationen auf der Route zwischen dem Indischen Ozean und dem Mittelmeer. Dann, Mitte des fünfzehnten Jahrhunderts, erlosch plötzlich das Leben des Hafens, er hörte einfach auf zu existieren, als wäre er von der Landkarte radiert worden. Die genaue Ursache seines Endes ist unklar, aber möglicherweise wurde der Hafen auf Befehl des Sultans von Ägypten zerstört. Davon übriggeblieben sind heute jedenfalls nur ein paar Ruinen und große Mengen vergrabenen chinesischen Porzellans.

Ein seltsames Fragment, ein Stück Papier aus dem zwölften Jahrhundert, stellt eine Verbindung zwischen Abraham Ben Yiju und diesem unglückseligen Hafen her. Es enthält eine zornige Anschuldigung gegen Ben Yiju, der einzige von mehreren solcher Briefe, der erhalten geblieben ist. Er wurde jedoch nicht an Ben Yiju persönlich geschickt. Der Verfasser hat ihn schlauerweise an den Mann gerichtet, der am besten in der Lage war, auf Ben Yiju einzuwirken – sein Freund und Mentor, der Nadschīd der Kaufleute von Aden, Madmūn Ibn Bundār.

Madmūn scheint die Beschwerden zunächst nicht sonderlich ernst genommen zu haben, doch die Kränkung des Mannes war so tief, daß er sich außerordentlich hartnäckig zeigte. Immer wieder schrieb er an Madmūn, und schließlich, gegen 1135, als Ben Yiju mindestens schon seit drei Jahren in Indien war, schnitt Madmūn einen Teil von einem dieser Briefe ab und schickte ihn an Ben Yiju in Mangalore weiter, zusammen mit einem eigenen Brief.

Madmūns Brief ist lang und einer der wichtigsten, die er je schrieb. Erst gegen Ende kommt ein verschlüsselter Hinweis auf den Beschwerdebrief aus Aidhāb. «Der Überbringer dieses Briefes», schreibt er, «wird Euch einen Brief von Makhlūf al-Wutūm überreichen, den dieser in Aidhāb aufgegeben hat und von denen ich bereits über zwanzig besitze... Er ist alt und sein Geist schwach geworden. Er nähert sich dem Ende seines Lebens und weiß nicht, wie es weitergehen soll.»

Es ist ein erstaunlicher Zufall, daß gerade dieser Brief erhalten geblieben ist. Er befindet sich zur Zeit, wie Madmūns, in der Bibliothek der Universität von Cambridge. Er ist auf einem Fragment Papier von guter, wenn nicht bester Qualität geschrieben, ist über dreißig Zentimeter lang und über zehn Zentimeter breit. Das Papier ist ziemlich verwittert und verfärbt. Es ist oben zerrissen, und es hat ein kleines Loch, das aussieht, als wäre es durch Hitze verursacht. Doch die Schrift, die sich über beide Seiten erstreckt, ist klar und mühelos lesbar. Sie verrät einen eindeutig jemenitischen Stil. Die Beschwerde hat folgenden Wortlaut:

> Scheich Abraham Ibn Yiju versprach mir den Trägerlohn für 5 Bahār. Doch jedesmal, wenn ich ihn sehe, wechselt er böse Worte mit mir, so daß mich Furcht vor ihm ergriffen hat. Jedesmal sagt er zu mir: Geh, verschwinde, geh zugrunde... hundertmal... (Mein Gebieter Madmūn) verfährt mit mir gemäß seines edlen Charakters und seiner Gepflogenheiten... Ich habe bereits mit dem Schiffsbesitzer über diese Angelegenheit gesprochen; und dieser riet mir, ich solle mich an Euch wenden... (Ich bitte) Eure Erhabene Gegenwart, in dieser Sache tätig zu werden, bis Ihr das (Geld) zurückerhaltet... Steht mir darin bei und stärkt Euer Herz, o mein Herr und Gebieter... und gewährt mir Eure Hilfe...

Über den Schreiber dieses Briefes oder darüber, wo sich die beiden Männer begegnet sind, ist nichts weiter bekannt. Auf jeden Fall war der alte Mann eindeutig der Meinung, Ben Yiju schulde ihm eine große Summe Geld für den Transport von Gütern vom Gewicht von fünf Bahār. Schließlich war es ihm sogar gelungen, Madmūn von seinen Ansprüchen zu überzeugen. Madmūns herablassende Bemerkungen über den alten Mann sind wahrscheinlich nicht mehr als eine Geste zum Schutz vor Ben Yijus Gefühlen. Er würde den Brief kaum bis nach Mangalore weitergeschickt haben, wenn er der Meinung gewesen wäre, die Beschwerden des Alten seien völlig unbegründet.

Es gibt noch ein weiteres, letztes Beweisstück, das sich auf diesen Vorfall bezieht. Es findet sich in einem späteren Brief Madmūns an Ben Yiju und besteht aus einer knappen Eintragung auf der Sollseite von Ben Yijus Konto bei Madmūn. Dort heißt es: «Betreffend die Angelegenheit mit Scheich Makhlūf, exakt dreihundert Dinare.»

Offenbar konnte Madmūn Ben Yiju überreden, seinen hartnäckigen Gläubiger auszubezahlen.

10

Buthaina sollte dann schließlich die Hand bei den Ereignissen im Spiel haben, die zu meiner ersten Begegnung mit dem Imām führten – oder, genauer gesagt, einen Finger, denn es geschah hauptsächlich durch Zufall, daß sie mir auf dem Dorfmarkt Gelegenheit zu einem Gespräch mit dem Sohn des Imām gab.

Es war allerdings kein Zufall, daß Yāsir, der Sohn des Imām, an diesem Morgen dort war, denn seine Familie hatte traditionell beim Donnerstags-Sūk eine besondere Rolle zu spielen. Der Markt wurde auf dem offenen Dreschboden neben dem Grabmal seines Vorfahren Sīdī Abū-Kanaka abgehalten, an genau der gleichen Stelle wie das jährliche Maulid des Heiligen. Auf bestimmte Weise gehörten das Maulid und der Markt als Paar zusammen, denn obwohl das eine ein wöchentliches und das andere ein jährliches, das eine ein größtenteils weltliches und das andere ein erklärtermaßen religiöses Ereignis war, fielen beide aufgrund ihres Standorts in den unmittelbaren Schutzbereich des Sīdī, und seine gütige Gegenwart bürgte ebenso für die auf dem Markt getätigten Transaktionen, wie sie die Heiligkeit des Maulid garantierte. Aus diesem Grund fiel es seinen Nachfahren zu, sozusagen als Vollstrecker seines geistigen Nachlasses, einen Anteil der Einnahmen des Marktes für das Dorf einzusammeln. Das Organisationskomitee der Dorfmoschee hatte Yāsir ermächtigt, jedem Händler, der zum Markt kam, Karten zu verkaufen, so daß jeder, der vom Donnerstags-Sūk profitierte, auch einen kleinen Beitrag zur Verbesserung leistete – zur Instandhaltung des Grabmals des Heiligen, zum Unterhalt der Dorfmoschee und vielleicht sogar zur Afghanistanhilfe. Früher hatte der Imam die Einnahmen selber eingesammelt, doch mit fortschreitendem Alter und wachsender Abneigung, seine Zeit mit Alltagsgeschäften zuzubringen, hatte er immer mehr Verpflichtungen an seinen Sohn delegiert, und so machte Yāsir nun donnerstags morgens die Runde auf dem Markt.

Yāsir war ein angenehmer, fröhlich aussehender Mensch, und obwohl unsere Bekanntschaft nie über ein paar höfliche Worte hinausgegangen war, rief er mir immer einen freundlichen Gruß zu, wenn wir uns in den Gassen des Dorfes begegneten. Er war etwa Anfang Vierzig, ein hochgewachsener Mann mit gewölbter Brust, der wie sein Vater stets einen großen weißen Turban trug – eine Art Kopftracht, die für Männer mit einem spezialisierten Handwerk ebenso kennzeichnend war wie Spitzenkappen für gebildete Männer oder wollene «Tāgiyyas» für die Fellachen. Wie der alte Imām hatte Yāsir das Haareschneiden gelernt, wie auch alles andere, was zum ererbten Handwerk seines Geschlechts gehörte, doch während der Imām nie ein begeisterter Barbier gewesen war, fand Yāsir sehr viel Befriedigung in dieser Tätigkeit. In seinen späteren Jahren hatte der Imām fast seine gesamte Kundschaft verscheucht. Aufgrund seiner wachsenden Verachtung für seinen Beruf rasierte er schließlich derart scharf, daß irgendwann der Zeitpunkt kam, wo nur noch wenige Männer bereit waren, still dazusitzen, während das zornige Rasiermesser über ihren entblößten Kehlen und Achselhöhlen schwebte. Aber dann, gerade noch rechtzeitig, hatte Yāsir eingegriffen, und wie der überraschend gewissenhafte Sohn einer im Niedergang begriffenen Industriellenfamilie hatte er das Steuer herumgerissen und das Geschäft wieder profitabel gemacht.

In den Jahren, als dem Imām immer mehr Kunden wegliefen,

hatten sich mehrere Männer als Barbiere betätigt, um sich etwas zusätzliches Geld zu verdienen. Es gab jetzt ein halbes Dutzend Barbiere in Nashāwi, die von Haus zu Haus gingen, ihren Kunden die Haare schnitten und ihnen für fünfzehn Piaster pro Schuß Spritzen verpaßten. Doch Yāsir war ihnen gegenüber im Vorteil, weil er der einzige Mann seines Alters im Dorf war, der rechtmäßig behaupten konnte, mit der Schere in der Faust auf die Welt gekommen zu sein. Als er das Mannesalter erreichte, hatte er seinen Vorsprung genutzt, indem er einen kleinen Barbierladen eröffnete, den ersten in der ganzen Gegend.

Amm Taha hatte ihn mir einmal gezeigt, als wir daran vorbeigingen. Es war eine recht schlichte Angelegenheit: ein kleiner Raum mit ein paar Stühlen, einem Holztisch für seine Scheren und Rasiermesser, einem Spiegel an einer der Lehmwände und ein paar Bildern zur Dekoration, darunter ein Plakat von einem Kino in Damanhur, von Raj Kapoor in «Sangam».

Es hatte natürlich einige warnende Stimmen gegeben, erzählte Amm Taha, denn neumodische Ideen kamen in Nashāwi selten gut an. Da war zum Beispiel der Fall von Shahāta Bassiunis Café: Am Anfang hatten alle die Idee gut gefunden, vor allem die jungen Muwazzafin, die die Kaffeehäuser vermißten, an die sie sich während ihres Studiums in der Stadt so gewöhnt hatten. Und so hatte Shahāta Bassiuni mit seinem Vorhaben begonnen, hatte ein paar Eisentische und Stühle aufgestellt, einige Nargīlas gekauft, für diejenigen, die rauchen wollten, und ein paar Schach- und Backgammonspiele ausgelegt. Doch bei der ganzen Sache kam letztendlich nicht mehr raus, als daß ein paar Nichtstuer dazu übergingen, den ganzen Tag in seinem Laden herumzulungern, die nie etwas bestellten und auch noch die Schachfiguren klauten. Ein paarmal brachen sogar Schlägereien aus, und um endlich Ruhe zu haben, hatte Shahāta Bassiuni das Café wieder zugemacht.

Amm Taha hatte am Ende der Geschichte schadenfroh gelacht und mir einen vieldeutigen kleinen Blick zugeworfen, um mich wissen zu lassen, daß er, falls er sich mit den dunklen Mächten verbündet hatte, die Shahāta Bassiuni eine Lektion erteilt hatten, dies weder zugeben noch leugnen würde. Doch selbst Amm Taha war bereit einzuräumen, daß Yāsirs Barbierladen ein Erfolg war, und zwar so bereitwillig, daß es mich nicht überraschte, als Yāsir begann, Schutzgebete zu flüstern, wenn er Amm Tahas starrem Blick begegnete, während wir an seinem Laden vorbeigingen.

Yāsirs Barbierladen war jetzt der einzige in der Gegend um Nashāwi. Der nächste lag eine ganze Busfahrt entfernt, auf halbem Weg nach Damanhur. Im Verlauf der vergangenen Jahre waren immer mehr Männer aus den umliegenden Dörfern und Weilern in Yāsirs Laden gekommen – nicht nur die alten Kunden seines Vaters, sondern sogar gebildete Leute wie Ustāz Sabri, die genauso leicht in die Stadt hätten gehen können. Doch trotz größter Anstrengungen war es Yāsir noch nicht gelungen, College-Studenten wie Nabīl oder Ismāīl in seinen Laden zu locken. In diesem Fall waren diese nicht bereit, Ustāz Sabris Beispiel zu folgen. Sie gestanden Yāsir gern zu, daß er ein durchaus anständiger Barbier war, mehr als gut genug für die Fellachen und die Leute aus dem Dorf, doch sie selbst zogen es vor, sich das Geld für ihren allmonatlichen Besuch in dem einen Laden in Damanhur vom Munde abzusparen, wo sie sich darauf verlassen konnten, daß sie ihre Lieblingsfrisuren bekamen.

Yāsirs Laden befand sich im vorderen Zimmer des kleinen Hauses, das er und seine Familie zusammen mit seiner Mutter, der ersten Frau des Imām, bewohnten. Seine Mutter war in das Haus gezogen, als Yāsir noch klein war, bald nachdem sich der Imām eine zweite Frau genommen hatte. Der Imām war damals außer sich vor Kummer, obwohl sie nur auf die andere Seite des Dorfplatzes gezogen waren – Yāsir war sein einziger Sohn, und die Vorstellung, von ihm getrennt zu sein, war ihm unerträglich. Schließlich erbarmte sich Yāsirs Mutter seiner und gestattete ihm, ihr Haus einmal täglich zu besuchen, zur Zeit des Mittagsmahls. Das Arrangement hielt sich, und seitdem ging der Imām einmal täglich nach dem Mittagsgebet zu ihrem Haus hinüber, um mit seinem Sohn und seinen Enkelkindern das Mittagsmahl einzunehmen.

Yāsir begann mit seiner Arbeit gewöhnlich früh am Morgen, kurz nach dem Sonnenaufgangsgebet, und je nach Kundenandrang arbeitete er durch bis zum Mittagsgebet und ging dann nach Hause, um mit seinem Vater zu essen. Doch donnerstags wurde sein Tag vom Sūk unterbrochen. Er schloß den Laden für den Vormittag ab, und mit dem Kartenheft unterm Arm ging er los und tauchte in die Menschenmenge ein, die sich um das Grabmal seines Vorfahren tummelte. Bald verlor sich sein weißer Turban in der Farbenflut, die donnerstags durch den Markt strömte: die leuchtendrote Plane des Metzgers, die papageiengrünen, hellroten und dunkelblauen Ballen der Stoffverkäufer, die glitzernden Fische auf ihren Plastiktischen und die große schwarze Regenplane, die schräg über dem Mann hing, der Öfen reparierte. An anderen Tagen schienen die graubraunen Schattierungen der Lehmmauern des Dorfes nach einem Hauch Farbe zu dürsten. Am Donnerstagmorgen jedoch wurde dieser Durst reichlich und verschwenderisch gestillt.

Die professionellen Händler und Verkäufer waren gewöhnlich die ersten, die ihre Stände aufstellten. Die ersten trafen schon frühmorgens auf ihren kleinen Eselskarren ein, die Fischverkäufer, die Metzger, die Obstverkäufer, die Stoffhändler, der Uhrmacher und ein Dutzend andere weniger klar definierbare Gewerbe. Die Amateure folgten etwas später nach; es waren in der Mehrheit Frauen, schwarzvermummt, die je nach Saison mit Tomaten, Karotten und Blumenkohl beladene Körbe herbeitrugen. Sowie sie den Fuß auf den Markt setzten, riefen sie ihren Freundinnen, ihren Cousinen aus anderen Dörfern und ihren Schwestern, die in entfernte Weiler hinaus geheiratet hatten, Grüße zu. Sie breiteten kleine Plastikplanen auf dem staubigen Boden aus und bauten darauf Berge von Gemüse oder Obst auf, je nachdem, was sie gerade an jenem Morgen auf ihren Grundstücken geerntet hatten, und dann frischten sie, hinter ihren aufgehäuften Waren hockend, die zahllosen unterbrochenen Beziehungen auf, die der Markt von einer Woche zur anderen lebendig erhielt.

Auch die jüngeren Mädchen versuchten, soviel wie möglich dazusein; sie schlüpften unauffällig aus ihren Häusern, nachdem ihre

Väter und Brüder zur Arbeit aufs Feld gegangen waren. Sie schlenderten in Gruppen im Sūk umher, plaudernd und lachend, die Hände um die Hüften ihrer Freundinnen gelegt, und wenn sie einer Schar junger Männer begegneten, stolzierten sie unter Salven flachsenden Gelächters hochnäsig vorbei.

An diesem besagten Donnerstag hatte sich die Menge bereits wieder gelichtet, als ich hinunter auf den Markt ging. Es war fast zehn Uhr, und die meisten Leute hatten ihre Einkäufe schon früher erledigt, solange die Waren der Verkäufer noch frisch waren. Jetzt machte sich die Tageszeit beim Gemüse bemerkbar: Salat und Brunnenkresse waren welk, und die Tomaten begannen sich zu runzeln. Bald, wenn es die Frauen drängte, endlich nach Hause zu kommen und ihren Kindern rechtzeitig das Mittagessen zu machen, würden die Preise anfangen zu fallen.

«Was machen Sie denn hier?» wollte eine Stimme wissen, als ich mich gerade über einen Haufen knubbliger Karotten beugte. «Hab ich Ihnen nicht gesagt, Sie sollen mich fragen, wenn Sie was vom Markt wollen?»

Ich blickte überrascht auf und sah zwei winzige Frauen hinter mir stehen, ihre mißbilligenden Gesichter von schweren schwarzen Gewändern umrahmt. Die kleinere war Ustāz Sabris Mutter, und ihr Blick schoß von meinem Gesicht zu den Karotten in meiner Hand, während sie sich über mich beugte, um mich anzusehen.

«Was werden Sie mit diesen Karotten machen?» fuhr sie mich mit funkelndem Blick an, als wäre sie auf ein finsteres Geheimnis gestoßen.

«Sie essen», antwortete ich.

«Wie?»

«Vielleicht esse ich sie roh», sagte ich, «oder ich koch sie mir, wenn mir danach ist.»

«Kochen?» sagte sie stirnrunzelnd. «Auf was wollen Sie die denn kochen? Haben Sie einen Herd?»

«Ja.»

«Was für einen?»

«Einen Kerosinherd.»

«Einen Kerosinherd! Und was kochen Sie auf Ihrem Kerosinherd?»

«Viele Dinge – zum Beispiel Reis. Ich koche Reis.»

«Wie kochen Sie denn Ihren Reis?» fragte sie mit einem süßen Lächeln. «Kochen Sie ihn mit Milch?»

«Ja», erklärte ich kühn, bestrebt zu betonen, daß ich mich selbst versorgte. «Manchmal koche ich ihn mit Milch.»

«Aber wie denn?» sagte sie. «Wissen Sie denn nicht, daß Sie einen Ofen brauchen, wenn Sie Reis mit Milch kochen wollen?»

Sie schüttelte betrübt den Kopf, während ich um eine Erwiderung verlegen war. «Was werden Sie mit Ihrem Herd machen, wenn Sie hier weggehen?» wollte sie wissen.

«Geben Sie ihn mir», sagte die andere Frau.

«Das wird er nicht tun», entgegnete Ustāz Sabris Mutter und warf ihr einen vielsagenden Blick zu. «Es hat keinen Zweck, danach zu fragen. Der alte Taha hat sicher schon ein Auge darauf geworfen.»

Sie streichelte meinen Arm mit mütterlicher Resignation. «Sagen Sie, mein Sohn, wann fahren Sie wieder heim? Sind Ihre Ferien noch nicht zu Ende?»

Unter Aufbietung meines ganzen Stolzes erklärte ich ihr, daß ich hier nicht zum Ferienmachen sei. Was ich hier machte, sei Arbeit, ernsthafte Arbeit (insgeheim waren mir diesbezüglich Zweifel gekommen, aber ich dachte nicht daran, sie ihr gegenüber zuzugeben). Ich hätte noch eine Menge Arbeit vor mir, erklärte ich, und es würde noch einige Monate dauern, bis ich damit fertig war.

«Ihre arme Mutter», sagte sie. «Sie muß Sie ja so vermissen.» Während sie immer weiter meinen Arm streichelte, warf sie ihrer Freundin ein kurzes Lächeln zu.

«Er liebt Kühe», erzählte sie ihr. «Er geht oft raus auf die Felder, um Kühe zu fotografieren.»

Ihre Freundin ließ beinahe ihre Kohlköpfe fallen, als sie mit vor Verblüffung aufgerissenem Mund zu mir herumwirbelte.

«Ja», sagte Ustāz Sabris Mutter mit einem wissenden Nicken. «Er geht immer raus auf die Felder, wenn er hört, daß die Kühe draußen sind. Er nimmt seinen Fotoapparat mit und fotografiert Kühe – auch Schafe, Ziegen und Kamele.»

«Und Menschen», fügte ich vorwurfsvoll hinzu.

Sie schürzte die Lippen, als sei das ein Thema, zu dem sie sich lieber nicht äußern wollte. Unterdessen war ihr Blick auf einen fernen Kohlkopf gefallen, aber bevor sie losschlurfte, um darum zu feilschen, tätschelte sie mir zum Abschied nochmals den Arm. «Wenn Sie irgend etwas brauchen, müssen Sie zu uns kommen», sagte sie. «Sābri unterhält sich so gern mit Ihnen – erst neulich hat er zu mir gesagt, daß das Volk von Ägypten und das Volk von Indien schon seit Jahrhunderten wie Brüder sind. Betrachten Sie sich als Mitglied unserer Familie.»

Als sie fortging, um ihrem Kohlkopf nachzujagen, wandte ich mich wieder meinen Karotten zu, aber kaum hatte ich begonnen, den Haufen zu durchstöbern, wurde ich ein weiteres Mal unterbrochen.

«Hierher, *yā doktōr*», rief mir eine Stimme zu. «Kommen Sie hier rüber.» Es war Buthaina, die im Schneidersitz hinter ihrer eigenen Plastikplane saß und mit einem Bund grünen Korianders wedelte.

«Hierher, *yā doktōr*», sagte sie. «Kommen Sie her und kaufen hier was, damit ich *khalas* sagen und nach Hause gehen kann.»

Schon beim ersten Blick auf die Gemüsesammlung vor ihr war mir klar, daß es die erbärmlichste Ware auf dem ganzen Markt war: ein paar ausgefranste Salatköpfe, ein paar zerzauste Bunde Brunnenkresse und ein Haufen matschiger Zwiebeln neben diversem anderen Kleinzeug. Im Gegensatz zu den anderen Haufen in der Reihe bestand ihrer nicht aus den Resten des morgendlichen Verkaufs. Er war eindeutig so groß, daß sie kaum etwas verkauft haben konnte.

Das sei ihr schon öfter passiert, erzählte Amm Taha mir später; ihr Gemüse sei am Ende des Vormittags meist noch unberührt. Das liege nicht an ihrem fehlenden Verkaufstalent – sie sei im Gegenteil eine richtige Professionelle, die einzige Frau auf dem Markt, die vom Gemüseverkauf lebe. Ihr Problem sei, daß ihr Gemüse nicht direkt vom Feld komme – sie sammele es stückweise ein, gehe von Haus zu Haus und kaufe Reste. Es geschehe nicht oft, daß sie Gemüse vom Land ihrer eigenen Familie feilbieten könne, denn in ihrem Haushalt lebten so viele Personen, daß ihnen kaum etwas zu verkaufen bleibe. Und wenn es mal der Fall sei, brächten es gewöhnlich die Frauen ihrer Brüder auf den Markt. Als Ehefrauen des Hauses sei das ihr Privileg, und Buthaina als Schwester müsse für sich selbst sorgen.

Nachdem sie ihren Mann verlassen hatte, hatte ihre Familie sie wieder aufgenommen, und gemäß dem Brauch des Dorfes hatten sie ihr jegliche erdenkliche Unterstützung angedeihen lassen und würden es auch weiterhin tun, selbst wenn ihr Mann seinen Verpflichtungen nicht nachkam und ihr kein Geld für die Kinder schickte. Sie selbst hatte sich gleich bei ihrer Rückkehr nach einer Arbeit umgesehen, denn sie war nicht bereit, ihre Kinder als Abhängige im Haus ihrer Brüder aufwachsen zu lassen. Als sie ihren Mann verließ, hatte sie gewußt, daß sie damit praktisch in den Witwenstand trat, denn obwohl sie noch keine Dreißig war, war es so gut wie sicher, daß sie als Mutter von zwei kleinen Kindern nicht wieder heiraten können würde. Nachdem sie nun dem häuslichen Eheleben abgeschworen hatte, hatte sie doppelt soviel Ehrgeiz für ihre Söhne entwickelt und fing an, stundenlang mit ihrem Korb auf allen Märkten in den umliegenden Dörfern die Runde zu machen.

«Was soll ich tun, *yā doktōr*?» sagte sie und wedelte mit einem lauten kehligen Lachen die Fliegen von ihrem Gemüse weg. «Ich werde diese Sachen in den Kanal schmeißen müssen – vielleicht haben die Fische Lust, sie zu fressen.»

Ihre Ausgelassenheit steigerte sich noch, als ich mir einen Bund Brunnenkresse heraussuchte und ihr einen Fünfundzwanzig-Piaster-Schein hinhielt. «Ich werde etwas davon für die Hochzeit meines Sohnes aufheben», sagte sie, und ihre Schultern bebten, als sie mir mein Wechselgeld zurückgab.

Ein paar Minuten später, als ich mit einem reisenden Obstverkäufer aus Damanhur um ein Bündel Trauben feilschte, wurde ich von ihrer Stimme überrascht, die mir zornig über die Schulter rief.

«Sag das noch mal, Chef», forderte sie den Obstverkäufer heraus. «Ich will noch mal hören, wie du das sagst. Fünfzig Piaster für dieses faule Bündel da – das willst du ihm dafür abknöpfen?»

Der Verkäufer ließ sich nicht unterkriegen, aber seine Miene wurde etwas verlegen, als er anfing zu erklären, es sei nicht seine Schuld, alles werde von Tag zu Tag teurer, und er müsse mit seinem Eselskarren den ganzen Weg von Damanhur zurücklegen. «Und außerdem», schloß er wenig überzeugend, wobei seine Stimme zu einem hohen Winseln anstieg, «sind es gute Trauben, du kannst sie ruhig probieren.»

«Gute Trauben», äffte Buthaina ihn nach. «Wenn sie so gut sind, warum behältst du sie dann nicht?»

«Uallāhi», fluchte der Verkäufer und zeigte mit einem Finger zum Himmel. «Ich verlange nicht zuviel – das ist genau der Preis.»

«Ich gehe jeden Tag auf den Markt», sagte Buthaina. «Mir kannst du nichts vormachen. Ich weiß, du machst dir einen Spaß auf seine Kosten.»

«Aber er ist doch aus der Stadt», protestierte der Verkäufer. «Warum soll er dann nicht auch Stadtpreise bezahlen – wo er sie doch sowieso wieder dorthin mitnimmt?»

«Er lebt jetzt hier», sagte Buthaina, «er ist nicht mehr in der Stadt.» Sie riß mir die Trauben aus der Hand und schmiß sie wieder auf seinen Karren. «Dreißig Piaster und keinen Qirsh mehr.»

«Niemals», sagte der Verkäufer mit einem entrüsteten Aufschrei, «eher lasse ich mich von meiner Frau scheiden!»

«Na dann tu's doch!» brüllte Buthaina. «Du wirst schon sehen: Sie wird in die Hände klatschen und ‹Gelobt sei Gott› rufen.»

In dem Moment erschien Yāsir, gerade als sich die ersten Zuhörer um uns versammelten. Durch seine Entscheidung wurde Buthaina recht gegeben und die Ordnung wiederhergestellt, und nachdem sie triumphierend zu ihrem Gemüsehaufen zurückgegangen war, führte ich mit Yāsir ein langes Gespräch, das damit endete, daß er anbot, mich zu jedem von mir gewünschten Zeitpunkt seinem Vater, dem Imām Ibrāhīm, vorzustellen.

II

Ich nahm Yāsir beim Wort und besuchte ihn einige Tage später eines Morgens in seinem Laden. Er hatte gerade einen Kunden, aber er legte sofort sein Rasiermesser weg und erklärte sich bereit, mich zum Haus seines Vaters auf der anderen Seite des Dorfplatzes zu führen.

Er habe Imām Ibrāhīm wissen lassen, daß ich mit ihm sprechen wolle, sagte er, damit mein Besuch nicht überraschend käme. Er wäre gerne geblieben, um zuzuhören, wie ich mit seinem Vater redete, aber natürlich konnte er seinen Laden nicht lange allein lassen.

«Aber kommen Sie doch heute nachmittag und essen mit uns», sagte er lächelnd, während er mich über den Platz führte. «Kommen Sie nach dem Mittagsgebet. Mein Vater wird auch dasein, *inshā-allāh*, dann können wir beisammen sitzen und über alles mögliche reden.»

Das Haus des Imām befand sich direkt gegenüber der Moschee, eingeklemmt in einem Labyrinth niedriger Hütten, deren jede von einem sich bauschenden Strohkopf gekrönt war. Yāsir klopfte kräftig gegen die schwere Holztür, und nachdem er sich vergewissert hatte, daß sich drinnen jemand rührte, eilte er zu seinem Laden zurück, nicht ohne mich noch einmal kurz daran zu erinnern, mittags zu ihm zum Essen zu kommen.

Ich lauschte eine Weile und klopfte dann noch einmal zaghaft. Im nächsten Augenblick ging die Tür auf, und der Imām stand direkt vor mir. Er trug einen lehmbefleckten blauen Dschallābiyya und einen Turban, der wirr um seinen Kopf geknotet war. Er war ein hochgewachsener Mann und irgendwie größer und schwerer, als er aus der Ferne gewirkt hatte, stämmig, mit gewölbtem Brustkorb, breiten Schultern und langen, unruhigen Fingern, die ständig an seinen Knopflöchern und Ärmeln herumnestelten. Seine Erscheinung hatte etwas leicht Unordentliches an sich, doch sein kurzer weißer Bart war sorgfältig gestutzt, und aus seinen braunen Augen leuchtete eine scharfe, ungeduldige Intelligenz. Das Alter hatte ihn gezeichnet, aber in seiner Haltung lag noch eine unverkennbare Energie. Es war leicht zu sehen, daß er schon seit langem gewohnt war, ein Publikum allein kraft seiner Anwesenheit zu fesseln.

«Willkommen», sagte er und neigte den Kopf. Sein Ton war steif und förmlich, und auf seinem Gesicht war keine Spur eines Lächelns zu sehen.

Er machte Platz und winkte mich durch, und als ich eingetreten war, zog er die Tür hinter sich zu. Ich befand mich in einem kleinen dunklen Raum mit Lehmwänden, die geneigt und ausgebeult waren wie durchweichte Flußböschungen. Der Raum war ganz kahl. Er enthielt ein Bett, ein paar Matten und einige Bücher und Gerätschaften, die alle gleichermaßen mit einer dünnen, schmierigen Patina überzogen waren.

«Willkommen», sagte der Imām, indem er seine rechte Hand steif und förmlich über sein Herz hielt.

«Seien Sie willkommen», antwortete ich, und dann begannen wir mit der üblichen Begrüßungslitanei.

«Wie geht es Ihnen?»

«Wie geht es Ihnen?»

«Sie haben Segen gebracht.»

«Möge Gott Sie segnen.»

«Willkommen.»

«Seien Sie Ihrerseits willkommen.»

«Sie haben Licht gebracht.»

»Ganz Ihrerseits.»

«Wie geht es Ihnen?»

«Wie geht es Ihnen?»

Er verlängerte das Ritual weit über die übliche Dauer hinaus, und sowie wir die Liste der Begrüßungen erschöpft hatten, zog er einen Kerosinherd hervor und machte sich daran, ihn anzupumpen, um Tee zu kochen. Schließlich, nachdem er den Herd angezündet, Tee und Wasser abgemessen hatte und als sich ein Gespräch beim besten Willen nicht mehr vermeiden ließ, wandte er sich mir sehr förmlich zu und sagte: «Sie sind also der *doktōr al-Hindī*?»

«Ja», sagte ich, und dann erklärte ich ihm, daß ich gekommen sei, um mich mit ihm über seine Heilmethoden zu unterhalten und, wenn er es wünschte, über seine Vorfahren und über die Geschichte seiner Familie. Er schien überrascht. Er rührte eine Weile schweigend im Kessel und begann dann wieder mit dem Ritual von Begrüßungen und Antworten, als wollte er einer weiteren Unterhaltung aus dem Wege gehen.

«Willkommen.»

«Seien Sie Ihrerseits willkommen.»

«Sie haben Licht gebracht.»

«Ganz Ihrerseits.»

Wir gingen langsam die Liste der Begrüßungen durch, und danach, entschlossen, mich nicht abschütteln zu lassen, wiederholte ich, daß ich sehr interessiert sei, etwas über Volksheilmittel und Naturheilmedizin zu erfahren, und daß ich gehört hätte, es gäbe niemanden, der mehr darüber wußte als er. Ich hatte gedacht, er wäre vielleicht geschmeichelt, doch ganz im Gegenteil, er reagierte mit äußerster Empörung.

«Wer hat Ihnen diese Dinge erzählt?» wollte er wissen, als hätte ich eine unbegründete und verleumderische Anschuldigung weitergegeben. «Wer war das? Sagen Sie es mir.»

«Na ja, alle», stotterte ich. «So viele Leute erzählen, daß Sie eine Menge über Heilmittel wissen. Deswegen bin ich zu Ihnen gekommen, um etwas über Naturheilmittel und Medizin zu lernen.»

«Warum wollen Sie etwas über meine Naturheilmittel wissen?»

entgegnete er. «Warum gehen Sie nicht in Ihr Land zurück und erfahren etwas über Ihre eigenen?»

«Das werde ich auch», sagte ich. «Bald. Aber im Moment...»

«Nein, nein», sagte er ungeduldig. «Vergessen Sie das alles. Ich versuche es selber gerade zu vergessen.»

Er beugte sich vor, schenkte zwei Glas Tee ein, und nachdem er mir eines gereicht hatte, leerte er das andere mit ein paar Schlucken. Dann ging er auf die Knie, langte unter sein Bett und zog eine glänzende neue Keksdose hervor. «Hier», sagte er und schob mir die geöffnete Dose hin. «Sehen Sie!»

In der Dose lagen auf einem Bett schmutziger Watte ein halbes Dutzend Ampullen und eine Spritze. Er betrachtete sie mit glänzenden Augen. Das habe er in den letzten Jahren gelernt, sagte er, die Kunst, Spritzen zusammenzustellen und zu geben. Heilkräuter, Umschläge und Wickel – das habe er schon längst vergessen. Im Dorf gebe es einen riesigen Markt für Spritzen. Jeder wolle eine haben, gegen Erkältungen, Fieber, Durchfall und zig andere Sachen. Davon lasse sich gut leben, da liege die Zukunft.

Während er redete, schien er sich zu verwandeln. Er wirkte nicht mehr wie ein alter Mann, er war verjüngt, erneuert durch den Anblick seiner Nadel und seiner Spritze, die da in der Dose lagen wie Talismane einer zukünftigen Zeit.

Da wußte ich, daß er nie mit mir über die Heilmittel reden würde, die er von seinem Vater gelernt hatte. Nicht nur weil er mir und meinen Beweggründen mißtraute, sondern auch weil diese Heilmittel für ihn noch stärker diskreditiert waren als für alle anderen. Allein schon ihre Erwähnung war ihm ebenso zuwider wie einem Exilierten das Gerede von der Heimat. Das Paradoxe war, daß er, der für Nabīl und seine Generation bloß noch ein wandelndes Fossil, ein Relikt aus der Vergangenheit darstellte, sich für eine Vision der Zukunft begeistert hatte.

«Ich zeige es Ihnen mal», sagte er, nahm eine Spritze und griff nach meinem Arm, begierig, mir eine Kostprobe seiner Kunst zu geben. Ich riß meinen Ärmel weg, und zurückweichend protestierte ich, daß ich nicht krank sei und keine Spritze brauche, später vielleicht, irgendwann, wenn es mir wirklich nicht gutginge. Er schielte mit zusammengekniffenen Augen zu mir herüber, dann packte er seine Spritze weg und erhob sich.

«Ich muß jetzt zur Moschee», sagte er. «Es ist Zeit fürs Mittagsgebet. Vielleicht können wir ein andermal darüber reden, aber im Moment bin ich beschäftigt, und ich muß jetzt gehen.» Er geleitete mich schnell aus dem Haus, und an den Stufen der Moschee schüttelte er mir flüchtig die Hand, eilte die Treppe hinauf und verschwand, bevor ich dazu kam, ihm zu sagen, daß er mich noch nicht ganz los sei und wir wenig später im Hause seines Sohnes gemeinsam zu Mittag essen würden.

Als wir uns etwa eine Stunde später in Yāsirs Haus wiederbegegneten, wirkte er umgänglicher und schien nicht im geringsten irritiert, mich schon wieder zu sehen. Wir setzten uns im Besucherraum um eine Servierplatte, umringt von Yāsirs spielenden Kindern. Später, vom Essen milde gestimmt, ein Kind auf dem Knie, das andere auf seiner Schulter, begann er von seiner eigenen Kindheit zu erzählen. Er erzählte Geschichten, die ich schon oft von den älteren Bewohnern des Dorfes gehört hatte. Wie damals in den alten Zeiten jeder im Dorf, einschließlich der Kinder, jeden Morgen zu einem Gut gegangen war, das einem reichen Pascha aus Alexandria gehörte, und wie sie für ein paar Piaster bis Sonnenuntergang durchgearbeitet und in den Baumwollfeldern geschwitzt hatten, unter den Blicken bewaffneter Aufseher, deren Peitschen beim geringsten Anzeichen von Müdigkeit oder Nachlässigkeit auf ihren Rücken niederknallten. Das waren schreckliche Zeiten, sagte er, vor Gamal Abdel Nasser und der Revolution von 1952, als die Paschas, der König und ihre «freundlichen Onkels», die britische Armee, schalten und walten konnten, wie sie wollten, und die Fellachen gezwungen wurden, ihren Befehlen zu gehorchen und wie die Fliegen zu schuften, ohne angemessenen Lohn. Sogar Nashāwi war vor der Revolution zwanzig Jahre lang wie ein privates Feudalreich von dem alten Umda regiert worden, einem Badawi-Dorfvorsteher (derselbe Mann, in dessen Haus ich wohnte), der alles und jeden im Dorf als sein persönliches Eigentum betrachtete. Niemand war vor seinem Zorn sicher gewesen, und niemand hatte es gewagt, sich gegen ihn aufzulehnen.

Yāsirs Kinder lachten. Für sie, so wie sie aufgewachsen waren, mit kostenlosen Schulen und ausreichender und billiger medizinischer Versorgung, hatten die Geschichten aus jener Zeit den mythischen Charakter eines düsteren Märchens. Doch Yāsir, der zur Zeit der Revolution ein kleiner Junge gewesen war und gerade alt genug, um sich an diese Zeit zu erinnern, war in eine trübe Stimmung verfallen, wie es bei Leuten seines Alters immer der Fall war, wenn sie die Alten von der Vergangenheit erzählen hörten.

«*Al-hamdulillāh*», sagte Yāsir, «Gott sei gelobt, all das ist lange her, und jetzt ist Ägypten ein freies Land, und wir können tun, was wir wollen.»

Wenn ich nicht in Nashāwi gelebt hätte, hätte ich mich sicher gefragt, ob er diese klangvollen, sonderbar parlamentarischen Phrasen ganz ernst meinte. Aber da ich mich dort aufhielt, war mir vollkommen klar, daß er genau das meinte, was er sagte, obwohl er dabei nicht an das vollständige Spektrum klassischer liberaler Freiheiten dachte. Im Grunde bezog er sich lediglich auf die Befreiung von der Zwangsarbeit, die die Revolution von 1952 erwirkt hatte. Die kostbarste Freiheit für die Fellachen war jene, die von den Regimes der Vergangenheit am grausamsten beschnitten wurde – ihr Recht, frei über ihre Arbeitszeit zu verfügen. Es war keine besonders umwälzende Veränderung, doch eine, für die jeder Fellache, der alt genug war, um sich an die Vergangenheit zu erinnern, zutiefst und vorbehaltlos dankbar war.

Etwas später kam Yāsirs Mutter, die erste Frau des Imām, mit einem Teetablett herein, und nachdem die Gläser verteilt waren, setzte sie sich zu uns und erzählte von ihrer Tochter, die sich nach ihrer Heirat in einem so weit entfernten Dorf niedergelassen hatte, daß sie, die Mutter, jetzt keine Gesellschaft mehr habe außer Yāsirs Frau und Kindern.

Ich dachte noch über die Geschichten nach, die ich gerade gehört hatte, hatte ihr nur mit halbem Ohr zugehört, und als im Gespräch eine Pause eintrat, wandte ich mich geistesabwesend an Yāsir und sagte: «Sie haben also nur eine Schwester? Gar keine Brüder?»

Es wurde plötzlich sehr still. Yāsirs Mutter hielt erschrocken die Luft an, und Yāsir selbst warf seinem Vater, der ihm gegenübersaß, einen schmerzerfüllten Blick zu. Nach einer Schweigepause, die eine Ewigkeit zu dauern schien, räusperte er sich, legte die rechte Hand auf sein Herz und sagte: «Es ist nicht von Bedeutung, mein Vater hat mir eine Schwester geschenkt; ihm ist nichts vorzuwerfen, wenn er nicht noch mit einem anderen Sohn außer mir gesegnet wurde.»

Sein Ton sagte mir, daß ich unbedacht einen tiefen persönlichen Kummer angerührt hatte, etwas, das die Familie vielleicht seit Jahren gequält hatte. Im Bewußtsein, einen Fauxpas begangen zu haben, den ich wahrscheinlich nie wiedergutmachen konnte, sagte ich nichts und zwang mich, mich nicht zu rühren.

«Mein Vater hat auch wieder geheiratet», sagte Yāsir mit unnatürlich lauter Stimme. «Und da er sich in voller Kraft des Alters befindet, kann er immer noch Brüder für mich zeugen...»

Imām Ibrāhīm ließ ihn nicht zu Ende reden. Er warf mir einen einzigen mißbilligenden Blick zu und stapfte aus dem Zimmer.

12

Mit Hilfe seiner hellseherischen Kräfte prophezeite mir Amm Taha die Ereignisse bei der Hochzeitsfeier von Nabīls Bruder schon am Morgen davor. Um ihr Haus herum würden sich viele junge Leute versammeln, sagte er, alle unverheirateten Jungs und Mädchen aus dem Dorf, und ausgelassen singen und tanzen. Doch das Abendessen würde eine kleine Angelegenheit werden, es würden hauptsächlich Verwandte und Gäste aus anderen Dörfern daran teilnehmen. Der alte Idris, Nabīls Vater, hatte auch eine Menge Leute aus Nashāwi eingeladen, denn die Familie war sehr glücklich über die Heirat und wollte sie so großartig wie möglich feiern. Doch viele der Eingeladenen würden nicht kommen, aus Rücksicht vor dem Alten, um ihm nicht zu hohe Unkosten aufzuhalsen – jeder wußte, daß sich seine Familie eine große Hochzeit eigentlich gar nicht leisten konnte. Ihre jüngeren Freunde und Verwandte würden tagsüber vorbeikommen, und dann wieder am Abend, in erster Linie zum Tanzen und Singen. Sie würden draußen in den Gassen bleiben und nicht zusammen mit den Gästen ins Haus gehen – das Abendessen war nur für die Älteren und für verantwortungsvolle, erwachsene Männer.

«Die ersten werden bereits am Vormittag eintreffen, *inshā-allāh*», sagte Amm Taha, «und wenn Sie hinkommen, werden schon alle im Besucherzimmer sitzen. Sie werden mit Ihnen reden wollen, denn keiner von ihnen ist je zuvor einem Inder begegnet.»

Das Herz wurde mir schwer, als mir klar wurde, daß der Abend für mich in einer längeren Einkerkerung in einem kleinen, überfüllten Zimmer bestehen würde. «Ich würde lieber draußen bleiben», sagte ich, «und beim Tanzen und Singen zusehen.»

Amm Taha lachte mit einem Anflug von Häme, als habe er in seiner Vorhersage zum bevorstehenden Abend schon eine Fülle von Unbehaglichkeiten entdeckt, die mich erwarteten. «Die werden Sie nicht draußen bleiben lassen», sagte er. «Sie sind so was wie ein Effendi, und deswegen werden sie darauf bestehen, daß Sie sich zu den Älteren und all den anderen Gästen setzen.»

Ich versuchte zu beweisen, daß er unrecht hatte, als ich am Abend zu Nabīls Haus ging, und für kurze Zeit, am Anfang, dachte ich tatsächlich, es wäre mir gelungen.

Als ich hinging, drängte sich draußen auf der Gasse bereits eine große Menschenmenge, und ich reihte mich dankbar an ihrem Rand ein. An die fünfzig Jungen und Mädchen standen in einem dichten Halbkreis vor der Braut und dem Bräutigam. Das frischvermählte Paar thronte auf erhobenen Stühlen mit dem Rücken an der

Hauswand, während ihre Freunde und Verwandten vor ihnen tanzten. Der Bräutigam, Alī, trug einen neuen Dschallābiyya aus brauner Wolle. Er war ein dunkler, kräftig gebauter junger Mann mit einem offenen, großherzigen Lächeln und einem Grübchen im Kinn. Seine Braut und Cousine, Fauziyya, hatte ein weißes Gewand an, mit Spitzenrüschen und einem kleinen Gazeschleier. Das Gesicht war ihr sorgfältig und gleichmäßig geschminkt worden, so daß Lippen, Wangen und Ohren alle im gleichen Rosaton schimmerten. Die Kontrastarmut der Schminke erzeugte einen sonderbaren Effekt: Sie verwandelte ihr Gesicht in eine bleiche, geisterhafte Maske. Später stellte ich erstaunt fest, daß Fauziyya eigentlich eine fröhliche, gutaussehende Frau war, mit einem warmen Lächeln und einem einnehmenden Wesen.

Neben ihrem Stuhl kniete ein Junge, der auf einem blechernen, gegen seine Beine gelehnten Waschtrog einen ohrenbetäubenden, rasenden Rhythmus schlug. Vor ihm tanzte jemand, doch er war so dicht umringt, daß ich von dort, wo ich stand, gerade nur den wippenden Kopf des Tänzers sah. Ich stützte mich an einer Mauer ab und stellte mich auf die Zehenspitzen. Da sah ich, daß der Tänzer ein Junge war, einer von Nabīls Cousins. Er tanzte mit derben Bewegungen, zuckte mit den Hüften vor den Mädchen herum, während einige seiner Freunde die Arme ausstreckten, um ihm auf den Hintern zu schlagen, und sich dabei über sein anzügliches Gezappel vor Lachen krümmten.

Überall um mich herum sangen Stimmen die Worte eines Refrains mit, der die sinnliche Fruchtbarkeit des Granatapfels beschwor – *«Yā Rummān, yā Rummān»* –, und mit jedem Wort schlugen Dutzende von Händen ineinander, klatschten rhythmisch den Takt. Die Zuschauer drängelten jetzt, um besser sehen zu können; die Jungs stiegen sich gegenseitig auf die Schultern, die Mädchen kletterten auf die Fenstersimse. Gerade als sich der Tanz seinem Höhepunkt näherte, erschien Nabīl an meiner Seite, gefolgt von seinem Vater. Nach einer eiligen Begrüßung hakten sie sich bei mir ein und geleiteten mich energisch zu ihrem Haus.

Sowie ich das verrauchte, überfüllte Besucherzimmer betrat, wußte ich, daß mir ein langes Verhör bevorstand. Das war schon aus der angespannten Langeweile auf den Gesichtern der dort versammelten Männer, aus der Rastlosigkeit ihrer nervösen Finger und den Takt klopfenden Füßen zu erkennen, wie sie da schweigend in dem heißen, stickigen Zimmer saßen, während unterdessen in den Gassen draußen laut und fröhlich gefeiert wurde. Als ich eintrat, drehten sich alle zu mir um, an die fünfzehn oder zwanzig Männer, dankbar für die Ablenkung, für den vorübergehenden Bruch mit jener unbehaglich intimen Welt, die das Lied draußen heraufbeschwor: die halbvergessenen Sehnsüchte und neuerwachten Wünsche, die Erinnerungen an heimlich verschränkte Finger, an Hände, die in der wirbelnden Menge gegen Hüften streiften – die ganze unverheiratete Dorfjugend, Jungs wie Mädchen, die sich klatschend und singend um die Tänzer drängten, berauscht von der Erotik der Hochzeitsnacht, diese fiebrige Stimmung, deren Geheimnis ich gerade erst zu spüren begonnen hatte, als Nabīl und sein Vater mich in der Menge entdeckten und mich wegführten, um mich mit diesem Kontingent zappliger Männer mittleren Alters zu konfrontieren, die in ihrem Besucherzimmer hockten.

Ich sah mich eilig nach einem vertrauten Gesicht um, aber zu meinem Entsetzen stellte ich fest, daß es alles Auswärtige waren, aus anderen Dörfern, und daß ich niemanden kannte, nicht einen einzigen, denn Nabīl und sein Vater waren auf ihren Posten draußen zurückgekehrt, um ihre Gäste zu empfangen. Nachdem man mich einige Augenblicke lang schweigend gemustert hatte, räusperte sich der Mann neben mir und fragte, ob ich der Arzt sei, der vor kurzem in der staatlichen Klinik neu eingestellt worden war.

Ein Ausdruck äußersten Mißtrauens trat in seine Augen, als ich meine Situation erklärte, und kaum hatte ich geendet, bombardierte er mich mit Fragen – wie ich denn Arabisch gelernt hätte, und wer mich nach Nashāwi gebracht hätte, und ob ich überhaupt eine Erlaubnis vom ägyptischen Staat hätte. Sowie ich seine Fragen beantwortet hatte, verlangte er meinen Ausweis zu sehen, und als ich ihm erläuterte, daß ich keinen Ausweis hatte, jedoch ein offizielles Schreiben vom Innenministerium, das ich ihm gerne zeigen würde, wenn er mich zu meinem Zimmer begleitete, setzte er eine ernste, gewichtige Miene auf und murmelte etwas über Spione und Schwindler und darüber, daß unter Umständen ein Bericht an den Mukhābarāt, die Geheimdienstabteilung der Polizei, erforderlich sei.

Er wurde jedoch schnell beiseite geschubst, denn es gab viele andere, die ungeduldig darauf warteten, ihre eigenen Fragen loszuwerden. Im Nu war ich von einem Dutzend Leute umringt und damit beschäftigt, zu bestätigen, daß es in meinem Land in der Tat Feldfrüchte wie Reis und Weizen gab und daß es auch in Indien Bauern gab, wie die Fellachen in Ägypten, die in Dörfern aus Lehmhäusern wohnten und die Erde mit Rinderpflügen wendeten. Die Fragen kamen immer schneller, noch während ich redete. «Sind die meisten von euren Häusern auch noch mit Lehmziegeln gebaut, so wie hier?» und «Kocht man bei euch auf Gasherden, oder verbrennt man immer noch Stroh und Holz, so wie wir?»

Während ich mit diesem Bombardement von Anfragen kämpfte, stellte sich bei mir eine zunehmende Verwirrung ein, zum einen wegen der Rolle, die das Wort «noch» in ihren Fragen spielte, und zum zweiten wegen der Maske der Ungläubigkeit, die sich auf ihre Gesichter legte, während ich immer wieder bestätigte, daß man auch in Indien Rinderpflüge benutzte und nicht Traktoren, Wasserräder, keine Pumpen, und Eselskarren, keine Lastwagen, und daß es auch in Indien sehr viele Menschen gab, die sehr arm waren, daß es Millionen gab, deren Armut sie sich kaum vorstellen könnten. Doch zu meiner großen Verwunderung schienen sie um so skeptischer zu werden, je mehr ich darauf beharrte, bis ich schließlich tief schockiert erkannte, daß sie mir schlicht und einfach kein Wort glaubten.

Später begriff ich, daß ihre Ungläubigkeit eigentlich nichts mit dem zu tun hatte, was ich gesagt hatte. Es war vielmehr so, daß sie sich in ihrer Vorstellung eine gewisse Stufenleiter der «Entwicklung» konstruiert hatten, und weil die Bilder, die sie sich vom materiellen Leben machten, ausschließlich jene betrafen, die auf den Sprossen über ihnen standen, waren die Lebensumstände derer, die unter ihnen standen, mehr oder weniger unvorstellbar für sie. Da hatte ich nun eine erste Ahnung davon bekommen, mit welch aufrichtiger und verzweifelter Ernsthaftigkeit sie sich mit der Moderne auseinandersetzten, weil mir klargeworden war, daß die Fellachen die materiellen Umstände ihres Lebens auf genau die gleiche Weise betrachteten, wie ein Wirtschaftswissenschaftler es tun würde: als eine Situation, die beschämend anachronistisch war, eine Verzerrung der Zeit. Ich begriff, daß ihre Beziehung zu den Gegenständen ihres Alltags immer mit dem Wissen gekoppelt war, daß es andere Gegenden, andere Länder gab, wo man keine Lehmhäuser und Rinderpflüge hatte, so daß diese Gegenstände, diese Häuser und Pflüge, unkörperliche Dinge geworden waren, in der Zeit verirrte Geister, die darauf warteten, exorziert und zur Ruhe gelegt zu werden. So bekam ich einen ersten Eindruck davon, was es heißen könnte, einer «geschichtlichen Zivilisation» anzugehören, und es verwirrte mich, denn es war mir immer schwergefallen, mir gerade die Absolutheit der Zeit und die Getrenntheit von Epochen vorzustellen.

Das Abendessen war eine schnelle Angelegenheit; etwa zehn von uns wurden nach hinten in einen anderen Raum geführt, wo wir uns, um einen Tisch herumstehend, mit Lamm, Reis und Süßem versorgten, und sowie wir aufgegessen hatten, wurden wir wieder hinausgebracht und eine weitere Gruppe Gäste hereingeführt. Ich beschloß, mir das unüberschaubare Gedränge zunutze zu machen. Während Nabīl und sein Vater damit beschäftigt waren, ihre Gäste hin und her zu führen, ergriff ich die Gelegenheit beim Schopf und schlüpfte aus dem Gästezimmer hinaus auf die Straße.

Es war jetzt lange nach Sonnenuntergang, und die Gesichter derer, die das Brautpaar umringten, glühten unter einer Staubglocke, die sich im Schein einer einzigen Petroleumlampe vergoldet hatte. Der Trommelschlag auf dem Waschblech war jetzt sanft und gemessen, und als ich mich zur Mitte der Menge durchgedrängt hatte, sah ich, daß da ein junges Mädchen tanzte, bekleidet mit einem schlichten gemusterten Baumwollrock und einem langen Schal, der um die Taille geschlungen war. Es hatte beide Hände auf die Hüften gelegt und tanzte, den Blick vor sich auf den Boden geheftet, bewegte die Hüften langsam, mit einer trägen Anmut vor und zurück, während der übrige Körper beinahe reglos blieb, bis auf die schnelle Kreisbewegung der Füße. Dann beschleunigte sich der Rhythmus fast unmerklich, und jemand rief den ersten Vers eines Gesangs aus: *khadnāhā min wasat ad-dār*, «wir entführten sie aus ihres Vaters Haus», und die Menge rief zurück, *wa abūha gāid zalān*, «während ihr Vater hilflos dasaß». Dann wieder die Einzelstimme, *khadnāhā bi as-saif al-mādī*, «wir entführten sie mit geschärftem Schwert», gefolgt von dem Massenrefrain *wa abūha makānsh rādī*, «weil ihr Vater nicht einwilligen wollte».

Mit schneller werdendem Rhythmus drängte sich die Menge immer näher heran, und während die Stimmen und das Geklatsche lauter und lauter wurden, hob das Mädchen einen Arm und krümmte ihn in einem anmutigen Bogen über den Kopf. Ihr Körper drehte sich jetzt, kreiste langsam auf der Stelle, ihre Hüften bewegten sich schneller, während die Menge um sie herum klatschte und stampfte und lauthals Beifall brüllte. Der Rhythmus wurde allmählich immer schneller, verschwamm zu einem einzigen Trommelteppich, und sie reagierte darauf, indem ihr Oberkörper erstarrte, während sich ihre Hüften im genauen Gegenrhythmus und in einem Bewegungsmuster, das eine perfekte Abstraktion des Erotischen, eine figurative Geometrie des Liebesakts darstellte, immer rasender bewegte und mit schwindelerregender Schnelligkeit hin- und herzuckten, bis schließlich der letzte Trommelschlag ertönte und sie lachend in der Menge verschwand.

«Wo haben Sie denn die ganze Zeit gesteckt?» rief eine Stimme hinter mir. «Wir haben Sie schon überall gesucht – es gibt doch noch soviel zu fragen.»

Ich drehte mich um und sah mich dem Mann gegenüber, der

verlangt hatte, meinen Personalausweis zu sehen. Nabīl folgte dicht hinter ihm. Sie nahmen mich in die Mitte und führten mich zurück, wobei sie mich sanft tadelten, daß ich das Besucherzimmer verlassen hatte, ohne Bescheid zu sagen.

Im Zimmer hingen jetzt dicke Rauchschwaden, denn die Hochzeitsgäste hatten sich inzwischen Zigaretten und Shīshas angezündet und es sich auf den Diwans gemütlich gemacht, um sich nach dem Mahl auszuruhen. Nabīls Vater reichte auch mir eine Shīsha, und während ich versuchte, meine Kohle zum Glühen zu bringen, versammelten sich meine Gesprächspartner wieder um mich, und ein weiteres Mal strömten die Fragen.

«Sagen Sie uns doch», meinte jemand, «in Ihrem Land, was machen die Leute da mit ihren Toten?»

«Sie werden verbrannt», sagte ich und paffte stoisch an meiner Shīsha, während sie entsetzt zurückwichen.

«Und die Asche?» fragte eine andere Stimme. «Bewahren Sie wenigstens die Asche auf, damit Sie etwas haben, wodurch Sie sich an sie erinnern können?»

«Nein», sagte ich. «Nein, auch die Asche wird auf den Flüssen verstreut.»

Es folgte ein langes Schweigen, denn sie brauchten eine Weile, bis sie ihre Abscheu so weit überwunden hatten, daß sie wieder sprechen konnten. «Gibt es in Ihrem Land also nur Ungläubige?» fragte jemand schließlich. «Gibt es kein Gesetz und keine Moral? Kann jeder machen, was er will – sich einfach eine Frau von der Straße nehmen oder mit der Ehefrau eines anderen Mannes schlafen?»

«Nein», begann ich, wurde aber unterbrochen, bevor ich meine Antwort zu Ende bringen konnte.

«Und was ist mit Beschneidung?» wollte eine Stimme wissen, unmittelbar gefolgt von einer weiteren, noch lauteren, die wissen wollte, ob in meinem Land Frauen auch «gereinigt» wurden, so wie in Ägypten.

Mit dem Wort «reinigen» werden die männliche Beschneidung

und die Klitoridektomie sprachlich auf eine Stufe gestellt, da es für beide Fälle verwendet wird, doch stellt die letztere eine unendlich gefährlichere Operation dar, weil damit die völlige Heraustrennung der Klitoris verbunden ist. Die Klitoridektomie ist scheußlich schmerzhaft, ein grausiger Ritus, der nach der Revolution verboten wurde, aber unter christlichen und muslimischen Fellachen gleichermaßen immer noch weit verbreitet ist.

«Nein», sagte ich, «Frauen werden in meinem Land nicht ‹gereinigt›.»

Doch der Fragesteller, überzeugt, daß ich ihn nicht richtig verstanden hatte, wiederholte seine Frage noch einmal langsam.

Die Gesichter um mich herum sahen völlig verständnislos drein, als ich ein weiteres Mal nein sagte. «Heißt das also, ihr laßt die Klitoris einfach immer weiterwachsen?» fragte ein Mann mit heiserer Stimme.

Ich wollte die Sache richtigstellen, aber er war zu sehr mit seinem eigenen Erstaunen beschäftigt, und währenddessen rief ein anderer laut dazwischen: «Und die Jungs? Was ist mit den Jungs, werden die auch nicht gereinigt?»

«Und Sie, *yā doktōr*?»

«Was ist mit Ihnen ...?»

Ich blickte in die Augen um mich herum, die mich abwechselnd neugierig und entsetzt ansahen, und ich wußte, ich würde darauf nicht antworten können. Meine Glieder schienen sich meinem Willen entzogen zu haben, als ich mich vom Diwan erhob und dabei meine Shīsha umstieß. Ich drängte mich zwischen ihnen hindurch nach draußen, und bevor irgend jemand reagieren konnte, war ich an der Menge vorbei und eilte zu meinem Zimmer zurück.

Als ich es fast erreicht hatte, hörte ich dicht hinter mir Schritte. Es war Nabīl, der verdutzt und etwas atemlos wirkte.

«Was ist passiert?» sagte er. «Warum sind Sie so plötzlich gegangen?»

Ich ging weiter, denn mir fiel keine Antwort darauf ein.

«Sie haben doch nur Fragen gestellt», sagte er. «So wie Sie es auch tun. Es war doch nicht böse gemeint. Wieso lassen Sie sich von diesem Gerede über Kühe, Verbrennung und Beschneidung so irritieren? Das ist hier so Brauch. Es ist ganz normal, daß die Leute neugierig sind. Darüber muß man sich doch nicht so aufregen.»

13

Ich wünschte manchmal, ich hätte Nabīl eine Geschichte erzählt.

Während meiner Kindheit lebten wir in einer Gegend, die dazu bestimmt war, wie eine in der Druckerpresse zerrissene Seite aus dem Atlas der Welt entfernt zu werden: Ostpakistan, das nach seiner Gründung im Jahr 1947 nur fünfundzwanzig Jahre existierte, bevor es zu einem neuen Staat wurde, Bangladesch. Niemand betrauerte sein Hinscheiden. Wenn es in meiner Erinnerung noch lebendig ist, dann nur, weil es sich zufällig so ergab, daß mein Vater an die indische diplomatische Vertretung in Dhaka versetzt wurde, als ich etwa sechs Jahre alt war.

Es war irgendwie eine Ironie des Schicksals, daß wir als «Ausländer» in Dhaka lebten, denn Dhaka war eigentlich die Heimatstadt unserer Vorfahren. Meine Eltern kamen beide aus Familien, die jener mittelständischen Hindu-Schicht angehörten, die früher dort ein blühendes Gemeindeleben geführt hatte. Doch lange vor der Gründung des muslimischen Staates Pakistan waren meine Vorfahren nach Westen gezogen, und dank ihrer Wanderlust waren wir jetzt Inder und stellte Dhaka für uns ausländisches Gebiet dar, obwohl wir immer noch den lokalen Dialekt sprachen und immer noch einige Verwandte hatten, die in den alten Hindu-Vierteln im Herzen der Stadt lebten.

Das Haus, das wir bezogen hatten, befand sich in einem neuen Wohnviertel am Stadtrand. Die Gegend war gerade erst erschlossen worden, und als wir dort hinzogen, sah sie immer noch wie eine Blaupause der Planer aus, mit flüchtig abgesteckten Grundstücken und leicht gestrichelten Straßen. Unser Haus war nagelneu, es war eines der ersten, die in der Gegend gebaut worden waren. Es besaß einen großen Garten und war von einer hohen Mauer umgeben, die das Grundstück von einer Einöde ausgehobener Baugruben trennte. Es gab nur noch ein Haus in der Nähe, die anderen lagen ganz am Ende der Straße, teleskopisch klein, nur sichtbar, wenn man die Hand vor die zusammengekniffenen Augen hielt. Für mich waren sie so unerreichbar fern, daß unser Haus eine einsame Insel hätte sein können, mit Mauern statt Klippen.

Zu bestimmten Zeiten füllte sich das Haus unerklärlicherweise mit Fremden. Der Garten, in dem gewöhnlich nur Grashüpfer und Libellen zu finden waren, war dann mit Saris geschmückt, die im Wind trockneten, und Männer, Frauen und Kinder saßen in großen Gruppen auf dem Rasen, um sich herum kleine Kleiderbündel und Geschirr. Für mich, ein Kind von sieben oder acht Jahren, schienen diese Leute immer eine gewisse Unbeschwertheit auszustrahlen, vielleicht so etwas wie Erleichterung. Wenn ich in den Garten hinunterkam, winkten sie mir zu, und manchmal griffen die Frauen in ihre Bündel und holten Bonbons für mich hervor. Abends wurden in der Einfahrt große Feuer entfacht, und dann standen meine Mutter und ihre Freundinnen hinter riesigen Kochtöpfen, Kellen in den Händen, den Saum ihrer Saris vorsorglich an der Hüfte hochgesteckt, und verteilten das Essen in großen Portionen. Wir aßen alle zusammen, saßen im Garten herum wie bei einem Picknick, und danach spielten wir Kinder Fußball und Verstecken. Nach ein oder zwei Tagen waren dann alle wieder verschwunden, der Garten wurde wieder von Grashüpfern und Libellen in Besitz genommen, und ein weiteres Mal senkte sich Friede über meine Insel.

Ich war von diesen Besuchen nie überrascht oder irritiert. Mir erschienen sie wie festliche Angelegenheiten, vor allem, weil wir von grünen Bananenblättern aßen, so wie wir es immer bei Hochzeiten und anderen Feiern taten. Mir wurde nie erklärt, warum sich diese

Gruppen von Leuten in unserem Haus aufhielten, und ich war zu jung, um selbst darauf zu kommen, daß es Flüchtlinge waren, auf der Flucht vor dem Mob, und daß sie in unserem Garten Zuflucht gesucht hatten, weil unser Haus das einzige «Hindu»-Haus in der Nähe war, das hohe Mauern hatte.

An einem bestimmten Tag (ein Tag im Januar 1964, wie ich Jahre später erfuhr) erschienen mehr Leute als je zuvor in unserem Garten, plötzlich und ohne Vorwarnung. Die ersten strömten schon frühmorgens herein, in kleinen Pulks, beladen mit Bündeln und verschiedenem Krimskrams, und im Lauf des Tages öffneten sich die schweren Stahltore des Hauses immer wieder, um weitere Menschen hereinzulassen. Am Abend war der Garten voll mit Menschen, einige kauerten schweigend in kleinen Gruppen zusammen, andere lehnten gegen die Mauern, als würden sie auf etwas warten.

Kurz nach Sonnenuntergang kam unser Koch in den Garten, auf der Suche nach mir, und führte mich fort, vorbei an den Familien, die auf der Treppe und in den Fluren kauerten, nach oben zum Schlafzimmer meiner Eltern. Als wir ins Zimmer kamen, waren bereits sämtliche Fensterläden geschlossen worden, und mein Vater, der mich erwartete, ging nervös auf und ab. Ich mußte mich setzen, und dann sagte er in einem Ton, der keinen Widerspruch duldete, ich dürfe mich nicht vom Fleck rühren. Ich dürfe unter keinen Umständen das Schlafzimmer verlassen, sagte er, bis er mich holen komme. Zur Sicherheit wies er unseren Koch an, sich neben die Tür zu setzen und seinen Posten nicht zu verlassen.

Normalerweise wäre ich nur allzugern mit unserem Koch dort geblieben, denn er war ein wunderbarer Geschichtenerzähler, und oft hielt er mich stundenlang in Bann, wenn er im Dialekt seiner Region Fabeln spann – lange, epische Geschichten von Geistern und Ghulen und fernen Ländern, deren Bewohner Kinder fraßen. Er stammte aus einer der Küstenregionen Ostpakistans und hatte bei uns Arbeit gesucht, weil er den Großteil seiner Familie bei den Unruhen nach der Teilung verloren hatte und jetzt nach Indien auswandern wollte. Er hatte auf den Flußdampfern seiner Region, die in ganz Bengalen für ihre gute Küche berühmt waren, kochen gelernt. Nachdem wir ihn eingestellt hatten, erwarb sich unser Essen einen legendären Ruf unter den Freunden der Familie. Was mich betraf, so betrachtete ich ihn mit einer gleich starken Mischung aus Furcht und Faszination, denn obwohl er ein kleiner, drahtiger Mann war, wirkte er größer, als er tatsächlich war, weil er einen großen geschwungenen Schnurrbart besaß, der ihm etwas Geheimnisvolles und Bedrohliches verlieh. Wenn ich versuchte, mir die Ghule und Geister seiner Geschichten vorzustellen, dann hatten sie gewöhnlich große Ähnlichkeit mit ihm.

Doch heute hatte er keine Geschichten zu erzählen. Er konnte kaum still sitzenbleiben, und immer wieder ging er ans Fenster und blickte durch die Schlitze der Fensterläden nach draußen. Bald übermannte ihn die Neugier, und nachdem er mir eingeschärft hatte, zu bleiben, wo ich war, schlüpfte er aus dem Zimmer, wobei er vergaß, die Tür hinter sich zuzumachen. Ich wartete ein paar Minuten, und als er nicht wiederkam, rannte ich aus dem Schlafzimmer auf einen Balkon, von dem man den Garten und die Straße überblickte.

Meine Erinnerungen an das, was ich sah, sind sehr lebhaft, doch gleichzeitig sonderbar asynchron, wie ein schlampig geschnittener Film. Eine große Menschenmenge drängt sich um unser Haus, ein Mob von Hunderten von Männern; ihre Gesichter leuchten rot im Schein der brennenden Fackeln, die sie in den Händen halten, um Stöcke gewickelte Lappen, deren Flammen wie Wellen von Feuer gegen unsere Mauer zu branden scheinen. Während ich zusehe, beginnen die Flammen um das Haus herumzutanzen, und während sie die Mauern umkreisen, bewegen sich die Menschen drinnen im Garten umher, kauern in kleinen Gruppen zusammen und bedecken ihre Gesichter. Ich kann den wütenden Mob und die tanzenden Flammen mit einer lebhaften, brennenden Klarheit sehen, doch es vollzieht sich alles in vollkommener Stille. Meine Erinnerung hat in einem Akt gütigen Schutzes jeglichen Ton weggeschnitten.

Ich weiß nicht, wie lange ich dort stand, doch plötzlich stürzte unser Koch herein und zerrte mich fort, zurück ins Schlafzimmer meiner Eltern. Er war erschüttert, denn er hatte ebenfalls den Mob gesehen, und er fing an, im Zimmer auf und ab zu gehen, schlug die Hände vors Gesicht und zupfte an seinem Schnurrbart.

In meiner Frustration über meine Gefangenschaft in diesem Zimmer begann ich das Bettzeug durcheinanderzubringen. Ich riß die Überzüge weg und zog an den Laken, als plötzlich das Kopfkissen meines Vaters umkippte und ein dunkler, metallischer Gegenstand zum Vorschein kam. Er war klein, nicht größer als eine Spielzeugpistole, aber viel schwerer, und ich mußte beide Hände benutzen, um ihn zu heben. Ich richtete ihn auf die Wand, wie ich es mit meiner eigenen Wasserpistole getan hätte, krümmte einen Finger um den Abzug und drückte, so fest ich konnte. Aber es passierte nichts, es gab kein Geräusch, und der Abzug ließ sich nicht bewegen. Ich versuchte es noch einmal, und wieder geschah nichts. Ich drehte die Waffe in den Händen und überlegte, wie sie funktionieren könnte, doch dann flog die Tür auf, und mein Vater kam ins Zimmer. Er durchquerte es mit ein paar großen Schritten und riß mir den Revolver aus den Händen. Er steckte ihn sich wortlos in die Tasche und eilte hinaus.

Erst da begriff ich, daß er Angst hatte, wir könnten in jener Nacht getötet werden, und daß er mich ins Schlafzimmer geschickt hatte, damit man mich als letzten fände, wenn die Tore nachgaben und es dem Mob gelang, sich Eintritt zu verschaffen.

Aber es geschah dann doch nichts. Die Polizei, die von muslimischen Freunden meiner Eltern alarmiert worden war, kam gerade noch rechtzeitig und vertrieb den Mob. Als ich am nächsten Morgen vom Balkon heruntersah, war der Garten mit Backsteinen und Schutt übersät, doch die Flüchtlinge, die sich dort versammelt hatten, saßen friedlich in der Sonne, ruhig, doch in äußerst gedämpfter Stimmung.

Unser Koch hingegen war an diesem Morgen richtig euphorisch, und als wir hinuntergingen, scherzte er munter mit den Leuten im Garten und fragte sie lachend, wieso sie eigentlich da seien. Später hockten wir uns in eine Ecke, und auf die kleinen Grüppchen um uns herum deutend, flüsterte er mir ihre Geschichten ins Ohr. Jahre später traf ich wieder auf solche Geschichten, als ich einen Haufen alter Zeitungen durchlas. Wie ich nun erfuhr, hatte es in derselben Nacht, in der ich die Flammen um die Mauern unseres Hauses tanzen sah, auch in Kalkutta Unruhen gegeben, in jeder Hinsicht gleich, nur daß dort Moslems von Hindus angegriffen worden waren. Doch ebenso gab es in beiden Staaten – und das muß gesagt werden, das muß immer gesagt werden, denn es ist die Beschwörung, die uns vor dem Wahnsinn rettet –, in Dhaka wie in Kalkutta, spiegelgleiche Geschichten von Hindus und Moslems, die sich gegenseitig zu Hilfe kamen, so daß viel mehr Menschen gerettet als getötet wurden.

Die Geschichten dieser Unruhen sind immer die gleichen: Geschichten, die aus einer explosiven Barriere von Symbolen erwachsen – von Städten, die wegen einer toten Kuh in einem Tempel oder einem Schwein in einer Moschee in Flammen aufgehen; von Menschen, die getötet werden, weil sie einen Lungi oder einen Dhoti tragen, je nachdem, wo sie sich gerade aufhalten; von Frauen, die entleibt werden, weil sie Schleier oder Zinnoberrot tragen, von Männern, die wegen des Zustands ihrer Vorhaut zerstückelt werden.

Doch all das konnte ich weder Nabīl noch sonst jemandem in Nashāwi je so richtig erklären. Tatsache war, daß trotz der gelegentlichen Stürme und Turbulenzen, die ihr Land erlebt hatte, sogar trotz der Kriege, in denen einige von ihnen gekämpft hatten, ihre Welt viel sanfter, viel weniger gewalttätig, sehr viel menschlicher und unschuldiger war als meine.

Ich konnte nicht von ihnen erwarten, daß sie das Entsetzen eines Inders vor Symbolen verstanden.

14

Mit Einbruch des Winters setzten die Regenfälle ein, die Gassen von Nashāwi hatten sich bald in knietiefen, kalten, klebrigen Schlamm verwandelt, und niemand verließ sein Haus, wenn es nicht unbedingt nötig war. Es waren ruhige Zeiten, denn auf den Feldern gab es nicht viel zu tun, außer den Winterweizen zu bewässern und das Vieh auf die Weide zu führen, wo es frischgeschnittenen Mais und Birsīm fressen konnte. In diesen Monaten trugen die Kühe und Büffel reichlich Milch, wenn sie richtig gefüttert wurden, so daß jede Familie, die es sich leisten konnte, Futterpflanzen angebaut hatte, und diejenigen, die es nicht getan hatten, kauften Frischfutter von anderen ein. Kein Haushalt wollte jetzt ohne seinen Milchvorrat sein, denn in dieser Jahreszeit genoß jeder die Vorstellung, geschützt vor der Kälte zu Hause zu sitzen, den ganzen Tag über zu plaudern und zu ruhen und reichlich Joghurt, Käse und Ghee zu essen.

Eines Morgens, begierig nach Abwechslung von den langen Tagen, die ich in verrauchten Räumen zugebracht hatte, ergriff ich die Gelegenheit, als der Himmel plötzlich aufklarte, und machte mich mit einem Buch zu den Feldern auf. Es dauerte eine Weile, durch die schlammigen Gassen zu kommen, aber als das Dorf dann hinter mir lag, hatte ich das Gefühl, daß sich die Mühe gelohnt hatte. Die Landschaft war zu dieser Jahreszeit außerordentlich schön. An klaren Tagen standen Weizen, Klee und Mais leuchtendgrün vor einem tiefblauen Himmel, während Nashāwi selbst mit seinem Haufen Erdhäuser wie eine ferne düstere Hügelkette wirkte.

Ich nahm einen Weg, der an Khamīs' Grundstück vorbeiführte, denn ich kam oft vorbei, um mich mit ihm oder seinen Brüdern zu unterhalten, wenn ich einen Spaziergang machte. Sie waren meistens an der Stelle anzutreffen, wo ich ihnen zum erstenmal begegnet war, auf einer schattigen Kuppe am Kanal, wo zwei Wasserräder nebeneinander standen. Das eine gehörte Khamīs' Familie und das andere Zaghlūls, und sie wechselten sich bei der Bewässerung ihrer Felder ab, wenn Wasser in den Kanal gelassen wurde. Sie hatten dort Bäume gepflanzt, damit ihr Vieh etwas Schatten hatte, wenn es die Räder zog, und da sie ihre Tiere gewöhnlich auch dort fütterten, hatten sie an einem Ende der Lichtung auch noch einen hölzernen Wassertrog gebaut. Es war ein stiller Platz mit einer ganz eigenen Stimmung, denn die großen Holzscheiben der Wasserräder hatten etwas Friedliches, Plastisches, wie sie da halb verborgen im blättrigen Schatten lagen und der hohe Mais wie ein grüner Vorhang im Hintergrund stand. In ganz Nashāwi gab es keinen besseren Platz zum Lesen, vor allem dann, wenn sich die Räder drehten und das Wasser gurgelnd langsam durch die Kanäle und in die Felder floß.

Als ich hinkam, waren weder Khamīs noch seine Brüder irgendwo zu sehen, aber ich wußte, daß einer von ihnen in der Nähe sein mußte, denn das Vieh der Familie war neben dem Trog angebunden – ein Büffel, eine Kuh und eine Ziege mit großen schweren Eutern. Sie kauten zufrieden an frischgeschnittenem Futter, einem großen Haufen von einer Art Mais, der «Direwa» hieß und extra als Viehfutter angebaut wurde. Da ich wußte, daß Khamīs oder einer seiner Brüder in Kürze erscheinen würde, war ich begierig, die Stille zu nutzen, und ließ mich schnell nieder, um noch ein bißchen zu lesen.

Ich hatte kaum ein oder zwei Seiten umgeblättert, als es plötzlich in der Nähe raschelte, gefolgt von mehrstimmigem Kichern, und dann schoß Khamīs' jüngster Bruder Īd mit einer Garbe Pflanzen unterm Arm aus dem Maisfeld. Er versteckte sich mit einem verzückten Grinsen hinter dem Trog, und wenige Sekunden später kamen, ihm dicht auf den Fersen, zwei Mädchen auf die Lichtung gestürzt. Als sie mich sahen, blieben sie abrupt stehen, und nachdem sie mich gemustert hatten, murmelten sie ihre Begrüßungsformeln. Ich hatte sie vorher schon mal gesehen und wußte, daß sie die Töchter von Männern waren, die in der Nähe einige Felder besaßen. Sie trugen geblümte Röcke und Kopftücher und dürften an die sechzehn Jahre alt gewesen sein. Sie waren bestimmt nur ein paar Jahre älter als Īd, aber der Unterschied erschien viel größer, weil Īd für sein Alter ungewöhnlich klein war – eine teleskopisch verkürzte Ausführung von Khamīs.

Zuerst schien meine Anwesenheit die Mädchen zu verunsichern, aber inzwischen war ich in meiner Rolle als harmloses Inventarstück schon gut eingeführt, und bald vergaßen sie mich und jagten Īd immer ums Wasserrad herum, bis er mit seinem Dschallābiyya schließlich an einem Balken hängenblieb und hinfiel. Die Mädchen warfen sich auf ihn, kitzelten und neckten ihn, zogen ihn an den Ohren und kniffen ihm in die Knie. «Was ist los, *yā* Īd, weißt du nicht mehr, was du gesagt hast?» sagte eines der beiden Mädchen lachend. Das andere kratzte ihm den Rücken und redete ihm in einem klagenden Tonfall gut zu: «Na komm, *yā* Īd, du hast es versprochen, du hast gesagt, du tust es, und jetzt lassen wir nicht locker, bis du's tust.»

Īd rang nach Luft und war erst wieder in der Lage zu antworten, als es ihm gelungen war, sich zu befreien und aufzustehen.

«Nein», sagte er mit einem gebieterischen Kopfschütteln zu den beiden Mädchen, die vor ihm standen und ihn hoch überragten. «Nein – seht ihr denn nicht, daß ich zu tun habe?»

Daraufhin packte eins der Mädchen seine Arme und klemmte sie auf seinen Rücken, während das andere ihn kitzelte, und gerade als er kurz davor war, ein weiteres Mal hinzufallen, gab er laut rufend auf. «Aufhören, aufhören – Moment.»

Die Mädchen ließen ihn frei, blieben aber stehen, wo sie waren, wachsam und sprungbereit. «Du hast gesagt, du hilfst uns», sagte das eine Mädchen. «Jetzt mußt du's auch tun.»

«Na gut», antwortete er mit einem hochmütigen Achselzucken. «Na gut, na gut, na gut.»

Er glättete seinen Dschallābiyya mit einer eleganten Handbewegung und entfernte sich mit dem stolzierenden Gang eines Preisboxers von ihnen. Sowie er ihnen den Rücken zugekehrt hatte, brachen die Mädchen in lautes Gekicher aus, liefen an dem Vieh vorbei, hielten kurz inne, rannten dann ins Maisfeld und verschwanden so plötzlich und geheimnisvoll, wie sie erschienen waren.

Als sie fort waren, warf Īd verächtlich den Kopf zurück und nahm neben mir Platz. «Haben Sie gesehen, wie die sich aufgeführt haben?» sagte er, die Arme vor der Brust verschränkend. «Haben Sie das gesehen? Haben Sie gesehen, wie rund sie inzwischen geworden sind? Wie sie beim Gehen ihre Körper bewegen? Soll ich Ihnen sagen, was die beiden wollen? Die wollen heiraten, und nichts anderes. Verstehen Sie? Besonders die Große, die in dem grünen Kleid, die will mich haben – das ist klar. Aber ich habe mich entschieden. Ich nehm sie nicht, die ist mir zu groß. Wenn die auf mich draufrollt, wäre ich erledigt. Da wär nichts mehr von mir übrig.»

Im Mais raschelte es wieder, und er sprang schnell auf. «Da sehen Sie's», sagte er mit einem Ausdruck von Altklugheit. «Sehen Sie – sie können mich einfach nicht in Ruhe lassen. Da sind sie wieder.»

Als die beiden Mädchen einen Moment später auf die Lichtung gerannt kamen, wölbte er die Hände um den Mund und verkündete: «Ich hab's ihm gesagt. Ich hab ihm gesagt, wie gern ihr mich heiraten wollt.»

Die Mädchen blieben einen Augenblick wie erstarrt stehen, dann fingen sie wieder an, ihn unter prustendem Gelächter um den Trog herumzujagen, wobei sie ihn kitzelten und ihm spielerische Schläge versetzten.

«Natürlich wollen wir dich heiraten, *yā* Īd...»

«Wir werden dich beide heiraten...»

«Sowie du ein bißchen gewachsen bist...»

«Wenn du ein Mann bist...»

Schon nach wenigen Sekunden kreischte und brüllte er, rief ihnen zu, sie sollten aufhören, aber die Jagd ging weiter, bis er sich wieder im Staub wand. Dann ließen die Mädchen ihn einfach liegen und verschwanden ein weiteres Mal, plötzlich und geheimnisvoll.

«Es ist wirklich traurig», sagte Īd, als er sich wieder aufgerappelt hatte. «Es ist traurig, wie verzweifelt die mich heiraten wollen. Ich will ja auch heiraten – es ist jetzt allmählich an der Zeit –, aber nicht die. Die taugen nichts. Die sind mir nicht hübsch genug.»

«Wen möchtest du denn heiraten?» fragte ich.

«Ich weiß, welches Mädchen ich gern heiraten würde», sagte er. «Sie kommt manchmal hier vorbei, auf dem Weg zu den Feldern ihres Vaters. Ich hab schon mal mit ihr geredet, und die Art, wie sie lächelt, sagt mir, daß sie einverstanden wäre. Aber ihre Eltern lassen sie nicht, also hat's keinen Sinn, daran zu denken.»

«Warum nicht?» fragte ich.

«Weil sie auf die Schule geht und studiert», sagte er. «Und ihre Familie ist wohlhabend, während wir in unserer Familie nicht viel besitzen, und das Leben bei uns ist oft ziemlich hart. Außerdem ist ihr Vater ein Badawi; der würde sie wahrscheinlich nie in unsere Familie einheiraten lassen. Ich kann dagegen nichts machen – ich werde dann eben doch eine meiner Cousinen heiraten müssen, so wie es meine Eltern wollen.»

Dann hockte er sich neben mich und erklärte, daß er noch niemandem von seiner Familie von dem Mädchen erzählt habe, das er gern heiraten würde. Es habe keinen Sinn, sich irgendwelche Hoffnungen zu machen, weil es zwischen den Dschammāl und den Badawi schon seit langem Ärger gebe, lange bevor er geboren worden sei. Das gehe auf die Zeiten eines Badawi-Umda zurück, eines Ahmed Effendi, der in der Umgebung des Dorfes ein Grundstück besessen habe.

«Da drüben», sagte Īd und deutete mit einem Stock. «Sehen Sie das Land da vor uns? Von da bis da, fast vier Feddan. Das war alles sein Land, und es gehört immer noch seinem Sohn, der in Kairo lebt. Khamīs, ich und meine Brüder, wir arbeiten als Pächter darauf, es gehört uns nicht. Wir bekommen nur einen kleinen Teil der Ernte, er streicht den Rest ein. Wir haben auch unser eigenes Land, das wir durch die Reform bekommen haben, aber das ist weit weg und nicht halb so groß wie das hier.»

Ahmed Effendi, der alte Umda, habe die Dschammāl immer behandelt, als wären sie seine Sklaven, sagte Īd. Er habe sie ohne Bezahlung für sich arbeiten lassen, in seinem Haus und auf den Feldern, mit dem Ergebnis, daß die Dschammāl bei den ersten allgemeinen Wahlen gegen ihn gestimmt hätten. Danach habe es Auseinandersetzungen zwischen den beiden Klans gegeben, und eine Zeitlang sei es wie eine Fehde gewesen. Ahmed Effendi hätte seine Dschammāl-Pächter nur zu gern von seinem Land vertrieben, doch inzwischen hatten sich die Gesetze geändert, und er konnte nichts gegen sie unternehmen.

Gegen Ende seiner Geschichte tauchte Zaghlūl der Weber auf, der eine Kuh und einen Büffel mit sich führte. Während er sein Vieh fütterte, hörte er Īd zu, und danach setzte er sich zu uns. Wie es seine Gewohnheit war, stapelte er einen Haufen frischgeschorener Wolle vor sich auf und begann mit einer Handspindel Garn zu spinnen.

Als Īd geendet hatte, schaltete sich Zaghlūl ein und sagte, daß er sich gut an Ahmed Effendi erinnere. Wie jeder andere Mann im Dorf habe er oft auf seinen Feldern arbeiten müssen. Zur Erntezeit sei Ahmed Effendi mit seinen Aufsehern im Schlepptau durchs Dorf gegangen, von Tür zu Tür, und habe eine Sichel am Türpfosten eines jeden Hauses hinterlassen, in dem sich ein gesunder und kräftiger Mann befand. Wer am nächsten Morgen nicht auf seinem Feld erschien, lief Gefahr, von seinen Aufsehern mit Peitschen geschlagen zu werden. Ahmed konnte sich alles leisten, weil er Freunde unter den Paschas hatte, mächtige Leute, die Verbindungen zu den Briten hatten.

«Und stimmt es, *yā* Zaghlūl», fragte Īd, der fast vor Neugier platzte, «daß er, wenn er ein gutaussehendes Mädchen sah, verlangt hat, daß es zu ihm geschickt wird?»

«Ja», sagte Zaghlūl, «wenn sein Blick auf ein Mädchen fiel, sagte er zu dessen Angehörigen: ‹Ich will, daß diese Frau die Nacht in meinem Haus verbringt›, und sie ist tatsächlich hingegangen, denn niemand konnte etwas dagegen tun. Er brauchte nur die Stimme zu erheben, und schon warfen sich zwanzig Männer vor ihm auf den Boden und riefen ‹Zu Euren Diensten, Effendi›.»

«Und du, *yā* Zaghlūl?» sagte Īd grinsend. «Hast du dich nicht auch vor ihm niedergeworfen, damit er dich benutzen konnte, wie er wollte?»

Zaghlūl lächelte ihm gutmütig zu, wobei seine Augen in den Falten seines frühzeitig verhutzelten Gesichts verschwanden. Dann wandte er sich, seine Spindel zwischen den Händen zwirbelnd, mir zu.

«Und worüber hat unser kleiner Īd so geredet?» sagte er. «Hat er von dem Mädchen geredet, dem er zur Zeit so hinterherstarrt?»

Īd riß erschrocken die Augen auf. «Woher weißt du das, *yā* Zaghlūl?» rief er erstaunt aus. «Wieso weißt du darüber Bescheid?»

«Ich weiß eben über solche Dinge Bescheid», sagte Zaghlūl.

«Aber wie konntest du das wissen? Wer hat dir davon erzählt?»

«Ich hab gesehen, wie du sie anstarrst», sagte Zaghlūl. «Das brauchte mir niemand zu erzählen. Das sieht doch jeder. Wo du doch jetzt auch in dem Alter bist. Wenn du nicht aufpaßt, erlebst du noch, daß du sagst: ‹Ich bin verliebt›, wie so ein Student oder College-Junge. Paß auf, was du tust, und vergiß nicht, daß du ein Fellache bist. ‹Liebe› ist nichts für unsereinen.»

Īd antwortete nicht. Bei dem Wort «Liebe» wurde er rot und sauste davon, um den Futtervorrat für sein Vieh aufzufüllen. Er tat so, als hätte er gar nicht gehört, was Zaghlūl gesagt hatte, während er sich damit beschäftigte, Armladungen voll Maispflanzen heranzuschleppen.

«Wie meinen Sie das?» fragte ich Zaghlūl. «Wieso kann sich ein Fellache nicht verlieben?»

«Für uns bringt das nur Ärger», sagte Zaghlūl. «Liebe ist etwas für Studenten, Muwazzafīn und Stadtmenschen. Sie denken ständig daran, so wie sie an Fußball denken. Das ist nichts für uns. Für uns ist es besser, nicht daran zu denken.»

Īd war jetzt wieder da. Er riß neugierig die Augen auf. «Woher weißt du das, *yā* Zaghlūl?» sagte er. «Ist dir das mal passiert?»

«Mir ist mal so was passiert», sagte Zaghlūl leise und starrte auf seine zwirbelnde Spindel. «Es fing an, als ich in deinem Alter war, so vierzehn oder fünfzehn, und es ging ganze fünf Jahre lang. Sie war ein Mädchen aus der Stadt, die Tochter von Verwandten von uns, die in Alexandria Arbeit gefunden hatten. Einmal im Sommer kam ihr Vater mit der ganzen Familie herunter, um seine Verwandtschaft in Nashāwi zu besuchen. Ich kannte sie schon mein ganzes Leben lang, aber in jenem Sommer, als wir vierzehn waren, sah ich sie, als sie ins Dorf kam, und plötzlich war alles anders. Manchmal unterhielten wir uns, denn schließlich waren wir ja verwandt, und ich versuchte, ihr Dinge zu erzählen, aber ich konnte nie die richtigen Worte finden. Sie und ihre Familie schliefen in einem Haus, das mitten im Dorf lag, weit weg von dort, wo wir gewohnt haben. Aber wenn sie in Nashāwi war, konnte ich nie schlafen. Ich stahl mich immer spätnachts aus dem Haus und ging leise durch das Dorf, und wenn ich dann bei ihrem Haus war, legte ich mein Ohr an den Spalt in ihrer Tür und hörte zu, wie sie im Schlaf atmete. Es war, als läge mein Leben in ihrem Atem. Und so lebte ich fünf Jahre lang, wartete darauf, daß sie für ein paar Tage jeden Sommer ins Dorf kam, damit ich nachts an ihrer Tür knien und ihrem Atem lauschen konnte. Und die ganze Zeit versuchte meine Familie, mich zu verheiraten, und jedesmal sagte ich, nein, nein, noch nicht, und in meinem Herzen dachte ich an sie und an den Tag, wo sie wieder nach Nashāwi zurückkehren würde.»

Īd legte den Kopf schief, um in Zaghlūls gesenktes Gesicht zu blicken. «Und was ist dann passiert, *yā* Zaghlūl?» sagte er. «Warum hast du nicht versucht, sie zu heiraten?»

«Mein Vater wollte nichts davon wissen», sagte Zaghlūl. «Ich habe es ihm einmal ins Gesicht gesagt – ich will dieses Mädchen heiraten und kein anderes. Aber er hat zu mir gesagt: ‹Schlag dir das aus dem Kopf. Du wirst sie nie heiraten. Wir wollen für dich ein Mädchen finden, das auf den Feldern arbeiten, die Kühe melken und ausmisten kann. Die da ist ein Stadtmädchen, die weiß nicht, wie wir leben.› Ich wollte ihm sagen, daß ich sie liebe, aber ich wußte, er würde mich schlagen, wenn ich das täte, also hielt ich den Mund, und noch im gleichen Jahr sorgte er dafür, daß ich ein Mädchen aus dem Dorf heiratete, eine Tochter von einem seiner Cousins, und das war's, *khalas*.»

Auf seinem eingeschrumpften Gesicht lag ein verkrampftes, schiefes kleines Lächeln, als er aufblickte und Īd zunickte.

«Aber ich hatte Glück», sagte er. «Wenigstens habe ich nicht den Verstand verloren, so wie manche Männer. Wenn du durch Nashawi gehst und durchs nächste Dorf und durchs nächste und jeden fragst, wieviel Verrückte es dort gibt und was sie verrückt gemacht hat, wirst du sehen, daß es nur einen einzigen Grund gab, nämlich die Liebe. So geht's einem, *yā* Īd, deswegen mußt du vorsichtig sein und aufpassen, was du machst.»

Īd rieb sich mit nachdenklich hochgezogenen Augenbrauen das Kinn. «Aber in der Stadt verlieben sie sich doch auch», sagte er, «in Kairo, in Alexandria und Damanhur. Das kann man im Fernsehen sehen.»

«Dort geht es anders zu», sagte Zaghlūl. «In der Stadt passiert alles mögliche. Wußtest du, daß es da Plätze gibt, wo Frauen ihren Körper benutzen lassen, für nur ein paar Pfund?»

Er nickte weise, als Īd ihn in sprachlosem Erstaunen anstarrte. «Ja», sagte er, an dem Thema Gefallen findend. «So ist das, es gibt Häuser in Alexandria, wo Männer fünfhundert Pfund bezahlen, um eine Nacht mit einer Frau zu verbringen – fünfhundert Pfund, für eine Nacht!»

Er hielt lippenkauend inne, um sich das durch den Kopf gehen zu lassen; vielleicht dachte er daran, daß die Summe, die er gerade genannt hatte, dem Betrag entsprach, den ihm eine Jahresernte Baumwolle einbrachte. «Da sind natürlich noch Essen und andere Sachen mit dabei», fügte er schnell hinzu, «Truthahn, Whisky und solche Dinge.»

Īd machte Glupschaugen vor Verwunderung und rief: «Und kosten die alle soviel – fünfhundert Pfund?»

«Nein», entgegnete Zaghlūl, «nicht alle – einige sind schon für fünf Pfund zu haben, und einige nehmen sogar nur anderthalb Pfund. Aber das ist nur für ein paar Stunden oder noch weniger.»

«Wo, *yā* Zaghlūl?» sagte Īd und stupste ihn begierig mit dem Ellbogen an. «Wo findet man diese Häuser? Sag's mir.»

Zaghlūl schüttelte vage den Kopf. «Mein Cousin hat im Winter ein paar Monate in Alexandria gearbeitet», sagte er, «und die Männer, mit denen er zusammen gearbeitet hat, sind immer dahingegangen. Er hat mir davon erzählt, aber er ist nie selber hingegangen. Kann man eigentlich auch nicht.»

«Aber wo gibt's diese Häuser, *yā* Zaghlūl?» rief Īd. «Sag's mir – in welcher Straße? Ich würde mir gern mal eins davon ansehen.»

Zaghlūl lächelte ihm sanft zu. «Die würden dich nur zum Narren halten, *yā* Īd», sagte er. «Sie würden dein Gesicht befühlen, so, und fünf Pfund verlangen. Sie würden deine Brust streicheln, so, und zehn verlangen. Sie würden dir unter den Dschallābiyya greifen, so, und fünfzig verlangen, und bevor sie mit dir fertig wären, hättest du alles verloren, was dein Vater besitzt.»

«Das werden wir ja sehen», sagte Īd, «sag mir einfach, wo's diese Häuser gibt.»

Sie fingen an zu lachen, aber bald erstarb ihr Gelächter wieder, und sie verstummten, hockten auf den Fersen – der winzige Īd, krummbeinig und zu klein für sein Alter, und der frühzeitig verschrumpelte Zaghlūl –, rieben sich lächelnd zwischen den Beinen und kratzten sich die Oberschenkel, während sie da saßen und ihren Tagträumen von verbotenen Vergnügen in fernen Städten nachhingen.

Schließlich sagte Īd: «Warum machen die das, diese Mädchen? Werden sie von ihren Familien dazu gezwungen?»

«Ja», sagte Zaghlūl. «Genau, ihre Familien stiften sie dazu an. Sie kriegen vom Besitzer des Hauses dreißig Pfund im Monat, und das Geschäft ist geregelt, *khalas* – sie lassen ihre Töchter dort, und der Besitzer kann mit ihnen machen, was er will.»

Īd grinste und warf ihm einen Blick zu. «Und wieviel verlangst du für deine Frau, *yā* Zaghlūl?» fragte er. «Fünfzehn Pfund? Ich bezahl's. Läßt du mich?»

«Es kostet mehr, als du dir leisten kannst», entgegnete Zaghlūl mit einem ungerührten Lächeln.

Dann fügte er, zu mir gewandt, hinzu: «Nehmen Sie bitte keinen Anstoß. Wir Fellachen scherzen gern. Man sagt, wir haben ‹leichtes Blut›.»

«O schwarzer Tag!» rief Īd und sprang auf, als könnte er nicht länger an sich halten. «Ich würde wirklich zu gern so ein Haus besuchen.»

Er lief zum Trog, wo das Vieh fraß, und legte den Arm um seine Ziege. «Seht her, wie sehr ich sie liebe», rief er und drückte ihr einen Kuß auf die Stirn.

Später, auf dem Rückweg nach Nashāwi, begegnete ich Khamīs, der auf seinem Esel zu den Feldern hinausritt. Als er mich sah, stieg er ab, und nachdem wir uns begrüßt und ein bißchen geplaudert hatten, fragte er beiläufig: «Haben Sie unterwegs irgendwo Īd gesehen? Hat er das Vieh gefüttert, draußen beim Wasserrad?»

«Ja», sagte ich, «da komme ich gerade her.»

«War sonst noch jemand da?» fragte er, wobei er mich scharf beobachtete.

«Ja, Zaghlūl», sagte ich. «Wir saßen da zusammen und haben uns unterhalten.»

«Sonst niemand?»

«Ein paar Mädchen waren kurz da», sagte ich, «nur für ein paar Minuten.»

Khamīs schlug sich mit einem lauten Ruf der Verzweiflung gegen die Stirn. «O Herr und Beschützer! Dieser Hund Īd stürzt meine Familie noch in den Ruin. Was haben die Mädchen gemacht? Los, sagen Sie's mir.»

«Nichts», stotterte ich überrascht. Es paßte überhaupt nicht zu Khamīs, sich zu moralischer Entrüstung hinreißen zu lassen. «Überhaupt nichts, sie sind nur kurz vorbeigekommen...»

«Sagen Sie», drängte er und schüttelte meinen Arm, «sagen Sie, versuchen Sie sich zu erinnern – haben sie zufällig unser Futter fortgetragen?»

Mir dämmerte, daß Khamīs recht hatte. Jedesmal wenn sie von der Lichtung wegrannten, hatten die Mädchen Armladungen voll Futter weggeschleppt. Plötzlich war mir klar, aus welchem Grund sie Īds Freundschaft pflegten.

Khamīs las mir die Antwort vom Gesicht ab, und im nächsten Augenblick raffte er seinen Dschallābiyya und sprang auf seinen Esel.

«Dieser Īd ruiniert noch unsere ganze Familie», rief er. «Diese Mädchen kitzeln und necken ihn, und am Schluß schenkt er ihnen unser ganzes Futter, der Dummkopf, und er glaubt, sie mögen ihn.»

Er versetzte seinem Esel einen Schlag auf die Hinterbacke, und während das Tier davontrabte, drehte er sich auf dem Sattel um und rief mir zu: «Der Junge braucht dringend eine Frau. Wir werden ihn mit einer unserer Cousinen verheiraten. Das wird ihm helfen, das Leben und seine Schwierigkeiten zu begreifen.»

15

«***Ein paar Jahre,*** nachdem du Ägypten verlassen hast», sagte Scheich Mūsā, «habe ich etwas Neues über deinen Freund Khamīs und seine Familie erfahren, und ich dachte, das ist etwas, was den *doktōr* bestimmt interessieren wird.»

Er hielt inne, um in der Glut seiner Shīsha zu stochern, und machte es sich auf seinem Diwan bequem.

Ein Freund von ihm, erzählte er, habe eines Tages auf dem Weg nach Damanhur in Lataīfa Station gemacht. Sein Freund sei aus Nashāwi, und während sie sich über Feldfrüchte und Felder unterhielten, wer was gepflanzt habe und wessen Baumwolle gut gedieh, habe sein Freund ihm eine erstaunliche Geschichte erzählt – eine Geschichte über etwas, was sich kürzlich in seinem Dorf ereignet hatte.

Auf einem der Felder des Dorfes befand sich eine Parzelle, die einem der Söhne des alten Umda Ahmed Badawi Effendi gehörte, einem hochrangigen Staatsbeamten, der in Kairo lebte. Es war eines der wenigen Stücke Land, die der Familie nach der Landreform noch geblieben waren, ein winziger Bruchteil dessen, was sie einmal besessen hatten, doch immer noch eine sehr große Fläche im Vergleich zu den Grundstücken der einfachen Fellachen.

Eines Morgens fuhr völlig unerwartet der Wagen des Beamten in Nashāwi ein. Alle waren überrascht, denn er besuchte das Dorf nur sehr selten, aus Angst, sich die Kleidung mit Schlamm zu beschmutzen, hieß es. Doch auf die Dorfbewohner wartete noch eine weitere Überraschung. Als der Wagen anhielt und der Sohn des Umda ausstieg, nahmen die Leute, die zusahen, an, er werde direkt zum alten Haus seines Vaters gehen. Aber nein: Zu ihrem höchsten Erstaunen schlug er die entgegengesetzte Richtung ein – zu der baufälligen Lehmhütte, die der Fellachenfamilie gehörte, die seit so vielen Jahren als Pächter auf seinem Land gearbeitet hatte.

Die Mitglieder der Familie, die gerade zu Hause waren, waren sehr überrascht, als der Sohn des Umda an ihre Tür klopfte. Es war schon Jahre her, seit sie ihn das letzte Mal gesehen hatten, denn normalerweise schickte er immer einen seiner Untergebenen, der seinen Anteil der Ernte abholte. Aber sie rissen die Tür auf und baten ihn herein, und erst eine gute Stunde später kam er wieder heraus.

Niemand wußte genau, was der Sohn des Umda während seines Aufenthaltes in dem Haus gesagt hatte, aber später waren sich alle darin einig, daß es ungefähr folgendermaßen gelautet haben mußte: «Ich werde mir bald eine neue Wohnung in Kairo kaufen, *inshā-allāh* (oder vielleicht auch ein Auto), und deswegen muß ich schnell eine große Geldsumme aufbringen. Betet zum Propheten! Ich habe mir die Sache gründlich überlegt, und nachdem ich mit meinen Kindern gesprochen habe, habe ich beschlossen, mein Land zu verkaufen. Und daher bin ich, wie es das Gesetz und der Brauch verlangen, zuerst zu eurer Familie gekommen, weil ihr schon so lange auf diesem Land gearbeitet habt, um euch zu fragen, ob ihr das Geld aufbringen könnt, es zu kaufen. Wenn ja, dann könnt ihr es gerne haben – alles Gute ist das Werk Gottes –, aber wenn nicht, dann muß ich euch sagen, daß ich mein Land auf dem Markt anbieten werde, mit Gottes Erlaubnis.»

Nun verhielt es sich so, daß diese Familie sowohl sehr arm als auch sehr groß war, und ihre gemeinsamen Ersparnisse betrugen sicherlich nicht mehr als ein paar Pfund. Doch derartig gutes Land war in Nashāwi schon seit vielen Jahren nicht mehr zum Verkauf angeboten worden, und sie müssen gewußt haben, daß sich ihnen nie wieder eine so günstige Gelegenheit bieten würde. Also ergriffen sie ihre Chance und sagten zu ihm: «Geben Sie uns einen Monat, *yā* Effendi, um zu sehen, ob wir das Geld auftreiben können, *inshā-allāh*, und wenn es uns am Ende dieser Zeit nicht gelungen ist, dann können Sie mit dem Land verfahren, wie Sie wollen, und wir werden Ihnen bei Gott nicht im Wege stehen.»

Sowie der Effendi gegangen war, rannten die Brüder im Dorf herum – selbst der jüngste, der noch ein Junge war. Sie gingen von Haus zu Haus, von entfernten Cousins zu fernen Verwandten, borgten sich ein paar Pfund hier und ein paar Piaster dort. Sie verkauften ihr Vieh, sie verkauften Teile des Hauses, in dem sie lebten, sie verkauften sogar ihre Pflugscharen, doch an dem Tag, als der Effendi wiederkam, hatten sie das Geld beisammen und konnten das Land in Besitz nehmen. Sie waren inzwischen schwer verschuldet, doch trotzdem, von diesem Tag an zählten sie zu den größten Landbesitzern des Dorfes. Sie hatten den heimlichen Traum verwirklicht, den jeder Fellache von seinen Vorfahren erbt: Es war ihnen gelungen, den Grundbesitz ihrer Familie zu vergrößern.

«Das war vor sechs Jahren», sagte Scheich Mūsā, «ein paar Jahre nach deinem Fortgang. Dein Freund Khamīs und seine Familie brauchten nur drei oder vier Ernten, um ihre Schulden abzubezahlen, und jetzt sind sie so wohlhabend, saß sie sich auf ihrem eigenen Grundstück außerhalb des Dorfes ein neues Haus aus Backstein und Beton gebaut haben.

«Und Buthaina?» fragte ich, «was ist aus ihr geworden?»

Ihr Leben habe sich auch verändert, sagte Scheich Mūsā, aber nicht ganz so dramatisch wie das ihrer Brüder. Als ihre Brüder ihr neues Haus bezogen, beschloß sie, sich mit ihren beiden Söhnen selbständig zu machen. Sie hatte in der Zwischenzeit einiges sparen können, denn sie war eine erfahrene Geschäftsfrau geworden und verkaufte regelmäßig auf dem Markt in Damanhur. Von ihren Ersparnissen hatte sie sich ein kleines Zweizimmerhaus im Zentrum von Nashāwi gekauft, direkt am Platz. Es hieß, daß sie ihre Söhne bis spätabends lernen ließ, und sie waren beide außergewöhnlich gut in der Schule, obwohl sie noch sehr jung waren.

«Und ihr Mann?» fragte ich. «Der Vater der beiden Jungs?»

Scheich Mūsā lachte. «Er ist in den Irak gegangen», sagte er. «Von dem hat man schon seit Jahren nichts mehr gehört.»

Das Ende dieser Geschichte fiel Scheich Mūsā später an diesem Abend ein, als er von etwas anderem sprach.

«Was ich dir noch erzählen wollte», sagte er, sich selbst unterbrechend. «Es gibt noch eine Neuigkeit von Khamīs und seiner Familie. Ich hab sie von Dschābir erfahren.»

Vor ein paar Monaten, erzählte Scheich Mūsā, sei ein großer Transporter durch Lataīfa gefahren, hochbeladen mit Koffern und Kartons, wie sie für Fernsehgeräte und ähnliches benutzt wurden. Es genügte, nur einen Blick auf den Transporter zu werfen, um zu sehen, daß irgendjemand aus dem Irak zurückgekehrt war, oder aus den Golfstaaten, jedenfalls aus einem dieser Länder, wo man viel Geld machen kann. Dschābir habe den Transporter an seinem Fenster vorbeifahren sehen und sich sofort aufgemacht, um Erkundigungen einzuholen, wer da vorbeigefahren sei. Wie er bald erfuhr, war der heimkehrende Held kein anderer als Khamīs' Bruder Īd gewesen.

«Erinnerst du dich an ihn?» sagte Scheich Mūsā. «Du hast

manchmal von ihm gesprochen, als du in Nashāwi gewohnt hast. Er war damals natürlich noch ein kleiner Junge, aber jetzt ist er größer als alle seine Brüder.»

Īd war drei oder vier Jahre lang in Saudi-Arabien gewesen und hatte dort sehr gut auf dem Bau verdient. Er war mit einem Farbfernseher heimgekehrt, einem Kühlschrank, einer Waschmaschine und vielen anderen solchen Dingen. Außerdem hatte er noch eine Menge Geld gespart und wollte seiner Familie demnächst einen neuen Traktor kaufen.

«Und vor kurzem», sagte Scheich Mūsā, «haben wir gehört, daß Īd bald heiraten wird. Er wird eine große Summe für den Heiratspreis zahlen, und er wird eine gebildete Frau haben. Stell dir das mal vor! Er als Dschammāl und ungebildeter Fellache!»

Scheich Mūsā schüttelte verwundert den Kopf.

«Er heiratet ein Badawi-Mädchen», sagte er. «Angeblich eine richtige Liebesheirat, auf die die beiden schon jahrelang gewartet haben.»

16

Es gibt guten Grund zu der Annahme, daß Ben Yiju, bald nachdem er nach Mangalore gezogen oder dazu gezwungen worden war, eine Liaison begann, die schließlich zur Ehe führte. Hinweise darauf finden sich in den frühesten Dokumenten, die der Zeit von Ben Yijus Aufenthalt in Indien zugeordnet werden können: zwei ungewöhnliche und interessante Fragmente, die sich glücklicherweise ganz exakt datieren lassen.

Im ersten sind sogar Tag und Ort genannt, an denen es aufgesetzt wurde, denn es handelt sich zufällig um eine rechtlich beglaubigte Übertragungsurkunde. Das zweite, das in enger Beziehung zum ersten steht, ist ein grober Entwurf eines juristischen Schriftstücks in Ben Yijus Handschrift, geschrieben auf einem dieser Zettel, die er für Notizen verwendete.

Das erste Fragment ist das wichtigere von beiden, aber es ist lange Zeit ziemlich unzugänglich gewesen, da es sich in einer Sammlung in St. Petersburg befand. Zum Glück besteht über seinen Inhalt keinerlei Zweifel, da Goitein es während seiner Nachforschungen dort zufällig entdeckte und es in seinen späteren Schriften oft erwähnte. Es ist eine Freilassungsurkunde, in der festgehalten wird, daß am 17. Oktober 1132 in Mangalore Ben Yiju einer Sklavin namens Ashu öffentlich die Freiheit schenkte. Das zweite Fragment, das sich jetzt in der Taylor-Schechter-Sammlung in Cambridge befindet, ist ein unterstützendes Dokument: der Entwurf für eine Aussage unter Eid, die die Freilassungsurkunde bekräftigt.

Das Datum auf der Übertragungsurkunde weist sie als das früheste Dokument aus, das mit absoluter Sicherheit auf die Periode von Ben Yijus Aufenthalt in Indien datiert werden kann. Es ist ungewiß, wie lange er zum Zeitpunkt der Niederschrift schon in Mangalore gelebt hatte. Jedenfalls lange genug, um Sklaven zu erwerben und einen Hausstand zu gründen. Das könnte bedeuten, daß Ben Yiju schon 1130 oder 1131 von Aden nach Indien gezogen war. Auf alle Fälle muß das Ereignis Ashus Freilassung um einige Jahre vorangegangen sein.

Es ist wahrscheinlich kein Zufall, daß das erste datierte Dokument aus Ben Yijus Zeit in Indien mit der Frau zu tun hat, die ihm wahrscheinlich seine Kinder gebar. Er könnte sogar damit gerechnet haben, bald nach seiner Ankunft eine eheliche oder sexuelle Verbindung einzugehen, denn unter den Völkern des Mittleren Ostens war Indien für die Freizügigkeit sexueller Beziehungen bekannt. Hätte Ben Yiju zum Beispiel die Werke seines Zeitgenossen Sharīf al-Idrīsī gelesen, hätte er erfahren, daß in Indien «das Konkubinat zwischen allen gestattet ist, nur nicht mit verheirateten Frauen». Einige Jahrhunderte vor Ben Yijus Lebzeiten hatte ein Chronist in der Hafenstadt Sīrāf am Persischen Golf seinem Entsetzen über die

Pflichten indischer Tempeltänzerinnen Ausdruck verliehen. «Danken wir Gott», hatte er in frommer Mißbilligung geschrieben, «für den Koran, den er für uns ausgewählt hat und durch den er uns vor den Sünden der Ungläubigen bewahrt hat.» Einige Reisende, die Indien im fünfzehnten Jahrhundert besuchten, wie etwa der Italiener Nicoló Conti, waren von der Zahl der Kurtisanen beeindruckt. «Öffentliche Frauen sind überall zu bekommen», schrieb Conti, «sie weilen in besonderen Häusern überall in der Stadt und ziehen die Männer mit ihren süßen Duftwassern und Salben an, mit ihren Schmeicheleien, ihrer Schönheit und ihrer Jugend, denn die Inder sind der Wollust sehr verfallen.» Sein Zeitgenosse, ein persischer Botschafter namens Abd al-Razzāq al-Samarqandī, der 1442 ins Reich von Vijaynagar reiste, scheint noch viel enger mit den Bräuchen der Kurtisanen in Berührung gekommen zu sein. Bald nach seiner Ankunft in der Hauptstadt wurde er von seinen Gastgebern in die Gegend geführt, wo die Frauen lebten, und er stellte fest: «Gleich nach dem Mittagsgebet stellen sie vor die Türen der Kammern... Throne und Stühle, auf denen die Kurtisanen Platz nehmen... Jede hat zwei junge Sklavinnen bei sich, die das Zeichen des Vergnügens geben und den Auftrag haben, sich um alles zu kümmern, was zur Unterhaltung beitragen kann. Jeder Mann kann diese Örtlichkeit betreten und jedes Mädchen auswählen, das ihm gefällt, und sich mit ihm vergnügen.»

Es ist gut möglich, daß Ben Yiju Ashu bei eben so einer Gelegenheit begegnet ist, kurz nach seinem Umzug nach Mangalore.

Die Tatsache, daß Ben Yiju Ashu freiließ, bald nachdem er sie in seine Obhut genommen hatte, deutet darauf hin, daß seine Absichten ihr gegenüber alles andere als oberflächlich waren. Da er zudem ihre Freilassung mit einigem Aufwand festlich begangen zu haben scheint, ist es möglich, daß er die Gelegenheit zur öffentlichen Bekanntgabe der Hochzeit oder Trauung genutzt hat.

Jedenfalls war Ben Yiju keine drei Jahre später Vater eines kleinen Sohnes. Der Beweis dafür findet sich in einem Brief von seinem Mentor Madmūn aus dem Jahre 1135: «Ich habe auch ein Stück

Koralle für Euren Sohn Surūr mitgeschickt», schrieb Madmūn in seiner Auflistung der Geschenke, die er, zusammen mit einer Fracht anderer Güter, an Ben Yiju in Mangalore geschickt hatte.

Es gibt eigentlich keinen besonderen Grund, Ashus Freilassung mit Ben Yijus Vaterschaft in Verbindung zu bringen, doch fällt es schwer, es nicht zu tun. Die Verbindung scheint so naheliegend, daß zumindest Goitein überzeugt war, daß Ben Yiju Ashu geheiratet hatte und daß Ashu «wahrscheinlich schön» war.

Auf Ashus Herkunft gibt es nur einen einzigen Hinweis. In einer Reihe von Rechnungen, die er auf die Rückseite eines von Madmūns Briefen gekritzelt hatte, erwähnt Ben Yiju einen Geldbetrag, den er seinem «Schwager» schuldet, der den Namen «Nāīr» trägt. Durch den glücklichen Zufall dieser Erwähnung bekommt Ashu zumindest einen Anflug von gesellschaftlicher Identität: Er verknüpft sie mit der matrilinealen Volksgruppe der Nāīrs, die immer noch einen wesentlichen Teil der Bevölkerung der südlichen Malabarküste bilden.

Nirgendwo sonst im gesamten Korpus von Ben Yijus Schriftstücken wird Ashu noch einmal erwähnt, obwohl ihre Kinder häufig darin vorkommen. Ben Yiju hat sie auch in seinen Briefen und Notizen kein einziges Mal erwähnt, und ebensowenig taten dies seine Geschäftspartner in Aden, die immer darauf achteten, seinen Kindern ihre guten Wünsche zu übermitteln, nicht einmal mittels der damals gebräuchlichen Euphemismen, und sie schickten ihr auch keine Grüße. Gerade diese unheimliche Ignorierung könnte der Beweis dafür sein, daß Ben Yiju tatsächlich Ashu geheiratet hatte, denn nur eine derartige Heirat – mit einer außerhalb seiner Glaubensgemeinde geborenen Sklavin – kann seine Freunde zu einem so ostentativen Schweigen veranlaßt haben. Wahrscheinlich ließ Ben Yiju Ashu vor der Heirat zum jüdischen Glauben übertreten, aber der Akt mag sehr wenig bedeutet haben, sowohl für Ashu als auch für Ben Yijus Freunde und Verwandte. Möglicherweise entsprach die Form ihres Verhältnisses auch der Institution der «Ehe auf Zeit», einer Form ehelicher Verbindung, die von im Ausland lebenden iranischen Händlern häufig praktiziert wurde.

Ben Yiju standen in Indien auch noch andere Möglichkeiten der Verehelichung offen, die für seine Freunde wahrscheinlich akzeptabler gewesen wären. Er hätte zum Beispiel in die uralte Sekte der Juden von Malabar einheiraten können – eine Gemeinschaft, die für ihre Strenge in religiösen Fragen derart bekannt war, daß sie sogar die Billigung von Ben Yijus Beinahe-Zeitgenossen, dem gestrengen und gelehrten spanischen Rabbi Benjamin von Tudela fand, der nach einem Besuch an der Malarbarküste schrieb: «Und im ganzen Land einschließlich der Städte dort leben mehrere tausend Israeliten. Die Einwohner sind alle schwarz, und die Juden auch. Die letzteren sind gut und gütig. Sie kennen das Gesetz des Mose und der Propheten und zu einem gewissen Grad den Talmud und die Halacha.»

Doch da sich Ben Yiju trotz der naheliegenden Alternative dafür entschied, eine außerhalb seines Glaubens geborene Frau zu heiraten, kann ihn nur eine vorrangigere, wichtigere Überlegung dazu veranlaßt haben.

Wenn ich zögere, hier von Liebe zu sprechen, dann nur, weil sich in den Dokumenten kein eindeutiger Beweis dafür findet.

17

Auch wenn Khamīs das Thema nie selber ansprach, schienen alle um ihn herum zu wissen, daß er unter seiner Kinderlosigkeit litt.

Ich besuchte ihn einmal an einem kalten Wintertag und fand ihn mit seinem Vater im Besucherzimmer ihres Hauses – eines der schäbigsten und baufälligsten im ganzen Dorf. Sein Vater saß in einer Ecke, in eine Decke gewickelt, die Arme um die Knie geschlungen, und zitterte, wann immer ein Windzug durch das bröckelnde Gemäuer hereinpfiff. Er lächelte, als ich eintrat, und forderte mich mit einer Handbewegung auf, mich zu setzen – ein dünner, zerbrechlicher alter Mann mit einem abwesenden, schweifenden Blick. Er hatte während des Zweiten Weltkrieges in Alexandria als Hilfsarbeiter gearbeitet und war unter den Soldaten, die zu Beginn des Nordafrika-Feldzuges durch die Stadt gekommen waren, vielen Indern begegnet. Sie hatten bei ihm einen tiefen Eindruck hinterlassen, und bei unserer ersten Begegnung hatte er mich begrüßt, als würde er eine unterbrochene Freundschaft wiederbeleben.

Als ich neben ihm Platz genommen hatte, beugte er sich zu mir herüber und fuhr mit seinen Händen über meinen Wollpullover, untersuchte ihn eingehend, rieb das Material vorsichtig zwischen Finger und Daumen.

«Das ist genau das Richtige für den Winter», sagte er. «Es muß richtig warm sein.»

«Nicht so warm wie deine Decke», warf Khamīs ein.

Sein Vater tat, als hätte er das nicht gehört. «Ich habe gehört, in Damanhur kann man solche Pullover bekommen», sagte er zu mir.

«Wenn man das nötige Geld hat, kann man alles bekommen», sagte Khamīs. «Das Problem ist, das nötige Geld zu bekommen.» Ohne ihn zu beachten, tätschelte sein Vater meinen Arm. «Ich erinnere mich an die indischen Soldaten», sagte er. «Sie waren so groß und dunkel, daß viele von uns Ägyptern Angst vor ihnen hatten. Aber wenn man mit ihnen redete, waren sie die freigebigsten von allen. Wenn man sie um eine Zigarette bat, gaben sie einem ein ganzes Päckchen.»

«Das war damals», sagte Khamīs und grinste mich an. «Heute sieht's anders aus.»

«Sehen Sie, wie meine Kinder sind», sagte sein Vater zu mir. «Sie besorgen mir nicht einmal einen Pullover aus Damanhur, damit ich ohne Angst an den Winter denken kann.»

Bei diesen Worten stand Khamīs abrupt auf und verließ das Zimmer. Sein Vater verfolgte seinen Weggang mit starrem Blick.

«Was soll ich bloß mit meinen Kindern machen?» murmelte er leise. «Sehen Sie sie sich doch nur an. Buthaina, die versucht, ganz allein ihre beiden Söhne großzuziehen. Und Khamīs; man kann nicht mehr mit ihm reden, kann ihm nichts mehr sagen, weder ich noch seine Brüder, noch seine Frau. Und jedes Jahr wird es schlimmer mit ihm.»

Er zog sich fröstelnd die Decke über den Kopf. «Vielleicht bin ich daran schuld», sagte er. «Ich habe ihn früh verheiratet und ihm gesagt, wir wollen seine Kinder sehen, bevor wir sterben. Aber das hat nicht geklappt, und so hat er wieder geheiratet. Jetzt hat er nur noch einen Gedanken im Kopf, Kinder – er denkt an nichts anderes mehr.»

Einige Monate später, im Frühling, nachdem fast ein Jahr vergangen war und mein Aufenthalt in Ägypten sich dem Ende zuneigte, kam ich eines Abends mit Khamīs und Īd von den Feldern zurück, als wir Imām Ibrāhīm auf den Stufen der Moschee sitzen sahen.

Khamīs blieb stehen, und mit untypischer Dringlichkeit sagte er: «Sagen Sie, Sie kennen doch Imām Ibrāhīm, nicht? Ich habe gesehen, wie Sie ihn begrüßt haben.»

Ich gab ihm eine unverbindliche Antwort, obwohl die Dinge eigentlich so lagen, daß sich der Imām seit dem unglückseligen Essen in Yāsirs Haus kaum dazu herabließ, meine Grüße zu erwidern, wenn wir uns in den engen Dorfgassen zufällig begegneten.

«Meine Frau ist krank», sagte Khamīs. «Ich möchte, daß der Imām zu uns kommt und ihr eine Spritze gibt.»

Seine Antwort überraschte mich, und ich wiederholte schnell, was Nabīl und seine Freunde über die stumpfen Nadeln des Imām erzählt hatten, und sagte ihm, daß es, wenn seine Frau eine Spritze brauchte, genug andere Leute im Dorf gab, die die Sache viel besser erledigen konnten. Doch Khamīs blieb hartnäckig. Es gehe nicht nur um die Spritze, sagte er – er habe gehört, daß Imām Ibrāhīm eine Menge über Heilmittel und solche Dinge wisse, und man habe ihm gesagt, daß er vielleicht etwas für ihn und seine Frau tun könne.

Da verstand ich, was für eine Medizin er sich vom Imām erhoffte.

«Khamīs, bei solchen Dingen kann er nicht helfen», sagte ich, «und außerdem stellt er keine Heilmittel mehr her. Er gibt nur noch diese Spritzen.»

Doch Khamīs war inzwischen ungeduldig geworden. «Gehen Sie doch zu ihm und fragen ihn», sagte er, «wenn ich ihn bitte, kommt er nicht. Er mag uns nicht.»

«Mich mag er auch nicht», entgegnete ich.

«Das macht nichts», sagte Khamīs. «Wenn Sie ihn bitten, wird er kommen – er weiß, daß Sie Ausländer sind. Auf Sie wird er hören.»

Es war klar, daß er nicht davon abzubringen war, und so ließ ich ihn am Rand des Platzes zurück und ging hinüber zur Moschee. Ich hatte gemerkt, daß der Imām mich – und Khamīs – schon von weitem gesehen hatte, aber er ließ sich nicht anmerken, daß er mich erkannt hatte, und hütete sich, seinen Blick in meine Richtung wandern zu lassen. Statt dessen tat er so, als führe er ein angeregtes Gespräch mit einem Mann, der neben ihm saß, ein älterer Ladenbesitzer, den ich flüchtig kannte.

Als ich noch einige Schritte von ihnen entfernt war, sagte ich so ostentativ «Guten Abend» zum Imām, daß er mich nicht länger ignorieren konnte. Er hielt inne, um den Gruß zu erwidern, aber er war sehr kurz angebunden und wandte sich sofort wieder ab, um sein Gespräch weiterzuführen.

Der alte Ladenbesitzer war überrascht über das abweisende Verhalten des Imām. Er war ein freundlicher Mensch und hatte mit mir in den Gassen des Dorfes oft herzliche Grüße gewechselt.

«Bitte setzen Sie sich doch», sagte er verlegen. «Setzen Sie sich zu uns. Sollen wir Ihnen einen Stuhl holen?»

Ohne auf eine Antwort zu warten, warf er mit verwundertem Stirnrunzeln dem Imām einen Blick zu. «Sie kennen doch den indischen *doktōr*, nicht wahr?» sagte er. «Er ist extra aus Indien gekommen, um an der Universität von Alexandria zu studieren.»

«Ich kenne ihn», sagte der Imām. «Er hat mich mal besucht, um mir Fragen zu stellen. Aber was das Studieren betrifft, da bin ich mir nicht so sicher. Was will er denn studieren? Er schreibt ja noch nicht mal Arabisch.»

«Das stimmt», erwiderte der Ladenbesitzer umsichtig, «aber immerhin schreibt er in seinen eigenen Sprachen, und er kann Englisch.»

«Ach die», sagte der Imām verächtlich. «Was nützen denn diese Sprachen? Das sind die einfachsten Sprachen der Welt. Die kann doch jeder schreiben.»

Jetzt wandte er sich mir zu, und ich sah, daß sein Mund vor Zorn zuckte und daß in seinem Blick ein erschreckendes Leuchten lag.

«Sagen Sie doch mal», sagte er, «warum beten Sie Kühe an?»

Die Frage überraschte mich derart, daß ich nur etwas stammeln konnte, und er schnitt mir das Wort ab, indem er mir den Rücken zukehrte.

«Das machen die nämlich in seinem Land», sagte er zu dem alten Ladenbesitzer. «Haben Sie das gewußt? Die beten Kühe an.»

Er warf mir einen Blick aus den Augenwinkeln zu. «Und soll ich Ihnen sagen, was die außerdem noch machen?» sagte er. Er ließ die Frage einen Moment lang im Raum stehen und verkündete dann mit einem dramatischen Zischen: «Sie verbrennen ihre Toten.»

Der Ladenbesitzer wich zurück, als sei er geschlagen worden, und seine Hände flogen an seinen Mund. *«Yā Allāh!»* murmelte er.

«Ja, das machen die», sagte der Imām. «Die verbrennen ihre Toten.»

Dann wirbelte er plötzlich zu mir herum und rief: «Warum lassen Sie das zu? Sehen Sie denn nicht, daß das ein primitiver und rückschrittlicher Brauch ist? Seit ihr denn Wilde, daß ihr so etwas zulaßt? Und Sie: Sie haben doch etwas Bildung genossen, Sie sollten es eigentlich besser wissen. Wie soll euer Land sich jemals entwickeln, wenn ihr nicht aufhört, solche Sachen zu machen? Sie sind sogar in Europa gewesen, Sie haben selbst gesehen, wie fortgeschritten die dort sind. Nun sagen Sie mir mal: Haben Sie jemals gesehen, daß die ihre Toten verbrennen?»

Inzwischen hatte sich eine kleine Menschengruppe um uns gebildet, angelockt von der aufgeregten Stimme des Imām, und unter dem Druck ihres kollektiven Blicks hatte ich zunehmend Mühe, überhaupt noch ein Wort herauszubringen.

«Jawohl, in Europa verbrennen sie ihre Toten auch», sagte ich schließlich, wobei ich trotz meiner Bemühungen, meine Stimme unter Kontrolle zu halten, lauter wurde. «Jawohl, sie haben dort spezielle elektrische Hochöfen, die nur dafür bestimmt sind.»

Der Imām wandte sich ab und lachte verächtlich. «Er lügt», sagte er zu der Menge. «Im Westen verbrennen die Leute ihre Toten nicht. Das sind keine Ignoranten. Die sind fortschrittlich, die sind gebildet, die haben ihre Wissenschaft, die haben Kanonen, Panzer und Bomben.»

Plötzlich schien etwas in meinem Kopf überzukochen, Dilemmata und Argumente, die ich nicht länger bei mir behalten konnte.

«Die haben wir auch», brüllte ich zurück. «In meinem Land haben wir das auch alles. Wir haben Kanonen, Panzer und Bomben. Und sie sind besser als irgendwas, was ihr hier in Ägypten habt – wir sind euch meilenweit voraus.»

«Ich sage euch, er lügt», rief der Imām wütend. «Unsere Kanonen und Bomben sind viel besser als ihre. Unsere kommen gleich nach denen des Westens.»

«Sie sind es, der hier lügt», sagte ich. «Sie haben ja keine Ahnung. Unsere sind viel besser. In unserem Land hat's sogar schon eine Atomexplosion gegeben. Das schafft ihr in hundert Jahren nicht.»

In dem Moment, glaube ich, erschien Khamīs an meiner Seite und brachte mich weg, sonst hätten wir wahrscheinlich noch eine ganze Weile dort gestanden, der Imām und ich: Abgesandte zweier überholter Zivilisationen, die miteinander darum wetteifern, welches ihrer beiden Länder die bessere Technologie der Gewalt besitzt.

In dem Moment verstanden wir einander vollkommen, trotz der riesigen Kluft zwischen uns. Wir waren beide unterwegs, er und ich, wir reisten beide durch den Westen. Der einzige Unterschied war, daß ich tatsächlich persönlich dort gewesen war. Ich hätte ihm eine Menge darüber erzählen können, aus erster Hand, über die Bibliotheken, die Museen, die Theater, aber es hätte keine Rolle gespielt. Wir hätten beide gewußt, daß das alles nur graue Theorie war. Letztendlich bedeutete der Westen für Millionen und Abermillionen von Menschen auf den Landmassen um uns herum nur eines – Wissenschaft, Panzer, Kanonen und Bomben.

Ich war erschüttert, als ich mich entfernte. Mir schien, als hätten der Imām und ich an unserer eigenen endgültigen Niederlage mitgewirkt, an der Auflösung des jahrhundertealten Dialogs, der uns verbunden hatte. Wir hatten den unumkehrbaren Triumph der Sprache demonstriert, die all jene anderen verdrängt hat, in denen die Menschen einst über ihre Unterschiede diskutiert hatten. Wir hatten bestätigt, daß es nicht mehr möglich war, so zu sprechen, wie Ben Yiju oder sein Sklave oder irgendeiner jener Tausenden von Reisenden vielleicht gesprochen hatten, die im Mittelalter den Indischen Ozean überquerten: von Dingen, die richtig waren, oder gut, oder von Gott gewollt. Es wäre einfach absurd gewesen, wenn einer von uns diese Worte benutzt hätte, denn sie gehörten einer demontierten Sprosse auf der aufsteigenden Entwicklungsleiter an. Statt dessen hatten wir beide, um uns verständlich zu machen, ich, ein Student der «Human»-Wissenschaft, und er, ein altmodischer Dorf-Imām, auf genau jene Ausdrücke zurückgegriffen, die Weltführer und Staatsmänner auf großen globalen Konferenzen verwenden, die universelle, unwiderstehliche Metaphysik moderner Bedeutung. Tatsächlich hatte er mir folgendes gesagt: «Ihr solltet nicht tun, was ihr tut, weil ihr sonst keine Kanonen, Panzer und Bomben bekommt.» Es war die einzige gemeinsame Sprache, die wir für uns finden konnten.

Eine ganze Weile nachdem Khamīs und Īd mich zu sich nach Hause mitgenommen hatten, konnte ich noch immer kein Wort herausbringen. Ich fühlte mich als Verschwörer im Verrat an der Geschichte, die mich nach Nashāwi geführt hatte, als Zeuge der

Vernichtung einer Welt von Einstellungen, die ich noch für lebendig gehalten hatte und, wenn auch zu einem winzigen Teil, für rettbar.

Doch Khamīs und seine Familie ließen mich nicht lange in meinem Schweigen sitzen. Nachdem Īd die Geschichte meiner Begegnung mit Imām Ibrāhīm erzählt hatte, wandte sich Khamīs lachend mir zu und sagte: «Regen Sie sich nicht auf, *yā doktōr*. Vergessen Sie die Kanonen und dieses ganze Zeug. Wissen Sie was? Ich komm Sie in Ihrem Land besuchen, obwohl ich noch nie irgendwo gewesen bin. Wenn Sie fahren, komm ich mit. Ich geh mit Ihnen bis nach Indien.»

Er kratzte sich grübelnd am Kopf und fügte dann hinzu: «Aber wenn ich dort sterbe, dürfen Sie nicht vergessen, mich zu begraben.»

MANGALORE

1

Wer an einem klaren Tag vom Meer aus Mangalore zum erstenmal sieht, dem kann der Anblick den Atem verschlagen. Es liegt auf der Spitze eines langen Fingers hochaufragenden Landes, einer Bergkette, die aus einem in weiter Ferne sich auftürmenden Gipfelknöchel herauswächst. Um die elliptische Krümmung der Fingerspitze fließen zwei Flüsse und bilden eine große, palmengesäumte Lagune, die still unter einem quecksilbrigen Himmel liegt. Zwischen der Lagune und dem Meer erstrecken sich zwei schmale Sandellbogen, die die Wellen abhalten. Sie streben aufeinander zu, berühren einander aber nicht ganz, und durch die Lücke fließt ein enger Kanal, der die Lagune mit dem offenen Meer verbindet.

Heutzutage passieren hauptsächlich kleine Fischerboote diesen Kanal. Die frühere Funktion der Lagune als Hafen hat inzwischen ein neuer, künstlich angelegter Hafen etwas nördlich der Stadt übernommen. Doch hatte Mangalore seinen ursprünglichen Status als Hafenstadt seiner Lagune zu verdanken, und genau von dort aus wird Ben Yiju seinen ersten Blick auf die Stadt genossen haben, die für annähernd zwei Jahrzehnte sein Zuhause werden sollte.

Von dem Mangalore, das Ben Yiju sah, ist heute nur noch die geographische Lage unverändert. Im sechzehnten Jahrhundert und auch später wurde die Stadt mehrmals verwüstet, so daß sich heute kaum noch Spuren ihrer mittelalterlichen Gestalt finden lassen. Die Gegend, die heute als «alter Hafen» bekannt ist, liegt vergessen unterhalb der belebten Geschäftszentren und Märkte der Stadt, am Fuß eines steilen Abhangs. Sie trägt immer noch den persischen

Namen «Bandar», Hafen, doch heute läßt dort nur noch eine Fähre, die diesen Ort mit den Fischerdörfern auf dem Sandstreifen jenseits der Lagune verbindet, für Augenblicke Leben aufkommen. Ansonsten sind die Kais größenteils leer und die Anleger verlassen bis auf ein paar Kähne und Flußboote.

Als Ben Yiju nach Mangalore kam, befand sich dort, wo heute die Kais sind, wahrscheinlich ein Sandstreifen. Die Schiffe, die den Indischen Ozean durchfuhren, scheinen eher dafür konstruiert gewesen zu sein, auf den Strand gesetzt zu werden als am Kai anzulegen, womit man sich die großartigen Strände zunutze machte, die diese Gewässer säumten. Die Händler der Stadt, einschließlich der großen nahöstlichen Kolonie, werden ihre Kontore und Niederlassungen in der Nähe des Bandar gehabt haben, wahrscheinlich am Hang darüber, von wo sie nach eintreffenden Schiffen Ausschau halten konnten.

Die ausländische Händlerkolonie von Mangalore war anscheinend sehr groß. Der marokkanische Reisende Ibn Battūta, der die Stadt an die zweihundert Jahre nach Ben Yiju besuchte, berichtet, die meisten Kaufleute aus dem Jemen und Persien hätten die Gepflogenheit gehabt, dort an Land zu gehen, während die Händler aus Sumatra und den Regionen im östlichen Indischen Ozean offenbar andere Städte etwas weiter südlich bevorzugten, etwa Calicut und Fandarīna. Zum Zeitpunkt von Ibn Battūtas Besuch bildeten die Moslems von Mangalore und (implizit) die ausländischen Kaufleute zusammen eine Kolonie von etwa viertausend Menschen, die «in einer Ansiedlung neben der Stadt lebten».

Die ausländische Kolonie von Mangalore war keineswegs die größte oder kosmopolitischste an der Küste. Calicut, ein paar hundert Meilen weiter südlich, scheint eine noch größere und bunter gemischte Gemeinde beherbergt zu haben. Als Ibn Battūtas Schiff dort anlegte, lagen dreizehn «chinesische» Schiffe im Hafen, und er berichtet, daß in der Stadt regelmäßig Besucher aus «China, Sumatra, Ceylon, den Malediven, dem Jemen und Fars (Persien)...» eintrafen. Ein portugiesischer Seefahrer, Duarte Barbosa, der Anfang des sechzehnten Jahrhunderts die Stadt besuchte, bemerkte, daß sich unter den Händlern der Stadt «Araber, Perser, Gujaraten, Khorasanen und Dekkanen» befanden, die unter dem Sammelbegriff «Pardeser», oder Ausländer, bekannt waren. Die pardesischen Kaufleute waren nicht alle reisende Händler; viele von ihnen hatten sich für längere Zeit an der Malabarküste niedergelassen. «(Sie) haben an diesem Ort Ehefrauen und Kinder», bemerkte Barbosa, «und Schiffe, die mit allen Arten von Gütern überallhin segeln können.»

Der Lebensstil dieser Kaufleute war so luxuriös, daß selbst kultivierte Reisende und Höflinge, die an die Vornehmheit großer Königshäuser gewöhnt waren, sich überrascht zeigten, nachdem sie in diese Kreise aufgenommen worden waren. Der persische Botschafter Abd al-Razzāq al-Samarqandī zum Beispiel war von ihrem Lebensstil tief beeindruckt, als er 1442 durch Malabar kam. «Sie kleiden sich in prächtige Gewänder», schrieb er, «in der Art der Araber, und pflegen in jeder Einzelheit größten Luxus...» Duarte Barbosa bestätigte diese Beobachtungen: «Sie besitzen große Häuser und viele Diener; sie pflegen großen Luxus beim Speisen, Trinken und Schlafen...»

Heute erinnert absolut nichts mehr im Umkreis des Bandar an die großen Herrschaftshäuser und Residenzen, von denen Ibn Battūta und Duarte Barbosa sprachen. Heute versinken die Straßen und Gassen um die Kais herum in Stille, wenn die Sonne untergegangen ist. Reedereibüros schließen ihre Pforten, an den Cafés werden die Gitter heruntergelassen, und es bleiben nur ein paar Passagiere übrig, die auf die Überfahrt zur Landzunge warten. Die Vorstellung sträubt sich bei dem Gedanken, daß der Bandar früher einmal Händler und Seefahrer aus den entferntesten Winkeln der Welt angezogen haben soll.

Doch über viele Jahrhunderte versammelten sich in den Städten dieser Region große Mengen ausländischer Besucher, und es waren Reisende aus dem Nahen Osten, die diesem Teil der Küste den arabischen Namen «Malabar» gaben. So wie sie ihn gebrauchten, bezog sich der Name ungefähr auf das südliche Drittel der Westküste, einer Gegend, die in vielerlei Hinsicht durch eine gemeinsame Kultur verbunden ist. Doch Malabar wird auch in mehrere kleinere Unterregionen unterteilt, von denen das Gebiet um Mangalore vielleicht die unverwechselbarste Prägung hat. Es liegt an der nördlichsten Grenze der Malabarregion und bildet eine Art doppelten Brückenkopf, zwischen Süd und Nord einerseits und der Küste und dem Landesinneren andererseits. Mit seinen südlichen Nachbarn verbindet es bestimmte typische kulturelle Institutionen sowie ein durch eine parallele Geschichte hinterlassenes Erbe – zum Beispiel sind bestimmte, auf mütterlicher Erbfolge basierende Formen persönlichen Rechts vielen Bevölkerungsgruppen in der gesamten Region gemeinsam. Doch in anderen Punkten ist es stärker mit den nördlichen und östlichen angrenzenden Regionen sowie mit dem Staat Karnataka verknüpft, dem es zugehört. Die Sprache zum Beispiel ist zwar eine eigenständige Sprache, aber auch eng mit dem Kannaresischen verwandt, der vorherrschenden Sprache des Staates.

Die Sprache von Mangalore heißt Tulu und ist eines der fünf Geschwister der drawidischen Sprachenfamilie. Sie ist reich an Volkstraditionen und mündlich tradierter Literatur, besitzt aber keine eigene Schrift und wird gewöhnlich ins Kannaresische transkribiert. Die Sprache hat der Gegend um Mangalore ihren Namen gegeben, Tulunād. Wie so viele andere Teile des Subkontinents bildet diese eine eigenständige, einzigartige Kulturregion, die gleichzeitig durch ein komplexes System von Verschiedenheiten mit ihren Nachbarn verwoben ist.

Tulunād ist nicht groß – es umfaßt heute einen einzigen Distrikt –, aber es besitzt schon seit dem Altertum eine unverwechselbare Identität. Der griechische Geograph Ptolemäus, der im zweiten Jahrhundert nach Christus in Alexandria wirkte, nannte es «Olokhoira» – eine Bezeichnung, die sich, so vermutet man, von «Alupa» herleitet, dem Namen von Tulunāds langlebiger Herrscherdynastie. Indem sie unter den verschiedenen Dynastien, die im Hinterland nacheinander an die Macht kamen, umsichtig ihre Verbündeten auswählten, war es Tulunāds Alupa-Herrschern gelungen, ihrem kleinen Königreich mehrere Jahrhunderte lang, bis zum Anfang des fünfzehnten Jahrhunderts, ein gewisses Maß an Autonomie zu bewahren. Während ihrer Herrschaft entwickelte sich Mangalore zu einem der wichtigsten Häfen am Indischen Ozean, und während der Herrschaft des Königs Kavi Alupendra traf Ben Yiju in der Stadt ein.

Wie so viele andere Kaufleute aus dem Nahen Osten zog es Ben Yiju wegen der wirtschaftlichen Möglichkeiten nach Mangalore, die diese Stadt als einer der bedeutendsten Häfen eines außerordentlich reichen Hinterlandes bot: einer Region, die blühende, vielseitige Manufakturen besaß und zudem auch noch eines der reichsten Gewürzanbaugebiete der mittelalterlichen Welt war. Später erregte der Wohlstand der Region die weniger willkommene Aufmerksamkeit der europäischen See- und Kolonialmächte, und im Verlauf der nachfolgenden kriegerischen Auseinandersetzungen verwischte sich eine nach der anderen so gut wie jede Spur von Mangalores außergewöhnlicher Vergangenheit.

Doch entsprechend seinem Charakter betrachtet Mangalore seine verlorene Vergangenheit nicht mit lähmender Melancholie. Es war schon immer ein geschäftiger, belebter Ort, und heute ist es wieder eine blühende, relativ wohlhabende Stadt. Seine alten Verbindungen mit der arabischen Welt haben ihm ein nützlicheres Erbe hinterlassen als eine bloße Sammlung von Artefakten: Tausende seiner Bewohner sind heute im Persischen Golf beschäftigt, und in seinen Vororten finden sich überreichlich Belege für die extravaganten Ausgaben seiner im Ausland lebenden Bürger.

In diesem Sinne, wie auch in vielen anderen, weniger greifbaren, bleibt Mangalore seinem mittelalterlichen Erbe treu.

2

Am Morgen nach meiner Ankunft in Mangalore, es war im Sommer 1990, saß ich in einem Coffee-Shop und wartete begierig darauf, endlich den Gelehrten kennenzulernen, dessen Namen ich auf dem Weg zur Malabarküste schon öfters gehört hatte. Mir war von zuverlässiger Seite versichert worden, wenn mir jemand bei der Lösung des Rätsels um den Sklaven aus MS H.6 helfen könnte, dann diese Person, Professor B. A. Viveka Rai, einer der führenden Experten für Volkskunde und Philologie des Tulu. Für mich hing viel von diesem Treffen ab, denn die Entwirrung der Geschichte des Sklaven war durch ein hartnäckiges etymologisches Rätsel blockiert worden, dem Geheimnis seines Namens.

Zum erstenmal begegnet war ich dem Rätsel in Goiteins Übersetzung des Briefes, den Khalaf Ibn Ishāq im Jahre 1139 an Ben Yiju schrieb. Am Ende des Briefes übersandte Khalaf dem Sklaven «viele Grüße» und erwähnte dabei dessen Namen. In der übersetzten Fassung des Briefes wurde der Name «Bama» geschrieben, begleitet von einer Fußnote, in der erklärt wurde, Goitein sei von Experten für indische Geschichte dahingehend informiert worden, daß «Bama» eine «mundartliche Bezeichnung für «Brahma» sei.

Damals hatte ich, fasziniert wie ich war vom Inhalt des Briefes, dem Namen keine weitere Beachtung geschenkt. Jahre später, als ich direkt mit dem Material aus der Genisa zu arbeiten begann, stellte ich dann fest, daß der Name in einem halben Dutzend Dokumenten auftauchte, die von verschiedenen Leuten geschrieben worden waren – Madmūn, Khalaf und natürlich Ben Yiju selbst. Der Name war immer gleich geschrieben, mit drei Buchstaben, B–M–H. Doch der letzte, das «H», war eigentlich gar kein Konsonant, sondern ein offener Vokal, der im Arabischen «Tā Marbūta» heißt. Genaugenommen lauteten die drei Buchstaben des Namens daher B–M–A. Zwischen den ersten und den zweiten Buchstaben gehörte sicher noch ein weiterer Vokal, der in den Dokumenten jedoch nie spezifiziert wurde, da im Judäo-Arabischen, ebenso wie im geschriebenen Arabischen und Hebräischen, kurze Vokale in handschriftlichen Texten gewöhnlich nicht gekennzeichnet werden. Der Vokal hätte ebensogut ein «u», ein «o» oder sonst einer sein können – der eine war ebenso denkbar wie der andere. Goitein hatte sich für ein «a» entschieden aufgrund der plausiblen Annahme, daß sich, wie in der Fußnote erläutert, das Wort von «Brahma» herleitete.

Die ersten Zweifel bezüglich des tatsächlichen Verhältnisses zwischen den Buchstaben «B–M–A» und dem Wort «Brahma» und seinen sprachlichen Verwandten kamen mir bei der Lektüre einiger mittelalterlicher Berichte über Indien, die von arabischen Reisenden und Geographen verfaßt worden waren. In diesen Texten tauchte das Wort «Brahma» oft auf, und mir wurde bald klar, daß es unter gebildeten Menschen im Nahen Osten und in Nordafrika lange vor Ben Yijus Zeit bekannt war. Möglicherweise hatte es sogar das ganze Mittelalter hindurch im Arabischen eine allgemeingültige Schreibweise für das Wort gegeben.

Vor diesem Hintergrund erschien es zunehmend unwahrscheinlicher, daß Ben Yiju und seine Freunde den Namen des Sklaven B–M–A geschrieben hätten, wenn er tatsächlich «Brahma» gelautet hätte. Wenn andere Arabischsprechende, von denen viele nicht einmal in Indien gewesen waren, das Wort richtig schreiben konnten, dann wäre Ben Yiju, der so viele Jahre in Mangalore lebte, doch sicherlich fähig gewesen, es ihnen gleichzutun.

Der Name des Sklaven lautete also wohl nicht «Brahma». Doch könnte er natürlich eine Verkleinerungs- oder Kurzform dieses Wortes gewesen sein. Doch vermutete ich, daß das Wort in dem Fall eine etwas andere Form gehabt hätte. Als Verkleinerungsform klang mir «Bama» nicht sehr überzeugend. Mir fielen auf Anhieb eine ganze Reihe anderer Formen aus verschiedenen indischen Sprachen ein, die alle erheblich überzeugender klangen.

An diesem Punkt wurde mir klar, daß es von entscheidender Bedeutung war, eine annehmbare Lösung für das Rätsel um den Namen des Sklaven zu finden, um seine Identität zu ermitteln. Es war sogar der einzige Anhaltspunkt, der einen Hinweis auf seine Herkunft und sein gesellschaftliches Umfeld liefern konnte. Aber sowie die Tür aufschwang, kam ein Wust von neuen Problemen zum Vorschein. Das allererste war, daß jeglicher Hinweis fehlte, in welcher Sprache der Sklave benannt wurde. Schließlich hätte das B–M–A aus allen möglichen Sprachen stammen können.

Was ich über die Sklaverei im Gebiet des Indischen Ozeans während des Mittelalters in Erfahrung bringen konnte, trug nur dazu bei, den Sachverhalt noch komplizierter zu machen. Zu Ben Yijus Zeit war der Sklavenhandel ein weitverzweigtes transkontinentales Phänomen, und beträchtliche Mengen von Sklaven wurden aus den entferntesten Teilen der Welt in die Region gebracht, aus Zentralasien, den russischen Steppen, dem Transkaukasus und Europa. Als bedeutender Hafen wäre Mangalore sicher eine Station für viele Sklavenhändler gewesen, und es war durchaus vorstellbar, daß man den Sklaven aus MS H.6 aus dem Nahen Osten dorthin gebracht hatte. Aus einer vagen Andeutung in einem von Ben Yijus Briefen ließ sich sogar der Schluß ziehen, daß er selbst gelegentlich mit bestimmten Sklavenhändlern aus der jemenitischen Stadt Zabīd geschäftlich zu tun gehabt hatte.

Andererseits gab es guten Grund zu der Annahme, daß der Sklave aus MS H.6 aus der Gegend von Mangalore und nicht aus dem Nahen Osten stammte: etwa die Schreibweise seines Namens. Den Sklaven, die auf den Märkten Ägyptens gehandelt wurden, gab man gewöhnlich ganz bestimmte arabische Namen – Lulu (Perle) zum Beispiel, und Dschawhar (Juwel) –, Namen, die den Zweck hatten, sie am Rande der menschlichen Gesellschaft zu plazieren. Doch der Name des Sklaven, wie immer er geheißen haben mag, hatte keinerlei Ähnlichkeit mit den üblichen nahöstlichen Sklavennamen, er schien auch nicht arabischen, ja nicht einmal semitischen Ursprungs zu sein. Obwohl die Beweislage keineswegs eindeutig war, war sie auf alle Fälle so schlüssig, daß Goitein mit gutem Recht annehmen konnte, daß der Sklave aus Indien stammte.

Aber das führte mich nur wieder zu diesem geheimnisvollen (akrostischen) B–M–A. Nach langem Grübeln über diese drei Buchstaben fiel mir noch eine letzte Möglichkeit ein. Im Judäo-Arabischen (wie im Arabischen) wird ein verdoppelter Buchstabe oft durch einen einzigen Buchstaben dargestellt. Somit hat das einzelne «M» in dem Namen möglicherweise die Funktion von zweien übernommen. Wenn dem so wäre, würde das bedeuten, daß der Name in Wirklichkeit aus vier Buchstaben bestand: «B–M–M–A». Wenn ich dann nach dem ersten Buchstaben einen Kurzvokal einfügte, würde das «Bomma» oder «Bamma» ergeben, Namen, die, wie ich wußte, in bestimmten Gegenden Indiens häufig vorkamen.

Ausgehend von dieser Annahme ging ich die Namen auf mittelalterlichen Inschriften aus Tulunād und den umliegenden Regionen durch. Mit sofortigem Erfolg. Ich stellte zum Beispiel fest, daß ein Mann namens Māsaleya Bamma, der für eine Gruppe Krieger als Diener gearbeitet hatte, ein paar Jahre vor Ben Yijus Ankunft in Indien nicht weit von Tulunād getötet worden war. Seine Herren hatten zu seinem Gedenken eine Inschrift anfertigen lassen. Sie trug das Datum 15. Juni 1126 und wurde in einem Dorf etwa zweihundert Meilen nordöstlich von Mangalore entdeckt. Eine andere Inschrift aus derselben Region nennt den Namen eines gewissen Setti Bamma, eines Mannes aus einer Händlerfamilie, der eine fromme Frau heiratete. Aus dieser und anderen Quellen wurde mir bald klar, daß «Bamma» im Mittelalter in dieser Region ein häufiger Name gewesen war.

Langsam mehrten sich die Anzeichen, und kurz vor meiner Abreise nach Mangalore war ich zu der Überzeugung gelangt, daß der Name des Sklaven «Bamma» oder ähnlich lauten mußte. So aufregend die Entdeckung war, sie lähmte mich auch. Ich wußte nicht, ob sich der Name von dem Sanskritwort «Brahma» oder von irgendeiner anderen Quelle herleitete, und ich hatte nicht die geringste Ahnung, ob es irgendwelchen Aufschluß über die Herkunft des Sklaven gab, indem es ihn einer bestimmten Kaste, Religion oder sozialen Gruppe zuordnete.

Und so saß ich recht aufgeregt auf dem Rand meines Stuhls, als ich an jenem Morgen in Mangalore auf Professor Viveka Rai wartete. Ich hatte das Gefühl, als würde ein geheimnisvoller Bekannter seine Identität preisgeben.

3

Professor Rai war ein jugendlich wirkender, hochgewachsener Mann mit Brille. Er sprach mit leiser Stimme und strahlte eine sanfte Entrücktheit aus, hinter der sich ein scharfer und ungeheuer gelehrter Verstand verbarg. Er hörte mir mit großem Interesse zu, als ich ihm erzählte, wie ich dem Namen des Sklaven nachgespürt hatte, und erst ganz am Ende meiner Geschichte unterbrach er mich, um mich zu korrigieren.

Ich sei der Sache sehr nahe gekommen, sagte er, hätte eigentlich nur haarscharf daneben getroffen. Der Name des Sklaven lautete wahrscheinlich eher «Bomma» als «Bamma».

Der Name Bomma sei früher in der Tulu-Kultur weit verbreitet gewesen, erklärte er, und noch vor einer Generation in und um Mangalore häufig anzutreffen. Im Verlauf der letzten Jahrzehnte sei er als Personenname ungebräuchlich geworden, jedoch in den Titeln verschiedener Gruppen und Klans in Tulunād erhalten geblieben. Und was die Herleitung des Wortes betreffe, sagte er, so sei sie für die Geschichte überaus wichtig, doch die Fährte, die zum Ursprung führe, sei verschlungen und berühre viele Aspekte der Tulu-Kultur und Geschichte.

Das Volk von Tulunād war durch Tradition in verschiedene Kasten geteilt, die ein großes Spektrum der sozialen Hierarchie umfaßten – von ungeheuer reichen und mächtigen Grundbesitzern bis hin zu armen Bauern und Unberührbaren. Doch wenngleich sie durch

Status und Beruf getrennt waren, gab es doch auch kulturelle Aspekte, die alle Tuluva verbanden. So sprachen sie alle Tulu, und für gewisse Formen von Besitz galten matrilineale Erbregeln. Ebenso wurden bestimmte Geistergottheiten, Bhūtas genannt, von allen gemeinsam angebetet.

Traditionell spielte beim Bhūta-Kult jede der Tuluva-Kasten und -Gemeinden eine festgelegte Rolle; eine sorgte zum Beispiel für finanzielle Unterstützung, eine andere pflegte die Schreine, wieder andere führten die rituellen Tänze auf und so fort. Der Kult war eng mit dem Land verbunden, und wer kein Land besaß oder nicht darauf arbeitete – die Brahmanen zum Beispiel –, wurde gewöhnlich von den Ritualen und Feierlichkeiten ausgeschlossen. Diese Riten waren nicht gelegentliche Ereignisse, sondern folgten dicht aufeinander, in manchen Jahreszeiten sogar wöchentlich, und so wurden die Menschen, die daran teilnahmen, häufig und in regelmäßigen Abständen zusammengebracht. Das hatte zur Folge, daß sie sich in gewissen Dingen von den anderen Bewohnern der Region abhoben. Ihre Riten, ihre Sprache und ihre matrilinealen Institutionen verliehen ihnen eine unverkennbare Identität innerhalb der vielfältigen Bevölkerungsgruppen, die im Lauf der Jahrhunderte nach Tulunād gezogen waren.

Die Brahmanen andererseits spielten eine wichtige Rolle in einem vollkommen anderen Aspekt des religiösen Lebens der Region. Sie waren die Bannerträger jener panindischen Hindu-Tradition, welche die komplementäre andere Hälfte der Volksreligion in Tulunād bildete. Wie in vielen Teilen Indiens bestand das religiöse Gefüge von Tulunād aus einer gleichmäßigen Mischung lokaler Anbetungsformen (in diesem Fall dem Bhūta-Kult) und der Hochsanskrit-Tradition. Neben seinen zahllosen Bhūta-Schreinen besaß Tulunād eine Menge Tempel, die den Göttern des sanskritischen Pantheons geweiht waren, und die Mehrheit des Tuluva-Volkes gab sich begeistert der Anbetung beider Götterfamilien hin. Darin lag natürlich kein Widerspruch, denn für sie stellten die Bhūta- und Sanskrit-Gottheiten Aspekte göttlicher und übernatürlicher Macht dar, die sich sanft und unmerklich miteinander vermischten. Dabei wurde ordentlich zwischen den beiden Pantheons hin- und hergeschoben: gelegentlich tauchten einige Bhūta-Gottheiten im Dunstkreis des Hochsanskrits auf, während andere in Ungnade fielen und in die Unterwelt verschwanden.

Irgendwo in diesen dunklen Mischregionen nimmt die Geschichte des Namens Bomma eine plötzliche und überraschende Wendung und führt vom Brahma der klassischen Hindu-Mythologie weg zu einer vollkommen andersgearteten Gottheit.

Und wie der Zufall so spiele, sagte Professor Rai, könne ich, wenn ich wolle, einen Blick auf diese Gottheit, einen «Darshan», werfen, und zwar noch am selben Abend.

«Wie denn?» fragte ich und stellte mir eine nächtliche Wache an einem einsamen Schrein in einem verlassenen, windgepeitschten Palmenhain vor. «Findet irgendein geheimer Exorzismus statt?»

Professor Rai warf mir einen verwunderten Blick zu. «Im Fernsehen», lautete die lakonische Antwort. «In einem Film, der heute abend gesendet wird.»

Der Film war in Schwarzweiß. Er war zehn oder fünfzehn Jahre zuvor von einigen Freunden von Professor Rai gedreht worden, der dabei als Berater fungiert und auch noch einige Lieder geschrieben hatte. Es war einer der wenigen in der Tulu-Sprache gedrehten Filme, und er basierte auf dem beliebtesten Volksepos von Tulunād, einer Legende, die von den Taten zweier heldenhafter Brüder, Koti und Chennaya, erzählte.

Als die Helden auf dem Bildschirm erschienen, bemerkte ich, daß sie kleine Sicheln um die Hüfte trugen. Die Sicheln seien Symbol ihrer Kaste, erklärte Professor Rai, denn die Brüder waren «Billavas», deren traditionelles Gewerbe das Brauen und die Palmweingewinnung war.

Sie gerieten ohne eigenes Verschulden mit dem örtlichen Herrscher in Konflikt – ein Mann aus der Bant-Kaste, die von alters her die landbesitzende Gemeinde von Tulunād bildete. Bald spitzte sich die Feindschaft so zu, daß die Brüder zum Exil verurteilt und aus ihrer heimatlichen Region verbannt wurden. Doch bevor sie sich auf den Weg machten, gelang es ihnen noch, den Schrein ihrer persönlichen Gottheit aufzusuchen, um deren Hilfe und Schutz zu erbitten.

«Geben Sie acht bei der Szene, die jetzt kommt», sagte Professor Rai lächelnd, als die beiden Helden an den Schrein traten und, die Hände zum Gebet gefaltet, ein religiöses Lied anstimmten.

Ich hörte genau zu und erkannte bald einen Namen, der immer wieder wiederholt wurde. Es war das einzige Wort, das ich verstand, weil das Lied natürlich auf tulu war. Dieses Wort war mir jedoch vertraut. Es war kein anderes als «Brahma».

Nachdem ich den Namen der Gottheit erkannt hatte, meinte ich genau zu wissen, was ich sehen würde, als die Kamera auf das Innere des Schreins schwenkte: eine vierköpfige, vierarmige Figur, die von einer Gans begleitet war – die traditionelle Darstellung des Gottes Brahma gemäß den Regeln der klassischen Ikonographie. Doch statt dessen zeigte die Kamera zu meiner großen Überraschung eine langgezogene Holzfigur mit einem gezwirbelten Schnurrbart, die ein Schwert in der Hand hielt. Es war das Standbild einer Kriegergottheit, die mit dem Brahma des sanskritischen Pantheons nicht das geringste zu tun hatte.

Jetzt begriff ich, warum Professor Rai so geheimnisvoll gelächelt hatte. Die Gottheit der Tulu-Sage war offenkundig nicht mit dem Brahma der klassischen sanskritischen Mythologie identisch.

Später erklärte er mir, der im Film dargestellte Gott habe ursprünglich einen ganz anderen Namen gehabt: Er habe «Berme» oder «Bermeru» geheißen und sei die Hauptfigur im Pantheon der Bhūta-Gottheiten der Tuluva gewesen. Mit der Zeit und mit zunehmendem brahmanischem Einfluß habe sich die Tulu-Gottheit Berme langsam der Sanskrit-Gottheit Brahma angeglichen.

So reichte die Geschichte des Namens Bomma in der Tulu-Sprache wahrscheinlich bis zu jener Zeit zurück, als die Gottheiten von Tulunād noch nicht begonnen hatten, sanskritische Inkarnationen anzunehmen. Aller Wahrscheinlichkeit nach war der

Name eine Verkleinerungsform von Berme, jener Gestalt, die an der Spitze des Tuluva-Pantheons von Bhūta-Geistern stand.

Ich brauchte danach lange, um die einzelnen Schritte der Beweisführung nachzuvollziehen und die Konsequenzen herauszuarbeiten, die diese Ableitung für die Geschichte des Sklaven hatte. So spekulativ die Beweisführung auch war, sie schien doch unweigerlich zu dem Schluß zu führen, daß der Sklave aus MS H.6 in eine der verschiedenen matrilinealen Gemeinden hineingeboren worden war, die eine Rolle im Bhūta-Kult von Tulunād spielten.

Später, während ich über die Details nachgrübelte, mußte ich oft an diesen Abend in Mangalore denken, als Professor Viveka Rai mir die Szene des Films erklärt hatte. Da war Bomma endlich mündig geworden, endlich bereit, Protagonist in seiner eigenen Geschichte zu werden.

4

Es gibt nur einen Vorfall in Bommas Leben, über den wir etwas Genaues wissen. Durch einen weiteren sonderbaren Zufall ist diese Geschichte auch diejenige, mit der Bomma in die Annalen der Genisa einging. Der Brief, der sie schildert, ist das früheste bekannte Dokument, in dem sein Name erwähnt wird.

Der Hauptgrund, warum die Geschichte erhalten blieb, ist der, daß sie sich in Aden ereignete und daher in einem von Madmūn verfaßten Brief einer Erwähnung für wert befunden wurde. Der fragliche Brief ist einer der wichtigsten, die Madmūn jemals verfaßte, denn er beschrieb darin ein ungewöhnliches und dramatisches Ereignis: einen Piratenüberfall auf Aden durch den Herrscher eines kleinen Königreichs am Persischen Golf. Allerdings nahmen in dem Brief Bommas Taten eine vorrangigere Stellung ein als der

Überfall selbst, und das Schema von Madmūns Beschreibung des Vorfalls läßt den Schluß zu, daß Bomma – mit seinem allerersten Auftritt in der Genisa – bei diesem ausgewachsenen historischen Ereignis, das sich über tausend Kilometer von seiner Heimat Mangalore entfernt abspielte, tatsächlich anwesend war.

Man weiß, daß die von Madmūn in besagtem Brief beschriebenen Ereignisse im Jahre 1135 stattfanden; er muß also kurz danach geschrieben worden sein. Bomma war zu der Zeit gerade in Aden, weil Ben Yiju ihn auf eine Expedition dort hingeschickt hatte, die eine Mischung aus Geschäftsreise und Einkaufstour gewesen zu sein scheint. Er kam mit einer großen Ladung Güter nach Mangalore zurück, darunter eine ganze Kollektion Kleidungsstücke, Haushaltsgeräte und Geschenke für Ben Yiju und seine Familie. Insgesamt betrug der Wert der von Bomma in Aden eingekauften Waren etwa 93 Dinare. Da es nur menschlich ist, sich für die Ausgaben anderer Leute zu interessieren, ist es sicher wissenswert, daß sich mit diesem Betrag über zweieinhalb Jahre lang der Lohn eines Steinmetzen bezahlen ließ oder daß man damit an die 2000 Kilo Fleisch oder 3000 Kilo Olivenöl kaufen konnte. Wahlweise hätte er, um lediglich weitere sieben Dinare aufgestockt, ausgereicht, das Lösegeld für drei erwachsene Spanier zu zahlen.

Ben Yiju gab Bomma eine recht großzügige monatliche Zuwendung für seinen Aufenthalt in Aden – zwei Dinare monatlich, was etwa dem Lohn eines Handwerkers entsprach –, doch war das eine lächerliche Summe verglichen mit den Geldbeträgen, mit denen Bomma in Aden umging. Aus Madmūns Büchern geht hervor, daß die Warenladung, die Bomma mit nach Aden brachte, 686 Dinare auf dem Markt einbrachte, ein Betrag, mit dem Ben Yiju sich ein prachtvolles Herrenhaus in Fustāt hätte kaufen können. Aber Bomma war gewiß daran gewöhnt, mit derartigen Summen umzugehen, denn man sollte nicht vergessen, daß dieses kleine Vermögen nur den Wert einer einzigen von Mangalore nach Aden geschickten Warenladung ausmachte – wahrscheinlich nicht mehr als die Einkünfte aus einer Saison, und das bei einem frisch niedergelassenen

Kaufmann mit einem Unternehmen von verhältnismäßig bescheidener Größe.

Das Volumen von Gütern und Geld, das durch Aden floß, muß demnach riesig gewesen sein, und die Aussicht auf solch reiche Beute machte in dem Jahr, in dem Bomma in Aden war, die Stadt zum Ziel eines Überfalls.

Der Überfall war vielleicht kein Ereignis, das die Bezeichnung «historisch» verdient, doch war der Eindruck, den er hinterließ, immerhin so tief, daß er in einer Chronik, die der Historiker Ibn Mudschawwir anderthalb Jahrhunderte später verfaßte, für erwähnenswert befunden wurde. Und was Ben Yijus Freunde in Aden betraf, so fühlten sich mindestens zwei dazu veranlaßt, das Ereignis ausführlich in ihrer Korrespondenz zu beschreiben: Madmūn, als er Ben Yiju schrieb, und Khalaf Ibn Ishāq in einem Brief an ihren gemeinsamen Freund, den Reisenden Abū Saīd Halfon.

Die Bösewichter waren, darüber bestand allgemein Einigkeit, die Herrscher von Kisch (oder, genauer, Qaīs), einer Insel in der Mündung der Straße von Hormus, die durch ihre Lage die Seerouten in den Persischen Golf beherrschte. Die Emire dieses winzigen Königreichs gehörten zu den ehrgeizigsten Repräsentanten einer Gattung, die den Indischen Ozean bevölkerte: Piraten, die davon lebten, daß sie den reichen Handelsschiffen auf ihren Routen nachstellten.

Piratenüberfälle waren im ganzen Gebiet des Indischen Ozeans ein relativ häufiges Phänomen, und in den Genisa-Dokumenten wird mehrfach auf sie Bezug genommen. Die Emire von Kisch zum Beispiel hatten mit ihren Beutezügen die Küsten Afrikas und Indiens heimgesucht, und selbst so ein entfernter Hafen wie Cambay in Gujarat mußte besondere Vorkehrungen treffen, um sich gegen ihre Übergriffe zu schützen. Doch ein Überfall wie der auf Aden war ungewöhnlich, denn in der Regel vermieden es die Piraten, die Aufmerksamkeit der mächtigeren Herrscher in der Region auf sich zu ziehen. Doch selbst im schlimmsten Fall stellten sie eher eine Belästigung als eine ernsthafte Bedrohung für den Handel dar, und weder sie noch irgendwelche Mächte am Indischen Ozean, egal wie groß oder gut bewaffnet sie waren, versuchten jemals, das Meer auf Dauer unter ihre Kontrolle zu bringen oder sich der Handelsrouten gewaltsam zu bemächtigen.

Doch in diesem Fall hatten die Piraten von Kisch offenbar beschlossen, ihren Horizont zu erweitern. Zunächst, zu Beginn der Seefahrtssaison, schickte der Sohn des Emirs eine Expedition nach Aden und verlangte einen Teil der Stadt als Bezahlung für den Schutz gegen Überfälle. Als die Forderung abgelehnt wurde, sandte er eine Flotte von fünfzehn Schiffen aus, die in den Hafen der Stadt vordrangen und dort Stellung bezogen. Das Überfallkommando versuchte keine Landung, sondern man hatte vor, ein reichbeladenes Handelsschiff auf der Heimfahrt von Indien zu kapern.

Doch das Vorhaben scheiterte. Adens Soldaten ließen den Piraten, während sie im Hafen warteten, keine Ruhe. Sie wurden ständig angegriffen, und viele wurden in Scharmützeln getötet, während andere verhungerten und verdursteten. Als dann ein den Erwartungen entsprechendes Beutestück am Horizont erschien, war es ein Konvoi von zwei Schiffen, die einem der mächtigsten Kaufleute des Indischen Ozeans gehörten – einem Händler namen Abū al-Qāsim Rāmisht, der in der Hafenstadt Sīrāf am Persischen Golf sein Hauptquartier hatte.

Rāmisht von Sīrāf war unermeßlich reich. Ein zeitgenössischer Verfasser berichtet, daß allein schon einer seiner Sekretäre eine halbe Million Dinare wert war, während die Silberplatte, von der seine Familie aß, ungefähr eine Tonne wog. Rāmishts Handelsimperium erstreckte sich bis China, und die Händler von Mangalore und Aden, einschließlich Ben Yijus und seiner Freunde, bedienten sich oft seiner Schiffe zum Transport ihrer Fracht.

Sowie Rāmishts Schiffe am Horizont erschienen, wurden sie von den Piraten angegriffen. Doch die Stadt schickte Truppen zu ihrer Rettung, und schließlich wurden die Piraten aufs offene Meer zurückgetrieben, wo sie sich schnell zerstreuten. «So schenkte Gott ihnen nicht den Sieg», schrieb Madmūn in seinem Brief, «und sie machten sich auf schmachvollste Art davon, nachdem sie große Verluste und große Demütigung erlitten hatten ...»

Doch trotz seiner offenkundigen Begeisterung über die Niederlage der Piraten war es nicht der Überfall, der Madmūn bei der Abfassung des Briefes in erster Linie durch den Kopf ging. Diese Ehre blieb Bomma vorbehalten. Anscheinend hatte Bomma, fest entschlossen, seine Reise voll und ganz auszukosten, seinen Lohn bei einer ausgiebigen Sauftour verpraßt, in deren Verlauf er wiederholt in Madmūns Büro erschienen war und Geld verlangt hatte.

Madmūn drückte sich folgendermaßen aus:

> Und danach begann er (Bomma) mit anderen Dingen. Er sagte: Gib mir mehr Geld, (was ich habe) ist nicht genug. Er nahm für 4 Monate Geld von mir, acht Dinare. Oft kam er hierher, sehr betrunken, und weigerte sich, auf mich zu hören.

Wir wissen es natürlich nicht genau, aber es ist durchaus denkbar, daß die Soldaten Adens unter den Zurufen eines betrunkenen Bomma, der die Flasche schwenkend am Ufer stand, in die Schlacht zogen.

5

Die Genisa-Dokumente liefern keinerlei Hinweise darauf, unter welchen Umständen sich Bommas und Ben Yijus Wege gekreuzt haben. Bestimmte Bemerkungen in Ben Yijus Papieren lassen es als wahrscheinlich erscheinen, daß er, kurz nachdem er sich als Händler in Mangalore niedergelassen hatte, Bomma als Geschäftsverwalter und Helfer in seine Dienste nahm. Vielleicht wurde Bomma ihm von einem seiner Bekannten in der ausländischen Händlergemeinde der Stadt geschickt, als es sich herumgesprochen hatte, daß er dabei war, ein eigenes Geschäft zu gründen. Ebensogut hätten auch die städtischen Beamten Bomma an Ben Yiju vermitteln können, denn es ist bekannt, daß die Herrscher von Malabar ausländischen Kaufleuten Diener und Angestellte zur Verfügung stellten, um Handel in ihre Königreiche zu locken.

Wie immer auch die Umstände ihrer Begegnung ausgesehen haben mögen, die Bedingungen, unter denen Bomma in Ben Yijus Dienste trat, waren vermutlich völlig anders als jene, die man heutzutage mit dem Wort Sklaverei in Verbindung bringt. Ihr Verhältnis war wahrscheinlich eher eines von Chef und Angestelltem als eines von Herrn und Sklaven, so wie letzteres heute verstanden wird. Wenn das seltsam erscheint, dann hauptsächlich deswegen, weil die mittelalterliche Vorstellung von der Sklaverei dazu geeignet ist, das moderne Begriffsbild von Knechtschaft und deren Gegenteil, der individuellen Freiheit, durcheinanderzubringen.

Im Mittelalter nahmen die Institutionen der Knechtschaft viele verschiedene Formen an, die sich durchweg von jener «Sklaverei» unterschieden, wie sie nach der europäischen kolonialen Expansion im sechzehnten Jahrhundert praktiziert wurde. Zu Lebzeiten von Bomma und Ben Yiju war die Knechtschaft Teil eines äußerst flexiblen Systems von Hierarchien und folgte oft einer Logik, die heutigen Erwartungen völlig zuwiderläuft. Im Nahen Osten und in Nordindien zum Beispiel war die Sklaverei das hauptsächliche Rekrutierungsmittel, um in einige der privilegiertesten Sektoren von Heer und Bürokratie zu gelangen. Für jene, die sich auf diesem Weg hocharbeiteten, stellte die Sklaverei daher oft eine Art Karrierechance dar, eine Möglichkeit, Zutritt zu den höchsten Ebenen der Regierung zu bekommen.

Auf einem bescheideneren Niveau benutzten Kaufleute und Händler die Sklaverei oft dazu, Lehrlinge und Verwalter zu finden. Die «Sklaven», die auf diese Weise ein Beschäftigungsverhältnis begannen, bezogen oft einen Anteil des Geschäftsgewinns als Lohn und konnten gewöhnlich sicher sein, die Freilassung und sogar den Status eines Partners oder Aktionärs zu bekommen.

In der Welt des Mittelalters wurde die Sklaverei auch oft benutzt, um fiktive Verwandtschaftsbeziehungen zwischen Personen herzustellen, die eigentlich nicht miteinander verwandt waren. Bei den jüdischen Kaufleuten im mittelalterlichen Kairo zum Beispiel, ebenso wie bei vielen Stämmen in Afrika, wurden Sklaven manchmal langsam in den Haushalt ihrer Herren integriert, bis sie schließlich als Familienmitglieder durchgingen. In ähnlicher Weise waren in manchen Gewerben die Trennlinien zwischen Lehrling, Schüler und Leibeigenem nahezu unsichtbar schmal. Um in diese Handwerkskünste eingeweiht werden zu können, mußten die Anwärter freiwillig einen Teil ihrer Freiheit an ihre Lehrer abtreten.

Der am wenigsten greifbare Aspekt der mittelalterlichen Sklaverei ist vielleicht ihre Funktion als spirituelle Metapher, als Instrument der religiösen Imagination. Unter den pietistischen und streng egalitären Vachanakara-Dichtern zum Beispiel, wie sie zu Bommas Lebzeiten wirkten, wurde die Sklaverei oft als Bild benutzt, um die Suche des Anhängers nach Gott darzustellen: Durch die transformierende Kraft der Metapher wurden die Dichter zu Dienern und Geliebten ihres Herrn, androgyn in ihrem Sehnen: Sklaven, die mit einer Leidenschaft nach ihrem Meister suchten, die Individualität, Wohlstand, Kaste und Geschlecht, ja den Unterschied an sich auflöste. In ihrer Dichtung stellte die Sklaverei die paradoxe Verkörperung absoluter Freiheit dar: sie war ein Bild, das für die Vorstellung von Beziehungen überhaupt stand, von menschlichen Banden, aber zugleich von der Möglichkeit ihrer Überwindung.

Die Bildersprache der Vachanakaras dürfte Ben Yiju nicht unbekannt gewesen sein. Er und seine Freunde waren alle orthodoxe, strenggläubige Juden, die sich ihrer eigenen religiösen Identität sehr bewußt waren. Aber sie waren auch Teil der arabischsprechenden Welt, und die Alltagssprache ihres religiösen Lebens war die gleiche wie die der Moslems jener Region. Wenn sie in ihren Schriften den Namen Gottes anriefen, dann geschah das gewöhnlich unter dem

Namen Allah, und sehr oft wurden diese Anrufungen in arabischen Floskeln wie «inshā-allāh» und «al-hamdulillāh» vollzogen. Obwohl sie einen eigenständigen Glauben hatten, war dieser doch gleichzeitig Teil der religiösen Welt des Nahen Ostens – und diese Welt wurde von den Sufis, den Mystikern des Islam, gerade auf den Kopf gestellt.

Der Judaismus bekam bald die Wirkung des Sufismus zu spüren. Kurz vor Ben Yijus Lebzeiten verfaßte der jüdische Mystiker Bahja Ibn Paquda die *Pflichten des Herzens*, ein Traktat, das zu großen Teilen sufistischen Quellen entnommen wurde und das eine starke Wirkung auf die jüdische Welt im Mittelmeerraum ausüben sollte, wo dann Generationen von Lesern von sufistischem Gedankengut geprägt wurden. Ägypten war ein besonders guter Nährboden für mystische Glaubensvorstellungen, und im Verlauf der Jahrhunderte wurden viele Angehörige der Synagogengemeinde von Ben Ezra in Fustāt stark vom Sufismus beeinflußt. Abraham Maimonides (1186–1237), ein Sohn des großen Talmudisten Moses Maimonides, verfaßte sogar einen eigenen Sufi-Text, und er soll einmal bemerkt haben, daß die Sufis würdigere Jünger der Propheten Israels seien als die Juden seiner Zeit.

Den meisten Sufis wären die Vachanakaras in ihrem Verlangen, mit ihrem Herrn zu verschmelzen, pantheistisch und gotteslästerlich vorgekommen. In ihren eigenen Vorstellungen von Auslöschung (Fanā) und Erhaltung (Baqā) gingen sie stets von einem völlig transzendenten Gott aus. Doch hätten sie den Vachanakaras sicher Gemeinsamkeiten in der Art ihrer Suche zugestanden, und ganz bestimmt hätten sie Ähnlichkeiten in ihrer Verwendung der poetischen Bildersprache festgestellt.

Für die Sufis wie für die Vachanakaras war die Vorstellung, in Banden gehalten zu werden, eine der zentralen Metaphern ihres religiösen Lebens. Auch sie bezogen einige ihrer stärksten Bilder aus der Institution der Sklaverei: Metaphern absoluter Hingabe und Liebe, die in einer intensiv geladenen, oft erotischen spirituellen Bildersprache zusammengefaßt waren. Und so war, laut Sufi-Tradition, der Sultan Mahmūd von Ghaznī, jener Soldat aus dem elften Jahrhundert, der in Zentralasien ein Riesenreich errichtete, nicht der schreckliche, blutrünstige Eroberer, als der er oft dargestellt wird, sondern wegen der Bande, die ihn an seinen Soldaten-Sklaven Ayaz ketteten, vielmehr ein Symbol mystischer Sehnsucht. Eine Sufi-Parabel erzählt, daß einmal, als der mythische Vogel Homā, der, wie es hieß, jenen, die seinen Schatten berührten, Königreiche übertrug, am Himmel über Mahmūds Heer erschien, der Kaiser sich plötzlich von allen, auch von seinen treuesten Höflingen verlassen sah – außer von einem, Ayaz. Während die anderen Homās Schatten nachjagten, trat Ayaz statt dessen in den Schatten Mahmūds, damit sein Herr wisse, daß für ihn die Welt kein besseres Königreich bereithielt. In der Sage der Sufis bewirkt dieser vollkommene Akt der Liebe eine wunderbare geistige Verwandlung, und der welterobernde Mahmūd wird zum «Sklaven seines Sklaven».

Man möchte meinen, die Bildersprache der Vachanakaras und der Sufis seien von Bomma und Ben Yiju sowie von den alltäglichen Beziehungen zwischen einem Händler und seinem Geschäftsverwalter weit entfernt gewesen. Doch selbst die profansten Institutionen haben ihre lebenspendenden Mythen, und vor dem Hintergrund dieses fernen Horizonts von Legende und Metapher wären die Elemente der Sklaverei in den Beziehungen, die einen Lehrling an einen Meisterhandwerker oder einen Buchhalter an einen Kaufmann banden, vielleicht nicht als erniedrigende Fesseln erschienen, sondern eher als Verknüpfungen, die auf eine bescheidene Art und Weise adelnd waren – menschliche Verbindungen, Verpflichtungen in Beziehungen, die ebensogut in einem bloßen Austausch von Geld hätten bestehen können.

Bomma hat vielleicht nie von der Existenz der Vachanakara-Dichter und ihrer Lehren erfahren, aber er war mit Sicherheit eng vertraut mit einigen dieser unterschiedlichen Volksglauben und -traditionen, welche die Kategorien des sanskritischen Hinduismus umdrehen und umkehren. Ben Yiju seinerseits dürfte als umfassend gebildeter Mann einiges von den Sufis gelesen haben, und es ist gut möglich, daß er manche der Glaubensvorstellungen und Praktiken übernommen hat, die schon immer das verborgene und subversive Gegenbild der orthodoxen Religionen des Nahen Ostens bildeten: die Exorzismus-Kulte, die magischen Riten, die Pilgerreisen zu Heiligengräbern und ähnliches mehr. Bei den Mitgliedern seiner Gemeinde in Kairo stellten diese Vorstellungen und Praktiken einen beinahe ebenso wichtigen Teil der täglichen Glaubensausübung dar wie die orthodoxen Aspekte ihrer Religion. Ein sehr großer Teil der Genisa-Dokumente zum Beispiel besteht aus Zauberformeln und Abhandlungen über esoterische Riten.

Wahrscheinlich werden eher diese unartikulierten, dem orthodoxen Glauben zuwiderlaufenden Vorstellungen und nicht der förmliche Glaubensübertritt, den Bomma wohl vollziehen mußte, während er in Ben Yijus Diensten stand, jenen beiden einen kleinen Flecken gemeinsamen Terrains geschaffen haben – dem Tulu mit matrilinealer Abstammung und dem patriarchalischen Juden, die einander sonst vermutlich durch eine unüberwindbare Kluft getrennt gegenübergestanden hätten.

6

Auf meinen Wanderungen durch Mangalore wurde ich oft auf Bhūta-Schreine aufmerksam gemacht. Es schien Dutzende davon zu geben, über die ganze Stadt und die Vororte verteilt, kleine, bescheidene Bauten, die auf Säulen standen und friedlich über Gärten und Palmenhaine hinausblickten. Sie waren immer bunt bemalt und gut gepflegt, und oft lagen Blumen und Gaben auf ihren Stufen.

Im Verlauf der Tage wurde ich immer neugieriger, welche religiösen Praktiken in diesen Bauten ausgeübt wurden. Doch als ich mich nach entsprechendem Material umsah, stellte ich fest, daß den meisten Autoriäten zufolge der Bhūta-Kult gar nicht als Religion galt.

Er lag weit unterhalb der hehren Wahrnehmungsebene kanonischer Hindu-Praxis. Die meisten detaillierten Studien, die es über dieses Thema gab, waren von Anthropologen und Volkskundlern angefertigt worden. Ansonsten wurde der Kult oft als bloße «Teufelsanbetung» und als Aberglaube abgetan.

Eines Tages bekam ich dann ganz überraschend die Gelegenheit, einen Schrein zu besichtigen, als ein Taxi, in dem ich gerade fuhr, am Stadtrand neben einem hielt. Der Fahrer entschuldigte sich für die Unterbrechung und sagte, es werde nur ein paar Minuten dauern. Es sei nur so, daß er immer dort einkehre, wenn er gerade dort vorbeikomme, um ein kurzes Gebet zu sprechen und eine Opfergabe zu hinterlassen. Der Schrein sei sehr berühmt, sagte er, und Besucher seien immer willkommen.

Der Schrein stand auf einem Hügel, eine kleine, gekachelte, von Reisfeldern umgebene Anlage, in deren Nähe schon die Sanddünen der Küste zu sehen waren. Die Figur im Innern war sehr einfach, eine weiße runde Maske und darauf, in kräftigen Linien, ein emblematisches Gesicht, dessen auffallendstes Merkmal ein gezwirbelter Schnurrbart war. Zu beiden Seiten der Maske lehnte ein Schwert aufrecht an der Wand.

Der Platz wurde von einem Pujari gepflegt, einem großen, freundlichen Mann mit goldenen Ringen in den Ohren, der unsere Stirn mit Sandelholz berührte und jedem von uns eine Handvoll Prasad gab. Mittels des Taxifahrers, der für mich ins Hindi übersetzte, erklärte er, daß einmal im Jahr der Bhūta, der in dem Schrein wohne, herauskomme, um ihn in Besitz zu nehmen. Dann werde ein großes Fest veranstaltet, und nach einem langen Zyklus von Tänzen und Ritualen werde der Geist feierlich wieder an seinen angestammten Platz im Schrein zurückgebracht.

Es sei ein außergewöhnliches Erlebnis, sagte der Pujari, den Bhūta in sich zu spüren, denn der Geist jenes Schreins sei berühmt für seine Kräfte. Viele Geschichten rankten sich um den Schrein, sagte er, und eine davon sei in der ganzen Region berühmt geworden. Jahre zuvor, als Mangalores neuer Hafen fertiggestellt wurde, hatten die staatlichen Baukolonnen angefangen, eine Straße zu bauen, die ihn mit der Stadt etwa fünfzehn Meilen weiter südlich verbinden sollte. Doch bald stellte man zum allgemeinen Entsetzen fest, daß die Straße, würde sie wie geplant gebaut, mitten durch den Schrein führen würde. Die Bewohner der Gegend hatten heftig protestiert, doch die Behörde hatte sie ignoriert und an alle Bauern, die in der Gegend Land besaßen, Enteignungsmitteilungen geschickt. Und eines Tages waren dann auch tatsächlich die Baukolonnen mit ihren Maschinen gekommen, um mit den Abbrucharbeiten zu beginnen. Doch dann geschah ein Wunder: Kurz nachdem sie sich in Gang gesetzt hatten, wurden ihre Bulldozer festgehalten, sie erstarrten einfach am Boden, bevor sie die Mauern des Schreins berühren konnten. Daraufhin ließen die völlig verdutzten Straßenbauer hochrangige Regierungsbeamte und Ingenieure mit ellenlangen Titeln kommen. Aber sie konnten alle nichts ausrichten, und so mußten sie sich schließlich geschlagen geben und die Straße um den Schrein herumführen.

Diese Geschichte kenne jeder, sagte der Pujari, und jedes Jahr, zur Zeit des Festes, erzählten die Leute sie sich von neuem.

Später, als wir wieder im Auto saßen, bat mich der Fahrer, einen Blick durchs Rückfenster zu werfen. Ich beobachtete die Straße beim Wegfahren genau, und so wie die Kurve verlief, sah es tatsächlich so aus, als machte die Straße einen Bogen, um den Schrein zu schonen.

Der Fahrer sagte lächelnd: «Haben Sie so etwas schon jemals gehört?»

Bei mir regte sich plötzlich eine Erinnerung.

«Ja», sagte ich, «ich habe einmal eine sehr ähnliche Geschichte gehört. In Ägypten.»

Er nickte höflich, aber man sah ihm an, daß er mir kein Wort glaubte.

7

Bomma sollte nicht lange in Aden bleiben. Er kehrte mit ebenjenem Brief zurück, in dem Madmūn Ben Yiju von den trunkenen Eskapaden seines Sklaven berichtete. Es scheint jedoch, als hätten Madmūns Klagen bei Ben Yiju keinen übermäßig großen Zorn ausgelöst, und auch Madmūn war nicht nachtragend – in seinen späteren Briefen achtete er stets darauf, ein paar freundliche Grußworte für Bomma beizufügen. Mit den Jahren, in dem Maße, wie Bommas Rolle als Geschäftsverwalter an Bedeutung gewann, brachten Ben Yijus Freunde in Aden ihm zunehmend Achtung entgegen, und zwar soviel, daß Khalaf Ibn Ishāq irgendwann den Titel «Scheich» vor seinen Namen setzte.

Ben Yiju selbst scheint schon zu Anbeginn ihres Verhältnisses großes Vertrauen in Bomma gesetzt zu haben. Zum Beispiel war Bomma, als er 1135 nach Aden fuhr, nicht nur damit betraut, eine Ladung Waren abzuliefern, sondern auch eine große Schiffsladung Güter für Ben Yiju und seinen Haushalt zurückzubringen. Unter den Dingen, die er mitbrachte, befanden sich vier «Hasīras» oder Matten aus Berbera (im heutigen Somalia), ein ledernes Tischtuch besonderer Art, auf dem man Schach und andere Spiele spielen konnte, eine Eisenpfanne, ein Sieb, eine größere Menge Seife, zwei ägyptische Gewänder und diverse Geschenke von Madmūn, wie Zucker, Rosinen, 24 Bogen weißen Papiers sowie ein Stück Koralle für Ben Yijus Sohn Surūr.

Die zwei «Gewänder», die Bomma mitbrachte, waren mit großer Sicherheit für Ben Yuji selbst bestimmt, denn wie aus anderen Hinweisen in seiner Korrespondenz klar hervorgeht, trug er, ebenso wie die anderen dort lebenden Ausländer, während der ganzen Zeit, die er in Indien war, weiterhin die im Nahen Osten übliche Kleidung wie Roben, Turbane und dergleichen. Die Menschen von Malabar dagegen ließen den Oberkörper gewöhnlich unbekleidet, Männer wie Frauen – ihre bevorzugten Kennzeichen für Klassenunterscheidung bestanden in Ornamenten und Schmuck statt in Kleidungsstücken. «Sie tragen nur Binden um die Mitte«, schrieb Abd al-Razzāq al-Samarqandī, «(Gewänder), die ‹Lankoutha› heißen und vom Nabel bis über das Knie reichen.»

Für nahöstliche Kaufleute wie Ben Yiju dagegen bedeutete richtig angezogen zu sein eine doppelte Lage Kleidung zu tragen, zuerst ein lockeres Untergewand und darüber eine Robe, ein Gewand, das sozusagen die Bedeckung der Blöße des Körpers bedeckte und ihn damit erst für die Öffentlichkeit präsentabel machte. Weniger wäre in ihren Augen unschicklich gewesen.

Ben Yiju, soviel weiß man, legte großen Wert auf seine Kleidung. In mehreren Briefen und Rechnungen werden importierte ägyptische Roben und feine alexandrinische Umhänge erwähnt sowie Bahnen von Stoff und Tücher, die als Turbane gedient haben könnten. Unter seinen Freunden besaß er eindeutig den Ruf eines Menschen, der sich sorgfältig kleidete. Als Madmūn ihm zum Beispiel einmal einen Schal schickte, hielt er es für ratsam, dessen Qualitäten anzupreisen: «Ich habe Euch auch einen prächtigen neuen Dībīqī-Schal geschickt, mit einem schön gearbeiteten Saum – ein geeignetes Kleidungsstück für Männer von Ansehen.»

Die für Ben Yiju persönlich wichtigste Importware war Papier. An der Malabarküste, wie in den meisten Teilen Indiens, wurden zu jener Zeit hauptsächlich Palmblätter als Schreibmaterial benutzt – Papier scheint selten und schwer erhältlich gewesen zu sein. Im Nahen Osten hingegen wurde Papier bereits im elften Jahrhundert in großem Maßstab hergestellt, und wie die meisten seiner Zeitgenossen dürfte Ben Yiju schon seit Jugendtagen mit seinem Gebrauch vertraut gewesen sein. Nachdem er nach Indien gezogen war, sorgten seine Freunde dafür, daß er stets gut versorgt wurde, und fast in jeder an ihn gerichteten Sendung aus Aden waren auch Packen von Papier enthalten.

Ben Yijus Freunde wußten offenbar, was für eine Rolle das Schreiben in seinem Leben spielte, und sie zeigten sich oft rührend besorgt um die Qualität des Papiers, das sie für ihn kauften. Madmūn zum Beispiel versicherte ihm einmal, das ägyptische Talhī-Papier, das er für ihn erworben hatte, sei «von makelloser Qualität», und bei einer anderen Gelegenheit versicherte er ihm stolz, seine beiden großen Bögen Sultānī-Papier seien so hervorragend, daß «niemand etwas Vergleichbares besitzt». Madmūn übertrieb nicht. Das Papier, das er und seine Freunde Ben Yiju schickten, war von so unvergleichlicher Qualität, daß selbst heute noch, achthundert Jahre später, erstaunlich viele Blätter hervorragend erhalten sind, trotz der Wärme und Feuchtigkeit, der sie auf dem Transport zwischen Ägypten und Indien ausgesetzt waren.

Daß Ben Yiju ein Mann war, der einen guten Lebensstil pflegte, ist auch an vielen Erwerbungen für seinen Haushalt zu erkennen. Ein Großteil seiner Küchenutensilien zum Beispiel wurde aus Aden importiert – selbst Dinge wie Pfannen und Siebe –, und er ließ sich auch regelmäßig Geschirr, Seife, Becher und Gläser aus dem Nahen Osten schicken. Seine Matten bezog er vom Horn von Afrika, und er hat auch mindestens einen samtähnlichen Teppich erworben, der in Gujarat hergestellt wurde.

Ben Yiju scheint auch ziemlich naschhaft gewesen zu sein. Seine Freunde schickten ihm oft Rosinen und andere Delikatessen wie Nugat und Datteln. Die verschiedenen Sorten Palmzucker, die in Malabar gebräuchlich waren, waren eindeutig nicht nach seinem Geschmack, und seine Freunde hatten offenbar den Dauerauftrag, ihm mit jeder Gütersendung raffinierten Nahost-Rohrzucker zu schikken.

Wenn es heute seltsam erscheint, daß jemand Zucker ins süßigkeitenbesessene Indien importierte, so wäre das zu Ben Yijus Zeiten keineswegs der Fall gewesen. Im Mittelalter spielte Ägypten die Vorreiterrolle bei der großangelegten Produktion von Rohrzucker, und die Exporte dieses Erzeugnisses waren derart bedeutend, daß auch heute noch in vielen Teilen Asiens Zuckerprodukte Namen tragen, die sie mit einer ägyptischen Ursprungsquelle verknüpfen. Ungeachtet der Tatsache, daß das arabische Wort «Sukkar» (daher das deutsche Wort «Zucker») sich seinerseits aus dem Sanskrit herleitet, ist bis zum heutigen Tage in ganz Nordindien kristallisierter Zucker immer noch unter dem Namen «Misrī» bekannt, im Angedenken an Händler wie Ben Yiju und die Geschmäcker, die sie aus Masr importierten.

8

Ich war noch nicht lange in Mangalore, als Bomma mir zu einer Einsicht über die Verwendungszwecke von Geschichte verhalf.

Unter den vielen Kasten und religiösen Gemeinden der Malabarküste gibt es wenige, die eine so interessante Vergangenheit haben wie ein kleines Fischervolk, das unter dem Namen «Magavīra» oder «Mogēra» bekannt ist. Duarte Barbosa, der im sechzehnten Jahrhundert lebende portugiesische Seefahrer, hinterließ eine kurze Beschreibung von ihnen im Bericht über seine Reisen an der Malabarküste. Er bezeichnete sie als «eine weitere Sekte von Menschen, die noch niedriger steht (als die anderen)... und die ‹Moguer› genannt wird... Diese Menschen leben hauptsächlich vom Meer, sie sind Seefahrer und Fischer.» Doch obwohl die Magavīra traditionell mit Fischerei zu tun hatten, bemerkt Barbosa, daß viele es auch im Handel zu Wohlstand gebracht hatten. «Einige von ihnen sind sehr reiche Männer, die Schiffe besitzen, mit denen sie navigieren, denn sie verdienen viel Geld mit den Mauren.»

Von alters her standen die Magavīra immer in enger Verbindung mit den ausländischen Kaufleuten und Seefahrern, die des Handels wegen an die Malabarküste kamen. Als Fischer mögen sie vielleicht die natürlichen Kollegen von Seeleuten und Seefahrern aus Nahost gewesen sein, teils weil sie erfahrene Segler waren und teils, weil sie durch ihre Stellung am Rande des hinduistischen Kastensystems von jenen Beschränkungen befreit waren, die andere

Gruppen im Handel und bei Reisen behindert haben könnten. Einige von ihnen waren eindeutig erfolgreiche Händler und selbständige Schiffsbesitzer, aber es muß auch sehr viele gegeben haben, die auf andere Weise im Seehandel tätig wurden – zum Beispiel, indem sie als Matrosen auf Handelsschiffen anheuerten oder sich bei ausländischen Kaufleuten und Händlern in die Lehre begaben, oder ihre Kinder dort hinschickten.

Bald nach meiner Ankunft in Mangalore stellte ich fest, daß die Verbindungen der Magavīra mit den ausländischen Kaufleuten im traditionellen Symbol ihrer besonderen Identität fortlebten – einer Gottheit, die Bobbariya-Bhūta hieß, laut Legende der Geist eines muslimischen Händlers und Seefahrers, der auf See ums Leben gekommen war. Wie ich erfuhr, gab es keine Magavīra-Siedlung, die nicht ihren Bobbariya-Schrein hatte, gewöhnlich eine schlichte Säule und Steinplattform, neben der ein hölzerner Streitkolben aufgestellt war.

Als ich das erfuhr, erwachte sofort meine Neugier, und bald konnte ich einen Freund, Pater D'Souza – einen jesuitischen Priester und Experten für die religiösen Traditionen von Tulunād –, dazu bringen, mich zu einem Bobbariya-Schrein zu begleiten. Da er selbst aus der Gegend stammte, war es für Pater D'Souza relativ einfach, einen Besuch zu arrangieren, vor allem weil er, als Lehrer an einem der bekanntesten Colleges von Mangalore, viele Magavīra-Studenten hatte. Der nächstgelegene Bobbariya-Schrein, erzählte er mir, befinde sich in dem Fischerdorf auf der sandigen Landzunge, die direkt gegenüber Mangalores altem Hafen auf der anderen Seite der Lagune lag. Ein paar Tage später, nachdem er seinen Studenten unseren Besuch angekündigt hatte, bestiegen wir zusammen die Fähre und überquerten die Lagune.

Zwei von Pater D'Souzas Studenten erwarteten uns, als die Fähre anlegte. Sie empfingen uns mit dem scheuen Respekt von Schülern, sichtlich überwältigt von Freude und Beklemmung angesichts der Aussicht, Besuch von einem Lehrer zu bekommen. Hinter ihnen lag das Dorf, friedlich im Schatten einer dichten Blende von Kokospalmen, mit kühlen, sandigen Wegen, und auf der anderen Seite der Landzunge, schon sichtbar, das offene Meer.

Ich stellte schnell fest, daß sich dieses Dorf gänzlich von jenen unterschied, die ich in anderen Landesteilen gesehen hatte. Es gab keine Slumbaracken, keine Hütten mit Palmenblattdächern – alles um uns herum, die gepflegten Gärten und die pastellfarbenen Bungalows mit ihrem Dickicht von Fernsehantennen, zeugte von einem Vorortleben in ruhigem Wohlstand. Die Wände der Häuser um uns herum waren auffällig mit dem Buchstaben «Om» und anderen Symbolen hinduistischer Frömmigkeit bemalt, und es ließ sich nur noch schwer nachvollziehen, daß dies einmal ein Fischerdorf gewesen sein sollte, dessen Bewohner an den untersten Rand der orthodoxen Kastengesellschaft verbannt worden waren. Es war klar ersichtlich, daß sich das Schicksal dieser Gemeinde in den letzten Jahren zum Guten gewendet hatte.

Nach einem Gang durchs Dorf wurden wir zum Haus eines der Studenten geführt – ein großer neuer Bungalow, an dessen Wände ebenfalls ein großes «Om» gemalt war. In Erwartung unseres Besuchs hatte man im Garten Stühle aufgestellt, und am Tor wurden wir von einer Gruppe weiblicher Verwandter unseres Gastgebers begrüßt. Es sei eine große Familie, erklärte unser Gastgeber Pater D'Souza – seine Mutter war das älteste Mitglied ihres matrilinealen Klans, so daß in dem Haus auch noch mehrere Schwestern und Tanten von ihr wohnten. Die Mutter war eine kleine, energisch wirkende Frau mit einem Ausdruck stiller Autorität. Innerhalb weniger Minuten nach unserer Ankunft hatte sie dafür gesorgt, daß uns mehrere Tabletts mit Häppchen und Kokosmilch vorgesetzt wurden.

Gegen Ende unseres Besuchs bat ich Pater D'Souza, ihr eine Frage auf tulu zu stellen: Ob ihr unter den Menschen der Magavīra-Kaste jemals der Name Bomma begegnet sei?

Die Frage überraschte sie. Nein, sagte sie unter heftigem Kopfschütteln, im Dorf würde man so einen Namen heutzutage nicht mehr zu hören bekommen. Alle Jungs hier hätten jetzt Namen wie

Ramesh oder Vivek, richtige Namen, wie die, die man im Radio und Fernsehen hörte.

Doch dann dachte sie nach, lächelte und sagte, na ja, früher, da habe man schon hin und wieder solche Namen hören können. Aber heute nicht mehr, nie. Heutzutage hätten alle ordentliche Sanskrit-Namen – Namen wie «Bomma» gehörten einer Zeit an, als es noch sehr wenige Menschen im Dorf gab, die eine Erziehung genossen hatten, und als die Fischer noch auf der untersten Sprosse der sozialen Leiter standen.

Sie unterbrach sich, um ein paar Worte an ihren Sohn zu richten. Er lief ins Haus und kam mit einer illustrierten Broschüre zurück. Ehrfürchtig, mit einem strahlenden Lächeln, das großen Stolz verriet, schlug sie die erste Seite auf. Es war eine kurze Geschichte des Dorfes, finanziert und publiziert durch Gemeindeanleihen.

Gegen Sonnenuntergang verabschiedeten wir uns von der Familie und machten uns auf den Weg zu dem Bobbariya-Schrein. Es war jetzt beinahe dunkel, und silberne Fernsehschatten flackerten über die Sträßchen. Mit mißbilligenden Blicken führten uns unsere Führer rasch an einer kleinen, aber ausgelassenen Menge vorbei, die sich vor einer Toddy-Bude versammelt hatte. Früher sei in der Gemeinde viel getrunken worden, erklärten sie, aber jetzt versuchten die jüngeren Leute, dem Verkauf von Alkohol in ihrem Dorf ein Ende zu setzen.

Als wir noch ein gutes Stück entfernt waren, deutete einer der Studenten auf die Lichter des Schreins. Er hatte nicht die geringste Ähnlichkeit mit den einfachen Bhūta-Tempeln, die überall in der Gegend um Mangalore zu sehen waren. Es war ein großes, modernes Gebäude, das einem klassischen Hindu-Tempel nachempfunden war. Als wir näher kamen, bemerkte ich, daß die Wände mit Plakaten einer fundamentalistischen Hindu-Organisation beklebt waren, einer Gruppe aus Angehörigen einer der gehobenen Kasten, die für ihre heftigen antimuslimischen Parolen berüchtigt war. Das war ein klares Zeichen dafür, daß diese Gemeinde, die so lange an die Peripherie der Hindu-Ordnung relegiert gewesen war, sich jetzt dazu entschlossen hatte, eine politische Abkürzung zu nehmen, um in den Schoß der Sanskrit-Welt zu gelangen. Nachdem sie ihre gesellschaftliche und wirtschaftliche Position entsprechend verbessert hatte, erhob sie jetzt Anspruch auf die Zukunft, indem sie sich, in bester liberalistischer Tradition, eine Geschichte zulegte, welche die Vergangenheit ersetzen sollte.

Während sie uns in den Schrein führten, erzählten uns die Studenten, wie das alte Gebäude abgerissen und das neue unter hohen Kosten durch Gemeindeanleihen gebaut worden war. Es sei eigentlich kein richtiger Hindu-Tempel geworden, und der wichtigste Platz darin war jetzt Vishnu vorbehalten, dem brahmanischsten aller Götter.

Doch als wir dann drinnen waren, stellte sich heraus, daß ein kleiner Aspekt der Vergangenheit auf geschickte Weise der Neuerfindung entgangen war: Der Geist des Bobbariya-Bhūta weilte noch immer im Tempel, wenn auch in völlig veränderter Gestalt. Die Studenten zeigten ihn uns. Er stand neben der Figur von Vishnu, doch etwas tiefer. Auf die alten Symbole, den Kolben und die Säule, hatte man verzichtet – er wurde jetzt durch eine Figur dargestellt, wie ein Hindu-Gott.

Es fiel mir schwer, der Ironie des Schicksals, die dieser Tempel barg, nicht zu applaudieren. Durch einen meisterhaften Trick hatte sich die Vergangenheit an der Gegenwart gerächt: Sie hatte den Geist eines arabischen, muslimischen Händlers unter den wachsamen Augen von hinduistischen Eiferern vorbeibugsiert und ihn innerhalb des sanskritischen Pantheons installiert.

Im Fortgehen war ich froh über den Gedanken, daß die Bewohner dieser Landzunge zu Bommas Lebzeiten keinen Tempel nötig gehabt hätten, um Anspruch auf die Zukunft zu erheben, denn sie wären Zeugen einer großen Erneuerungsbewegung gewesen, die einen gänzlich anderen Aspekt des Hinduismus aufleben ließ: die Tradition persönlicher Hingabe, welche die hierarchische Kastenideologie immer wieder mit einer Kritik von tausendjähriger Kraft konfrontiert hat.

Zu Bommas Lebzeiten wurde nur wenige hundert Meilen von seiner Heimatstadt entfernt eine der bemerkenswertesten dieser egalitären religiösen Bewegungen von einer kleinen Gruppe von Dichter-Heiligen, den Vachanakaras, singend ins Leben gerufen. Sie hatten sich aufgemacht, Brudergemeinden von Handwerkern und arbeitenden Menschen zu gründen, wobei sie den Gesetzen von Kaste und Verwandtschaft trotzten.

Hätte Bomma seine Kindheit auf dieser Landzunge verbracht, was gut möglich ist, so hätte er vielleicht ein Lied der Vachanakaras hören können, wo heute dieser brandneue Tempel seinen Schatten in die Zukunft und in die Vergangenheit wirft:

Mit einem ganzen Tempel
in diesem Körper,
wozu braucht es da
noch einen?

Niemand bat
um zwei.

9

Ben Yiju führte in Mangalore ein außerordentlich beziehungsreiches Leben. Allein schon seine Verbindung mit Ashu brachte eine ganze Schar von Verwandten mit sich. Es fiel Ben Yiju nicht immer leicht, mit dieser neuerworbenen Familie umzugehen. Und in dem einen belegten Fall, wo er jemandem Gottes Fluch aufs Haupt gewünscht hat, war dies auch jemand, der wahrscheinlich über Ashus Familie mit ihm in Beziehung stand.

Die fragliche Person war ein «Kārdār», ein Agent oder Mittelsmann, der Händlern beim Kauf von Gewürzen und anderen Erzeugnissen half. Doch die Geschichte dieses Kārdārs ist, so wie sie sich in Ben Yijus Papieren darstellt, sehr viel komplexer als ein Bericht über die Geschäftsbeziehungen zwischen einem Exporteur und seinem Agenten.

Die Story beginnt mit einer Reihe von Rechnungen (berechnet in Münzen, die «Mithqāl», und Gewichtseinheiten, die «Bahār» heißen). «Der Kā(r)dār, möge Gott ihn verfluchen», kritzelte Ben Yiju, «schuldete... 14 Mithqāl für zwei Bahār Kardamon. Er hat den Kardamon nicht geliefert, darum kaufte ich... zwei Bahār aus Fandarīna als Ersatz, für 17 Mithqāl.»

Offenbar war folgendes passiert: Der Kārdār hatte angeboten, eine Ladung Kardamon zu besonders niedrigen Preisen zu besorgen, und Ben Yiju, in der Hoffnung auf ein Schnäppchen, hatte ihm einen Vorschuß gegeben, um den Kauf zu tätigen. Doch als der Zeitpunkt kam, wo die Ladung nach Aden geschickt werden sollte, kam der Kārdār seiner Verpflichtung nicht nach, und Ben Yiju steckte im klassischen Dilemma des Termingeschäftsspekulanten: Er hatte mit einer Ware spekuliert, die nicht rechtzeitig geliefert worden war.

Außerdem hatte Ben Yiju nicht nur sein eigenes Geld eingesetzt, sondern auch welches von seinen Partnern, und als sie davon erfuhren, waren sie nicht sonderlich erbaut darüber. Yusūf Ibn Abraham schrieb: «Ihr, mein Gebieter, erwähntet, daß Ihr freundlich an den Kārdāl herangetreten seid, um von ihm etwas für uns zurückzubekommen. Vielleicht solltet Ihr ihm drohen, daß wir hier in Aden jeden entehren, der uns etwas schuldet und seiner Verpflichtung nicht nachkommt... Wenn er nicht zahlt, werden wir einen offiziellen Tadel aufsetzen und ihn ihm schicken, damit er sich seines Vergehens bewußt wird.»

Selbst Khalaf Ibn Ishāq, Ben Yijus engster Freund, reagierte in diesem Fall sehr scharf. «Was den Verzug (bei der Lieferung des Kardamons) betrifft», schrieb er Ben Yiju, «so möge Gott ihn (den Kārdār) verfluchen. Ich habe mit einigen Leuten über die Angelegenheit gesprochen, und sie sagten mir, der Kardamon sei Euer, und wir hätten keinen Anteil daran. Es ist eine Sache zwischen Euch und dem Kārdār. Klärt diese Angelegenheit mit ihm allein, unabhängig von uns.» Khalaf hatte eindeutig den Verdacht, daß hinter Ben Yijus Beziehung zu dem Kārdār mehr steckte, als es den Anschein hatte, und er nahm es Ben Yiju offenkundig übel, daß er ihn in eine private Abmachung mit hineingezogen hatte. Er und Yusūf drängten Ben Yiju jahrelang zu einer Klärung dieser Angelegenheit, doch ohne Erfolg. Es gibt keinerlei Hinweis darauf, daß sie jemals für ihre Verluste in dieser Sache entschädigt wurden.

Der Hinweis, der die Art von Ben Yijus Verhältnis zu dem Kārdār verrät, findet sich in einer beiläufigen Zeile auf einem winzigen Stück Papier. Demzufolge war der Kārdār ein enger Verwandter von Ashus Bruder, dem Mann, den Ben Yiju «Nāīr» nannte.

Nāīr wird in Ben Yijus gesamten Dokumenten nur zweimal erwähnt, und in beiden Fällen handelt es sich um wenig mehr als den Namen und einige wenige Worte. Doch wenn es irgend jemanden gab, der sich genau an dem Schnittpunkt befand, wo Ben Yijus gewohnheitsmäßige Reaktionen leicht mit Ashus in Konflikt geraten konnten, dann war es ihr Bruder Nāīr. Aufgrund der matrilinealen Ausrichtung der Nāīrs war das Band zwischen Bruder und Schwester viel wichtiger als die Verbindung zwischen Ehemann und Ehefrau. Nach dieser Praxis hatte nicht der Ehemann einer Frau Anspruch auf die Vormundschaft ihrer Kinder, sondern ihr Bruder. Und so wäre es, dem Brauch von Ashus Volksgruppe zufolge, Nāīr gewesen, der die Autorität über ihre Kinder ausübte. Er, nicht Ben Yiju, hätte den Laios zu ihrem Ödipus gespielt.

Khalafs Verdacht, daß die Beziehung zwischen Ben Yiju und dem Kārdār über das rein Geschäftliche hinausging, war daher nicht unbegründet. Es ist gut möglich, daß Ben Yiju ihm hauptsächlich deswegen den Vorschuß gegeben hatte, weil Ashu oder Nāīr ihn gebeten hatte, ihrem Verwandten einen Kredit zu geben. Es ist sogar denkbar, daß das Geld deswegen nie zurückgegeben wurde, weil ihre Familie es als Entschädigung dafür betrachtete, daß sie auf ihre Rechte auf Ashus Kinder verzichtete. Aber natürlich ist die einfachste Erklärung auch die wahrscheinlichste: daß der Kārdār durch Ausnutzung einer Familienbeziehung einen cleveren Betrug begangen hatte.

Zum Glück für Ben Yiju reichten seine gesellschaftlichen und beruflichen Beziehungen in Mangalore weit über seine Familie hinaus. Die über Ben Yijus Papiere verstreuten Namen zeugen von einem erstaunlich vielfältigen Netz von Verbindungen. Zu einer Kartei zusammengestellt, würde die Liste dem Rolodex eines heutigen, international tätigen Geschäftsmannes in nichts nachstehen.

Einige von Ben Yijus engsten Geschäftsverbindungen zum Beispiel bestanden mit einer Gruppe von Kaufleuten, die er und seine Freunde in Aden als die «Bāniyān von Mangalore» bezeichneten, hinduistische Gujarati der «Vania»- oder Händlerkaste. Die Kaufleute aus Gujarat waren schon seit langem im Indischen-Ozean-Handel tätig; sie hatten seit Jahrhunderten die Handelsrouten von Aden bis Malakka befahren, und sie übten großen Einfluß auf den Fluß bestimmter Güter und Erzeugnisse aus. Zu Ben Yijus Zeit spielten sie offenbar eine bedeutende Rolle in der Wirtschaft von Malabar und steuerten wahrscheinlich den internationalen Handel der Region. Madmūn etwa unterhielt freundschaftliche Verbindungen zu mehreren Mitgliedern der Gujarati-Händlergemeinde von Mangalore, die er über die Tendenzen auf den nahöstlichen Märkten auf dem laufenden hielt. Er wiederum scheint diese Geschäftsverbindungen Ben Yiju vermittelt zu haben, als der sein Unternehmen in Mangalore gründete. Im Verlauf der Jahre fungierte Ben Yiju oft als Kurier für Madmūn, indem er Briefe, Mitteilungen und Grüße an die «Bāniyān von Manjalūr» weitergab, und gelegentlich diente er sich auch als Makler bei Joint-ventures zwischen ihnen und Madmūn an.

Bei geschäftlichen Dingen scheint Ben Yijus Verbindungsnetz auf viele jener Grenzen, die heute als soziale, religiöse und geographische Trennlinien betrachtet werden, keinerlei Rücksicht genommen zu haben. So weiß man, daß Madmūn einmal ein Joint-venture zwischen sich und drei Händlern aus Mangalore vorschlug, von denen jeder unterschiedlicher gesellschaftlicher und geographischer Herkunft war – einer Moslem, einer ein Vania aus Gūjarat, und der dritte ein Angehöriger der grundbesitzenden Kaste von Tulunād. Desgleichen befanden sich die Schiffe, die Ben Yiju und seine Freunde zum Transport ihrer Waren benutzten, im Besitz unterschiedlichster Personen. Unter den vielen Nakhūzas oder Schiffseignern, die in Ben Yijus Papieren erwähnt werden, findet sich ein Pattani-Swami, wahrscheinlich das Oberhaupt einer Händlergilde oder -kaste, ein Mann namens Nambiar, offenbar aus Kerala, und viele andere, darunter natürlich auch Abū al-Qasim Rāmisht aus Sīrāf. Die durch den Handel geschmiedeten Bande waren so eng, daß Madmūns Verwandter, der Nakhūza Mahrūs (in einem von Ben Yiju für ihn geschriebenen Brief), als von einem Schiffsbesitzer namens Tinbu, wahrscheinlich tamilischer Herkunft, die Rede war, bemerkte: «Zwischen ihm und mir bestehen Bande unzertrennlicher Freundschaft und Brüderlichkeit.»

Ben Yijus engste Beziehungen dürften natürlich mit jener Gemeinschaft bestanden haben, die dieselbe Sprache sprach wie er und den gleichen Geschmack bei Speisen und Kleidung hatte: den ausländischen muslimischen Arabern, die in der Stadt lebten. In den meisten Situationen wird er sich sogar als einer der ihren betrachtet haben. Muslimische Händler tauchen in seinen Papieren häufig auf, wie auch die Namen der arabischen Seeleute und Schiffskapitäne, die seine Briefe beförderten und ihm Neuigkeiten aus anderen Teilen der Welt brachten.

Durch seine Geschäftsinteressen kam Ben Yiju auch in Kontakt mit zahlreichen Agenten und Einzelhändlern, und diese Beziehungen scheinen sich oft mit dem Verwandtschaftsnetz seines Haushalts überlappt zu haben. So hat Ashus Bruder Nāīr offenbar gelegentlich als Vermittler für Ben Yiju fungiert, und wie wir noch sehen werden, gab es auch noch andere Verwandte, die manchmal diese Rolle übernahmen. Außerdem stand Ben Yiju auch in enger Verbindung mit einer Gruppe von metallverarbeitenden Handwerkern, die auf bestimmte in Aden sehr gefragte Bronzegegenstände und

Utensilien spezialisiert waren. Die Namen dieser Handwerker, die anscheinend Brahmanen aus Tamilnadu waren, tauchen sehr oft in Ben Yijus Haushaltsrechnungen auf, und es ist durchaus möglich, daß ihre Werkstatt mit seinem Lagerhaus verbunden war.

Das riesige Netz von Beziehungen, das sich Ben Yiju in Mangalore schuf, war eindeutig kein Ergebnis zufälliger Begegnungen. Im Gegenteil, es scheint ein richtiges Eigenleben geführt zu haben, und die gewachsenen Verbindungen wurden von einer Generation von Händlern an die nächste weitergegeben, genauso wie von Madmūn an Ben Yiju. Die Mitgliedschaft in diesem Netz bedingte offenbar bindende Übereinkünfte, die es Einzelpersonen ermöglichte, große Geldbeträge in gemeinsame Vorhaben zu investieren, selbst unter Umständen, in denen es keinen Rechtsanspruch gab – Übereinkünfte, die eindeutig freie und direkte Kommunikation zwischen den Teilnehmern voraussetzen, ungeachtet ihrer kulturellen, religiösen und sprachlichen Unterschiede.

Aber hier liegt ein Geheimnis, über das Ben Yijus Papiere keinerlei Aufschluß geben: die Frage, welche Sprache die Kaufleute bei ihren geschäftlichen Transaktionen untereinander verwendeten. Madmūns Briefe zum Beispiel lassen keinen Zweifel daran, daß er regelmäßig an seine Freunde unter den «Bāniyān» von Mangalore schrieb. Doch weder Ben Yiju noch Madmūn verraten uns jemals, welche Sprache sie im Umgang mit ihren indischen Partnern benutzten.

Was ihre Briefe betraf, so dürfte die wahrscheinlichste Erklärung sein, daß sie ihre Korrespondenz größtenteils auf arabisch führten und dabei ausgiebig von Schreibern und Übersetzern Gebrauch machten. Aber etliche Fragen bleiben dadurch immer noch unbeantwortet: In welcher Sprache redete zum Beispiel Ben Yiju mit Ashu? Oder wie verständigte er sich mit Bomma oder mit den Kaufleuten aus den verschiedenen Regionen Indiens und anderen Ländern, mit denen er, in Anbetracht seines Berufes, geschäftlich zu tun gehabt haben muß? In seinen Papieren finden sich keine Belege, die Grund zu der Annahme geben, daß er jemals Tulu oder irgendeine andere südindische Sprache beherrschte. Alle indischen Worte, die Eingang in seine Aufzeichnungen fanden, stammten aus dem Norden. Und außerdem hätte das Erlernen irgendeiner einzelnen Sprache Ben Yijus Verständigungsprobleme keineswegs gelöst, da die Inder, mit denen er zu tun hatte, offenkundig aus mehreren verschiedenen Sprachregionen kamen.

Es liegt nahe, daß es in einer so großen und vielfältigen Region wie dem Indischen Ozean ein Ding der Unmöglichkeit war, daß Geschäfte auf tulu, arabisch, gujarati oder überhaupt in irgendeiner Sprache getätigt wurden, die einer einzigen Gruppe von Kaufleuten zugeordnet war. Um überhaupt funktionieren zu können, hätte die alltägliche Geschäftssprache sehr viel einfacher und sehr viel weiter verbreitet sein müssen als irgendeine gewöhnliche Sprache. Nach dem, was wir über die Praxis arabischer Händler in anderen vielsprachigen Gebieten (dem Mittelmeerraum zum Beispiel) wissen, liegt die Vermutung nahe, daß das Problem durch die Verwendung eines Händlerargots oder einer ausgeklügelten Pidginsprache gelöst wurde. Der arabische Geograph Masūdī erwähnt auch tatsächlich eine Sprache namens «Lariyya», die an einem Großteil der Malabarküste gesprochen wurde. Da keine Sprache dieses Namens bekannt ist, ist es möglich, daß er damit eine derartige Mischsprache meinte, die sich möglicherweise hauptsächlich aus persischem Arabisch und nordindischen Elementen zusammensetzte und unter Kaufleuten und Händlern entlang der gesamten Malabarküste in Gebrauch war.

Es ist leicht vorstellbar, daß Ben Yiju eine spezialisierte Handelssprache benutzte, um sich mit den anderen Kaufleuten in Mangalore zu verständigen; was man sich allerdings nicht so leicht vorstellen kann, ist, wie er und Ashu diesen Argot den Erfordernissen eines ehelichen Schlafzimmers anpaßten.

10

Während der ganzen achtzehn oder mehr Jahre, die Ben Yiju in Indien verbrachte, hat er sich anscheinend nie von der Malabarküste entfernt. Man könnte meinen, er hätte nicht das geringste Interesse an dem Festland hinter den Bergen gehabt. Und doch betrachteten Ben Yiju und sein Kreis Malabar nicht als eine vom Hinterland getrennte Region. Für sie befand sich Mangalore mitten in einer lose definierten Landeinheit, die den größten Teil des Subkontinents umfaßte, in einem Gebiet, das sie in ihren Briefen als al-Hind oder Bilād al-Hind, «das Land Indien», bezeichneten. Wenn hier also die Rede davon ist, daß Ben Yiju in «Indien» lebte oder Bomma «Inder» war, dann ist das kein Vorgriff auf die Grenzen und die politische Terminologie des zwanzigsten Jahrhunderts. Diese Worte sind vielmehr direkte Übersetzungen jener Bezeichnungen, die Ben Yiju und seine Freunde benutzten.

In diesem Sinne entsprach Ben Yijus Gebrauch vollkommen dem der akademischen Geographie der arabischsprechenden Welt, wonach der indische Subkontinent, der an der Ostgrenze des Sind begann und sich bis Assam und sogar noch weiter erstreckte, gewöhnlich als eine Einheit betrachtet wurde, eben als al-Hind, genauso wie China al-Sīn war. In dieser Verknüpfung liegt natürlich eine interessante Asymmetrie, denn China war ganz eindeutig ein einziger Staat, ein Reich, dessen Provinzen lediglich Bestandteile einer größeren politischen Einheit waren. Indien dagegen war, wie die arabischen Geographen sehr wohl wußten, in mehrere Königreiche aufgeteilt, große und kleine, und in ihren Beschreibungen achteten sie stets darauf, die verschiedenen Regionen und Fürstentümer des Subkontinents zu unterscheiden. Doch zugleich waren alle arabischen Seefahrer und Geographen offenbar davon überzeugt, daß al-Hind ein Zentrum hatte, das von allen seinen Königen und verschiedenen Regionen anerkannt wurde. Mehrere Jahrhunderte lang scheinen sie sich darin einig gewesen zu sein: Das Zentrum von al-

Hind, so wie sie es kannten, befand sich im Herrschaftsgebiet eines Königs, der den Titel «Ballahrā» trug und dessen Hauptstadt die Stadt Mankīr war.

Diese Namen geben Rätsel auf, denn sie entsprechen keiner bekannten politischen Einheit, und sie finden sich selbst noch in Perioden, als sich auf dem Subkontinent die Machtzentren häufig verschoben. Ein angesehener Arabist, Doktor S. M. H. Nainar, meint, «Mankīr» könnte sich auf die Stadt Malkhed im heutigen Andhra Pradesh beziehen, während «Ballahrā» die arabische Version von ‹Vallabharaja› (oberster König) gewesen sein könnte, ein Titel, den die Herrscher verschiedener aufeinanderfolgender Dynastien in Südwestindien annahmen. Doch wenn dies tatsächlich die ursprünglichen Bezüge jener Bezeichnungen gewesen sind, scheinen sie sich im Lauf der Zeit von ihren Wurzeln entfernt zu haben, bis sie schließlich zu Metaphern wurden, die in einer für die arabische Kultur leicht verständlichen Form Indiens ureigene Art darstellten, seiner üppigen Vielfalt Gestalt zu verleihen.

Jedenfalls besteht kein Zweifel daran, daß im Mittelalter für den Großteil der Außenwelt das geographische Zentrum Indiens irgendwo im Süden der Halbinsel lag. Für Ben Yiju in Mangalore könnten sich die nördlichen Gebiete des Subkontinents als ein fernes, wildes Grenzgebiet am äußersten Rand des Landes dargestellt haben. Er selbst scheint sich völlig damit zufriedengegeben zu haben, im Gebiet der Malabarküste zu bleiben, einer Region, die ihrerseits in mehrere kleine Königreiche und Fürstentümer aufgeteilt war. Ben Yijus Geschäftstätigkeit vollzog sich innerhalb dieser miteinander verbundenen Fürstentümer an der Küste. In seinen Papieren verstreute Hinweise bringen ihn mit einer Handvoll Städte in Verbindung, die sich ausnahmslos in Malabar befinden – Orte mit Namen wie Fandarīna, Dahfattan und Jurbattan, alle in leicht erreichbarer Nähe von Mangalore.

Heute klingt in den Namen dieser Städte nichts mehr an, doch im Mittelalter waren sie Gelehrten, Geographen und Reisenden entlang sämtlicher Handelsrouten im Indischen Ozean, ja in der gesamten arabischsprechenden Welt bekannt. Sie sind inzwischen längst von der Landkarte verschwunden, zumindest in ihren früheren Erscheinungsformen, doch im Gegensatz zu vielen anderen mittelalterlichen Hafenstädten des Indischen Ozeans sind Fandarīna, Jurbattan und Dahfattan nicht vollständig ausgelöscht. Es gibt sie noch, nicht als spektakuläre Ruinen, sondern in der denkbar unerwartetsten Form: als kleine Orte und Dörfer, die ein weiteres Mal dank ihrer Verbindungen zur anderen Seite des Indischen Ozeans zu Wohlstand gekommen sind – in diesem Fall zu den ölproduzierenden Ländern der arabischen Welt. Sie liegen in stiller Anonymität zwischen den Hügeln und den palmenbeschatteten Lagunen der Küste verborgen, in einigen der schönsten Landschaften des indischen Subkontinents.

Der Ort, der in mittelalterlichen arabischen Texten unter dem Namen Jurbattan bekannt war, ist als Srikandapuram identifiziert worden, eine kleine Stadt in den Ausläufern der Westlichen Ghats, etwa hundertfünfzig Kilometer südlich von Mangalore. Die umliegenden Hügel gehören zu den reichsten Pfeffer- und Gewürzanbaugebieten im gesamten Malabar, und im Mittelalter fungierte der Ort wahrscheinlich als Marktzentrum, auf dem Händler direkt vom Erzeuger kaufen konnten. Die Hügel besitzen auch noch andere Reize: ein kühles, frisches Klima und Bäche und Täler, die gewiß schon damals, lange bevor die Romantik die Natur zum Gegenstand der Bewunderung machte, auf jene, die sie zum erstenmal erblickten, eine unwiderstehliche Faszination ausübten.

Diese Kombination von Jurbattans segensreichen Eigenschaften hatte eindeutig ihren Reiz, und Ben Yiju scheint es regelmäßig besucht zu haben – teils um Gewürze zu kaufen, teils zweifellos zum Vergnügen. Für Ashu könnte der Ort eine zusätzliche Verlockung besessen haben: Da sie eine Nāīr war, ist es mehr als wahrscheinlich, daß sie Verwandte in der Gegend hatte, und möglicherweise wurden diese Besuche auch auf ihr Betreiben hin unternommen.

Für Ashu, Ben Yiju und ihre Kinder hätte die Reise mit einer Seefahrt begonnen, von Mangalore etwa hundert Meilen in südlicher Richtung die Küste entlang. Nach etwa zwei Tagen auf See wäre ihr Schiff in einen Hafen eingelaufen, dessen arabischer Name «Budfattan» wahrscheinlich eine Verballhornung von Baliapatam war.

Heute führt eine ruhige, palmengesäumte Straße von der nahe gelegenen Stadt Cannanore in nördlicher Richtung nach Baliapatam, an großen Häusern vorbei, einige davon neu, mit scharfen geometrischen Linien und leuchtendem pastellfarbenen Anstrich, die beredtes Zeugnis von den Verbindungen ihrer Bewohner mit dem Persischen Golf ablegen. Dazwischen verstreut ältere und freundlichere Behausungen, mit geschnitzten hölzernen Türpfosten und hohen roten Ziegeldächern, die sich über die Palmenwipfel schwingen. Die Straße endet neben etwas, was wie ein kleiner Ententeich aussieht, an dessen Rand unerklärlicherweise zwei Dieselpumpen stehen. Ein kleiner Anleger liegt am Ufer unter Unkraut verborgen, und auf der anderen Seite ist ein Kanal, der den Teich mit einer ausgedehnten Wasserfläche verbindet: einer großen Flußmündung, dem früheren Hafen von Budfattan.

Von dort hätten Ashu und ihre Familie die Reise wahrscheinlich auf Flußbooten fortgesetzt, wären, soweit die Strömung es zuließ, flußaufwärts gefahren, bevor sie dann die Überlandreise in die Berge antraten, auf dem Pfad nach Jurbattan. Für den Großteil dieser Strecke hätten sie von Trägern getragene Sänfte benutzt – das damals bevorzugte Transportmittel bei denen, die es sich leisten konnten.

Heute verläuft die Straße, die nach Srikandapuram führt, durch riesige Cashewnuß- und Gummiplantagen, und an ihren Kurven und Biegungen stehen niedrige, elegante Motels und luxuriöse Villen. In den Tälern scheinen die Pflanzen in zwei Schichten übereinander zu wachsen, so gut gedeihen sie in der äußerst fruchtbaren Erde; die Kokos- und Arekapalmen recken sich über lange Reihen samtig grüner Pfefferranken. Ist man in Srikandapuram angelangt, erweist es sich als ein blühender kleiner Ort. Die Häuser am Ortsrand sind neu und hell, dazwischen stehen gepflegte Geschäfte und glänzende Kliniken. Der Basar im Zentrum hingegen scheint einer anderen Zeit anzugehören. Die Läden sind mit Gewürzsäcken vollgestopft, und die Besitzer sitzen im Schneidersitz hinter niedrigen Theken und handeln in aller Ruhe mit ihren Kunden.

Eine schmale Straße verläuft von Srikandapuram steil abwärts in südlicher Richtung, und nach einem raschen Abstieg zur Küste führt sie durch mehrere Orte, die Ben Yiju lange vor seinem Aufenthalt in Indien sehr gut bekannt gewesen sein werden. Das «Dahfattan» seiner Korrespondenz liegt am Zusammenfluß zweier Flüsse, eine kleine Ansammlung von Häusern mit einem Abglanz der Reichtümer vom Persischen Golf, der heutigen Welt als Dharmadam bekannt. Ein Stück weiter unten an der Küste liegt Pantalayini Kollam, das «Fandarīna» der Araber und «Pandarene» der Portugiesen, ein ruhiger Ort am Meer, etwas nördlich von Calicut.

Die Reise endet an einem Strand zwischen Fandarīna und Calicut, bei einem kleinen Fischerdorf, das hinter einer Sanddüne verborgen liegt. Es ist ein ruhiger Platz: Ein paar Katamarane und Fischerboote liegen auf einer großen Sandsichel, einem riesigen Strand, der gewöhnlich leer ist, außer wenn die Fischerboote hereinkommen. Das Dorf heißt Kappkadavu, und am Ortseingang steht neben der Straße ein verwittertes weißes Schild, das dem Passanten mitteilt, daß an dieser Stelle Vasco da Gama auf seiner ersten Fahrt nach Indien gelandet ist, am 17. Mai 1498 – etwa 350 Jahre, nachdem Ben Yiju Mangalore verlassen hatte.

Innerhalb weniger Jahre nach diesem Tag schlug für die Welt, die Bomma, Ben Yiju und Ashu zusammengebracht hatte, die letzte Stunde, und es begann ein neues Zeitalter, in dem die Wahrscheinlichkeit, daß sich ihre Wege kreuzen könnten, derart gering erschien, daß allein schon der Gedanke daran aus der menschlichen Erinnerung gelöscht würde.

Kaum zwei Jahre nach Vasco da Gamas Reise erreichte eine von Pedro Alvarez Cabral geleitete Flotte die Malabarküste. Cabral übergab dem «Samudri» (Samudra-raja oder Meereskönig), dem

Hindu-Herrscher des Stadtstaates Calicut, einen Brief des Königs von Portugal, in dem von ihm verlangt wurde, er solle alle Moslems aus seinem Reich vertreiben, da sie Feinde des «Heiligen Glaubens» seien. Die Forderung wurde kategorisch abgelehnt. Jetzt wie später vertrat der Samudri den Standpunkt, Calicut habe immer schon jedem offengestanden, der dort Handel zu treiben beabsichtigte – die Portugiesen könnten soviel Pfeffer bekommen, wie sie wollten, solange sie ihn zum Selbstkostenpreis kauften. Die portugiesische Flotte segelte wieder davon, aber erst nachdem sie Calicut zwei Tage lang beschossen hatte. Etwa ein Jahr später kehrte Vasco da Gama mit einer neuen und viel stärkeren portugiesischen Flotte zurück, und wieder forderten die Europäer die Ausweisung aller muslimischen Händler aus Calicut.

In jenen frühen Jahren wurden die Völker, die von alters her im Indischen Ozean gehandelt hatten, vollkommen überrumpelt. In all den Jahrhunderten, in denen der Handel im Indischen Ozean geblüht hatte und gewachsen war, hatte kein Staat oder König, keine herrschende Macht jemals den Versuch unternommen, sich seiner zu bemächtigen. Man hatte generell zu verhindern versucht, daß die an Land so entschlossen verfolgten territorialen und dynastischen Ambitionen auch auf das Meer ausgedehnt würden.

In der westlichen Geschichtsschreibung wird der unbewaffnete Charakter des Handels im Indischen Ozean oft als Mangel oder Versagen dargestellt, das die Intervention des zunehmend kriegstüchtigeren Europas geradezu herausforderte. Angesichts einer so vollständigen Niederlage wie der der Handelskulturen um den Indischen Ozean fällt es schwer, den Besiegten die Würde einer freien Entscheidung zuzugestehen. Und doch sollte man durchaus die Möglichkeit in Betracht ziehen, daß die friedlichen Traditionen des Seehandels auf eine stille und unartikulierte Art und Weise das Ergebnis einer seltenen kulturellen Entscheidung gewesen sein könnten – einer Entscheidung, die möglicherweise den pazifistischen Bräuchen und Glaubensvorstellungen der Jains und Vanias von Gujarat, die in diesem Handel eine so große Rolle spielten, viel zu verdanken hatte. Damals zeigte sich zumindest ein Europäer erstaunt und berührt von den fremden Sitten der Region: eine Reaktion, die vielleicht ehrlicher ist als das Vertrauen auf die historische Unvermeidlichkeit, von dem sie inzwischen verdrängt worden ist. «Die Heiden (von Gujarat)», schrieb Tomé Pires zu Beginn des sechzehnten Jahrhunderts, «glaubten, daß man nie jemanden töten dürfe, noch daß bewaffnete Männer in ihrer Gegenwart zu dulden seien. Wenn sie gefangengenommen wurden und getötet werden sollten, so leisteten sie keinen Widerstand. Dies ist das Gesetz unter den Heiden von Gujarat.»

Vielleicht war es auf solch einzigartige Traditionen zurückzuführen, daß die Herrscher der Hafenstädte des Indischen Ozeans von den Forderungen und Aktionen der Portugiesen derart verwirrt waren. Von alters her an die Kaufmannsregeln des Verhandelns und Kompromisse-Schließens gewöhnt, versuchten sie immer wieder, zu einer Verständigung mit den Europäern zu kommen – nur um festzustellen, daß sie, wie sich ein Historiker ausdrückte, die Wahl hatten «zwischen Widerstand und Unterwerfung. Kooperation wurde nicht angeboten». Unfähig, im Handel auf dem Indischen Ozean mit rein kommerziellen Mitteln zu konkurrieren, trachteten die Europäer danach, ihn mittels Aggression unter ihre Kontrolle zu bringen, indem sie eine Gewalt entfesselten, wie man sie in dem Ausmaß an diesen Küsten noch nie erlebt hatte. Was die Portugiesen anging, so hatten sie ihr Besitzrecht über den Indischen Ozean erklärt. Da keines der Völker, die an seinen Küsten lebten, vor ihrer Ankunft daran gedacht hatte, Besitzansprüche geltend zu machen, konnten diese Völker jetzt auch nicht erwarten, daß ihnen das Recht auf freie Durchfahrt gewährt würde.

Als den Handelsnationen um den Indischen Ozean dämmerte, daß die Europäer ihre alten Übereinkünfte außer Kraft gesetzt hatten, war es bereits zu spät. Im Jahre 1509 nach Christus wurde das Schicksal dieser uralten Handelskultur in einer Seeschlacht entschieden, in der sich auf traurige, ja rührende Art und Weise ihr Ethos widerspiegelte: Die transkontinentale Flotte, die der muslimische Potentat von Gujarat, der hinduistische Herrscher von Calicut und der Sultan von Ägypten eilig zusammengestellt hatten, wurde vor der Küste von Diu in Gujarat von einer portugiesischen Streitmacht angegriffen und besiegt. Wie immer triumphierte die Entschlossenheit eines kleinen, einigen Soldatenverbands mühelos über die vielfältige Unordnung, die notwendige Begleiterscheinung einer Kultur der Anpassung und des Kompromisses ist.

Es war eine Entscheidungsschlacht: Die indischen und ägyptischen Schiffe wurden in die Flucht geschlagen, und bis zur Ankunft der Holländer brauchten sich die Portugiesen nie wieder einer ernsthaften Herausforderung im Indischen Ozean zu stellen. Bald wurden die Überreste jener Zivilisation, die Ben Yiju nach Mangalore gebracht hatte, von dieser unstillbaren, dämonischen Gier verschlungen, die seitdem, seit fast fünfhundert Jahren, über dem Indischen Ozean, dem Arabischen Meer und dem Persischen Golf wütet.

Rückkehr

I

Im nachhinein habe ich jetzt den Eindruck, daß Scheich Mūsā bis zu meiner Rückkehr im Jahre 1988 noch gar nicht recht begriffen hatte, wie dramatisch sich die Dinge in Lataīfa seit meinem Weggang sieben Jahre zuvor verändert hatten. Während wir an jenem regnerischen Abend, als ich vor seiner Tür erschienen war, zusammensaßen und redeten, hatte ich das Gefühl, daß er mit neuen Augen Rückschau hielt, als hätten die scharfen Ränder meiner Erinnerungen einen dicken Belag abgestreift, der sich wie eine Rinde um seine Umgebung gebildet hatte.

Aber schon bald ging er vergnügt auf mein Staunen ein und wartete zu unserem gegenseitigen Ergötzen mit eigenen kleinen Überraschungen auf. Am Morgen nach meiner Ankunft zum Beispiel scheuchte er seinen Enkel mit einem geheimen Auftrag aus dem Zimmer, während wir beim Frühstück saßen. Der Junge kam mit einem Tablett in der Hand wieder, auf dessen Mitte wie eine Krone auf einem Kissen ein perlenbesetztes Glas eisgekühlten Wassers thronte.

Scheich Mūsā hielt inne, um dem Klirren der Eiswürfel zu lauschen, als er mir das Glas reichte. «Siehst du», sagte er, «sogar das Haus meines Bruders ist jetzt voller Wunder.»

Der Kühlschrank seines Bruders existierte schon seit einigen Jahren. Mabrūk, sein ältester Sohn, der im Irak arbeitete, hatte ihn ihm gekauft. Er war am Ende des Ramadans nach Hause gekommen, und eines Nachmittags hatten er und ein paar andere Jungs einen Transporter gemietet und waren nach Damanhur gefahren, ohne jemandem Bescheid zu sagen. Als sie am Abend zurückkehrten, befand sich unter einer Plane verborgen ein Kühlschrank auf dem Transporter.

Das war natürlich zwei Jahre her, da waren Kühlschränke noch eine Neuheit. Mittlerweile hatte fast jedes Haus in Lataīfa einen. Viele Leute ließen sich eisgekühltes Wasser kommen, wenn sie draußen auf dem Feld arbeiteten, und einige Familien froren das Fleisch ein, daß sie beim Īd opferten, so daß es wochenlang hielt.

Scheich Mūsās Haus war eines der wenigen, in dem es weder einen Kühlschrank noch ein Fernsehgerät gab. Für seine Bewohner war es eine ungewohnte Erfahrung, etwas zu entbehren, was andere für selbstverständlich hielten. Vorher hatten sie nie irgendeinen Mangel verspürt, da sie mehr Land besaßen als die meisten anderen Familien. Aber mit einem Einkommen, das nur aus der Landwirtschaft stammte, konnte man sich natürlich keine Kühlschränke und dergleichen kaufen. Um an solche Geldmengen zu kommen, mußte man fortgehen, in den Irak, nach Libyen oder in die Golfregion.

Als er einmal in Damanhur unterwegs zum Markt war, hatte Scheich Mūsā sich den Schauraum angesehen, wo sein Neffe Mabrūk seinen Kühlschrank gekauft hatte. Er befand sich in der Nähe des Stadtzentrums, ein riesiges Geschäft mit großen Glasscheiben und Verkäufern in Anzügen und Krawatten. Er blickte durch die Scheibe, wollte aber so, wie er angezogen war, in seinem Fellachen-Dschallābiyya und seiner Mütze, nicht hineingehen. Die Vorstellung, daß Jungs wie Mabrūk nichts dabei fanden, so ein Geschäft zu betreten, egal, was sie trugen, war ein richtiger Schock für ihn gewesen. Sie gingen einfach rein und scheuchten diese Effendis in ihren Anzügen und Krawatten nach Belieben herum.

Scheich Mūsā lachte, als ich ihn daran erinnerte, wie Mabrūk einmal in mein Zimmer hochgerannt gekommen war, um mich zu der «indischen Maschine» zu bringen, die sich sein Vater gerade gekauft hatte; und wie alle ganz überrascht gewesen waren, weil Mabrūk als einer der schüchternsten Jungs im ganzen Dorf galt.

«Du würdest ihn nicht wiedererkennen», sagte Scheich Mūsā.

«Er ist so gewitzt, daß er mit seinem Gerede die Luft anmalen kann.»

Die meisten jungen Männer aus Mabrūks Generation waren jetzt fort, alle bis auf eine Handvoll jener eifrigen Schüler, die nie müde wurden, mir Fragen zu stellen. Wenn einer dageblieben war, dann nur, weil er «draußen» keine Arbeit hatte finden können oder weil seine Familie ihn für die Feldarbeit brauchte. Es hatte natürlich immer eine gewisse Anzahl von Personen aus der Gegend gegeben, die «draußen» arbeiteten, aber jetzt war es so, als hätte sich die Hälfte der arbeitenden Bevölkerung vom Land verabschiedet, um in den Irak einzufallen.

Der Zustrom hatte Anfang der achtziger Jahre begonnen, ein paar Jahre nach Beginn des Krieges zwischen dem Irak und dem Iran. Iraks eigene Männer waren alle an der Front beschäftigt, im Iran oder in Kurdistan, und das Land brauchte dringend neue Arbeitskräfte, um seine Wirtschaft in Gang zu halten. Damals war es Ägyptern einige Jahre lang sehr leicht gefallen, dort Arbeit zu finden. Anwerber und Arbeitsvermittler waren auf der Suche nach jungen Männern, die bereit waren, «draußen» zu arbeiten, von Dorf zu Dorf gezogen. Die Leute waren lastwagenweise fortgegangen. Zu gewissen Zeiten sollen sich etwa zwei bis drei Millionen ägyptische Arbeiter im Irak aufgehalten haben, ein Sechstel der Bevölkerung dieses Landes. Als wären die beiden Staaten ineinander aufgegangen.

Doch nach Beendigung des Krieges mit dem Iran hatten die Iraker ihre Politik geändert. Ihre abgemusterten Soldaten brauchten Arbeitsplätze, und um die Gastarbeiter zur Rückkehr zu veranlassen, erließ die Regierung neue Vorschriften und Bestimmungen in Form von Devisenausfuhrbeschränkungen und ähnlichem. Während der vergangenen Jahre war es schwierig geworden, «draußen» Arbeit zu finden, und einige der jungen Männer, die fortgegangen waren, waren nach und nach wieder in ihre Dörfer zurückgekehrt.

Ahmed, Scheich Mūsās Sohn, hatte oft davon geredet, im Irak zu arbeiten. Er wollte seiner Frau und seinen Kindern auch einige jener Dinge besorgen, die andere Leute bereits in ihren Häusern hatten –

ein Fernsehgerät, einen Kühlschrank, vielleicht eine Waschmaschine. Doch Scheich Mūsā wollte nichts davon wissen – er hatte ihm gesagt, er solle sich die Sache aus dem Kopf schlagen, zumindest solange er noch lebte. Was er über den Irak gehört hatte, hatte ihn beunruhigt. Die Jungs, die dort hingingen, kehrten oft mit schrecklichen Geschichten zurück – daß sie von ihren Arbeitgebern schlecht behandelt und manchmal sogar auf offener Straße von Wildfremden ohne ersichtlichen Grund angegriffen worden seien. Die Irakis mochten die Gastarbeiter nicht, hatte man ihm berichtet, weil die ihnen die Arbeitsplätze wegnahmen, während sie an der Front kämpften. Durch die langen Kriegsjahre waren «ihre Seelen krank geworden», wie es hieß, und sie ließen ihre Wut oft an Ausländern aus.

Nachdem er solche Geschichten gehört hatte, hatte Scheich Mūsā beschlossen, Ahmed nicht gehen zu lassen. Was wäre, wenn ihm dort, fern von zu Hause, etwas zustieß? Einen Sohn hatte er schon verloren, er wollte nicht noch ein weiteres Bild neben Hasans an der Wand des Besucherzimmers hängen sehen. Er würde Ahmed nicht gehen lassen, ganz gleich, wieviel Sachen andere Leute in ihren Häusern hatten. Es wäre gut gewesen, diese Dinge zu haben, aber besser war es, in Frieden zu leben und Gott zu fürchten.

Von meinen jüngeren Freunden aus Lataīfa war nur noch einer in Ägypten – Dschābir. Da Scheich Mūsā wußte, daß ich ihn würde sehen wollen, hatte er schon früh an jenem Morgen Dschābirs Familie Bescheid geben lassen, doch Dschābir war nach Damanhur gefahren und sollte erst später wiederkommen.

«Warum ist Dschābir nicht ‹draußen› arbeiten gegangen?» fragte ich. «Wollte er nie fort?»

«O doch», sagte Scheich Mūsā. «Er war einmal für ein paar Monate fort, während er aufs College ging, und seitdem will er wieder hin. Seine Freunde sind alle draußen. Sogar Mohammad, sein jüngerer Bruder, ist nach Jordanien gegangen. Dschābir hat es versucht; es hat einfach nie geklappt. Aber ich habe vor kurzem gehört, daß er etwas gefunden hat und vielleicht schon bald abreist. Angeblich hat er sich zur Vorbereitung sogar den Bart abgenommen.»

«Bart!» sagte ich überrascht. «Hat Dschābir einen Bart gehabt?»

Scheich Mūsā lachte flüchtig.

Ja, sagte er, Dschābir sei eine Zeitlang mit einem Bart herumgelaufen. Er habe ihn sich wachsen lassen, als er auf dem College gewesen sei, in der Stadt Tantā. Alle staunten, als er eines Tages in den Sommerferien nach Hause kam und einen Bart trug, der eindeutig nach muslimischer Façon geschnitten war. Das kam natürlich nicht überraschend, denn Dschābir war immer ein intelligenter Junge gewesen, und heutzutage trugen die intelligentesten jungen Männer alle Bart und viele auch weiße Gewänder. Dschābir hielt jetzt manchmal die Freitagspredigt in der Moschee, und bei dieser Gelegenheit trug er ebenfalls ein weißes Gewand. Beim erstenmal hatte er alle überrascht, einschließlich seines Onkels Ustāz Mustafa. Er hatte sehr eindrucksvoll ausgesehen mit seiner wallenden Robe und dem Bart, und er hatte auch sehr gut geredet, in einer wunderschönen Sprache, mit vielen Zitaten und geschliffenen Sätzen. Ustāz Mustafa, der selber in Alexandria studiert hatte, sagte später, Dschābir habe, selbst gemessen an den besten Rednern in Colleges und Universitäten, gut geredet.

In Scheich Mūsās Stimme lag jetzt Ehrfurcht, als könne er sich kaum vorstellen, welchen Mut und welche Kühnheit es einen Fellachenjungen aus einem winzigen Dorf wie Lataīfa kosten mußte, sich in die extravagante öffentliche Welt der religiösen Debatte in Städten und Universitäten zu stürzen. Obwohl er nicht weniger fromm und strenggläubig war als andere Moslems, hätte er nicht im Traum daran gedacht, dieses Milieu zu betreten. Er hätte sich als viel zu unwissend betrachtet, um sich auf Diskussionen über religiöse Fragen einzulassen.

Nach dem Frühstück machten wir uns auf den Weg, um Abū-Alī zu besuchen. Scheich Mūsā hatte befunden, da er derjenige gewesen war, durch den ich Lataīfa kennengelernt hatte, sei es nur angebracht, daß ich zuerst zu ihm ginge, bevor ich irgend jemand anderen im Dorf besuchte. Auf die Aussicht, Abū-Alī wiederzusehen, hatte ich mich nicht gerade gefreut, doch als wir erst einmal zu ihm unterwegs waren, war ich plötzlich begierig zu erfahren, wie es ihm und seiner Familie ergangen war.

Wie ich Abū-Alī kannte, war ich mir ziemlich sicher, daß sein Glück mit dem seiner Nachbarn mehr als Schritt gehalten hatte, aber ich war dennoch überrascht, als ich sein Grundstück betrat. Auf dem heruntergekommenen, niedrigen Haus meiner Erinnerung war ein hochragender Höcker gesprossen. Das Zimmer auf dem Dach, in dem ich vor Jahren gewohnt hatte, war jetzt Teil einer hellgestrichenen dreistöckigen Villa. Das gebrechliche alte Moped, das Abū-Alī wie ein Wunder nach Damanhur und zurück befördert hatte, war verschwunden, und an seiner Stelle glänzte ein nagelneuer Toyota-Transporter.

Doch Abū-Alī selbst war noch genau dort, wo er schon immer gewesen war, strategisch an einem Ort postiert, von dem aus er die Straße überblicken konnte. Sowie wir seinen Hof betraten, reckte er den Kopf seitlich aus einem Fenster wie der MGM-Löwe. «Herein, herein», brüllte er. «Wo bist du all die Jahre gewesen, mein Sohn? Komm rein, komm rein und bring Segen in mein Haus.»

Als seine Stimme ertönte, eilte seine Frau auf die Veranda hinaus, um uns zu begrüßen, dicht gefolgt von mehreren neuen Familienmitgliedern. Mit einem warmen Lächeln und liebenswert wie eh und je lud sie mich in ihr Haus ein, und nachdem wir eine lange Liste von Begrüßungsformeln heruntergebetet hatten, stellte sie mir drei neuerworbene Schwiegertöchter vor und zeigte mir der Reihe nach deren jeweilige Kinder.

In Anbetracht der unerwarteten Energie von Abū-Alīs Willkommensgebrüll hatte ich halb damit gerechnet, daß auch er auf die Veranda herausgeeilt kommen würde, um uns zu begrüßen. Ich hatte mir unser Wiedersehen schon ausgemalt, zitternd angesichts der Vorstellung, mich über die wogende Masse seines Bauches hinweg von ihm küssen und umarmen lassen zu müssen. Doch obwohl Abū-Alīs Gebrüll unvermindert anhielt, trat er nicht persönlich in Erscheinung. Warum das so war, erfuhr ich, als seine Frau uns zu ihm führte. Er war noch dicker geworden, als ich ihn Erinnerung hatte. Das Bild einer vollgefressenen Python, das ich mit nach Hause genommen hatte, erschien mir jetzt kläglich und unzulänglich für den Anblick, der sich mir bot: Sein Bauch schwebte nunmehr, während er auf dem Rücken lag und gelegentlich mit Händen und Füßen wedelte, wie ein fliegendes Luftschiff über ihm.

Seine Stimmgewalt hatte unter der spektakulären Vergrößerung seines Körpers nicht gelitten, und sowie wir Platz genommen hatten, begann er mit markerschütterndem Gebrüll zu berichten, wie das Vermögen seiner Familie gewachsen war. Wie ich erwartet hatte, war er einer der ersten in der Gegend gewesen, die erkannten, welche Chancen sich im Irak durch den Krieg mit dem Iran eröffneten. Bald nach meinem Weggang hatte er seinen ältesten Sohn dort hingeschickt, und die übrigen folgten einer nach dem anderen. Er hatte jedoch darauf geachtet, daß nie alle gleichzeitig weg waren. Er brauchte mindestens einen von ihnen zu Hause, der ihm in seinem Geschäft in Lataīfa half. Es gab viel zu tun, denn er war jetzt kein bloßer Ladenbesitzer mehr – mit dem Geld, das seine Söhne aus dem Irak geschickt hatten, hatte er sich zwei Transporter gekauft und war ins Transportgeschäft eingestiegen. Das Unternehmen war so erfolgreich gewesen, daß er sich jetzt überlegte, ein weiteres zu gründen, eine Mühle, oder vielleicht sogar eine moderne Geflügelfarm.

Während Abū-Alī uns die Geschichte erzählte, unterbrach er sich hin und wieder, um seine Schwiegertöchter und Enkel loszuschikken, damit sie einige von den Sachen holten, die seine Söhne aus dem Irak mitgebracht hatten. Seine Anweisungen befolgend, marschierten sie gehorsam durch das Besucherzimmer und schleppten nacheinander ein Fernsehgerät, eine Küchenmaschine, eine Handvoll Taschenrechner, ein Kofferradio, ein paar Kassettenrecorder, einen Kuli, der gleichzeitig als Taschenlampe diente, eine Armbanduhr, die Liedchen spielen konnte, einen Schlüsselring, der auf ein Händeklatschen reagierte, und verschiedene andere solcher Gegenstände herbei. Scheich Mūsā und ich sahen ehrfürchtig zu, während diese Besitztümer an uns vorbeiparadierten wie Heloten, welche die Schätze des Pharaos begaffen.

Als die Schau beendet war, wies Abū-Alī seine Frau an, uns nach oben zu führen und uns ihre neugebauten Wohnungen zu zeigen. Während ich hinter ihr die Treppe hochging, befiel mich ein jähes Gefühl des Entrücktseins, als hätte ich einen Sprung von einer Epoche zur anderen gemacht. Der Schmutz und das Chaos des Erdgeschosses, wo Abū-Alī und seine Frau wohnten, die Fliegen, der Dreck und die verstreuten Ziegenkötel, all das endete abrupt auf halbem Weg die Treppe hoch. Jenseits dieser Linie waren die Böden peinlich sauber und mit Mosaikkacheln ausgelegt. Dort, wo einst mein Zimmer, der ehemalige Hühnerstall gewesen war, befand sich jetzt eine große Küche, die mit einem opulent möblierten Schlafzimmer verbunden war. Mein Zimmer war in einen Komplex von vier Wohnungen integriert worden, eine für jeden von Abū-Alīs Söhnen. Die drei, die verheiratet waren, waren schon eingezogen, doch der jüngste, immer noch Junggeselle, wohnte unten, wenn er aus dem Irak nach Hause zu Besuch kam.

Wir besichtigten nacheinander die Wohnungen ihrer drei verheirateten Söhne. Sie waren einander sehr ähnlich: Jeder Sohn hatte ein Wohnzimmer, das mit prunkvollen Möbeln ausgestattet war, wie man sie oft in den Schaufenstern von Kairo und Alexandria sah. Es war offensichtlich, daß die Wohnzimmer selten benutzt wurden, und selbst Abū-Alīs Frau schien Hemmungen zu haben, durch die mit Vorhängen abgetrennten Eingänge zu treten. Weder Scheich Mūsā noch ich konnten uns überwinden, hineinzugehen, trotz ihres wiederholten Drängens. Es war klar, daß Abū-Alī mittlerweile einen Status erlangt hatte, wo weder seine Familie noch seine Nachbarn befugt waren, seine Möbel zu benutzen.

Das war seine Ausbeute aus diesem fernen Krieg.

2

Wahrscheinlich Mitte der vierziger Jahre des zwölften Jahrhunderts fing Ben Yiju an, sich ernsthaft mit dem Gedanken zu tragen, in den Nahen Osten zurückzukehren. Etwa zu jener Zeit erhielt er nach vielen Jahren des Schweigens Nachricht über ein Mitglied seiner Familie – seinen jüngeren Bruder Mubashshir, der, soviel er wußte, immer noch in ihrer Heimat Ifrīqiya lebte.

Die Nachricht traf vermutlich im Gefolge einer langen Reihe beunruhigender Berichte aus Ifrīqiya ein. Reisende Händler und Freunde dürften Ben Yiju auf dem laufenden darüber gehalten haben, daß die Gegend jahrelang von sizilianischen Heeren verwüstet und die Bevölkerung von Hungersnöten und Seuchen heimgesucht worden war. Darum befand sich Ben Yiju wahrscheinlich bereits in einem Zustand höchster Beunruhigung, als sein Freund Khalaf ihm aus Aden schrieb und ihm eine kurze Botschaft von seinem Bruder übermittelte.

«Scheich Abū Ishāq Ibn Yūsuf traf dieses Jahr hier ein», schrieb Khalaf. «Er berichtet, daß Euer Bruder Mubashshir in Ägypten eingetroffen ist. Er hat um Passage gebeten, um zu Euch zu gelangen. Ihr solltet das wissen.»

In Ben Yijus Papieren finden sich nur indirekte Hinweise darauf, wie sehr ihn diese Mitteilung berührte. Seine unmittelbare Reaktion bestand wahrscheinlich darin, seinen Freunden zu schreiben, um nähere Auskünfte zu erbitten und ihnen aufzutragen, sich um die Bezahlung der weiteren Passage seines Bruders nach Indien zu kümmern. Doch seine Bemühungen blieben ergebnislos: Sein Bruder war nicht so leicht zu finden, wie er erwartet hatte, und seine Erkundigungen wurden nur mit allgemeinen Vertröstungen beantwortet. «Was Nachricht von Eurem Bruder Mubashshir betrifft», schrieb Khalaf zurück, «so geht es ihm gut, aber er ist hier (in Aden) noch nicht eingetroffen.»

Doch Ben Yiju muß seinen Freunden weiterhin regelmäßig geschrieben und sie gebeten haben, ihre Nachforschungen fortzusetzen und alles zu tun, um Mubashshir nach Mangalore zu schicken. Sie scheinen sich in beiden Punkten die größte Mühe gegeben zu haben, doch trotz ihrer Bemühungen blieb Mubashshir Aden weiterhin fern. Schließlich schrieb Yūsuf Ibn Abraham mit nur noch wenig Hoffnung auf Erfolg zurück: «Mein Gebieter (Ben Yiju) erwähnte seinen Bruder Mubashshir (in seinem Brief). Er ist hier in all dieser Zeit nicht eingetroffen, und ich habe auch keinen Brief für meinen Gebieter aus Ägypten gesehen. Wenn ein solcher Brief für meinen Gebieter eintrifft, wird sein Diener ihn ihm schicken.» Später, im selben Brief, fügte er die ominöse Bemerkung hinzu: «Was die Neuigkeit über Ägypten betrifft, so wird mein Gebieter sie von den Händlern erfahren...»

Die Neuigkeiten, die Ben Yiju aus dem Nahen Osten erhielt, konnten ihm nur noch mehr Anlaß zur Beunruhigung geben. Vom Jahr 1143 an war seine Heimat Ifrīqiya mehrere Jahre lang Ziel von Angriffen durch König Roger II. von Sizilien. Auf diese Überfälle waren Seuchen und Hungersnöte gefolgt, und die Menschen flüchteten in Massen aus der Region. Gemeinsam mit einem beträchtlichen Teil der jüdischen Bevölkerung von Ifrīqiya wurde Ben Yijus Familie etwa zu dieser aus Mahdia verschleppt und in Sizilien abgesetzt – ohne Wissen ihres Bruders Abraham, der in ruhigem, sorglosem Wohlstand im fernen Mangalore lebte.

Gleichzeitig nahmen an den spiegelnden Rändern des Mittelmeers andere, noch düsterere Zeichen Gestalt an. Im westlichen Europa hatten die Predigten des Bernhard von Clairvaux eine Hysterie religiösen Eifers ausgelöst, und auf dem Höhepunkt weitverbreiteter Massaker an Juden wurden Vorkehrungen für einen neuen Kreuzzug getroffen. In Deutschland war die Lage so schlimm, daß die Juden Kölns zu klagen begonnen hatten: «Sehet, der Tag der Abrechnung ist gekommen, das Ende ist da, die Plage hat begonnen, unsere Tage sind vollbracht, denn unser Ende ist da.» Etwa zur gleichen Zeit wurde im äußersten Westen Nordafrikas die Dynastie der Almohaden politisch immer stärker, und ihre Heere rückten stetig durch den Maghreb vor, auf Ifrīqiya zu. Zwischen 1145 und 1146 nahmen sie die Städte Oran, Tlemcen und die Oase Sidschilmāsā am Nordwestrand der Sahara ein. Sieben Monate lang versuchten sie mit friedlichen Mitteln, Sidschilmāsās große jüdische Bevölkerung zum Islam zu bekehren. Als ihre Bemühungen erfolglos blieben, richteten sie einhundertfünfzig Juden mit dem Schwert hin. Der Rest, angeführt von ihrem Richter, konvertierte eiligst. Sie hatten Glück gehabt. Etwa zur gleichen Zeit wurden in Fez einhunderttausend Christen und Juden von den Almohaden massakriert und in Marrakesch einhundertzwanzigtausend.

Obwohl er weitab vom Geschehen lebte, war Ben Yiju über das Blutvergießen und den Aufruhr in seiner Heimat wahrscheinlich informiert. Zufällig fand sich in der Genisa ein Brief, der an Ben Yijus Freund, den unermüdlichen Reisenden Abū Zikrī ha-Kohen Sidschilmāsī adressiert war und der eine detaillierte Schilderung der Ereignisse in Nordafrika enthält. Der Brief wurde 1148 von Abū Zikrīs in Kairo lebendem Sohn geschrieben und an ihn nach Aden geschickt. Einige Jahre vorher, 1145, hatte Abū Zikrī Sidschilmāsī in Gujarat festgesessen, nachdem er von Piraten gefangengenommen worden war. Bei dieser Gelegenheit hatte Ben Yiju ihm aus Mangalore einen Brief geschrieben, für seinen Schwager, den Nakhūza Mahrus aus Mangalore. Nachdem Abū Zikrī nun, drei Jahre später, von den Ereignissen in Nordafrika erfahren hatte, hätte er sich sicherlich bemüht, die Neuigkeiten an Ben Yiju in Mangalore weiterzugeben.

Als wäre es nicht schon genug, wartete auf Ben Yiju auch noch eine weitere schlechte Nachricht: Sein Freund Khalaf hatte erfahren, daß Mubashshir jetzt vorhatte, nach Syrien anstatt nach Indien zu reisen, und 1148 schrieb er Ben Yiju, um ihm mitzuteilen, daß sich seine Hoffnung auf eine Wiedervereinigung mit seinem Bruder wahrscheinlich nicht so bald erfüllen würde.

«Ich befragte (einige Leute) Euren Bruder Mubashshir betreffend», schrieb Khalaf. «Sie sagten, er sei bei guter Gesundheit, und daß alles gut bei ihm stünde. Ich fragte sie bezüglich seiner Abreise nach Syrien, und sie sagten, sie wüßten nichts darüber, nur daß alles gut um ihn stünde. Sollte er nach Aden kommen, wird Euer Diener sein möglichstes für ihn tun, ohne daß mein Gebieter mich darum zu bitten braucht, weil er ihn (meinen Gebieter) sehr hoch achtet.»

Vielleicht ließ diese Neuigkeit, die unmittelbar auf andere Ereignisse folgte, Ben Yiju endlich einen Entschluß fassen. Wahrscheinlich hatte er Madmūn bereits geschrieben und ihn gebeten, die Schwierigkeiten zu klären, die ihn so lange an einer Rückkehr nach Aden gehindert hatten. Aus den Briefen seiner Freunde könnte man schließen, daß er auch an andere geschrieben und Rückkehrabsichten geäußert hatte. «Jedes Jahr sprecht Ihr davon, nach Aden zu kommen, aber Ihr tut es nie», schrieb Khalaf in einem Brief aus dem Jahre 1148.

Diesmal tat Ben Yiju es. Ein Jahr später, 1149, war er wieder in Aden, mit all seinen weltlichen Gütern und seinen beiden halbwüchsigen Kindern.

Am 11. September 1149 schrieb Ben Yiju seinen Brüdern einen langen Brief aus Aden. Durch seine Rückkehr waren so viele vergessene Erinnerungen wachgerufen worden, daß es ihn jetzt danach verlangte, wieder zu seiner Familie und den erinnerten Landschaften seiner Kindheit zurückzufinden: «Ich weiß nicht, was ich schreiben soll», heißt es am Anfang des Briefes, «so stark ist mein Verlangen und so brennend mein Sehnen.»

Was Ben Yiju zu diesem Zeitpunkt am meisten am Herzen lag, war, seiner Familie beruhigende Worte und Beistand zukommen zu lassen. Er habe gehört, schrieb er, ihre Lebensbedingungen seien jetzt so schrecklich, daß sie «nur noch einen Laib Brot» hätten, und er habe versucht, ihnen einige Güter zu schicken, um ihnen über das Schlimmste hinwegzuhelfen, doch die Sendung sei wegen seiner Unsicherheit über ihren derzeitigen Aufenthaltsort verlorengegangen. Er schreibe ihnen jetzt, um ihnen alles, was ihm möglich sei, anzubieten; um sie wissen zu lassen, daß er aus Indien zurückgekehrt und sicher in Aden eingetroffen sei, «wohlbehalten mit Besitz, Leben und Kindern» und mit genug Geld, «daß wir alle davon leben können... (Daher) bitte ich Euch, meine Brüder», drängte er, «kommt unter allen Umständen und ohne Verzögerung zu mir... Ich habe einen Sohn und eine Tochter; nehmt sie und nehmt alles Geld und alle Reichtümer mit – *möge Gott meine und Eure Wünsche zum Guten erfüllen*. Kommt schnell und nehmt dieses Geld; das ist besser, als wenn Fremde es nehmen.»

Doch er hatte auch noch einen anderen Grund, seine Brüder zu drängen, «unter allen Umständen und ohne Verzögerung» zu ihm nach Aden zu kommen. Nachdem er Indien verlassen hatte, war die Sehnsucht nach seiner Familie so mächtig geworden, daß er seine Bande zu ihnen noch durch eine andere Art von Familienverbindung bekräftigen wollte. «Bringt auch in Erfahrung», wies er sie an, «welcher von den Söhnen meines Bruders (Yūsuf) oder den Söhnen Eurer Schwester Berākhā der Beste ist, damit ich ihn mit meiner Tochter vermählen kann.»

Doch erst in den letzten Zeilen des Briefes verlieh Ben Yiju der Beunruhigung Ausdruck, welche die jüngsten Ereignisse in Nordafrika ihm bereitet hatten: «Ich habe erfahren, was sich an der Küste von Ifrīqiya ereignet hat, in Tripolis, Dscherba, Kerkenna, Sfax, al-Mahdia und Sousse. Aber ich habe keinen Brief bekommen, aus dem hervorgeht, wer lebt und wer tot ist. Um Gottes willen, macht mir darüber Mitteilung und schickt den Brief in vertrauensvollen Händen, damit ich ein wenig Seelenfrieden haben möge. Schalom.»

In der Adresse drücken sich die unsicheren Zeiten ebenso spürbar aus wie in dem Brief selbst. Er wurde nach al-Mahdia geschickt, «so Gott will, oder irgendwo sonst in Ifrīqiya».

Doch die Geschicke des Briefes verliefen nicht so, wie Ben Yiju es sich gewünscht hatte. Das Schicksal wollte es, daß das Schreiben seinem Bruder Mubashshir im Hafen von Messina in Nordsizilien in die Hände fiel. Sein anderer Bruder, der fromme und weltfremde Yūsuf, lebte damals auf der entgegengesetzten Seite der Insel in Mazara, zusammen mit seiner Frau und seinen drei Söhnen Surūr, Mosche und Schamwāl. Die Anweisung seines Bruders mißachtend, unterließ Mubashshir es, Yūsufs Familie von dem Brief zu benachrichtigen. Wie Ben Yiju zu seinem eigenen Schaden noch merken sollte, war Mubashshir ein Mensch, der wenig Skrupel kannte, wenn es um Geld ging.

Letzten Endes waren die Gerüchte zuverlässiger als die Familienbande, und so erfuhr Yūsuf dann doch irgendwie, daß ein Brief seines Bruders Abraham nach Sizilien gelangt war. Yūsufs Söhne waren alle drei guterzogene und pflichtbewußte junge Männer, vor allem der Älteste, ein gelehrter und frommer junger Mann namens Surūr. Nachdem er offenbar Gerüchte über die Existenz des Briefes und möglicherweise auch über das darin enthaltene Heiratsangebot gehört hatte, scheint Surūr es selbst auf sich genommen zu haben, seinen Onkel ausfindig zu machen. Ein Brief, den er zu jener Zeit an einen Bekannten der Familie in Mahdia schrieb, legt Zeugnis davon ab, mit welch akribischer Gründlichkeit er seine Nachforschungen betrieb.

«Ich wollte fragen», schrieb Surūr, «ob (mein Gebieter) irgendeine Nachricht hat von Abraham, dem Bruder meines Vaters, bekannt als Ben Yiju, denn wir haben (seit einiger Zeit) nichts von ihm gehört... Letztes Jahr... gelangte ein Brief von ihm nach Messina, wo er in die Hände meines Onkels Mubashshir geriet, der ihn mit sich nahm. Wir haben ihn nicht gesehen und wissen auch nicht, was darin steht. Darum sind unsere Seelen in großer Erregung, während wir darauf warten zu hören, wie es ihm geht. Darf ich meinen Gebieter bitten, so freundlich zu sein, uns eine kurze Mitteilung zu schreiben und uns wissen zu lassen, ober er irgend etwas von ihm gehört hat und wo er sich befindet...»

Doch es herrschten schwere Zeiten, die gesamte Region war in Aufruhr, durch Krieg verwüstet. Es sollte noch sehr lange dauern, bis Surūr und seine Familie wieder etwas von ihrem Onkel «Abraham, bekannt als Ben Yiju», hörten.

3

Wenige Minuten, nachdem ich Abū-Alīs Haus verlassen hatte, hielt mich eine vertraute Stimme auf, die meinen Namen rief. Im nächsten Augenblick war Dschābir an meiner Seite, und wir schlugen uns gegenseitig auf den Rücken, schüttelten uns die Hände und klatschten sie gegeneinander, daß es in den Gassen widerhallte.

Dschābir hatte sich sehr verändert und sah sehr viel älter aus, als seine fünfundzwanzig Jahre hätten erwarten lassen. Im Gesicht war er erheblich runder und massiger geworden, der Haaransatz auf seiner Stirn war zurückgegangen, und an den Schläfen befanden sich zwei sehr auffällige graue Stellen (winzige Flecken, betonte er sofort, verglichen mit meinen). Nach den Begrüßungen waren wir uns schnell einig, daß wir uns eine Menge zu erzählen hatten, und so verabschiedeten wir uns von Scheich Mūsā und machten uns auf den Weg zu ihm. Er habe jetzt ein eigenes Zimmer, sagte Dschābir, wo wir ungestört sitzen und so lange reden könnten, wie wir wollten.

Bei ihm angekommen, führte er mich schnell durch einen Flur, vorbei an seinen Neffen und Tanten, zu einem kleinen Zimmer, das mit einem Tisch und einem Bett ausgestattet war. Als er mich hineingeleitet hatte, knallte er die Tür zu und schloß sie den Kindern, die uns dicht auf den Fersen waren, vor der Nase zu.

Ich war erstaunt. Während meiner ganzen Zeit in Lataīfa und Nashāwi hatte ich noch nie erlebt, daß jemand in seinem eigenen Haus andere Leute derart aussperrte. Doch als ich ihn darauf ansprach, zeigte sich Dschābir seinerseits überrascht.

«Du hast doch selbst deine Tür immer abgeschlossen», sagte er. «Hast du das vergessen oder was? Wir mußten dagegenbollern, wenn wir rein wollten.»

Er gab mir mit einem Wink zu verstehen, daß ich mich aufs Bett setzen solle, und deutete dann mit dem Kopf zur Tür. «Draußen ist zuviel Krach», sagte er. «Zu viele Leute. Ich war so lange auf dem

College, daß es für mich hier jetzt sehr schwer geworden ist, mit so vielen Menschen im Haus.»

Er habe Lataīfa zum erstenmal 1982 verlassen, sagte er, im Jahr nach meinem Fortgang aus Ägypten. Er sei nach Tantā gegangen, einer großen Stadt etwa neunzig Kilometer von Kairo entfernt, um an der Universität dort Handel zu studieren.

«Es war wunderbar», sagte er wehmütig. «Ich habe auf dem Campus gelebt, in einem Zimmer zusammen mit anderen Studenten, und wir wurden alle enge Freunde. Wir waren fast immer zusammen, im Unterricht und außerhalb.»

«Ist es dir schwergefallen?» fragte ich. «Von deinen Cousins und deiner Familie getrennt zu sein?»

Er warf mir einen überraschten Blick zu. «Nein», sagte er, «überhaupt nicht, und außerdem habe ich sie ja von Zeit zu Zeit gesehen. Ich war sehr beschäftigt; ich habe soviel gelernt, neue Plätze gesehen, es war so aufregend, da zu sein ...»

Er unterbrach sich, langte unter das Bett und zog einen grünen Plastikkoffer hervor. Drinnen waren ein paar sorgfältig zusammengelegte Hemden und Hosen verstaut, zusammen mit ein paar Büchern und mehreren sorgsam in Papier eingewickelten Päckchen. Er nahm eines dieser Päckchen heraus, reichte es mir und sah lächelnd zu, während ich die Schnur aufmachte.

«Das ist die Brieftasche, die du mir geschenkt hast, bevor du Lataīfa verlassen hast und nach Nashāwi gezogen bist», sagte er. «Du hattest sie aus Kairo mitgebracht – erinnerst du dich? Ich benutze sie immer, wenn ich in die Stadt gehe, und wenn die Leute mich danach fragen, erzähl ich ihnen von dem Inder, der sie mir geschenkt hat, und wie er einmal den Mond für Ahmed Musas Taschenlampe hielt.»

Lachend griff er ein weiteres Mal in seinen Koffer, blätterte einen Packen Fotos durch und reichte mir eines. Es war ein Schnappschuß von Dschābir, den ich vor Jahren einmal selbst gemacht hatte, auf einem Feld bei Lataīfa. Ich hatte ihn ihm später in einem meiner Briefe aus Indien geschickt. Ich war stolz auf das Bild, denn es war mir gelungen, ihn zu erwischen, als er gerade nicht aufpaßte. Er blickte ganz natürlich in die Kamera, mit einem Ausdruck, der zugleich herausfordernd und fragend war, etwas zwischen einem Lächeln und einem Stirnrunzeln. Wie ich dieses Bild nach so vielen Jahren wieder sah, war mir klar, daß weder Dschābirs graue Haare noch seine Gesichtsform verantwortlich für seine veränderte Erscheinung waren. Die eigentliche Veränderung lag woanders, in irgendeinem anderen, wesentlicheren Punkt. In dem Dschābir, der da vor mir saß, konnte ich nicht mehr die listige, scharfzüngige Wildheit erkennen, die meine Kamera an jenem Tag so treffend eingefangen hatte – an ihre Stelle war eine Art stille Hoffnungslosigkeit getreten, eine resignative Haltung.

Dschābir erläuterte mir die anderen Fotos in dem Haufen, während er mir eines nach dem anderen reichte. Sie waren später aufgenommen worden, hauptsächlich in den Gärten und Gebäuden seiner Universität. Auf den früheren Fotos war er immer mit derselben Gruppe Freunde zusammen, Klassenkameraden, mit denen er ein paar Jahre in einem Zimmer zusammen gewohnt hatte. Die meisten arbeiteten jetzt «draußen», deswegen hatten sie den Kontakt zueinander verloren. Aber während der ersten paar Jahre waren sie unzertrennlich gewesen. Sie hatten zusammen studiert, hatten zusammen in Kairo, Assuan und auf dem Sinai Ferien gemacht. Dschābirs Stimme war deutlich anzuhören, daß ihm die Erinnerungen an diese Freundschaften viel bedeuteten, doch mir fiel auf, daß er auf vielen dieser Bilder wie ein Außenseiter wirkte, der stocksteif dastand und starr in die Kamera blickte, während die anderen sich in alberne Posen warfen, wie ausgelassene Studenten es gerne tun. Es war leicht zu erkennen, daß dies alles Jungs aus der Stadt waren, aus bürgerlichen Familien. Sie hatten auf jedem Bild andere Sachen an, pastellfarbene Laufschuhe, Jeans und T-Shirts. Dschābirs Kleidung sah dagegen aus, als wäre sie in einem Basar in Damanhur erstanden worden, und dieselben paar Hemden und Hosen kamen in mehreren Bildern hintereinander vor, wie zum Beweis, daß er seiner dörflichen Erziehung zur Genügsamkeit treu geblieben war.

Der Bart, von dem Scheich Mūsā gesprochen hatte, tauchte nach etwa drei Vierteln des Fotostapels auf. Zuerst sah er wie Baumwollflaum aus, doch später wurde er recht eindrucksvoll und reichte ihm bis zum Kragenrand.

«Es hat lange gedauert, mir diesen Bart wachsen zu lassen», sagte er. «Ich sah viel besser aus, als ich ihn hatte – ansehnlicher. Auf dem Markt mußte ich nie handeln – niemand hat es gewagt, mich übers Ohr zu hauen.»

Ich sagte nichts dazu, und nachdem er ein paar weitere Fotos umgedreht hatte, fügte er hinzu, daß er erst im College die wahre Bedeutung des Islam kennengelernt habe, durch Gespräche mit einigen seiner Lehrer und Kommilitonen. Sie hätten jeden Tag gemeinsam den Koran gelesen und lange Diskussionen geführt, die bis tief in die Nacht dauerten.

«Ich habe mich nicht politisch betätigt oder so etwas», sagte er, «und ich bin auch nicht in irgendwelche Gruppen oder Gesellschaften eingetreten. Aber ich habe gelernt zu erkennen, was unrecht ist und was wahr ist. Ich weiß nicht, wie ich dir diese Dinge erklären soll. Du verstehst nichts davon.»

«Warum hast du dir den Bart abgenommen?» fragte ich.

Seine Finger glitten mit einer langsam forschenden Bewegung über sein frischrasiertes Kinn. «Meine Familie wollte es», sagte er. «Vor allem meine Mutter.»

«Warum?»

«Sie hatten Angst», sagte er. «Es gab Spannungen zwischen dem Staat und bestimmten islamischen Gruppen, und sie machten sich Sorgen, daß mir etwas zustoßen könnte – obwohl ich keiner Gruppe oder Partei angehöre.»

Er schüttelte den Kopf und stieß ein ironisches, schnaubendes Gelächter aus. «Dies ist ein muslimisches Land», sagte er, «und es ist gefährlich, wie ein Moslem auszusehen.»

Dann ließ er das Thema abrupt fallen und fragte mich, warum ich so lange nicht geschrieben und was ich seit meinem Weggang aus Ägypten gemacht hatte. Es war eine lange Schilderung, die er von mir zu hören bekam, und gegen Ende wurde er nachdenklich und begann Fragen zu stellen – wieviel ich für meinen Flug nach Ägypten bezahlt hatte, wie der aktuelle Wechselkurs der indischen Rupie, des amerikanischen Dollars und des ägyptischen Pfunds sei.

«Ich werde mir vielleicht bald ein Flugticket kaufen müssen», sagte er schließlich. «Ich versuche schon seit einiger Zeit, draußen Arbeit zu bekommen. Während meiner College-Zeit habe ich im Irak gearbeitet, und wenn Gott will, werde ich wieder hingehen.»

Das erste Mal, sagte er, sei er nach seinem zweiten College-Jahr dort gewesen. Einer seiner Cousins, der Vorarbeiter auf einer Baustelle in Bagdad war, hatte ihn mitgenommen, damit er dort während der Sommerferien etwas Geld verdienen konnte. Er hatte sich einen besonderen Paß besorgen müssen, weil der ägyptische Staat seinen Bürgern gewöhnlich nicht erlaubt, ins Ausland zu reisen, bevor sie nicht ihren Militärdienst absolviert haben. Es war nicht leicht gewesen, den Paß zu bekommen, aber es hatte sich letztendlich gelohnt. Er hatte soviel Geld verdient, daß sein Vater an ihrem Haus ein neues Zimmer anbauen konnte.

Er zeigte mir einige Fotos, die im Irak aufgenommen worden waren, und ich erkannte sofort mehrere andere Gesichter neben seinem – seine Freunde und Cousins, die ich in Lataīfa oder Nashāwi kennengelernt hatte. Die Bilder waren meistens auf Märkten und in Parks in Bagdad gemacht worden, im Urlaub; ich sah sie geradezu vor mir, wie sie in ihren besten Sachen loszogen, mit strahlenden Gesichtern und voll ängstlicher Freude darüber, ganz allein in einer fernen Stadt zu sein, die Taschen voller Geld, weit weg von der Autorität ihrer Eltern.

«Wie war's da so?» fragte ich.

«Ich war damals noch jung», sagte Dschābir, «und ich hatte manchmal etwas Schiß.»

Die Iraker hätten eine sehr rauhe Art, erklärte er. Er und seine Cousins und Freunde seien abends normalerweise nicht ausgegangen, sie seien lieber in ihren Zimmern geblieben, hätten gekocht oder zusammen ferngesehen. Doch trotz alledem sei es im Irak immer noch besser als woanders. Nach dem, was er gehört habe, gehe es in den Golfemiraten viel schlimmer zu. Wenigstens werde im Irak jeder anständig bezahlt. Ihm persönlich sei es jedenfalls egal gewesen, wie sich die Iraker aufführten – er habe auf jeden Fall zurückgewollt, sobald er das College und den Wehrdienst hinter sich hatte.

Für eine Weile hatte es so ausgesehen, als würde alles wie geplant verlaufen. Seine Zeit in der Armee war schnell und ohne Härten vorübergegangen, da ihm sein College-Abschluß einen bequemen Buchhalterposten in seiner Einheit eingebracht hatte.

«Ich war in der Nähe von Alexandria, und es war schön», sagte er. «Weil ich auf dem College gewesen war und so, haben mich die Offiziere besser behandelt, nicht so wie die anderen Soldaten. Sie haben mich fast wie einen der ihren behandelt.»

Gleich nach seiner Entlassung aus der Armee hatte er einen Paß beantragt und umgehend seinen Freunden und Cousins im Irak geschrieben, mit der Bitte, für ihn nach einer Arbeit Ausschau zu halten. Er hatte erwartet, ohne Schwierigkeiten etwas finden zu können, genauso wie beim letztenmal. Doch bald fand er heraus, daß sich einiges geändert hatte. Die ersten irakischen Soldaten und Reservisten waren an ihre früheren Arbeitsplätze zurückgekehrt, und es gab immer weniger Stellen für Ausländer. Und was noch schlimmer war, die irakische Regierung hatte strenge neue Gesetze erlassen, die es den ägyptischen Arbeitern erschwerten, Geld nach Hause zu schicken. Doch waren natürlich noch Dutzende von seinen Freunden und Verwandten dort, und sie kamen ganz gut zurecht – schließlich war alles besser, als tatenlos zu Hause herumzusitzen. Darum hatte er ihnen immer wieder geschrieben und sie gebeten, ihm sofort Bescheid zu sagen, wenn sie von einer freien Stelle für ihn hörten – es war ihm völlig egal, was, er wollte nur eine Arbeit haben, irgendwo «draußen», im Irak oder sonstwo.

In der Zwischenzeit war er nach Lataīfa zurückgekehrt, um dort auf die Benachrichtigung bezüglich seiner Anstellung im öffentlichen Dienst zu warten, auf die er aufgrund seines College-Abschlusses Anspruch hatte. Er hatte nichts Tolles zu erwarten, denn das Gehalt war kläglich, ein Bruchteil dessen, was ein Bauarbeiter im Irak verdienen konnte. Aber es war immerhin etwas. Er hatte monatelang darauf gewartet, und als die Benachrichtigung immer noch nicht kam, hatte er schließlich begonnen, als Lehrling bei einem Maurer zu arbeiten. In Lataīfa und Nashāwi wurden jetzt mit dem Geld, das die Leute von «draußen» bekamen, viele Häuser gebaut.

«Das ist nur was Vorübergehendes», sagte Dschābir schnell. «Bis ich draußen eine Arbeit finde. Sobald ich von etwas höre, gehe ich hier weg, *īnshā-allāh*.»

Er stapelte die Fotos wieder zusammen und verstaute sie, wobei er gleichzeitig seinen Koffer umräumte. An der Art, wie er das machte, konnte ich erkennen, daß es ihm zur Gewohnheit geworden war, seinen Koffer zu packen.

«Ich habe einen Fehler gemacht», sagte er schließlich, während er den Koffer zumachte. «Ich hatte gedacht, ein Abschluß würde mir helfen. Deswegen bin ich aufs College gegangen. Es war eine aufregende Zeit, und ich habe sehr viel gelernt, aber was ist das Ergebnis? Ich bin Bauarbeiter. Ich habe auf dem College meine Zeit verschwendet. Ich habe die besten Chancen verpaßt.»

Und als Maß seiner Verrücktheit war da das Beispiel seines Bruders Mohammad, der seine Zukunft besser geplant hatte. Mohammad war ein Jahr jünger als Dschābir, sah aber, da größer und massiger gebaut, älter aus. Im Gegensatz zu Dschābir hatte er sich für die Schule nie interessiert und sie kaum geschafft. Die Idee, aufs College zu gehen, war ihm nie in den Kopf gekommen. Statt dessen leistete er so bald wie möglich seinen Wehrdienst ab und ging dann in einem nahe gelegenen Dorf bei einem Tischler in die Lehre. Nachdem er sich in ein paar Monaten die Grundlagen des Handwerks angeeignet hatte, verschaffte er sich einen Job in Jordanien – das war zu einer Zeit, als Jobs dort noch leicht zu bekommen waren. Seitdem war er in Jordanien und verdiente gutes Geld. Er hatte kürzlich geschrieben, daß er für eine Weile nach Hause kommen wolle – er habe Aussichten, bald einen Job in Italien zu bekommen, und er wolle die nötigen Vorkehrungen für seine Zukunft treffen.

Dschābir brach ab und preßte die Lippen zusammen. Er wollte nicht weitererzählen, aber der Rest war ziemlich klar: Mohammad wollte heiraten, bevor er wieder wegging. Er hatte wahrscheinlich genug Geld gespart, um sich ein Haus oder eine Wohnung zu kaufen – vielleicht in Damanhur oder irgendwo anders –, und deshalb war er jetzt in der Lage, eine gute Partie zu machen und einen eigenen Hausstand zu gründen. Aller Wahrscheinlichkeit nach hatte er nur deswegen so lange gewartet, weil Dschābir älter war und somit traditionellerweise das Recht hatte, als erster zu heiraten. Aber Dschābir hatte natürlich keinerlei Ersparnisse und keine Möglichkeit, sich eine eigene Wohnung zu kaufen. Und ohne die würde er niemand passenden heiraten können, ein Mädchen mit einer College-Ausbildung; statt dessen würde er eine Cousine aus Lataīfa heiraten und bei seiner Familie leben müssen, ohne eine Wohnung, die er sein eigen nennen konnte. Desewegen war es für ihn entscheidend, so schnell wie möglich eine Arbeit zu finden, die Zeit wurde knapp – Mohammad hatte lang genug gewartet, und niemand würde ihm einen Vorwurf machen, wenn er jetzt seine Heirat in die Wege leitete. Er hatte dem Brauch mehr als Genüge getan.

Irgendwo hatte Dschābir wahrscheinlich vollkommenes Verständnis für die schwierige Lage seines Bruders, doch wenn Mohammad als erster heiraten sollte, wäre das eine öffentliche Verkündigung seines eigenen Versagens. Ich brauchte mir nur Dschābirs Gesicht anzusehen, um zu wissen, daß er, sollte es dazu kommen, vollständig vernichtet wäre.

Dschābir kehrte mir den Rücken zu und hantierte wieder mit seinem Koffer. «Ich werde bald wieder in den Irak gehen», sagte er mit kaum vernehmbarer Stimme.

Ich konnte sein Gesicht nicht sehen, aber ich wußte, daß er den Tränen nahe war.

4

Die Rückkehr nach Aden, mit soviel Elan unternommen, sollte Ben Yiju nichts als Unglück bringen. Das Mißgeschick, das ihn dort befiel, war so groß, daß er sich schon nach etwa drei Jahren ein weiteres Mal losriß. Jetzt zog er nach Ägypten, und bald nach seiner Ankunft dort versuchte er noch einmal direkten Kontakt mit seinem Bruder Yūsuf in Sizilien aufzunehmen.

Der Brief, den er diesmal schrieb, war ebenso lang wie der erste, doch befand Ben Yiju sich jetzt in einer sehr veränderten Stimmung und Situation, und der nostalgische Überschwang, der ihn bei seiner Rückkehr nach Aden gepackt hatte, war einer resignierten und untröstlichen Melancholie gewichen. Als er jetzt seinem Bruder schrieb, fühlte er sich gezwungen, ihm einiges von dem zu schildern, was ihm seit seinem letzten, 1149 geschriebenen Brief zugestoßen war.

«Ich schrieb Dir vor einiger Zeit einen Brief», teilte Ben Yiju Yūsuf mit. «Er erreichte Mubashshir, doch hielt dieser es nicht für nötig, ihn Dir auszuhändigen. (Statt dessen) traf er (selbst) in Aden ein.»

Doch Mubashshirs so lange erwarteter Besuch war nicht so verlaufen, wie Ben Yiju es erwartet hatte: «Ich tat, was in meiner Macht stand, und mehr für ihn, doch er versetzte mir einen ruinösen Schlag. O mein Bruder, es würde zu lange dauern, alles, was sich ereignet hat, zu erklären...» Ein paar auf den Rand gekritzelte Zeilen geben einen Hinweis darauf, was zwischen den beiden vorgefallen war. Im Verlauf seines Aufenthalts in Aden hatte Mubashshir seinen Bruder um eine riesige Summe betrogen. «Was Mubashshir betrifft, er ist nichts als ein fauler Mensch von bösartigem Charakter. Ich gab ihm alles, was er verlangte, und zum Dank versetzte er mir einen ruinösen Schlag. Der Preis für meine guten Taten betrug tausend Dinare...»

Doch so schmerzhaft es auch sein mochte, die Entdeckung von

seines Bruders Unehrlichkeit wog leicht gegenüber Ben Yijus anderem Mißgeschick. In der Zwischenzeit hatte er nämlich auch sein erstes Kind verloren, den aus seiner Verbindung mit Ashu geborenen Sohn, dem er den fröhlichen Namen Surūr gegeben hatte.

Das noch erhaltene Exemplar des Briefes enthält einen Teil einer Passage, in der Ben Yiju Yūsuf vom Tod seines Sohnes erzählt. Er hatte einmal, schreibt er, «zwei Kinder wie Zweige süßen Basilikums...» – doch hier bricht der Satz ab, denn der Brief ist im Verlauf der Jahrhunderte stark beschädigt worden. Das wenige, was von dieser Passage noch übrig ist, ist von einer auf bizarre Weise ausdrucksstarken Folge von Pausen durchsetzt, als hätte die Zeit es irgendwie bewerkstelligt, die idealen Parenthesen für Ben Yijus Kummer zu schaffen, indem sie die metrische Gliederung seiner Prosa veränderte. Es heißt dort:

> Und das ältere (der beiden Kinder) starb in Aden...
> Ich weiß nicht, wie ich es beschreiben soll...
> Ich habe eine Tochter zurückgelassen, seine Schwester...

Zum Teil schrieb Ben Yiju seinem Bruder jetzt eben wegen dieser Tochter, Sitt al-Dār. Er war während der vorangegangenen Jahre immer wieder längere Zeit von ihr getrennt gewesen, und seine ganze Sorge galt nun ihrer Zukunft.

Bald nach seinem Umzug nach Aden hatte Ben Yiju seinen Standort aus der Stadt weg in das Hochland im Landesinnern verlegt, in eine Stadt namens Zū Dschibla, die einer der Hauptsitze der herrschenden Zurayiden-Dynastie war. Die nächsten drei Jahre hatte er hauptsächlich im jemenitischen Gebirge gelebt, während seine Tochter in Aden geblieben war, in der Obhut seines alten und treuen Freundes Khalaf Ibn Ishāq, in dessen Haus sie als Mitglied seiner Familie lebte.

Die Gründe für Ben Yijus Wegzug sind nicht ganz klar, doch der Verlust seines Sohnes dürfte eine Rolle bei seinem Entschluß gespielt haben, Aden zu verlassen. Jedenfalls lebte er bereits in den

Bergen, als er, wenige Jahre nach seiner Ankunft in Aden, die Nachricht von einem weiteren Verlust erhielt.

Im Jahre 1151 starb Ben Yijus alter Freund und ehemaliger Mentor Madmūn Ibn Bundār in Aden. Ben Yiju erfuhr von seinem Tod aus dem Brief eines Bekannten. «Den Sklaven Eurer erhabenen Hoheit erreichte die Nachricht vom Tode des Gebieters... Madmūn... des unerschütterlichen Pfeilers, Nadschīd des Landes Jemen, des Prinzen der Gemeinden, der Krone der Chöre...» Für Ben Yiju muß Madmūns Tod ein fürchterlicher Schlag gewesen sein. Unter den wenigen noch erhaltenen dichterischen Werken Ben Yijus befindet sich ein hebräisches Gedicht, das er zu Ehren seines Freundes verfaßt hat.

Doch in mancher Hinsicht brachte Ben Yijus neues Zuhause im jemenitischen Hochland ihm offenbar auch einiges an Erfüllung. Nach dem zu schließen, was über diesen Abschnitt seines Lebens bekannt ist, genoß er bei den jüdischen Gemeinden im Landesinnern beträchtliches Ansehen, und möglicherweise war er sogar zum Richter ernannt worden. Doch das Leben in dieser relativ unzugänglichen Region dürfte auch mit vielen Ängsten verbunden gewesen sein. Aus seiner Korrespondenz geht hervor, daß er sich zum Beispiel sehr um die Sicherheit der Straßen und Wege sorgte, was kaum überrascht, wenn man bedenkt, daß er von seinem einzigen noch lebenden Kind durch ein weitläufiges, schwieriges Gelände in einem gespaltenen und kriegszerrissenen Land getrennt war.

Schließlich führte Ben Yijus lange Trennung von seiner Tochter zu einem außergewöhnlichen Dilemma. Sein Freund Khalaf, in dessen Haus sie lebte, trat mit einem Heiratsersuchen im Namen eines seiner Söhne an ihn heran. Die Dokumente enthalten keinen Hinweis darauf, welche Wünsche Sitt al-Dār in der Angelegenheit hatte, aber es ist natürlich mehr als wahrscheinlich, daß Khalaf mit ihrer Zustimmung handelte. Es ist sogar möglich, daß das junge Paar selbst ihn dazu gedrängt hatte, Ben Yiju wegen einer Heirat anzusprechen, in der Erwartung, daß die Bitte kaum verweigert werden konnte, da sie doch von einem so alten Freund geäußert wurde.

Doch so nahe Ben Yiju auch seinen Freunden in Aden stand, in einer Hinsicht blieb er auf Distanz: Ihr Familienursprung lag, anders als seiner, in der Region des heutigen Irak. Das hätte keine Rolle zu spielen brauchen, wenn Ben Yiju darauf keinen Wert gelegt hätte, denn solche Eheschließungen waren in seinen Kreisen durchaus üblich. Doch im Endeffekt entschloß sich Ben Yiju dazu, in diesem Fall seine langjährige Verbindung zu Khalaf und seiner Familie nicht gelten zu lassen. Fast, als versuche er, sich von einem Teil seiner eigenen Vergangenheit loszusagen, vertrat er auf einmal die Ansicht, er könne seine Tochter keinen «Ausländer» heiraten lassen. Statt dessen träumte er wieder davon, auf die im Nahen Osten anerkannte Weise die Bande mit seiner Familie zu bekräftigen, indem er seine Tochter mit ihrem Cousin verheiratete, mit dem Sohn seines Bruders Yūsuf, Surūr.

In seinem Brief an seinen Bruder erklärte er die Sache folgendermaßen:

> Scheich Khalaf (Ibn Ishāq) Ibn Bundār in Aden (bat) für seinen Sohn (um ihre Hand). Sie hatte 3 Jahre in ihrem Haus gelebt. Doch ich verweigerte es ihm, als ich von Deinem Sohn Surūr erfuhr. Ich sagte: Der Sohn des Bruders kommt vor fremden Leuten. Dann, als ich mit ihr nach Ägypten kam, hielten viele bei mir um ihre Hand an. Ich schreibe Dir, um Dir dies mitzuteilen: Weniger als dies zu sagen wäre genug gewesen.

Doch in einer Kultur, in der bei Heiratsverhandlungen die Ehre einer Familie mit ihrem ganzen Gewicht in die Waagschale öffentlicher Beurteilung geworfen werden kann, muß die Verweigerung eines Antrags von einem alten Freund aus einem angesehenen Geschlecht eine recht schwerwiegende Angelegenheit gewesen sein. Daher ist es wahrscheinlich kein Zufall, daß die Genisa keine Belege für eine weitere Verbindung zwischen Ben Yiju und seinen Freunden in Aden enthält. Es ist gut möglich, daß die Ablehnung von

Khalafs Angebot zu einem irreparablen Bruch mit ihm und seinen Verwandten, einschließlich Yūsuf Ibn Abraham, führte. Sie könnte sogar der unmittelbare Grund für seine Abreise gewesen sein.

Deshalb war der Brief, den Ben Yiju nach seiner Ankunft in Ägypten seinem Bruder schrieb, von wirklich großer Dringlichkeit geprägt. Er habe gehört, schrieb er, daß Yūsuf einen Sohn habe, Surūr, «der die Torah kennt», und wenn er ihn jetzt nach Ägypten schicke, damit er seine Tochter heirate, werde er alle seine Güter erhalten – «und wir werden uns ihrer und seiner erfreuen, und wir werden sie vermählen...». Für Ben Yiju hing jetzt alles von einer schnellen Antwort seines Bruders ab. «Schicke mir Deine Briefe nach Ägypten, *inshā-allāh*», mahnte er Yūsuf, «laß einen Brief in die Hände Deines Sohnes Surūr gelangen.»

Von Kummer, Enttäuschung und Pech verfolgt, blieb Ben Yiju jetzt keine andere Zuflucht als sein Bruder und seine Neffen. Den beiden Kurieren, die seinen Brief nach Sizilien befördern sollten, vertraute er seine stille Verzweiflung an.

«Sulīmān und Abraham werden Dir berichten, in welchem Zustand ich mich befinde», schrieb Ben Yiju. «Es drückt mir das Herz ab.»

5

Ich hätte Nabīls Haus natürlich auch selber gefunden, aber dann war ich den Kindern doch dankbar dafür, daß sie darauf bestanden hatten, mich hinzuführen. Allein hätte ich gezögert, an die Türen des Gebäudes zu klopfen, das dort jetzt stand. Die lehmgemauerten Zimmer, die ich so gut in Erinnerung hatte, waren verschwunden, und an ihrer Stelle stand das unvollendete Gehäuse eines großen neuen Bungalows.

Nabīls Schwester Fauziyya öffnete mir. Als sie mich draußen erblickte, schlug sie lachend die Hände über den Kopf zusammen. Das erste, was sie sagte, war: «Nabīl ist nicht da – er ist nicht im Dorf, er ist im Irak.»

Dann sammelte sie sich und führte mich herein, und nachdem sie einen Teekessel auf dem Herd aufgesetzt hatte, bat sie mich, Platz zu nehmen, und erzählte mir die Geschichte, wie Nabīl in den Irak aufgebrochen war. Sein Vater, der alte Wachmann Idris, war ein Jahr nach meinem Weggang gestorben, und seine Frau hatte ihn nicht lange überlebt. Nabīl war zu beiden Gelegenheiten weggewesen. Er war damals in der Armee und hatte nicht rechtzeitig kommen können, um seine Eltern vor ihrem Tod noch zu sehen. Seine Mutter hatte auf dem Sterbebett immer wieder nach ihm gerufen – er war stets ihr Lieblingskind gewesen, und sie hatte lange davon geträumt, auf seiner Hochzeit zu tanzen. Zu den Beerdigungsfeierlichkeiten war Nabīl in beiden Fällen heruntergekommen. Er war sehr schweigsam gewesen, aber man hatte ihm seine tiefe Betroffenheit leicht ansehen können.

Sein bester Freund, Fauziyyas Bruder Ismāīl, hatte ihn schon lange gedrängt, einen Paß zu beantragen, damit er nach Beendigung seines Militärdienstes im Irak arbeiten konnte. Am Anfang hatte Nabīl nicht viel von dem Gedanken gehalten. Er hatte schon immer eine Stelle bei einer staatlichen Behörde haben wollen, eine angesehene Schreibtischarbeit, und er wußte, daß er im Irak nur irgendeine körperliche Arbeit kriegen würde. Doch nach dem Tod seiner Eltern änderte er seine Meinung. Er stellte einen Antrag auf einen Paß, und 1986, bald nach Beendigung seines Wehrdienstes, ging er zusammen mit Ismāīl in den Irak.

Im Irak war es für ihn gut gelaufen. Schon nach wenigen Monaten hatte er in einem Fotogeschäft in Bagdad eine Stelle als Assistent gefunden. Er wurde nicht so gut bezahlt wie Ismāīl, der auf dem Bau arbeitete, aber verglichen mit dem, was er in Ägypten verdient hätte, war es ein Vermögen.

Außerdem war es genau die Art von Arbeit, die Nabīl gesucht

hatte. «Sie kennen ihn ja», sagte Fauziyya lachend. «Er wollte immer schon eine Arbeit haben, bei der man sich nicht die Hände schmutzig machen muß.»

An seinem Arbeitsplatz gebe es ein Telefon, sagte sie, und der Ladenbesitzer habe nichts dagegen, wenn er hin und wieder einen Anruf bekomme. «Wir geben Ihnen die Nummer», sagte sie mir. «Alī hat sie irgendwo aufgeschrieben. Er sucht sie Ihnen raus, wenn er heimkommt.»

Einmal alle paar Monate unternahm die ganze Familie – sie, ihr Mann Alī und seine jüngeren Brüder – die Reise nach Damanhur, um Nabīl in Bagdad anzurufen. Wenn Nabīl an der Reihe war, sich mit ihnen in Verbindung zu setzen, sprach er einfach auf eine Kassette und schickte sie ihnen. Am Anfang hatte er Briefe geschrieben, aber alle fanden es schöner, seine Stimme zu hören. Er hatte ihnen Geld für einen Kassettenrecorder geschickt, damit sie mit den Kassetten nicht zum Nachbarn gehen mußten.

Später hatte Nabīl Geld für ein Fernsehgerät und eine Waschmaschine geschickt, und dann, eines Tages, hatte er auf einer seiner Kassetten davon gesprochen, ein neues Haus zu bauen. Diese altersschwachen Zimmer, in denen sie immer gewohnt hatten, würden nicht mehr lange halten, hatte er gesagt. Er würde sich freuen, bei seiner Rückkehr nach Ägypten ein fertiges neues Haus zu haben. Dann würde er heiraten und bald darauf einziehen können. Seine Brüder waren hellauf begeistert von dem Vorschlag. Sie riefen ihn sofort zurück, und keinen Monat später hatte er ihnen Geld geschickt, mit dem sie den Bau beginnen konnten.

«Vor ein paar Tagen ist eine neue Kassette gekommen», sagte Fauziyya. «Wir hören sie uns noch mal an, sowie Alī zurück ist.»

Nachdem wir Tee getrunken hatten, führte Fauziyya mich stolz durchs Haus. Im Erdgeschoß waren schon drei oder vier Räume fertiggestellt, einschließlich einer Küche, eines Bades und einer Veranda. Die elektrischen Leitungen waren noch nicht vollständig verlegt und die Wände noch nicht gestrichen, doch ansonsten war das Haus schon richtig bewohnbar.

Wenn das Erdgeschoß fertiggestellt sei, sagte Fauziyya, würden die Bauarbeiter mit dem ersten Stock beginnen. Nach seiner Heirat würden Nabīl und seine Frau den ganzen oberen Stock allein bewohnen. Ihre anderen Brüder könnten später darüber anbauen, wenn sie wollten. Das hänge davon ab, ob sie auch weggingen wie Nabīl und «draußen» Geld verdienten.

«Wie anders jetzt alles ist», sagte ich, als Fauziyya mich in das neue Besucherzimmer führte und mir ihr Fernsehgerät und ihren Recorder zeigte. «Das erste Mal war ich bei Ihrer Hochzeit hier, als Sie und Alī draußen saßen, auf Ihren Stühlen, an der Lehmmauer.»

Fauziyya lächelte bei der Erinnerung. «Was ich am traurigsten finde», sagte sie, «ist, daß ihre Mutter und ihr Vater nicht mehr erleben durften, wie sich alles bei uns verändert hat.»

Ihre Stimme war leise und träumerisch, als spreche sie von einer unvorstellbar fernen Epoche. Das überraschte mich nicht. Ich wußte, wenn meine eigenen Erinnerungen nicht in solchen Artefakten wie Notizen und Tagebüchern erhalten geblieben wären, hätte die Vergangenheit auch in meiner Erinnerung keinen Halt gefunden. Selbst mit diesen Erinnerungshilfen konnte ich mir jetzt, wenn ich mich umsah, nur noch schwer vorstellen, wie es einmal um Nabīl und seine Familie, ja um ganz Nashāwi gestanden hatte. Es lag nicht nur daran, daß die Gassen anders aussahen, daß so viele von den alten Lehmhäusern abgerissen und durch Backstein-Bungalows ersetzt worden waren – es hatte sich auch etwas Wichtigeres verändert: Die Beziehungen zwischen verschiedenen Arten von Leuten im Dorf hatten sich gewandelt und neu geordnet. Gerade die Familien, die damals zu den Ärmsten im Dorf gezählt hatten – die von Khamīs, von Amm Taha und Nabīl –, waren heute diejenigen, die neue Häuser, Bankkonten und technische Geräte besaßen. Als ich Nashāwi 1981 verließ, hätte ich mir eine Veränderung in diesem Ausmaß nie und nimmer vorstellen können. Als ich es jetzt, knapp acht Jahre später, wieder besuchte, sah es so aus, als hätte das Dorf von den Auswirkungen einer Revolution profitiert – nur daß diese sich in einem anderen, weit entfernten Land ereignet hatte.

Früher an diesem Tag hatte ich mich ausführlich mit Ustāz Sabri über die Veränderungen in Nashāwi unterhalten, über den Krieg zwischen dem Iran und dem Irak und über die Männer, die fortgegangen waren, um «draußen» zu arbeiten (er würde selber bald fortgehen, um eine gute Stelle in einer Schule am Golf anzutreten).

«Die wahren Nutznießer des Krieges sind wir», sagte er. Die reichen arabischen Länder haben die Iraker bezahlt, damit sie der Islamischen Revolution im Iran das Rückgrat brechen. Für sie ging es ums Überleben, um die Erhaltung ihrer Macht. Und in der Zwischenzeit, während andere den Krieg ausnutzten, um Geld zu machen, sind die Iraker an der Front gestorben.»

«Aber das wird nicht so bleiben», hatte er gesagt, «das ist beflecktes, ‹verbotenes› Geld, und der Preis dafür wird später entrichtet werden, irgendwann.»

Da war mir der Gedanke gekommen, daß Dschābir, der von all dem ausgeschlossen war, bereits einen besonderen Preis entrichtete. Und als ich mich nun in dem Haus umblickte, das Nabīl gebaut hatte, fragte ich mich, ob er vielleicht einen anderen entrichtete, indem er im Irak lebte.

«Wie ist es denn so im Irak?» fragte ich Fauziyya. «Gefällt es Nabīl dort?»

Sie nickte fröhlich. Er sei sehr glücklich, sagte sie. Auf seinen Kassetten erzähle er immer, daß es ihm gutgehe und daß alles in Ordnung sei.

«Sie können ihn sich selbst anhören, wenn Alī nach Hause kommt», sagte sie. «Wir hören uns seine Kassette auf dem Recorder an.»

Als Alī heimkehrte, erwartete mich ein Schock: Er hatte einen seiner jüngeren Brüder dabei, Hussein, den ich als einen schüchternen, zurückhaltenden Jüngling in Erinnerung hatte, nicht älter als zwölf oder dreizehn. Aber inzwischen studierte Hussein am College, und er war in seinem Verhalten und Auftreten Nabīl so verblüffend ähnlich geworden, daß ich ihn beinahe mit diesem Namen begrüßte. Später, als ich bemerkte, wie oft er Nabīls Namen im Munde führte, wurde mir klar, daß die Ähnlichkeit nicht zufällig war. Es war eindeutig, daß er seinen älteren Bruder anbetete und sich ihn zum Vorbild genommen hatte.

Nach dem Abendessen hörten wir uns das Band an. Am Anfang klang Nabīls Stimme sehr steif und feierlich, und zu meinem Erstaunen redete er wie ein Stadtmensch, als hätte er den Dorfdialekt vergessen. Doch Fauziyya nahm ihn schnell in Schutz, als ich sie darauf ansprach. So spreche er nur auf den Bändern, sagte sie. Am Telefon sei er immer noch ganz der alte.

Nabīl erzählte sehr wenig von sich und seinem Leben im Irak. Nur, daß es ihm gutgehe und daß sein Gehalt kürzlich erhöht worden sei. Er zählte ausführlich die Namen derer auf, denen seine Brüder Grüße von ihm ausrichten sollten, und er erzählte ihnen von verschiedenen Freunden aus Nashāwi, die ebenfalls im Irak waren – daß es Soundso gutgehe, daß der eine in eine andere Stadt gezogen sei, daß der andere demnächst nach Hause kommen werde und so weiter. Dann folgten eine Reihe Anweisungen für seine Brüder, wie sie das Geld verwenden sollten, das er ihnen schickte, welche Anbauten sie am Haus vornehmen und wieviel sie genau ausgeben sollten. Alle Anwesenden lauschten verzückt bis zu den letzten Abschiedsworten, obwohl sie das Band offensichtlich schon mehrmals angehört hatten.

Später bat Fauziyya Hussein, mir Nabīls Adresse und Telefonnummer seines Geschäfts auf einen Zettel aufzuschreiben. «Wahrscheinlich wird der Besitzer abnehmen», sagte sie, indem sie mir ihn reichte. «Sie müssen ihm sagen, daß Sie mit Nabīl Idris Badawi, dem Ägypter, sprechen wollen. Es ist sehr teuer, aber man kann ihn so gut hören, als wäre er im Zimmer nebenan.»

Hussein ergriff meinen Ellbogen und schüttelte ihn. «Sie müssen ihn anrufen», sagte er nachdrücklich. «Er wird sich ja so freuen. Wissen Sie, daß er alle Ihrer Briefe aufbewahrt hat, in einer Plastiktüte? Er spricht immer noch viel von Ihnen. Sagen Sie, haben Sie ihm nicht mal erzählt...»

Und dann gab er beinahe wortwörtlich ein Gespräch wieder, das ich einmal mit Nabīl geführt hatte. Es war um etwas Unwesentliches gegangen, irgendwas im Zusammenhang mit meiner Universität in Delhi, aber aus irgendeinem Grund hatte ich das Gespräch am Ende des Tages in meinem Tagebuch aufgezeichnet, und daher wußte ich, daß Hussein es, oder zumindest einen Teil davon, fast Wort für Wort wiederholt hatte. Ich war sprachlos, als er geendet hatte. Es kam mir vor, als sei ich Zeuge einer unmöglichen, tief bewegenden Außerkraftsetzung der Zeit und der Gesetze des Hörensagens geworden.

«Sie können sich darauf verlassen, daß ich ihn anrufen werde», sagte ich zu Hussein. Ich erklärte ihm, daß ich im Zusammenhang mit den Recherchen für das Buch, an dem ich schrieb, bald nach Amerika reisen würde, und ich versprach ihm, Nabīl gleich nach meiner Ankunft von dort aus anzurufen.

«Sie müssen ihm sagen, daß es uns gutgeht», sagte Hussein, «und daß er uns wieder eine Kassette schicken soll.»

«Na, der wird vielleicht überrascht sein!» sagte Fauziyya. «Er wird denken, daß ihn jemand auf den Arm nehmen will.»

«Wir schreiben und erzählen es ihm», sagte Alī. «Wir schreiben ihm gleich morgen, damit er nicht überrascht ist. Wir sagen ihm, daß du ihn aus Amerika anrufen wirst.»

Eine Weile sprachen wir über andere Dinge, über die aktuelle Politik in Indien und im Nahen Osten, und darüber, wie es war, die Weltmeisterschaft im Fernsehen zu sehen. Erst als es Zeit wurde, aufzubrechen, kam ich dazu, Alī zu fragen, ob Nabīl gern im Irak lebte.

Alī zuckte die Achseln. Soviel er wisse, sagte er, gehe es Nabīl ganz gut. Das erzähle er jedenfalls immer. Aber eigentlich wisse er es nicht, er sei ja noch nie selber dort gewesen.

«Weiß Gott», fügte er hinzu, «man sagt, das Leben da draußen ist hart.»

Es war jetzt dunkel draußen, und ich konnte nicht länger bleiben. Nachdem wir uns verabschiedet hatten, bestand Hussein darauf, mich noch bis zur Hauptstraße zu begleiten. Unterwegs gingen wir bei seinem Cousin vorbei und nahmen noch einen von Ismāīls jüngeren Brüdern mit. Wie sich herausstellte, waren die beiden, wie vor ihnen Nabīl und Ismāīl, die besten Freunde und studierten am selben College wie ihre Brüder.

Es war geradezu unheimlich, mit beiden zusammen durch das Dorf zu gehen. Als wäre ein Augenblick in der Zeit irgendwie dem Orkan des Wandels entronnen, der Nabīl und Ismāīl in den Irak fortgerissen hatte. Die beiden Cousins ähnelten ihren Brüdern derart, daß ich beinahe das Gefühl hatte, mit zwei Geistern spazierenzugehen.

6

Im Gegensatz zu Ben Yijus erstem Brief erreichte der zweite irgendwann seinen Bruder Yūsuf und dessen Familie. Sie wohnten damals in einer kleinen Stadt namens Mazara (Mazara del Vallo), nahe der westlichen Spitze von Sizilien, unweit von Palermo. Mazara war einmal eine betriebsame Hafenstadt gewesen, die von Schiffen aus Nordafrika und der Levante angefahren wurde, doch durch die Feindseligkeiten zwischen Sizilien und Ifrīqiya war der Güterumschlag empfindlich beeinträchtigt worden, und die Stadt befand sich mittlerweile in einem steilen Niedergang. Materiell gesehen, hatte sie Yūsuf und seiner Familie wenig zu bieten; sie waren im Verlauf der Jahre, die sie sich dort aufhielten, gezwungen, unter immer bescheideneren Umständen zu leben. Aber dafür gab es andere Entschädigungen: Durch ihre langjährigen Handelsverbindungen mit Ifrīqiya hatte die Stadt etwas von dem kulturellen Ambiente dieser Region angenommen, so daß Yūsuf und seine Söhne sich dort wahrscheinlich mehr zu Hause fühlten, als wenn sie in anderen, wohlhabenderen, aber primitiveren Gegenden der Insel gelebt hätten. Trotzdem kann kein Zweifel daran bestehen, daß sie in ihrem neuen Zuhause unter den Entbehrungen des Exils litten. Wenn sie von den Gestaden jener Provinzstadt über das Meer hinausschauten, müssen ihnen die geistigen und materiellen Schätze Ägyptens wie Leuchtfeuer am Horizont erschienen sein.

Man kann sich somit leicht vorstellen, was für einen Tumult von Hoffnung und Begeisterung das Eintreffen von Ben Yijus Brief bei dieser besitzlosen und entmutigten Familie auslöste. Der junge Surūr jedenfalls nahm den Heiratsvorschlag seines Onkels begeistert auf. Er wollte sofort nach Ägypten aufbrechen, um seine Braut abzuholen.

Die Vorbereitungen für Surūrs Reise stürzten die ganze Familie in höchste Aufregung. Yūsuf und seine Frau unterzogen sich einer strengen Fasten- und Gebetskur, um eine sichere Ankunft zu gewährleisten, und sein Bruder Mosche begleitete ihn auf der ersten Etappe seiner Reise.

Für Surūrs Überfahrt nach Ägypten mußten die beiden Brüder sich zunächst zu einem größeren Hafen begeben, da Mazara nicht mehr von großen nach Osten fahrenden Schiffen angelaufen wurde. Doch statt für das nahe gelegene Palermo entschlossen sie sich für Messina, auf der anderen Seite der Insel – wahrscheinlich, weil sie wußten, daß sie dort Sulīmān Ibn Satrūn, den Briefkurier ihres Onkels, antreffen würden. Eines Freitagabends bestiegen sie ein Schiff, nachdem sie für den Transport zu einem Leuchtturm bei Messina einen Fahrpreis von drei Achteln eines Golddinars vereinbart hatten.

Nach ihrer Ankunft in Messina neun Tage später suchten sie ihren eigensinnigen Onkel Mubashshir auf. Bei dieser Gelegenheit, so berichtete Surūr in einem Brief an seinen Vater, kam sein Onkel «seiner Familienpflicht nach» und lud ihn und seinen Bruder ein, bei ihm zu wohnen. Später suchten die Brüder zwei Freunde von Ben Yiju auf, einer davon der Kurier Sulīmān Ibn Satrūn. Ihre Bemühungen wurden sofort belohnt: «Ich werde mich um Eure Passage kümmern», sagte Ibn Satrūn zu Surūr, «und Ihr werdet mit mir (nach Ägypten) fahren, so Gott will.»

Doch inzwischen hatte den jungen Mosche das Reisefieber gepackt: Er wollte unbedingt zusammen mit Surūr nach Ägypten. Ibn Satrūn und ihr Onkel Mubashshir rieten beide davon ab. Sie sagten: «Das bringt keinen Vorteil. Er sollte lieber zu seinem Vater zurückkehren.» Doch Mosche war entschlossen, nicht «mit leeren Händen» nach Mazara zurückzukehren. Es sei jetzt an ihrem Vater, die Sache zu entscheiden, schrieb Surūr, und bis dahin würden sie in Messina bleiben, um auf seine Anweisungen zu warten.

Nach Empfang des Briefes muß Yūsuf sich dagegen ausgesprochen haben, daß Mosche noch mit weiterreiste, denn als Surūr das nächste Mal an seine Eltern schrieb, war er bereits in Ägypten und sein Bruder wieder in Mazara. Der Brief, den er diesmal schrieb, war kurz. «Ich habe Euch diese wenigen Zeilen geschickt, um Euch mitzuteilen, daß ich wohlauf und in Frieden mit mir bin», schrieb er und bestellte in der Folge noch Grüße an verschiedene Freunde zu Hause sowie an seine Eltern und seine Brüder, Mosche und Schamwāl. Doch Surūr hatte noch einen weiteren Grund, zu diesem Zeitpunkt nach Hause zu schreiben: Er brauchte ein bestimmtes juristisches Dokument von seinem Vater, und im Verlauf des Briefes bat er ihn, es nach Palermo bringen zu lassen, möglicherweise durch Mosche, damit es ihm nach Ägypten weitergeschickt werden konnte.

Der Brief entfachte erneut Mosches Reiselust und veranlaßte ihn, sich persönlich nach Ägypten aufzumachen. Doch die Zeiten waren nicht günstig, und das Glück, das Surūr sicher an sein Ziel gebracht hatte, verließ seinen Bruder: Mosches Schiff wurde unterwegs überfallen und er selbst in der von Kreuzzüglern kontrollierten Stadt Tyrus eingekerkert.

Ihre Eltern, bereits außer sich vor Sorge, erfuhren von diesen Ereignissen aus einem Brief von Surūr. «Wir waren von Kummer überwältigt, als wir Deinen Brief lasen», schrieb Schamwāl aus Sizilien zurück, «und wir vergossen Ströme von Tränen. Und was Vater und Mutter betrifft: *Sie brachten kein Wort über die Lippen.*» Doch ihr Tränenfluß wurde bald zum Stillstand gebracht: Noch im selben

Brief erfuhren sie, daß die Dinge sich bereits zum Besseren gewendet hatten. Mosche hatte Surūr inzwischen aus Tyrus geschrieben, daß er jetzt «wohlauf und guter Dinge» sei.

Zu Hause in Sizilien hatte sich die allgemeine Lage zunehmend verschlechtert. Nahrungsmittel waren knapp, die Weizenpreise waren gestiegen, und die Familie hatte bereits den größten Teil ihrer Geldmittel ausgegeben. «Wenn du (unseren) Vater sähest», schrieb Schamwāl, «würdest Du ihn nicht wiedererkennen, denn er weint Tag und Nacht... Und (unsere) Mutter, wenn Du sie sähest, würdest Du auch sie nicht wiedererkennen, so sehr haben die Sehnsucht nach Dir und ihr Kummer sie verändert. Gott allein weiß, in welchem Zustand wir uns befinden, seit Du fortgegangen bist... Wisse, daß uns nur noch Leere bleibt, seit Gott (unser Haus) geleert hat. Vergeßt uns nicht, meine Brüder. Vergeßt nicht, uns zu besuchen und uns zu schreiben. Ihr müßt wissen, daß diejenigen Eurer Briefe, die uns erreicht haben, Eure edlen Gesichter vor uns auferstehen ließen. Schickt uns Briefe, und gebt uns Nachricht von Euren Neuigkeiten, den unwichtigen wie den wichtigen. Habt keine Scheu, uns von der geringsten Sache zu erzählen, bis wir alles wissen.»

Doch allmählich ging es wieder bergauf. Es kam zu einer Wiedervereinigung der Brüder in Ägypten, und kurz darauf muß Surūr seine Vermählung mit seiner Cousine bekanntgegeben haben. Sein Vater schrieb überwältigt zurück: «Kehrt schnell zu uns nach Hause zurück, Du und die Tochter Deines Onkels... (wir werden) ein paar Zimmer für sie herrichten, und wir werden (die Hochzeit) feiern...»

Die Hochzeit fand tatsächlich statt: Eine Liste mit Sitt al-Dārs Aussteuer, die sich heute in St. Petersburg befindet, ist der Beweis, daß dieses Kind einer Nāīr-Frau von der Malabarküste im Jahre 1156 in Fustāt mit ihrem sizilianischen Cousin verheiratet wurde.

Sowohl Surūr als auch Mosche wurden später Richter an rabbinischen Gerichtshöfen in Ägypten, und wahrscheinlich folgten ihnen ihre Eltern mit Schamwāl nach.

Was Ashu betrifft, so wird sie weder von Ben Yiju noch von seinen

Neffen in ihren Briefen je erwähnt. Höchstwahrscheinlich war sie nach Ben Yijus Weggang aus Mangalore in Indien geblieben.

Nach der Heirat seiner Tochter verschwindet Ben Yiju aus den Dokumenten. Weder sein Schwiegersohn noch seine anderen Neffen erwähnen ihn in ihrer späteren Korrespondenz, und soweit mir bekannt ist, gibt es kein Dokument in der Kairoer Genisa, in dem sein Tod erwähnt wird. Für das Ende von Ben Yijus Lebensgeschichte sind viele Fassungen denkbar, und wenn die erfreulichste von ihnen vielleicht diejenige ist, in der er zu Ashu nach Mangalore zurückkehrt, so dürfte doch die wahrscheinlichste jene sein, in der er bald nach der Hochzeit seiner Tochter in Ägypten stirbt und irgendwo in der Nähe von Fustāt begraben wird.

Auch Bomma bleibt in Ben Yijus Korrespondenz mit seinen Brüdern unerwähnt. Doch seine Geschichte ist noch nicht zu Ende: Eine letzte Reise steht noch aus.

7

Meine Rückkehr nach Nashāwi und Lataīfa endete mit einem unvorhergesehenen Ereignis.

Zufällig fiel mein Besuch auf eines der jährlichen Feste dieser Region, ein Maulid, das dem Andenken eines Heiligen namens Sīdī Abū-Hasīra geweiht ist, dessen Grabmal am Stadtrand von Damanhur liegt.

Wie bei allen Maulids herrschte auch vor Beginn dieses Festes eine erwartungsvolle Aufregung, und im Verlauf von wenigen Tagen wurde mir die Geschichte von Sīdī Abū-Hasīra wieder und immer wieder erzählt. Bis auf ein paar unerwartete Wendungen ähnelte sie sehr den Legenden, die sich um andere heilige Männer aus der Gegend rankten, wie die aus Nashāwi und Nakhlatain. Wie diese anderen Legenden spielte sie in einer fernen Vergangenheit und schilderte die Wunder, die ein Mann von beispielhafter Frömmigkeit und Güte vollbracht hatte. Der Sīdī sei in eine jüdische Familie im Maghreb hineingeboren worden, hieß es, doch sei er mit Hilfe eines Wunders nach Ägypten gelangt, das noch in seinem Namen fortlebte: Er hatte das Mittelmeer auf einer Binsenmatte überquert, weswegen er «Sīdī Abū-Hasīra» genannt wurde, «der Heilige der Matte».

Nach seiner Ankunft in Ägypten, so die Geschichte, war er zum Islam übergetreten und wurde bald als «guter Mensch» bekannt, der mit der gesegneten und wundersamen Gabe des «Baraka» ausgestattet war. Der Sīdī hatte sich schließlich in Damanhur niedergelassen, wo sich eine große Gruppe von Jüngern und Anhängern um ihn versammelte. Nach seinem Tod hatten sie ihm ein Grabmal errichtet, am Stadtrand von Damanhur, und dort wurde dieses Maulid jetzt gefeiert. Wegen seiner jüdischen Herkunft hatte der Sīdī immer noch viele Anhänger in Israel, wurde mir gesagt, und seit der Öffnung der Grenzen strömten sie jedes Jahr in großen Scharen nach Damanhur. Heutzutage kamen von überall her Touristen, um an dem Maulid teilzunehmen, und erst vor kurzem war am Ort von Sīdī Abū-Hasīras Grab ein großes neues Denkmal errichtet worden.

Während meines damaligen Aufenthalts in Nashāwi hatte ich das Maulid verpaßt, weil ich in der Woche, in der es gefeiert wurde, gerade in Kairo war. Jetzt schien jeder, den ich kannte, entschlossen zu sein, dafür zu sorgen, daß ich es nicht ein zweites Mal verpaßte. Das Maulid sei ein wunderbares Schauspiel, wurde mir erzählt. Es gebe überall Lichter und Lampen, Stände mit Pistolen und Luftgewehren, Schaukeln und Karussells. Die Straßen seien mit Kebab-Ständen und den Wagen der Straßenverkäufer gesäumt und voller Schaulustiger. Allein schon wegen der Touristen lohne es sich hinzugehen, sagten sie, es komme nicht oft vor, daß man in einem Ort wie Damanhur Ausländer zu sehen bekomme.

Ich ließ mich zwar leicht überreden, aber ich hatte nach meiner langen Abwesenheit in Lataīfa und Nashāwi soviel nachzuholen, daß ich kaum dazu kam, an etwas anderes zu denken. Das Maulid begann gegen Ende meines Besuchs, und meine Zeit kam mir so furchtbar knapp bemessen vor, daß ich schließlich ohne großes Bedauern darauf verzichtete. Ein paar Tage vor meiner Abreise wurde mir gesagt, daß es vorbei sei. Das wäre das Ende der Geschichte gewesen, wenn da nicht Muhsin, der Taxifahrer, gewesen wäre.

Muhsin kam aus einem Dorf in der Nähe von Nashāwi, er war ein korpulenter junger Mann Mitte Zwanzig, der einen borstigen Schnurrbart hatte und immer frischgewaschene weiße Dschallābiyyas trug – riesige, blendende Gewänder, die sich wie Fallschirme um ihn herum blähten. Muhsin hatte ein geschicktes Mundwerk, strotzte vor Selbstbewußtsein und wußte erstaunlich gut Bescheid über solche Dinge wie den Wechselkurs für verschiedene Währungen und den Preis von Nikons und Seikos. Dieses Informationspolster hatte er sich am Golf zugelegt, wo er einige Jahre lang auf dem Bau gearbeitet hatte. Die Arbeit hatte ihm aber nicht sonderlich zugesagt; auf Gerüsten herumzuklettern war nicht seine Sache. Schließlich war es ihm gelungen, zwei seiner Brüder, die im Irak arbeiteten, dazu zu überreden, gemeinsam mit ihm in einen gebrauchten Kleinbus zu investieren, und seit einigen Monaten beförderte er jetzt Passagiere zwischen den Städten und Dörfern der Gegend hin und her.

Am Tag vor meiner Abreise fuhr Muhsin mich zum Bahnhof in Damanhur, wo ich meine Bahnfahrkarte nach Kairo kaufen wollte, und unterwegs erklärte er, er habe es allmählich satt, seine Tage auf diesen staubigen Landstraßen zu verbringen. In letzter Zeit, wo er so viele Touristen zum Maulid nach Damanhur habe kommen sehen, sei er auf eine andere Idee verfallen, nämlich die, daß es schön wäre, wenn er eine Genehmigung hätte, Touristen zwischen Alexandria, Kairo und anderen solchen Städten zu befördern.

Auf diese Weise wurde der Gedanke geboren, dem Grab von Sīdī Abū-Hasīra einen Besuch abzustatten. Er sei selber noch nie dort gewesen, sagte Muhsin, aber er habe immer schon mal hinfahren wollen, und er werde mich gern am nächsten Morgen, wenn ich auf dem Weg zum Bahnhof sei, dort vorbeifahren. Daß das Maulid bereits vorbei sei, spiele keine Rolle – die Stände und Lichter würden wahrscheinlich noch dort sein, und wir würden noch einen ganz guten Eindruck von der Atmosphäre mitbekommen. Und so wurde vereinbart, daß wir bei dem Grab haltmachen würden, wenn er mich am nächsten Morgen in Lataīfa abholte, um mich zum Bahnhof zu fahren.

Den restlichen Tag verbrachte ich damit, eine letzte Runde durch Nashāwi zu machen, um mich von meinen Freunden und ihren Familien zu verabschieden: von Khamīs, inzwischen wohlhabender Grundbesitzer mit zwei gesunden Kindern; von Buthaina, die kürzlich von ihren eigenen Einkünften ein Haus mitten im Dorf gekauft hatte; von ihrem Bruder Īd, frisch aus Saudi-Arabien zurück und bald Ehemann jenes Mädchens, an das er Jahre zuvor sein Herz verloren hatte; von Zaghlūl, den der durchs Dorf fegende Sturm der Veränderung auf wundersame Weise unberührt gelassen hatte; von Amm Taha, dessen Eiergeschäft sich inzwischen zu einer kleinen Industrie ausgeweitet und einen recht vermögenden Mann aus ihm gemacht hatte; sogar, unbeabsichtigt, vom Imām Ibrāhīm, der mich einigermaßen höflich grüßte, als wir uns auf dem Dorfplatz über den Weg liefen. Schließlich verabschiedete ich mich von Fauziyya, Alī und Hussein, denen ich ein weiteres Mal versprechen mußte, recht bald Nabīl im Irak anzurufen.

Als Muhsin am nächsten Morgen in Lataīfa eintraf, nahm ich gerade Abschied von Scheich Mūsā, Dschābir und einigen anderen, die sich in seinem Besucherzimmer versammelt hatten. Das Abschiednehmen erwies sich als schwieriger, als ich es mir vorgestellt hatte. Dschābir zum Beispiel war überzeugt, daß wir uns erst nach vielen Jahren wiedersehen würden, weil er sich sicher war, daß er bei meinem nächsten Besuch gerade «draußen» sein würde. Am schwersten fiel der Abschied von Scheich Mūsā. Er war ungewöhnlich einsilbig, und als ich ihm sagte, ich würde im nächsten Jahr, 1990, wiederkommen, lautete seine Antowrt, es sei Gottes Sache zu entscheiden, ob ich ihn bei meiner Rückkehr noch lebendig antreffen würde. Es war schwer, sich in dieser Stimmung zu trennen, und so dauerte mein Abschied sehr viel länger, als ich erwartet hatte.

Unterdessen hatte Muhsin sich damit beschäftigt, eine angemessene musikalische Begleitung für den Augenblick meiner Abreise vorzubereiten: Eine Kassette von Umm Kūlthum war in Bereitschaft gehalten und eingelegt worden, und sowie ich in den Kleinbus stieg, erfüllte ein durchdringender Klagegesang die Gassen von Lataīfa. Wir rollten an, während das Lied erklang, und nach einer letzten Runde Händeschütteln ließ Muhsin ein majestätisches Hupen ertönen. Die kleineren Jungs liefen neben uns her, während das Fahrzeug schneller wurde, und dann verschwand Lataīfa plötzlich hinter uns in einer Staubwolke.

Am Rand von Damanhur hielten wir an, um uns nach dem Weg zu erkundigen, und bogen dann in eine schmale Straße ein, die um eine dichtbesiedelte Arbeitergegend herumführte. Überall lagen Nußschalen und bunte Papierfetzen herum; es war leicht zu erkennen, daß sich auf der Straße vor kurzem noch eine festliche Menge getummelt hatte. Muhsin war noch nie in diesem Stadtteil gewesen, aber er war zuversichtlich, daß die Richtung stimmte. Als wir das nächste Mal anhielten, um uns nach dem Grab des Sīdī Abū-Hasīra zu erkundigen, wurden wir sogleich auf ein großes Gebäude hingewiesen, das ein Stück die Straße hinunter halb verborgen hinter einer Reihe Dattelpalmen stand.

Als ich das Gebäude sah, war ich erst einmal überrascht. Es hatte nicht die geringste Ähnlichkeit mit den Grabmälern anderer Heiliger, die ich bereits kannte. Es war ein schlanker Betonbau, wie man ihn in den neueren und teureren Vierteln Alexandrias und Kairos zu sehen erwarten könnte. In diesem ärmlichen Viertel von Damanhur war es nicht nur unpassend, sein Vorhandensein wirkte fast wie ein Akt des Trotzes.

Eine lange schmale Zufahrt führte vom Eingang des Areals zu einer überdachten Veranda neben dem Grabmal. Als wir durch das Tor fuhren, wirkte das Gelände völlig verlassen. Erst als wir schon die Hälfte der Strecke zurückgelegt hatten, bemerkten wir ein paar

Männer, die im Schatten der Veranda um einen Tisch saßen. Einer von ihnen war in einen blauen Dschallābiyya gekleidet, die anderen waren uniformiert und bewaffnet.

Beim Anblick dieser Uniformen setzte Muhsin plötzlich eine angespannte und besorgte Miene auf. Genau wie ich hatte er ein Grabmal mit Kuppeldach erwartet, vor dem draußen vielleicht ein paar Kerzen brannten und einige Leute um ein Grab versammelt waren. Die Uniformen erweckten in ihm sofort dieses tiefe Mißtrauen gegenüber der Bürokratie, das ihm über Generationen von Fellachen-Vorvätern in Fleisch und Blut übergegangen war. Ich merkte, daß ihm sein Instinkt sagte, es sei das einzig Richtige, so schnell wie möglich zu wenden und davonzurasen. Aber es war schon zu spät: Die Männer hatten sich erhoben und beobachteten uns, einige fingerten an ihren Waffen.

Sowie wir vor der Veranda hielten, wurde der Kleinbus umstellt. Eine Hand langte durch mein Fenster, löste die Verriegelung und riß die Tür auf. Ich stieg aus und sah mich einem Mann mit rosa Wangen gegenüber; es war der in dem blauen Dschallābiyya. Er hielt mir die Tür auf, und mit einer tiefen Verbeugung wies er mich lächelnd zu einem Polizeibeamten, der auf der Veranda am Tisch sitzengeblieben war.

Der Beamte war ein junger Mann, wahrscheinlich frisch von der Polizeischule. Er betrachtete mich mit einem verwirrten und etwas verärgerten Gesichtsausdruck, als ich zu ihm hinüberging.

«Was hast du hier zu suchen?» bellte er mich in einem Ton an, wie er ihn vielleicht einem begriffsstutzigen Untergebenen gegenüber verwendet hätte.

«Ich wollte mir das Grabmal ansehen», sagte ich. «Ich habe gehört, daß hier vor kurzem ein Maulid stattgefunden hat.»

Als er mich reden hörte, merkte er, daß ich Ausländer war, worauf sich sein Ton und sein Benehmen schlagartig änderten. Er musterte mich lächelnd, und seine Augen leuchteten respektvoll.

«Israeli?» fragte er.

Als ich ihm sagte, daß ich Inder sei, verschwand sein Lächeln und wurde schnell von einem Ausdruck äußerster Verblüffung ersetzt. Nachdem er sich mit einem Blick auf meinen Paß vergewissert hatte, daß meine Aussage stimmte, wandte er sich mir mit völlig verständnisloser Miene zu. Was ich hier zu schaffen hätte, wollte er wissen, was ich bei diesem Grabmal zu suchen hätte?

Mein Arabisch kam jetzt etwas durcheinander, aber ich setzte ihm so gut ich konnte auseinander, daß ich von dem Maulid von Sīdī Abū-Hasīra gehört und beschlossen hätte, mir auf dem Weg zum Bahnhof noch das Grabmal anzusehen.

Seine Miene verzog sich noch mehr, woraus ich schloß, daß meine Antwort ihn nicht befriedigte. Das Maulid sei vorbei, sagte er, die Touristen seien weg und das Grabmal geschlossen. Die Zeit für Besichtigungen sei jetzt längst vorüber.

Er schlug meinen Paß auf und blätterte ihn wieder durch, diesmal von hinten nach vorne. Bei dem Blatt mit meinem Bild hielt er inne.

«Sind Sie Jude?» fragte er.

«Nein.»

«Moslem?»

«Nein.»

«Christ?»

Als ich ein weiteres Mal mit Nein antwortete, knallte er meinen Paß mit einem verärgerten Schnauben auf den Tisch. Er wandte sich zu den anderen und warf die Hände hoch. Ob sie das verstehen könnten? fragte er. Weder Jude noch Moslem noch Christ – da müsse etwas faul sein.

Ich versuchte wieder zu erklären, aber er hatte das Interesse an mir verloren. Er erhob sich und wandte sich Muhsin zu, der neben dem Kleinbus wartete. Der Mann in dem blauen Dschallābiyya stand neben ihm, und als der Beamte winkte, schubste er Muhsin auf ihn zu.

Muhsin hatte jetzt entsetzliche Angst, und er mied meinen Blick. Mit seiner gewohnten Zuversicht und Fröhlichkeit war es vorbei. Er katzbuckelte, und sein Faßbauch zitterte vor Furcht. Bevor der Beamte etwas sagen konnte, platzte er mit einer Erklärung heraus.

«Ich habe damit nichts zu tun, Eure Exzellenz», rief er mit Panik in der Stimme. «Ich weiß nicht, wer der Ausländer ist, und ich weiß nicht, was er hier macht. Er hat im Nachbardorf gewohnt und wollte auf dem Weg zum Bahnhof dieses Grabmal besichtigen. Mehr weiß ich nicht. Ich hab nichts mit ihm zu tun.»

Der Beamte wirbelte zu mir herum. «Was hatten Sie in einem Dorf zu schaffen?» fuhr er mich an. «Was hat Sie dahin geführt? Wie lange reisen Sie schon auf dem Land umher, ohne die zuständigen Behörden darüber zu informieren?»

Ich begann zu erklären, daß ich vor Jahren als Student nach Lataīfa gekommen sei, doch der Beamte war nicht zum Zuhören aufgelegt: Seine Gedanken konnten kaum noch mit seinen sich überstürzenden Verdächtigungen Schritt halten. Ohne Punkt und Komma rasselte er eine ganze Latte von Fragen herunter.

Mit wem ich mich in den Dörfern getroffen hätte? wollte er wissen. Gehörten diese Leute irgendeiner politischen Organisation an? Worüber hatte ich mit ihnen geredet? Arbeiteten noch andere Ausländer mit mir zusammen?

Meine Proteste und Erklärungen wurden mit einer ungeduldigen Geste beiseite gewischt. Der Beamte war jetzt viel zu aufgeregt, um mir noch zuzuhören. Ich würde bald Gelegenheit haben, das alles einem höhergestellten Beamten zu erklären, sagte er – diese Angelegenheit sei zu ernst, als daß jemand in seiner Position sich damit befassen könnte.

Er setzte sich an seinen Tisch, schrieb einen Zettel und übergab ihn zusammen mit meinem Paß und Muhsins Papieren dem Mann im Dschallābiyya.

«Gehen Sie mit ihm», sagte er zu mir. «Er wird Sie dort hinbringen, wo Sie hin müssen.»

Im nächsten Moment befanden Muhsin und ich uns wieder im Kleinbus, zwischen uns der Mann im Dschallābiyya. Er hielt Muhsins Papiere und meinen Paß fest in den Händen.

«Es wird sich alles bald klären, Herr», sagte er, als ich ihn fragte, wohin er uns bringe. Er war kräftig gebaut, hatte einen Schnurrbart, der fast blond war, und ein scharfes, eckiges Profil, das auf mazedonische oder albanische Vorfahren in seiner Ahnenreihe hindeutete.

Er hob unsere Papiere ehrerbietig an die Stirn und verneigte sich. «Ich stehe Ihnen zu Diensten, *taht amrak wa iznak ...*»

Erst jetzt stellte ich fest, daß seine Redeweise, abgesehen von seiner salbungsvollen Art, genau die eines Fellachen war, mit nur einer winzigen Spur eines städtischen Akzents. So wie er gekleidet war, mit seiner Fellachenkappe und seinem Dschallābiyya, hätte er ohne weiteres in die Gassen von Lataīfa und Nashāwi gepaßt.

Muhsin unterbrach ihn in einer plötzlichen Aufwallung von Wut. Nun, da er wieder in seinem Kleinbus saß, hatte er sich ein wenig gefaßt. Welches Verbrechen er denn begangen habe? wollte er von dem Mann wissen. Er habe überhaupt nichts Unrechtes getan – er sei bloß ein Taxifahrer, der seine Arbeit tue.

Der Mann blätterte Muhsins Führerschein und Zulassungspapiere mit gespielt beiläufigem Interesse durch. Dann wies er ihn mit vor geheuchelter Unterwürfigkeit ganz seidenweicher Stimme darauf hin, daß seine Zulassung ihn nicht dazu berechtige, Passagiere zu befördern.

Sofort ließ Muhsin die Schultern hängen, und mit seiner Selbstbeherrschung war es vorbei: Der Mann hatte ihn mit routinierter Präzision durchschaut. Muhsin hatte bestimmt Monate gebraucht, um die Papiere zu bekommen; wahrscheinlich hatten sie ihn eine beträchtliche Summe und zahllose vor den Schreibtischen verschiedener Staatsbeamter verbrachte Stunden gekostet. Die Vorstellung, er könnte sie verlieren, erfüllte ihn mit Schrecken.

Als Muhsin wieder sprach, war seine Stimme heiser und von beinahe hysterischer Dringlichkeit. «Sie hören sich so an, als würden Sie hier aus der Gegend kommen, Herr», sagte er. «Ist Ihr Dorf in der Nähe?»

Der Mann im Dschallābiyya nickte mit einem freundlichen Lächeln und nannte ein Dorf in der Umgebung von Damanhur. Der Name schien Muhsin zu elektrisieren. *«Al-hamdulillāh!»* rief er.

«Gott sei gepriesen! Ich kenne dieses Dorf. Ich kenne es sehr gut. Ja, ich war schon viele Male da, viele Male.»

In einem verzweifelten Versuch, die schützenden Bande der Nachbarschaft und Verwandtschaft zu beschwören, um die abstrakte, unpersönliche Angst zu bannen, die die Situation ihm eingeflößt hatte, verbrachte Muhsin die restliche Fahrt damit, die entlegensten Winkel seines Gedächtnisses nach einem Namen abzusuchen, der seinem Häscher bekannt sein mochte. Der ging lächelnd auf seine Fragen ein und ließ ihn mit höflichen, aber herablassenden Antworten abblitzen. Er kannte sein Metier und wußte nur allzu gut, daß es keine wirkungsvollere Methode gab, einen Dorfjungen wie Muhsin in Angst und Schrecken zu versetzen, als seinen eigenen Dialekt zu benutzen, um ihm die vertraute Kommunikation zu verweigern – diese seit undenklichen Zeiten einstudierten Höflichkeiten des dörflichen Lebens, mittels derer die Menschen versuchten, gemeinsame Bekanntschaften und Verbindungen zu entdecken.

Als wir unser Ziel, ein von hohen Mauern umgebenes, schwerbewachtes Gebäude an einer belebten Straße, erreichten, war Muhsin schweißgebadet und völlig mit den Nerven fertig. Er protestierte schwach, als wir an einem bewaffneten Posten vorbei ins Haus geleitet wurden. Dann wurde er eilig in einen entfernten Flügel des Gebäudes abgeführt, während man mich zu einem Raum am Ende des Flurs brachte und mir befahl, einzutreten und dort zu warten.

Der Raum war auf eine altmodische Art angenehm, groß, luftig und von Licht durchflutet, das durch Fenster fiel, die direkt auf den Garten gingen. Nach dem, was ich von dem Gebäude gesehen hatte, schien es mir mit seinen hohen Decken und Bogenfensterm ganz im Stil der Kolonialämter in Indien gehalten zu sein. Es bedurfte keiner großen Vorkenntnisse, um ihm anzusehen, daß es wahrscheinlich während der Besetzung Ägyptens durch die Briten seiner heutigen Bestimmung zugeführt worden war.

Nach einer Weile wurde der Vorhang neben der Tür beiseite geschoben, und ein hochgewachsener Mann mit einer goldgeränderten Pilotensonnenbrille trat in den Raum. Er war leger mit einer leichten Jacke und Hose bekleidet, und er hatte etwas Distinguiertes an sich, wie ein in Würde alternder Sportler.

Er setzte die Sonnenbrille ab und nahm hinter seinem Schreibtisch Platz. Er hatte ein hageres Gesicht, das wie Waffenmetall glänzte, und lockiges, an den Schläfen graumeliertes Haar. Er legte meinen Paß und die Mitteilung des Beamten vor sich auf den Tisch, und nachdem er sie durchgesehen hatte, lehnte er sich mit einem harten, ausdruckslosen Blick auf seinem Stuhl zurück.

«Was hat das hier zu bedeuten?» fragte er.

Ich wußte, daß ich achtgeben mußte, was ich sagte, und so erklärte ich ihm, ganz langsam sprechend, daß ich in den vergangenen Tagen viele Leute vom Maulid des Sīdī Abū-Hasīra hatte reden hören. Sie hätten gesagt, daß viele Touristen nach Damanhur kämen, um an dem Maulid teilzunehmen, und so hätte ich beschlossen, selber auch noch dort vorbeizuschauen, bevor ich später den Zug nach Kairo nahm.

Er hörte sehr aufmerksam zu, und als ich geendet hatte, sagte er: «Wo haben Sie Arabisch gelernt? Und aus welchem Grund sind Sie auf dem Land herumgereist?»

«Ich bin vor Jahren schon einmal hier gewesen», sagte ich und erzählte ihm, wie ich, nachdem ich in Tunesien Arabisch gelernt hatte, als Doktorand nach Ägypten gekommen und von Professor Alī Īsā, einem der bedeutendsten Anthropologen Ägyptens, in diese Gegend gebracht worden war. Zum Glück hatte ich vorsichtshalber eine Kopie der Genehmigung mitgenommen, die man mir damals, als ich nach Lataīfa gezogen war, erteilt hatte, und ich zeigte sie ihm jetzt als Beweis.

Er prüfte das Dokument und sagte dann, indem er es mir zurückgab: «Aber das erklärt nicht, was Sie da am Grabmal gesucht haben. Was hat Sie dort hingeführt?»

Ich sei aus reiner Neugier hingegangen, sagte ich ihm. Ich hätte die Leute vom Maulid von Sīdī Abū-Hasīra reden hören, so wie sie auch über andere derartige Ereignisse redeten, und ich hätte gedacht, ich würde mir auf dem Weg zum Bahnhof den Ort mal ansehen. Ich hätte ja keine Ahnung gehabt, daß so eine ernste Angelegenheit daraus werden könnte, und verstünde überhaupt nicht, was eigentlich passiert sei.

Er winkte ab und bedeutete mir damit, daß er nicht die Absicht hatte, mir eine Erklärung dafür zu geben. «Was genau hat Sie an diesem Ort interessiert?» fragte er wieder. «Was genau hat Sie dort hingeführt?»

«Ich war einfach interessiert», sagte ich. «Weiter nichts.»

«Aber Sie sind weder Jude noch Israeli», sagte er. «Sie sind Inder – was für eine Verbindung könnten Sie zum Grabmal eines jüdischen Heiligen hier in Ägypten haben?»

Er versuchte nicht, mich einzuschüchtern. Ich merkte, daß er die Sache wirklich rätselhaft fand. Er wirkte so vernünftig und intelligent, daß ich ihm beinahe die Geschichte von Bomma und Ben Yiju erzählt hätte. Doch dann wurde mir plötzlich klar, daß ich innerhalb dieser Welt auf nichts hinweisen konnte, was meiner Geschichte Glaubwürdigkeit verlieh – die Überreste jener kurzen, bis zur Ununterscheidbarkeit ineinander verwobenen indischen und ägyptischen, muslimischen und jüdischen, hinduistischen und muslimischen Geschichtsverläufe waren schon seit langer Zeit zersplittert. Heute gab es in Ägypten nichts mehr, was seinen Unglauben hätte anfechten können. In dem Moment wurde mir klar, daß ich jetzt genau deswegen vor ihm saß, weil dieses Grabmal im Rahmen der durch diese Zersplitterung geschaffenen Wissenskategorien eine Anomalie darstellte. Ich war als Grenzgänger erwischt worden, ohne mir bewußt zu sein, daß die schriftliche Fixierung der Geschichte zugleich deren Abschluß und Erfüllung beinhaltete.

«Ich wußte nicht, daß Sīdī Abū-Hasīra ein jüdischer Heiliger ist», sagte ich schließlich. «Auf dem Land habe ich gehört, daß alle das Grabmal besuchen.»

«Das hätten Sie nicht glauben sollen», sagte er. «In den Dörfern herrscht, wie Sie sicher wissen, viel Ignoranz und Aberglaube. Die

Fellachen reden ohne jeden Grund von irgendwelchen Wundern. Sie sind ein gebildeter Mensch; Ihnen sollte es eigentlich nicht passieren, daß Sie den Fellachen in religiösen Fragen glauben.»

«Aber die Fellachen sind doch sehr religiös», sagte ich. «Viele von ihnen haben sehr strenge Ansichten in religiösen Dingen.»

«Ist das Religiosität, an Heilige und Wunder zu glauben?» fragte er verächtlich. «Diese Glaubensvorstellungen haben nichts mit wahrer Religiosität zu tun. Sie sind bloßer Aberglaube, der gegen den Islam verstößt, aber in dem Maße verschwinden wird, wie sich bei uns der Fortschritt entwickelt.»

Er blickte auf seine Unterlagen, womit er zu erkennen gab, daß das Thema für ihn abgeschlossen war. Nach kurzem Schweigen kritzelte er ein paar Sätze auf einen Zettel und erhob sich langsam.

«Wir müssen vorsichtig sein, verstehen Sie?» sagte er höflich, aber distanziert. «Wir wollen alles in unseren Kräften Stehende tun, um das Grabmal zu schützen.»

Er stand auf, schüttelte mir flüchtig die Hand und händigte mir meinen Paß aus. «Ich werde den Mann, der Sie hierhergebracht hat, anweisen, Sie direkt zum Bahnhof zu fahren», sagte er. «Sie sollten den nächstmöglichen Zug nach Kairo nehmen. Es ist besser, wenn Sie Damanhur auf der Stelle verlassen.»

Er ließ mich vor seinem Tisch sitzen, wandte sich um und verließ den Raum. Ich mußte eine Weile warten, bis ein Polizist kam und mich zum Kleinbus zurück eskortierte.

Muhsin saß bereits drinnen, neben dem Mann im blauen Dschallābiyya. Man hatte ihm offenbar nichts getan, doch er war bedrückt und nervös und mied noch immer meinen Blick. Der Bahnhof war nur ein paar Minuten entfernt, und wir legten die Strecke schweigend zurück. Dort angekommen, ging ich zu Muhsins Fenster, und nachdem ich den Fahrpreis bezahlt hatte, versuchte ich mich für den Ärger zu entschuldigen, den ihm dieser Auftrag beschert hatte. Er nahm das Geld und steckte es wortlos ein, wobei er immerzu starr geradeaus sah.

Doch der Mann im Dschallābiyya hatte interessiert zugehört und beugte sich jetzt mit einem blitzenden Lächeln zu mir herüber. «Und ich, Herr?» sagte er. «Haben Sie mich vergessen und alles, was ich für Sie getan habe? Soll ich nichts bekommen?»

Beim Anblick seiner ausgestreckten Hand verlor ich die Kontrolle. «Du Dreckskerl», brüllte ich. «Du Dreckskerl – schämst du dich denn gar nicht?»

Ein Stupsen von Muhsins Ellbogen unterbrach mich. Plötzlich fiel mir wieder ein, daß der Mann immer noch Muhsins Papiere in der Hand hielt. Um Muhsin nicht noch mehr Scherereien zu machen, entfernte ich mich schnell in Richtung Bahnhof. Als ich mich umblickte, waren sie immer noch da. Der Mann im Dschallābiyya wedelte Muhsin mit seinen Papieren vor dem Gesicht herum und feilschte um ihren Preis.

Ich ging auf den Bahnsteig, um auf meinen Zug zu warten.

Im Verlauf der nächsten Monate in Amerika bekam ich neuen Respekt vor dem Mann, der mich an jenem Morgen in Damanhur verhört hatte. Ich stellte fest, daß sein Verständnis der Karte modernen Wissens viel gründlicher war als meines. Auf meiner Suche nach Material über Sīdī Abū-Hasīra verschwendete ich in verschiedenen Bibliotheken sehr viel Zeit damit, unter Stichwörtern wie «Religion» und «Judaismus» nachzusehen – aber natürlich waren dieses und ähnliche Phänomene bei dem Prozeß, sie in die Raster der westlichen Wissenschaft einzupassen, schon längst von jenen Regalen fortgezaubert worden. Dann erinnerte ich mich daran, was der Beamte damals über den Unterschied zwischen Religion und Aberglaube gesagt hatte, und probierte es mal bei den Regalen, die mit «Anthropologie» und «Volkskunde» bezeichnet waren. Und tatsächlich, als ich mich auf diesen Gebieten umsah, wurden meine Bemühungen bald belohnt.

Ich fand heraus, daß der Name Abū-Hasīra, oder Abou-Hadzeira, wie er auf hebräisch transkribiert wird, einer berühmten Sippe von «Zeddikim» zuzuordnen war – dem jüdischen Gegenstück zu den islamischen Marabus und Sufi-Heiligen, von denen früher viele von Juden und Moslems gleichermaßen verehrt wurden. Yaakov Abou-Hadzeira von Damanhur, so erfuhr ich, war einer der namhaftesten in seiner Abstammungslinie, ein Kabbalist und Mystiker, der schon zu Lebzeiten wegen seiner Wunder zu großem Ruhm gelangt war und immer noch eine enorme Gefolgschaft unter den Juden nordafrikanischer und ägyptischer Abstammung hatte. «Das Grabmal des Rabbi Abū-Hasīra von Marokko (in Damanhur) zog große Scharen von Pilgern an», erfuhr ich, «sowohl jüdische als auch nichtjüdische, und die anläßlich der Pilgerreise begangenen Feierlichkeiten hatten große Ähnlichkeit mit denen anläßlich von Geburtstagen muslimischer Heiliger...»

Es war irgendwie beinahe unheimlich: All die Jahre hatte ich nicht gewußt, daß den Vollstreckern der Geschichte zum Trotz ein kleiner Überrest von Bommas Welt überlebt hatte, und zwar gar nicht weit von dort, wo ich gelebt hatte.

Epilog

Bald nach meiner Ankunft in New York versuchte ich Nabīl in Bagdad anzurufen. Es war nicht leicht, durchzukommen. Im Telefonbuch stand eine Vorwahlnummer für den Irak, aber nachdem ich es tagelang probiert hatte, bekam ich nur eine auf Band gesprochene Mitteilung zu hören, daß die Nummer, die ich gewählt hatte, nicht existierte.

Schließlich meldete ich ein Gespräch bei der Telefonvermittlung an. Es dauerte eine Weile, bis der Anschluß zustande kam, doch dann klingelte das Telefon, und kurz darauf hörte ich eine Stimme am anderen Ende im schwerfälligen, sonoren Tonfall der Golf-Araber.

«Ai wah?» sagte die Stimme, die Silben dehnend. «Ja? Wer spricht da?»

Ich wußte sofort, daß ich mit Nabīls Chef verbunden war. Ich stellte ihn mir massig und beleibt vor, am Ende eines Ladentisches hinter einer Kasse thronend, neben sich das Telefon und hinter ihm an der Wand ein Kodacolor-Poster von schneebedeckten Bergen. Er trug einen Dschallābiyya und eine weiße Spitzenmütze, in seiner Brusttasche steckte eine Sonnenbrille, und seine Oberlippe zierte ein sorgfältig gestutzter Schnurrbart. Das Telefon neben ihm war von der altmodischen Sorte, schwarz und schwer, und in der Wählscheibe steckte ein Messingschloß. Der Chef hatte den Schlüssel, und wenn Nabīl und die anderen Assistenten das Telefon benutzen wollten, mußten sie ihn darum bitten.

Es war späte Nacht in New York, also mußte es in Bagdad Morgen sein. Das Geschäft hatte wahrscheinlich gerade erst aufgemacht, und es gab noch keine Kunden.

«Ist Nabīl da?» fragte ich.

«Wer?» sagte die Stimme.

«Nabīl Idris Badawi», sagte ich. «Der Ägypter.»

Er grunzte. «Und wer sind Sie?» fragte er. *«Wa min inta?»*

«Ein Freund von ihm», erwiderte ich. «Sagen Sie ihm, sein Freund aus Indien ist am Apparat. Dann weiß er Bescheid.»

«Wie?» sagte er. «Von wo?»

«Indien, *yā Raīs*», sagte ich. «Könnten Sie ihm bitte Bescheid sagen? Und möglichst schnell, ich rufe nämlich aus Amerika an.»

«Aus Amerika?» brüllte er in die Leitung. «Aber ich denke, Sie sind Inder?»

«Bin ich auch – ich bin nur zu Besuch in Amerika. Bitte holen Sie Nabīl, schnell, *yā Raīs* ...»

Ich hörte ihn durch den Raum rufen: «*Yā* Nabīl, da will dich jemand sprechen, irgendein Inder oder so.»

Nabīls ersten Worten war anzumerken, daß ihn mein Anruf völlig überrascht hatte. Am Anfang wollte er erst gar nicht glauben, daß es wirklich ich war, der da am anderen Ende der Leitung aus Amerika mit ihm sprach. Und ich war fast genauso erstaunt wie er. Als ich ihn damals kennenglernt hatte, hätte ich mir nie vorgestellt, daß wir eines Tages miteinander telefonieren würden, Tausende von Meilen voneinander getrennt.

Ich erzählte ihm, ich sei kürzlich in Ägypten gewesen und hätte Nashāwi besucht, und seine Familie habe mir seine Telefonnummer gegeben und mir gesagt, ich solle ihn in Bagdad anrufen. Als er mich dann plötzlich erkannte, stieß er einen Schrei aus.

«Yā Amitab», rief er. «Wie geht's dir? *Zayyak?* Wo warst du? Wo hast du all die Jahre gesteckt?»

Ich berichtete ihm kurz, wie ich die letzten Jahre verbracht hatte, und dann war es an mir zu fragen: «Und du? *Zayyak inta?»*

«Kullu āl», lautete seine konventionelle Erwiderung. Es gehe gut. Er und sein Cousin Ismāīl kämen gut zurecht, sie wohnten zusam-

men mit Freunden von zu Hause. Dann fragte er mich über Indien aus, über jedes einzelne Mitglied der Familie, über meine Arbeit und meine Bücher. Als ich ihm alle diesbezüglichen Neuigkeiten berichtet hatte, erzählte ich ihm von seiner eigenen Familie in Nashāwi und von meinem Beusch in ihrem neuen Haus. Er war begierig, etwas über sie zu erfahren, und stellte Frage um Frage, doch in zunehmend leiserem Ton.

«Und du, Nabīl», sagte ich schließlich. «Wie gefällt's dir im Irak? Wie ist es dort?»

«Kullu āl», sagte er – es geht alles gut.

Ich wollte, daß er mir vom Irak erzählte, aber natürlich hätte er in Hörweite seines Chefs nicht viel sagen können. Dann hörte ich ein Geräusch in der Leitung. Es klang, als rufe ihn jemand quer durch den Raum. Er unterbrach sich und sagte: «Ich komme sofort, einen Moment noch», und ich fügte schnell hinzu: «Ich kehre bald nach Indien zurück – ich will versuchen, in Bagdad Station zu machen, um euch zu besuchen.»

«Wir erwarten dich», sagte er. «Du mußt unbedingt kommen.»

«Ich tue mein Bestes», sagte ich.

«Ich erzähle Ismāīl, daß du kommst», sagte er eilig. «Wir warten auf dich.»

Ich hörte wieder die Stimme seines Chefs im Hintergrund, der ihm etwas zurief. «Ich komme», versprach ich. «Ganz bestimmt.»

Doch zu guter Letzt konnte ich mein Wort doch nicht halten. Aus verschiedenen Gründen war es mir nicht möglich, auf dem Rückweg nach Indien in Bagdad Station zu machen. Da ich nun dieses Versprechen gebrochen hatte, war ich um so entschlossener, ein anderes zu halten: Ich nahm mir vor, unter allen Umständen 1990, im Jahr darauf, wieder nach Ägypten zu fahren, so wie ich es Scheich Mūsā versprochen hatte.

Ich war mir sicher, daß Nabīl bis dahin wieder in Nashāwi sein würde.

Bommas Geschichte endet in Philadelphia.

An der Ecke Fourth Avenue und Walnut Street, mitten im Stadtzentrum von Philadelphia, steht ein schnittiges, modernes Gebäude, ein imposanter Bau, den man leicht für die Zentrale eines großen multinationalen Unternehmens halten könnte. Tatsächlich handelt es sich um das Annenberg Research Institute, ein Zentrum für Geschichts- und Sozialforschung. Es verdankt seine Existenz dem riesigen Vermögen, das durch das erste und beliebteste Fernsehmagazin Amerikas, «TV Guide», geschaffen wurde.

Innerhalb der prachtvollen Räumlichkeiten des Instituts ist eine bemerkenswerte Sammlung von Judaika untergebracht, die auch Handschriften unterschiedlichster Art enthält, unter anderem die Sammlung von Genisa-Dokumenten, die zuvor im Besitz von Philadelphias Dropsie College war.

Die Dokumente sind in der Handschriftenabteilung des Instituts aufbewahrt, einem großen Gewölbe in den Eingeweiden des Gebäudes, stahlversiegelt, laserbewacht und mit einem Alarmsystem ausgestattet, das binnen Sekunden ganze Flotten von Polizei-Hubschraubern und Einsatzwagen mobilisieren kann. Im versiegelten Innenraum dieses Gewölbes befinden sich zwei Vitrinen, die sich wie Katafalke aus dem Boden erheben. Darin lagern die Dokumente, in klaren Plastikfolien, zwischen vorzüglich gearbeiteten Umschlägen.

Zwischen den Blättern eines dieser Folianten liegt ein zerrissenes Blatt Papier, das mit Ben Yijus typischer Handschrift bedeckt ist. Es ist ein großes Blatt, viel größer als irgendeines von Ben Yijus anderen Papieren, aber es ist stark beschädigt, und beinahe ein Viertel des Blattes fehlt. Die Handschrift auf den restlichen Teilen des Fragments ist unverkennbar Ben Yijus, doch die Buchstaben sind winzig und schwach, wie von einer unsicheren, alternden Hand geschrieben.

Bei dem Dokument handelt es sich um eine von Ben Yijus vielen Rechnungsaufstellungen, doch die darin erwähnten Namen von Personen und Gütern unterscheiden sich sehr von denen aus seinen früheren Papieren. Sie lassen vermuten, daß diese Rechnungen aus den Jahren stammen, die er gegen Ende seines Lebens in Fustāt verbrachte.

In dem Dokument werden mehrere Personen erwähnt, denen Ben Yiju Geld für Haushaltsanschaffungen schuldete, zum Beispiel für verschiedene Sorten Brot. Das Dokument ist größtenteils nicht zu entziffern, doch unter den klar lesbaren Sätzen findet sich mindestens einer, in dem von einer Geldsumme die Rede ist, die Bomma geschuldet wird.

Damit ist der Beweis geliefert, daß Bomma bei Ben Yiju war, als dieser in den letzten Jahren seines Lebens nach Ägypten zurückkehrte, um sich dort niederzulassen.

In Philadelphia also, erhalten durch die Nebenprodukte von «Dallas» und «Dynasty» und geschützt durch die furchteinflößende Macht der amerikanischen Polizei, ruht das letzte Zeugnis der Existenz von Bomma, dem Fischer aus Tulunād mit seiner Vorliebe für vergorenen Palmsaft.

Ich kann mir nicht helfen, aber ich glaube, Bomma hätte das sehr komisch gefunden.

Ein Eintrag in meinem Paß vermerkt, daß ich am 20. August 1990 Kalkutta mit Ziel Kairo verließ, genau drei Wochen nach dem irakischen Einmarsch in Kuwait. Die Zeitungen berichteten schon von Plänen zur Mobilisierung Hunderttausender amerikanischer und europäischer Soldaten – für das größte Heer, das je aufgestellt wurde.

Was mir von dieser Reise am lebhaftesten in Erinnerung blieb, waren die Meldungen über die riesige Flut ägyptischer Arbeiter, die jetzt aus dem Irak zurückströmte, und meine Versuche, in den überfüllten Abflughallen des Flughafens von Amman, wo ich umsteigen mußte, Nabīl und Ismāīl zu entdecken.

In Ägypten schien sich jeder, mit dem ich sprach, in einem Zustand verwirrter Beklemmung zu befinden. Im Taxi von Kairo nach

Damanhur redeten die Passagiere wahllos von Katastrophe, Mord und Rache. Auf dem Land herrschte noch größere Verwirrung als in den Städten. Allein aus Lataīfa waren noch fünf Jungs im Irak, und von keinem hatte man seit dem Tag der Invasion etwas gehört. Dschābir war, wie ich feststellte, nicht unter den fünfen. Er war immer noch zu Hause in Lataīfa, obwohl er buchstäblich bis zum Tag der Invasion versucht hatte, in den Irak zu fahren. Scheich Mūsā war wohlauf, aber in größter Sorge: Sein Neffe Mabrūk gehörte zu den fünfen, die noch im Irak waren.

Auf dem Weg nach Nashāwi, wo ich mich nach Nabīl und Ismāīl erkundigen wollte, kehrte ich in Gedanken zu dem Tag fast genau ein Jahrzehnt zuvor zurück, als Mabrūk in mein Zimmer hochgelaufen gekommen war und mich zu sich nach Hause gezerrt hatte, wo ich mein Urteil über die «indische Maschine» abgeben sollte, die sein Vater gekauft hatte. Und jetzt befand sich ebendieser Mabrūk in unmittelbarer Nähe chemischer und nuklearer Waffen, in direkter Reichweite der fortgeschrittensten Kriegsmaschinerie der Welt. Er würde es sein, der letztendlich den Preis für diese Kanonen, Panzer und Bomben zahlte.

Fauziyya stand an der Tür ihres Hauses. Sie sah mich, als ich um die Ecke kam. «Nabīl ist noch nicht wieder zurück, *yā Amitab*», sagte sie, sowie sie mich erblickt hatte. «Er ist immer noch drüben im Irak, und wir sitzen hier und warten.»

«Haben Sie irgendeine Nachricht von ihm? Einen Brief?»

«Nein, nichts», sagte sie, während sie mich ins Haus führte. «Gar nichts. Das letzte Mal, daß wir etwas von ihm gehört haben, war, als Ismāīl wiedergekommen ist, vor zwei Monaten.»

«Ismāīl ist wieder da?»

«Gott sei gelobt», sagte sie lächelnd. «Er ist wieder zurück, bei guter Gesundheit.»

«Wo ist er?» fragte ich und sah mich um. «Könnten Sie ihn holen lassen?»

«Natürlich», sagte sie. «Er ist gleich um die Ecke. Er hockt zu Hause. Er hat noch keine Arbeit gefunden – nur ein paar Gelegenheitsarbeiten hier und dort, aber meistens hat er nichts zu tun. Ich laß ihn sofort holen.»

Während ich wartete, sah ich mich um und stellte fest, daß die Arbeit an ihrem Haus durch irgend etwas unterbrochen worden war. Als ich es zuletzt gesehen hatte, hatte ich den Eindruck gehabt, er würde innerhalb weniger Monate fertig sein. Doch jetzt, anderthalb Jahre später, war der Boden immer noch eine Plattform aus gestampfter Erde und Kies. Es waren weder die Fliesen gelegt noch die Wände verputzt und gestrichen worden.

«Hamdullillāh as-salāma.» Ismāīl stand an der Tür, lachend, mit ausgestreckter Hand.

«Warum bist du nicht gekommen?» fragte er, nachdem wir die Begrüßung hinter uns gebracht hatten. «Weißt du noch, als du aus Amerika angerufen hast? Nabīl hat mich gleich angerufen, nachdem er mit dir geredet hatte. Er hat einfach den Hörer abgenommen und mich an meinem Arbeitsplatz angerufen. Er hat mir erzählt, du hättest gesagt, daß du uns besuchen willst. Wir haben lange auf dich gewartet. Wir haben sogar in unserem Zimmer einen Platz für dich freigemacht und überlegt, was wir dir alles zeigen wollten. Aber weißt du was? Nabīls Chef, der Ladenbesitzer, der hat sich richtig aufgeregt – das hat ihm gar nicht gefallen, daß Nabīl ein Ferngespräch aus Amerika bekommen hat.»

«Warum ist Nabīl nicht mit dir zurückgekommen? Was gibt's Neues von ihm?»

«Er wollte zurückkommen. Genauer gesagt, er dachte, er wollte. Doch dann hat er sich entschlossen, noch ein paar Monate zu bleiben, um noch etwas mehr Geld zu verdienen, damit das Haus hier fertiggestellt werden kann. Du siehst ja, es ist immer noch halbfertig – und das ganze Geld ist aufgebraucht. In diesem Jahr sind die Preise gestiegen, alles ist teurer geworden.»

«Und außerdem», sagte Fauziyya, «was könnte Nabīl hier schon machen? Sehen Sie sich Ismāīl an – er hockt nur zu Hause, hat keine Arbeit, hat nichts zu tun...»

Ismāīl zuckte die Achseln. «Trotzdem, er wollte eigentlich zurückkommen. Er ist jetzt schon drei Jahre dort. Länger als die meisten, und er ist dabei ganz schön gealtert. Wenn du ihn sehen würdest, würdest du verstehen, was ich meine. Er sieht viel älter aus. Das Leben ist nicht leicht da draußen.»

«Wie meinst du das?»

«Ach weißt du, die Iraker.» Er verzog das Gesicht. «Die sind wild... Die kommen für ein paar Tage nach Hause, auf Heimaturlaub, und dann drehen sie durch, prügeln sich auf offener Straße, trinken. Ägypter gehen da abends nie vor die Tür. Wenn du irgendwelchen betrunkenen Irakern über den Weg läufst, bringen sie dich um, einfach so. Und es merkt noch nicht mal jemand, weil sie deine Papiere wegwerfen. Das ist alles schon vorgekommen, es passiert ständig. Sie geben uns die Schuld, verstehst du, sie sagen: ‹Ihr habt uns unsere Arbeit und unser Geld weggenommen, ihr werdet reich, während wir kämpfen und sterben.›»

«Und Saddam Hussein?»

«Saddam Hussein!» Er verdrehte die Augen. «Man muß aufpassen, wenn man den Namen da draußen ausspricht – an jeder Ecke gibt's Spione, die zuhören. Ein Wort über Saddam, und du bist erledigt, tot.»

Später erzählte Ismāīl mir eine Geschichte. In diesem Jahr hatte Ägypten in der Vorrunde zur Fußballweltmeisterschaft ein Spiel gegen Algerien ausgetragen. Ägypten hatte gewonnen, und überall waren die Ägypter außer sich vor Freude gewesen. Im Irak waren die zwei bis drei Millionen Ägypter, die alle zusammengepfercht lebten, alle jung, alles Männer, ohne Familien, Kinder und Frauen, und die nichts zu tun hatten, als in ihre neuerworbenen Fernseher zu starren – diese Ägypter waren in einem Freudentaumel aus ihren Zimmern hinaus auf die Straßen gestürmt. Ihre Fußballmannschaft hatte ihnen die Selbstachtung zurückgegeben, die sie durch ihre Kassettenrecorder und Fernsehgeräte irgendwie nicht bekommen hatten. Den Irakern, die nie so etwas wie ein normales politisches Leben gekannt und derartige Menschenmassen wahrscheinlich nur bei Pilgerfahrten gesehen hatten, müssen diese Scharen von Ägyptern wie der Beginn des Armageddon vorgekommen sein. Sie reagierten darauf, indem sie sie auf den Straßen angriffen, in vielen Fällen mit Feuerwaffen; kampfgeübt, wie sie waren, fielen sie über die jubelnden, unbewaffneten Massen ägyptischer Arbeiter her.

«Du kannst dir nicht vorstellen, wie das war», sagte Ismāīl. Er hatte Tränen in den Augen. «Da habe ich beschlossen, abzureisen. Nabīl ging es genauso, aber natürlich braucht er immer etwas länger, um sich zu irgend etwas durchzuringen. Aber im letzten Moment hat er gemeint, er bleibt lieber doch noch ein bißchen ...»

Ich dachte an den Abend zurück, als ich Nabīl und Ismāīl kennengelernt hatte, und daran, wie Nabīl gesagt hatte, es müsse mir doch all die Menschen in Erinnerung rufen, die ich zu Hause zurückgelassen hatte, wenn ich so ganz allein den Kessel aufsetzte, mit Wasser nur für mich selbst. Die Vorstellung fiel mir schwer: Nabīl allein in einer Stadt, der die Zerstörung drohte.

Etwas später gingen wir zu Ismāīl, um uns die Nachrichten in dem Farbfernseher anzusehen, den er mitgebracht hatte. Er thronte auf seiner Transportkiste, mitten im Raum, brandneu, und daneben brüteten Hühner auf einem Nest. Alsbald begannen die Nachrichten, und wir sahen Filmaufnahmen aus Jordanien: Abertausende von Männern, einige in Hosen, andere in Dschallābiyyas, einige trugen ihre Fernseher auf dem Rücken, andere bettelten um Wasser – Abertausende, die sich vom Horizont bis zum Roten Meer erstreckten und am Strand standen, als warteten sie darauf, daß sich die Fluten teilten.

Es befanden sich jetzt mehr als ein Dutzend Personen in dem Raum. Wir drängten uns um das Fernsehgerät, sahen aufmerksam und ganz genau hin, musterten jedes Gesicht, das wir sahen: doch es war nichts zu sehen außer Menschenmengen. Die Anonymität der Geschichte hatte Nabīl verschluckt.

Anmerkungen

*P*ROLOG

S. 11 Sein erster Auftritt: E. Strauss (jetzt Ashtor), «Documents for the Economic and Social History of the Near East», in: *Zion*, VII, Jerusalem 1942.

S. 11 Khalaf Ibn Ishāk: Ein Wort zur deutschen Umschrift. Sie erfolgte aus Gründen der besseren Lesbarkeit nach vereinfachten Transkriptionsregeln. Die für das Arabische typischen emphatischen Laute wurden nicht gesondert gekennzeichnet, ebenso wurde auf die Wiedergabe des sogenannten 'Ain-Lautes verzichtet. Generell sollte das *s* scharf ausgesprochen werden (wie in *Glas*), das *z* weich (wie in *Rose*), das *th* wie im englischen *thing* und das *q* wie ein kehliges *k*. Geachtet wurde hingegen auf eine korrekte Wiedergabe von Längen, die mit Strichen über den Vokalen gekennzeichnet sind. Eingedeutschte Schreibweisen wurden in der Regel übernommen. (A. d. Ü.)

S. 11 Im April traf ein deutsches Heer ein: Ibn al-Qalānisī, *The Damascus Chronicle of the Crusades*, hrsg. und übers. von H. A. R. Gibb, London 1967, S. 280 ff.

S. 12 «In jenem Jahr kamen die deutschen Franken»: Der Geschichtsschreiber war der berühmte Ibn al-Athīr. Zit. nach Amin Maalouf, *The Crusades through Arab Eyes*, übers. von Jon Rothschild, London 1984.

S. 12 In der adligen Begleitung: Siehe Steven Runciman, *Geschichte der Kreuzzüge*, München 1978, S. 585.

S. 12 «Ihre Meinungen gingen auseinander»: Ibn al-Qalānisī, a. a. O., S. 282.

S. 13 ...«kehrten die deutschen Franken... zurück»: Ibn al-Athīr, a. a. O. Ibn al-Qalānisī verfaßte eine lebendige Schilderung dieses Gefechts, in: *The Damascus Chronicle*, a. a. O., S. 281–284. Siehe dazu auch Steven Runciman, *Geschichte der Kreuzzüge*, a. a. O., S. 585–588, sowie Virginia G. Berry, «The Second Crusade», in: *A History of the Crusades*, hrsg. von K. M. Setton, Madison 1969, Bd. 1, S. 508–510. Hans Eberhard Mayer befaßt sich mit dem Entschluß der Kreuzzügler, Damaskus anzugreifen, in: *Geschichte der Kreuzzüge*, Stuttgart 1989, S. 96–97.

S. 14 Neuigkeiten wurden... rasch... weitergegeben: Die Beschaffung und Übermittlung von Informationen war einer der Dienste, die Händler einander in dieser Zeit erwiesen. Siehe Norman Stillmans Artikel «The Eleventh

Century Merchant House of Ibn Awkāl (A Geniza Study)», in: *Journal of the Economic and Social History of the Orient*, XVI, 1, 1973, S. 24. Nicht lange nach Khalaf Ibn Ishāqs Lebzeiten erzählte ein arabischer Gelehrter Sultan Salāh al-Dīns (Saladins) Sohn al-Malik al-Zāhir, Händler seien «die Kundschafter der Welt». Vgl. auch S. D. Goitein, «Changes in the Middle East (950–1150), as Illustrated by the Documents of the Cairo Geniza», in: *Islamic Civilisation*, hrsg. von P. Richards, Oxford 1973, S. 19.

S. 14 «Dinge, die weder Preis noch Wert besitzen»: Meine Übersetzung basiert auf Strauss' Transkription in «Documents», a. a. O. Die hier zitierte Zeile ist die Zeile 17.

S. 14 «Zwei Krüge Zucker»: Ebd., Zeile 18.

S. 14 «viele Grüße»: Ebd., Zeile 23.

S. 15 Der zweite Auftritt des Sklaven: S. D. Goitein, *Letters of Medieval Jewish Traders*, Princeton 1973, S. 187–192. Die Zitate aus Khalaf Ibn Ishāqs Brief in den folgenden vier Absätzen sind alle Goiteins Übersetzung aus o. a. Werk entnommen.

S. 15 Dies ist ein weiteres ereignisreiches Jahr: Vgl. Steven Runciman, *Geschichte der Kreuzzüge*, a. a. O., S. 531. Siehe auch H. A. R. Gibb, «Zengi and the Fall of Edessa», in: Setton, *A History*, a. a. O., Bd. 1.

S. 16/17 Ich hatte ... ein Stipendium ... erhalten: Es handelt sich um die Inlaks Foundation in London, und ich möchte hier die Gelegenheit ergreifen, dieser meinen Dank auszusprechen. Mein besonderer Dank gilt dem Stiftungsleiter Graf Nicoló Sella di Monteluce für seine Ermutigung und Unterstützung.

S. 17 ... daß ich Forschungen betreiben sollte: Ich möchte an dieser Stelle dem verstorbenen Dr. Peter Lienhardt vom Institute of Social Anthropology meinen Tribut zollen. Er hat in Oxford meine Doktorarbeit betreut, und ich betrachte es als großes Glück, ihn als Betreuer gehabt zu haben. Er war unendlich großzügig, wenn es darum ging, Ermutigung zu spenden, angsteinflößend in der Entlarvung von Anmaßung und unermüdlich in der Orchestrierung logistischer Unterstützung. Doch wenn ich mich heute an ihn als den besten aller Betreuer erinnere, dann nicht wegen all dieser Tugenden, so unschätzbar sie auch sind, sondern wegen einer noch wertvolleren, die unter Akademikern die allerseltenste ist: daß er alles in seiner Macht Stehende tat, um dafür zu sorgen, daß ich ungestört blieb, um meine Interessen nach eigenem Gutdünken zu verfolgen. Der Dank, den ich ihm gegenüber empfinde, läßt sich nicht in Worte fassen.

S. 17 Lataīfa: Der Name dieser wie der umliegenden Ortschaften wurde verändert. Das gleiche gilt für die Namen der Bewohner, die auf den folgenden Seiten erwähnt werden.

Lataīfa

S. 27 ***Da er ein … großzügiger Mensch war:*** Ich möchte an dieser Stelle die tiefe Schuld erwähnen, in der ich gegenüber dem verstorbenen Professor Alī Īsā vom anthropologischen Seminar der geisteswissenschaftlichen Fakultät der Universität Alexandria stehe. Professor Īsā ebnete mir einen Weg über alle offizielle Hürden, die das Projekt ‹Feldforschung› umgaben, und ihm habe ich es zu verdanken, daß ich binnen weniger Wochen nach meiner Ankunft in Ägypten nach Lataīfa ziehen konnte. Ich erinnere mich mit tiefster Hochachtung und Zuneigung an ihn und bedaure zutiefst, daß er die Veröffentlichung dieses Buches nicht mehr erleben durfte.

Mein Dank gilt auch vielen anderen Angehörigen dieser geisteswissenschaftlichen Fakultät, mit der ich die angenehmsten Erinnerungen verbinde. Unter anderem Hishām Nofal, Mohammad Ghoneim, Mustafā Omar, Merwat al-Ashwāmi Osmān, Taisser Hasan Alī Gomaa und Mustafā Awad Ibrāhīm. Sie alle waren damals als Forschungsstudenten am anthropologischen Seminar und trugen wesentlich dazu bei, daß ich mich gleich in meiner ersten Zeit in Alexandria willkommen fühlte. Ich möchte ihnen für die Gastfreundschaft und Freundschaft danken, die sie mir damals erwiesen und durch die sie alle meine nachfolgenden Besuche dort bereichert haben. Mein ganz besonderer Dank gilt Professor Ahmed Abū-Zid.

S. 29 ***Sie werden mit ein und demselben Namen bezeichnet, Masr:*** Der Name lautet genaugenommen Misr.

S. 30 ***Wie das Englische:*** Das Albanische, das sowohl «Misir» als auch ‹Egjypt» verwendet, bildet eine Ausnahme – wahrscheinlich aufgrund des großen muslimischen Bevölkerungsanteils.

S. 32 ***Das Kastell hat auch andere Namen gehabt:*** Siehe Stanley Lane-Poole, *The Story of Cairo*, London 1902, S. 34–35, und Desmond Stewart, *Cairo, 5500 years*, New York 1968, S. 28. A. J. Butler geht in seinem monumentalen Werk *Arab Conquest of Egypt*, Oxford 1902, S. 244ff., auch kurz auf den Namen der Festung ein.

S. 32 ***Babylons wichtigster Damm:*** Hierauf weist W. Kubiak in seiner vorzüglichen Monographie *Al-Fustāt, Its Foundation and Early Urban Development*, Kairo 1987, S. 43ff und 117f. hin. Siehe auch Oleg V. Volkoff, *Le Caire, 969–1969*, Kairo 1971, S. 7, und Janet L. Abu-Lughod, *Cairo, 1001 Years of the City Victorious*, Princeton 1971, S. 4–5.

S. 32 ***Zu Ben Yijus Zeit:*** Siehe Nāsir-e-Khosraws *Safarnama* (Buch der Reisen), übers. von W. M. Thackston Jr., New York 1986, S. 55.

S. 34 ***«fossaton»:*** Vgl. W. Kubiak, *Al-Fustāt*, a. a. O., S. 11; Janet L. Abu-Lughod, *Cairo*, a. a. O., S. 13; und Oleg V. Volkoff, *Le Caire*, a. a. O., S. 44.

S. 34 Ihr Heer bereitete den Ägyptern: Vgl. Stanley Lane-Poole, *A History of Egypt in the Middle Ages*, London 1968, S. 102, und Oleg V. Volkoff, *Le Caire*, a.a.O., S. 44.

S. 34 Al-Qāhira war als geplante Hauptstadt konzipiert: Volkoff, der darauf hinweist, daß die Stadt nicht ohne Grund al-Qāhira al-Mahrūsa, «die Bewachte», genannt wurde, vergleicht sie mit Peking und Moskau. Ebd., S. 49.

S. 35 Von archäologischen Ausgrabungen weiß man: Die verschiedenen Sorten Lehm und Erde, die im mittelalterlichen Fustāt als Baumaterial verwendet wurden, behandelt ausführlich Moshe Gils Artikel «Maintenance, Building Operations, and Repairs in the Houses of the Qodesh in Fustāt», in: *Journal of the Economic and Social History of the Orient*, XIV, 2, 1971, S. 147–152. Die in Lataīfa und Nashāwi benutzten Bezeichnungen für die verschiedenen Sorten Erde, die als Baumaterial dienen, sind in vielen Fällen dieselben, die im mittelalterlichen Fustāt geläufig waren (z. B. Tīn aswad, Tīn asfar, Turāb).

S. 35 Möglicherweise hatte Fustāt: Meine Spekulationen über das Erscheinungsbild des mittelalterlichen Fustāt basieren größtenteils auf Wladyslaw Kubiaks Beschreibung der archäologischen Funde an der Ausgrabungsstätte (in seiner Monographie *Al-Fustāt*, a.a.O.). Ich möchte aber betonen, daß Kubiak selber nicht findet, die mittelalterliche Stadt hätte ein ländliches Aussehen gehabt. Die in der Monographie beschriebenen Funde scheinen mir dies jedoch mit einiger Wahrscheinlichkeit nahezulegen. Vgl. vor allem den Teil über «Straßen», S. 112–117. Einige mittelalterliche Reisende berichteten, Fustāt habe provinziell ausgesehen, sei aber geschäftig und dichtbevölkert gewesen, während andere voller Bewunderung große, mehrstöckige Gebäude erwähnten, was darauf schließen läßt, daß in einigen Teilen Fustāts die Gebäude imposante Ausmaße hatten (vgl. Oleg V. Volkoff, *Le Caire*, a.a.O., S. 22, und S. D. Goitein, «Urban Housing in Fatimid and Ayyubid Times», in: *Studia Islamica*, 46–47, 1978, S. 14). Aller Wahrscheinlichkeit nach gab es in der Stadt einige wohlhabende Bezirke, die in einem völlig anderen Maßstab gebaut waren als die Behausungen, in denen die überwiegende Mehrheit der Bevölkerung wohnte. Die Wohnarchitektur des mittelalterlichen Fustāt weist in vielen Details eine auffallende Ähnlichkeit mit der auf, die sich noch heute im ländlichen Unterägypten findet. Es bestand sogar eine eindeutige, direkte Kontinuität zwischen den Wohnmustern der im Buch beschriebenen ländlichen Gegend und jenen der Stadt Fustāt. Behausungen im mittelalterlichen Fustāt sahen auch die Eingliederung von Viehverschlägen oder «Zarības» vor (vgl. S. D. Goitein, «A Mansion in Fustāt: A twelfth-century Description of a Domestic Compound in the Ancient Capital of Egypt», in: *The Medieval City*, hrsg. von H. A. Miskimin u. a., New Haven 1977). Eine neuzeitliche Zarība wird bald eine Rolle in dieser Erzählung spielen.

S. 36 Die «palästinensische» Gemeinde: Die wesentliche glaubensbedingte

Trennlinie innerhalb der jüdischen Gemeinde des mittelalterlichen Fustāt verlief zwischen den Karaiten und den anderen beiden Gruppen, die zusammen als Rabbaniten bekannt waren. Für die Karaiten war die Bibel der einzige heilige Text, während die anderen zusätzlich auch den Talmud sowie spätere rabbinische Schriften als Heilige Schrift betrachteten, wie es die Mehrheit der heutigen Juden tut. Eine der beiden rabbanischen Gruppen, die «Iraker», bestand aus mesopotamischen Juden, welche die von der Schule jener Region vorgeschriebenen Riten befolgten, während die «Palästinenser» natürlich die Riten der Jerusalemer Schule befolgten. Siehe S. D. Goitein, *A Mediterranean Society*, Berkeley 1967, Bd. 1, S. 18, und Norman Golbs Artikel «Aspects of the Historical Background of Jewish Life in Medieval Egypt», in: *Jewish Medieval and Renaissance Studies*, hrsg. von Alexander Altmann, Cambridge, Mass. 1967.

S. 36 So unglaublich es klingen mag: Siehe G. T. Scanlon, «Egypt and China: Trade and Imitation», in: *Islam and the Trade of Asia*, hrsg. von D. S. Richards, Oxford und Philadelphia 1971, S. 88; sowie Ruth Barnes Artikel «Indian Trade Cloth in Egypt: The Newberry Collection», in: *Proceedings of the Textile Society of America*, 1990.

S. 51 Für Ben Yiju hätte das Zentrum Kairos: Man war früher der Meinung, die Synagoge von Ben Ezra sei ursprünglich eine koptische Kirche gewesen, doch diese These ist längst von S. D. Goitein widerlegt worden, obwohl viele sie noch immer vertreten. Es gab tatsächlich eine Kirche in Fustāt, die im neunten Jahrhundert in eine Synagoge umgewandelt wurde, doch gehörte sie wahrscheinlich einer anderen Gemeinde an und befand sich an einem anderen Standort (vgl. *A Mediterrranean Society*, a.a.O., Bd. 1, S. 18, und Bd. 2, S. 149). Goitein hat überzeugend bewiesen, daß die Kirche, die im neunten Jahrhundert den Besitzer wechselte, von der «irakischen» Gemeinde gekauft wurde, die vorwiegend aus Einwanderern bestand und wahrscheinlich einen Platz für ihre Synagoge benötigte. Der Platz der Synagoge von Ben Ezra dagegen hätte wahrscheinlich schon seit dem Altertum den «Palästinensern» gehört.

S. 52 Es soll damals zwei Eingänge gehabt haben: Siehe S. D. Goitein, «The Sexual Mores of the Common People», in: *Society and the Sexes in Medieval Islam*, hrsg. von A. L. al-Sayyid Marsot, Malibu 1979, S. 47; sowie Bd. 2 von *A Mediterranean Society*, a. a. O., S. 143–152.

S. 52 Der Zustrom der Zuwanderer: Vgl. S. D. Goitein, «Changes in the Middle East (950–1150)», a. a. O., S. 25; sowie «Mediterranean Trade in the Eleventh Century: Some Facts and Problems», in: *Studies in the Economic History of the Middle East*, hrsg. von M. A. Cook, London 1970, S. 61.

S. 52 Die Nordafrikaner scheinen eine besondere Vorliebe: Möglicherweise haben sich die Juden und Moslems in Nordafrika und dem Nahen Osten nach dem zehnten Jahrhundert zunehmend dem Indienhandel zugewandt, weil sie von den christlichen Staaten an der Nordküste des Mittelmeers aus dem Mittelmeerhandel verdrängt worden waren. (Siehe z. B. S. D. Goiteins Artikel «Portrait of a Medieval Indian Trader; Three Letters from the Cairo Geniza», in: *Bulletin of the School of Oriental and African Studies*, Bd. 50, 1987, S. 449.) Nach dem zwölften Jahrhundert scheinen die jüdischen Kaufleute allmählich von der muslimischen Kārimī-Händlervereinigung aus dem Osthandel verdrängt worden zu sein. (Vgl. W. J. Fischel, «The Spice Trade in Mamluk Egypt», in: *Journal of the Economical and Social History of the Orient*, London 1958, Bd. 1, S. 166f.)

S. 53 Die überwiegende Mehrheit ... waren Händler: Siehe S. D. Goitein, *Studies in Islamic History and Institutions*, Leiden 1966, S. 277f. Wie Goitein an anderer Stelle bemerkt, setzte sich die Oberschicht der jüdischen Gemeinde in Fustāt hauptsächlich aus Mitgliedern der «irakischen» und karaitischen Gemeinde zusammen, nicht aus «Palästinensern»: «...in der Regel war es die Mittelschicht und untere Mittelschicht der jüdischen Gesellschaft, und nicht die wirtschaftlich und gesellschaftlich höchststehende, die ihre alltäglichen Schriftzeugnisse in der Genisa hinterlassen hat.» Vgl. «Changes in the Middle East (950–1150)», a. a. O., S. 18. Siehe auch Goiteins Artikel «The Sexual Mores», a. a. O., S. 50.

S. 53 Ihre Ärzte ... studierten Hippokrates: Vgl. S. D. Goitein, *A Mediterranean Society*, a. a. O., Bd. 2, S. 249.

S. 54 Die Kammern ... trugen die Bezeichnung «Genisa»: Vgl. ebd., Bd. 1, S. 1.

S. 54 Die Genisa ... wurde dem Gebäude hinzugefügt: Zum Baudatum der Ben-Ezra-Genisa siehe S. D. Goitein, *A Mediterranean Society*, a. a. O., Bd. 1, S. 18. Am 31. Dezember 1011 wurde eine jüdische Trauerprozession von Moslems angegriffen, dreiundzwanzig Menschen wurden gefangengenommen und mit dem Tode bedroht. Sie wurden im letzten Moment durch die persönliche Intervention des Kalifen gerettet. Goitein meint, auf diesen Vorfall könnte der Anbau der Genisa, als die Synagoge 1025 wiederaufgebaut wurde, unmittelbar zurückgeführt werden. «Eingedenk der schrecklichen Ereignisse vom Dezember 1011 müssen sie gedacht haben: Leichen müssen aus der Stadt entfernt werden, ungeachtet der ständigen Bedrohung durch den Pöbel. Aber warum das gleiche Risiko mit Schriftstücken eingehen? Schaffen wir in der Synagoge einen Ort, der groß genug ist, um dort abgelegte Schriftstücke ein für allemal zu lagern. Die Idee wurde in die Tat umgesetzt, und das Ergebnis war die Genisa von Kairo.» («Urban Housing», a. a. O., S. 6.) Die Genisa enthält jedoch mehrere Dokumente, die auf die Zeit vor dem Wiederaufbau der Synagoge von Ben Ezra im elften Jahrhundert zurückgehen. Siehe Simon Hopkins, «The Oldest Dated Document in the Geniza», in: *Studies in Judaism and Islam*, hrsg. von Shelomo Morag u. a., Jerusalem 1981.

S. 54 ... aus irgendeinem Grund... wurde sie nie geleert: Neuere Forschungen von Mark R. Cohen und Yedida K. Stillman deuten darauf hin, daß die Praxis, Manuskripte in einer Kammer innerhalb einer Synagoge zu deponieren und sie dort dauerhaft zu lagern, unter den Juden des Nahen Ostens bis in dieses Jahrhundert hinein weitverbreitet war. Siehe ihren Artikel «The Cairo Geniza and the Custom of Geniza among Oriental Jewry: An Historical and Ethnographic Study», in: *Pe'amin*, 24, 1985.

S. 54 Das vermutlich letzte... Dokument: Siehe S. D. Goitein, *A Mediterranean Society*, a. a. O., Bd. 1, S. 9.

S. 77 Gegen Ende des siebzehnten Jahrhunderts: Siehe Erik Iversen, *The Myth of Egypt and its Hieroglyphs in European Tradition*, Kopenhagen 1961, S. 88–123.

S. 77 ... unternahmen... Reisende Entdeckungsfahrten: Vgl. ebd., S. 108 bis 110.

S. 78 ... als in Europa der erste Bericht über die Genisa veröffentlicht wurde: Der italienische Reisende Obadiah von Be(a)artinoro hatte 1488 die Synagoge von Ben Ezra in einem Brief an seinen Vater beschrieben, doch wird die Genisa in seiner Schilderung nicht erwähnt. (Vgl. Simon Hopkins, «The Discovery of the Cairo Geniza», in: *Bibliophilia Africana IV*, hrsg. von C. Pama, Kapstadt 1981, S. 144ff.)

S. 78 Der Besuch erbrachte... nichts Bemerkenswertes: Vgl. Norman Bentwich, *Solomon Schechter; A Biography*, Cambridge 1938, S. 139, und Simon Hopkins, «The Discovery», a. a. O., S. 147.

S. 78 Der erste... Plan zur Eroberung Ägyptens: Siehe Erik Iversen, *The Myth of Egypt*, a. a. O., S. 125.

S. 79 «Wie kann ein Mensch sein Leben... aufs Spiel setzen»: Simon Hopkins, «The Discovery», a. a. O., S. 149.

S. 80 «Aber wer weiß»: Ebd., S. 150.

S. 80 Der deutsche Gelehrte: Paul Kahle, *Die Kairoer Genisa*, Berlin 1962, S. 5.

S. 80 Viele seiner Dokumente hatte er erhalten: Paul Kahle z. B. lernte in Palästina Samariter-Priester kennen, die sich bitter bei ihm darüber beklagten, daß Firkowitsch ihnen gegen lächerlich geringe Summen ihre Manuskripte abgeluchst hatte (ebd., S. 6).

S. 81 «Es geschieht nicht oft»: Elkan N. Adler, «Notes of a Journey to the East», in: *Jewish Chronicle*, 7. Dezember 1888, S. 6.

S. 81 Die Cattaouis: Siehe Gudrun Krämers Darstellung der Geschichte der Cattaouis in *Die Juden in Ägypten 1914–1952*, Wiesbaden 1982, S. 166–189.

S. 81 Zu diesem Zeitpunkt stellten die einheimischen Juden Kairos: Marion Woolfson, *Prophets in Babylon; Jews in the Arab World*, London 1980, S. 102, sowie Gudrun Krämer und Alfred Morabia: «Face à la Modernité: Les Juifs d'Egypte aux XIXe et XXe siècles», in: *Juifs du Nil*, hrsg. von Jacques Hassoun, Paris 1981, S. 84f.

S. 82 Bald darauf wurde der britische Botschafter: The Earl of Cromer, *Modern Egypt*, London 1908, Bd. 1, S. 336–341.

S. 82 Die Cattouis ... Herrenhaus: Elkan N. Adler, «Notes», a. a. O., S. 6.

S. 83 Der Bodleian Library ... zweier Mitarbeiter: Dies waren A. Cowley und A. Neubauer. Sowohl Cowley als auch Neubauer erregte die Entdeckung der Fragmente über die Maßen, und beide wollten dringend mehr davon in die Hand bekommen, doch seltsamerweise scheinen sie auch 1896 noch keine Ahnung gehabt zu haben, woher die Dokumente stammten. Siehe A. Neubauers Artikel «Egyptian Fragments», in: *Jewish Quarterly Review*, Bd. VIII, London 1895–96, S. 541–561, sowie A. Cowleys Artikel «Some Remarks on Samaritan Literature and Religion» in derselben Ausgabe, S. 562–574. Siehe auch Mark R. Cohen, *Jewish Self-Government in Medieval Egypt*, Princeton 1980, S. 11.

S. 84 Er hatte Briefe dabei: E. N. Adler, «An Eleventh Century Introduction to the Hebrew Bible», in: *Jewish Quarterly Review*, Bd. IX, London 1896–97, S. 669–716.

S. 84 Gemeinsam erteilten sie Adler die Erlaubnis: Ebd., S. 673.

S. 85 «Liebe Mrs. Lewis»: Ein Faksimile des Briefes befindet sich in Norman Bentwichs *Solomon Schechter*, a. a. O., S. 111.

S. 85 «Alle jene, die sich mit der Bibel... befassen»: *The Academy*, Nr. 1254, 16. Mai 1896, S. 405.

S. 86 «Wenn bewiesen werden könnte»: S. Schechter, «A Fragment of the Original Text of Ecclesiasticus», in: *Expositor*, Fifth Series, Bd. IV, London 1896, S. 1.

S. 87 Er hielt so wenig von den Ägyptern: A. Lutfi al-Sayyid, *Egypt and Cromer: A Study in Anglo-Egyptian Relations*, London 1968, S. 64.

S. 87 «Wir brauchen nicht allzu genau danach zu fragen»: Zit. nach ebd., S. 62.

S. 87 Schechter hatte das Glück: Siehe z. B. N. Bentwichs Vorwort zu *Solomon Schechter: Selected Writings*, hrsg. von N. Bentwich, Oxford 1946. Bentwich schreibt: «Lord Cromer, damals Repräsentant Großbritanniens in Ägypten, interessierte sich für Schechters Vorhaben und half ihm, den Schatz nach Cambridge zu schaffen» (S. 15).

S. 87 Sie beschlossen ... zum Geschenk zu machen: Siehe S. D. Goitein, *A Mediterranean Society*, a. a. O., Bd. 1, S. 5, sowie Paul Kahle, *Die Kairoer Genisa*, a. a. O., S. 10.

S. 88 Gelegentlich ist behauptet worden: Bentwich z. B. schreibt: «Glücklicherweise betrachtete die jüdische Gemeinde Ägyptens zu jener Zeit ihre Archive als wenig mehr denn einen Abfallhaufen und ließ daher zu, daß er den größten Teil ihrer Sammlung nach Cambridge brachte...» Siehe Vorwort zu *Selected Writings*, a. a. O.

S. 88 ...lukrativer Handel mit Genisa-Schriften: Schechter selbst bemerkte später, die Pedelle der Synagoge hätten «einige Erfahrung» im Umgang mit den Dokumenten gehabt. S. Schechter, «The Cairo Geniza», in: *Selected Writings*, a. a. O., S. 102.

S. 88 «Ich habe ihm... den Hof gemacht»: Bentwich zitiert diese Briefe in seiner Biographie, *Solomon Schechter*, a. a. O., S. 129.

S. 89 «Wochenlang»: Ebd., S. 128.

S. 89 «Die gesamte Bevölkerung»: *Selected Writings*, a. a. O., S. 102 f.

S. 89 «Mit den Schätzen»: E. N. Adler, «An Eleventh Century Introduction», a. a. O., S. 673.

S. 94 Und so geschah es: Meine ersten Erkundigungen in Masr verdankten sehr viel der Begeisterung von Sudhir Vyas. Ich möchte ihm sowie seinem Kollegen Shri A. Gopinathan von der indischen Botschaft für ihre Gastfreundschaft danken. Ebenfalls danken möchte ich Shri K. P. S. Menon und Sm. Lalitha Menon für das Interesse, das sie während ihres Aufenthaltes in Ägypten an meiner Arbeit gezeigt haben, sowie für ihre Unterstützung. Später erwiesen sich Laurent Hams Kenntnisse der Stadt als unschätzbar wertvoll für mich. Ich bin ihm für seine Hilfe und unzähligen Freundlichkeiten zutiefst dankbar.

S. 95 Ich fühlte mich dazu durch einen Artikel ermutigt: Vgl. S. D. Goitein, «Letters and Documents on the India Trade in Medieval Times», in: *Islamic Culture*, Bd. 37, 1963, S. 188–205.

S. 95 Die vollständige Bibliographie: Robert Attal, *A Bibliography of the Writings of Professor Shelomo Dov Goitein*, Jerusalem 1975 (Supplement 1987).

S. 95 Goiteins Interesse an der Genisa: Siehe Mark R. Cohens Nachruf «Shelomo Dov Goitein (3. April 1900–6. Februar 1985)» im *Year Book* 1987 der American Philosophy Society.

S. 96 Seine monumentale Studie: Die fünf Bände von S. D. Goiteins *A Mediterranean Society* wurden in den folgenden Jahren von der University of California Press veröffentlicht: Bd. 1, 1967; Bd. 2, 1971; Bd. 3, 1978; Bd. 4, 1983; Bd. 5, 1988. Der fünfte Band erschien postum.

S. 96 Während ich... Goiteins Werk überflog: Gelegentlich verfaßte Goitein auch biographische Skizzen. Sein postum erschienener Artikel «Portrait of a Medieval India Trader: Three Letters from the Cairo Geniza», in: *Bulletin of the School of Oriental and African Studies*, Bd. 50, 1987, S. 449–64, z. B. befaßt sich mit dem Leben des Händlers Allān b. Hassūn.

S. 96 The India Book: Die Katalognummern der Dokumente aus dem *India Book* wurden in Shaul Shaked, *A Tentative Bibliography of Geniza Documents*, Paris 1964, veröffentlicht, das unter der gemeinsamen Federführung von D. H. Baneth und S. D. Goitein erschien.

S. 97 Das Judäo-Arabische entwickelte sich: Diese knappe Schilderung basiert größtenteils auf dem Vorwort von Joshua Blau, *Judaeo-Arabic*, Oxford 1965, dem Standardwerk zu diesem Thema. Wer mehr über diese außergewöhnliche und wunderbare Sprache erfahren möchte, dem sei Blaus hervorragende Studie wärmstens empfohlen.

S. 100 Mit Mark Cohens Ermutigung: Falls es nicht schon offenkundig ist, in welcher Schuld ich Mark Cohen gegenüber stehe, möchte ich ihm hier noch einmal meinen ausdrücklichen Dank aussprechen. Mark Cohen hat mich davon überzeugt, daß ich tatsächlich Judäo-Arabisch lernen könnte, und seitdem hat er mich großzügig mit konstruktiver Kritik sowie mit Rat und Ermutigung bedacht. Meine Schuld ihm gegenüber ist unermeßlich.

S. 101 Im Verlauf der nächsten Jahre: Ohne die Hilfe zahlreicher Menschen wäre meine Genisa-Forschung nicht möglich gewesen. Zunächst möchte ich Dr. A. Udovitch vom Seminar für Nahost-Studien in Princeton sowie Dr. Stefan C. Reif von der Taylor-Schechter-Genisa-Forschungsgruppe der Universitätsbibliothek Cambridge danken. Mein ganz besonderer Dank gilt Dr. Geoffrey Khan, ebenfalls von der Taylor-Schechter-Genisa-Forschungsgruppe Cambridge – dafür, daß er mich bei meinen ersten unsicheren Schritten auf dem Gebiet der Genisa-Studien begleitet hat, daß er mir seine Sachkenntnis zur Verfügung stellte und daß er bei der Beantwortung meiner zahllosen Fragen Geduld bewies. Dr. Menahem Ben Sasson war mir in den Anfangsstadien meiner Forschung ebenfalls eine große Hilfe, und ich möchte ihm für seinen Rat, für viele wertvolle Vorschläge und für die Überprüfung einiger meiner Transkriptionen danken. Ich brauche kaum hinzuzufügen, daß weder er noch sonst irgend jemand für die Ansichten verantwortlich ist, die hier zum Ausdruck gebracht werden. Schließlich gilt mein Dank auch noch den Mitarbeitern des Handschriftenlesesaals der Universitätsbibliothek Cambridge für ihre Effizienz und unerschöpfliche Hilfsbereitschaft.

Nashāwi

S. 148 Da seine Freunde… von ihm als al-Mahdāwī sprachen: Khalaf Ibn Ishāq z. B. spricht Ben Yiju in seinem Brief aus dem Jahr 1148 mit al-Mahdawī an (National and University Library Jerusalem Geniza MS H.6, in Strauss, «Documents», a. a. O.).

S. 148 Mahdia… ein bedeutendes Zentrum jüdischer Kultur: Siehe H. Z. Hirschberg, *A History of the Jews in North Africa*, Leiden 1974, Bd. i, S. 339–341.

S. 148 «insgesamt bot Mahdia»: Al-Sharīf al-Idrīsī, *Kitāb Nūzha al-mushtāq fi*

Ikhtirāq al-Afāq (Geographie d'Edrisi), hrsg. und übers. von P.A. Jaubert, Paris 1836, Bd. 1, S. 257.

S. 148 Von Ben Yijus nächsten Verwandten: S. D. Goitein glaubte, daß Ben Yiju möglicherweise noch eine zweite Schwester namens Yumn hatte. Vgl. *Letters*, a. a. O., S. 204 ff.

S. 148 Er hieß Perahyā: Das jüdische System der Namengebung in der mittelalterlichen arabischen Welt war ungeheuer komplex, da dabei aus zwei Sprachen, dem Arabischen und dem Hebräischen, geschöpft wurde. Die meisten Menschen hatten mehrere Namen, jeder kontextspezifisch – Tekonyme, Spitznamen (sowohl individuell als auch kollektiv), Titel, die Familiennamen entsprachen, und so weiter. Um die Dinge zu vereinfachen, habe ich versucht, jeder Person, die im Verlauf des Textes erscheint, nur einen Namen zuzuordnen. In der Regel (wenn ein auf Unentschlossenheit basierendes Prinzip als Regel bezeichnet werden kann) habe ich versucht, den Namen zu benutzen, der in den Dokumenten selbst am häufigsten für die betreffende Person verwendet wird. Ich habe im allgemeinen auch versucht, die Namen so zu transkribieren, wie sie in den Dokumenten erscheinen, in der Erwartung, daß diese Schreibweisen annähernd die Lautwerte wiedergeben, mit denen die Namen damals von jenen, die sie benutzten, ausgesprochen wurden. In Fällen jedoch, wo diese Schreibweisen zu sinnlosen oder absurden Resultaten führen, habe ich sie durch die etymologisch passenden hebräischen Entsprechungen ersetzt. So habe ich gewöhnlich das arabische «Farhia» benutzt statt des hebräischen «Perahyā», indem ich mich auf folgende Bemerkung Goiteins verließ: «In der Bibel gibt es keinen solchen hebr. Namen (Perahyā). Dies ist einer der pseudobiblischen Namen, die während der Genisa-Zeit erfunden wurden, und ich vermute, daß das darin enthaltene Verb als das Arab. ‹farah› (Freude in Gott) verstanden wurde, eher als das Hebr. ‹perah› (‹Blume›), das keinen Sinn ergibt» (*Letters*, a. a. O., S. 327). Die Verbindung zwischen dem Namen und dem arabischen Stamm war jenen, die ihn benutzten, offenbar bewußt, da Farhia gewöhnlich mit der Verkleinerungsform Surūr gekoppelt wird, die im Arabischen einen ähnlichen semantischen Wert hat. Dagegen habe ich z. B. «Berākhā» statt «Barkha» benutzt (so wird der Namen von Ben Yiju in seinem Brief geschrieben), da er keine arabische Entsprechung hat. Wer diese Methode als willkürlich oder sonst irgendwie fragwürdig betrachtet, den kann ich nur um Nachsicht bitten, wobei ich gleichzeitig zu bedenken geben möchte, daß bei einem System der Namengebung, das auf die Schaffung einer mehrschichtigen Identität ausgerichtet ist, jegliches Verfahren, einem Namen (oder auch nur einer Schreibweise) den Vorrang zu geben, notgedrungen willkürlich sein muß.

S. 148 ...und er war ein Rabbi: Khalaf Ibn Ishāq sprach Ben Yiju einmal als

Sohn des «R(abbi) Perahyā, Sohn des Yiju» an. S. D. Goitein, *Letters*, a. a. O., S. 192.

S. 149 Madmūn Ibn Bundār: Siehe S. D. Goitein, ebd., S. 177 und 181–182, sowie «From Aden to India: Specimens of the Correspondence of India Traders of the Twelfth Century», in: *Journal of the Economic and Social History of the Orient*, Bd. XXXIII, 1980, S. 45. Bezüglich der Institution des Nadschīd siehe Goiteins Artikel «The Title and the Office of the Nagīd; a Re-examination», in: *Jewish Quarterly Review*, LIII, 1962–63, S. 93–119, sowie «Mediterranean Trade in the Eleventh Century: Some Facts and Problems», in: *Studies in the Economic History of the Middle East*, hrsg. von M. A. Cook, London 1970, S. 61. Das Nadschīdat und die diesbezüglichen interessanten historiographischen Kontroversen werden auch ausführlich in Mark Cohens *Jewish Self-Government in Medieval Egypt*, a. a. O., behandelt.

S. 150 Madmūns früheste... Briefe: T-S 20.130. Meine Annahme, daß dies das erste Schriftstück in Madmūns Korrespondenz mit Ben Yiju ist, basiert auf einer Bemerkung im Text (recto, Zeilen 4–5), aus der sich schließen läßt, daß Ben Yiju erst kurz zuvor in Indien eingetroffen war.

S. 150/151 Nach Ton und Inhalt jener Briefe: Ihre Geschäftsbeziehungen waren nach einem Modell informeller Kooperation strukturiert, das unter den Händlern des Nahen Ostens weit verbreitet war und darin bestand, daß Händler in verschiedenen Ländern einander Dienste erwiesen. Ausführlicheres über das Thema Zusammenarbeit zwischen Händlern findet sich in S. D. Goiteins Artikel «Mediterranean Trade in the Eleventh Century», a. a. O., S. 59. Siehe hierzu auch Abraham L. Udovitch, «Commercial Techniques in Early Medieval Islamic Trade», in: *Islam and the Trade of Asia*, hrsg. von D. S. Richards.

S. 151 Die Briefe sind voller detaillierter Anweisungen: Eine Passage eines Briefes von Madmūn an Ben Yiju in Indien lautet zum Beispiel folgendermaßen: «... hole persönlich alle Briefe an die Leute von Mangalore ab... und gib gut auf sie acht, weil sie Dinge enthalten, die ich dringend benötige... händige jeden an die Person aus, an die er gerichtet ist, persönlich und eigenhändig, um Gottes willen» (T-S N. S. J 1, verso, Zeilen 6–10). Abweichend von den brieflichen Konventionen jener Zeit benutzte Madmūn das Pronomen der zweiten Person Singular, «Inta», eine relativ vertrauliche Form, um Ben Yiju anzureden – ein klarer Hinweis darauf, daß ihr Verhältnis von einer gewissen Asymmetrie gekennzeichnet war.

S. 151 Der andere war Khalaf Ibn Ishāq: Khalaf war ein großartiger Kalligraph und ein eifriger Briefeschreiber. Viele seiner Briefe an verschiedene Partner sind in der Genisa erhalten geblieben. Siehe S. D. Goitein, «Portrait of a Medieval India Trader», a. a. O., S. 453–454.

S. 152 Judah Halevi... der ihm zu Ehren... Gedichte verfaßte: Siehe S. D.

Goiteins Artikel, «The Biography of Rabbi Judah Ha-Levi in the Light of the Cairo Geniza Documents», in: *Essays in Medieval Jewish and Islamic Philosophy*, hrsg. von Arthur Hyman, New York 1977.

S. 152 Abū Saīd Halfon: In einem Brief an Ben Yiju in Mangalore erwähnt Madmūn einen gewissen «Nākhuza Abū Saīd», bei dem es sich um Abū Saīd Halfon handeln könnte (T-S MS Or 1081, J 3, recto, Zeile 3). Obwohl meines Wissens keine von Ben Yiju direkt an Abū Saīd Halfon (oder umgekehrt) gerichteten Briefe erhalten sind, existieren noch mehrere Briefe zwischen anderen aus diesem Kreis (z. B. T-S MS Or. 1080 J 211 und T-S Kasten J 1 fol. 53 [Khalaf an Halfon]). Vgl. Shaul Shaked, *Tentative Bibliography*, a. a. O., S. 47 u. 150.

S. 152 Der zweite große Reisende: Abū-Zikrī Sidschilmāsī und Abū Saīd Halfon waren sogar Partner im Indienhandel, und verschiedene Dokumente, die sich auf ihre gemeinsamen geschäftlichen Transaktionen beziehen, wurden in der Genisa erhalten (z. B. T-S 13 J 22, fol. 33, «Memorandum an Halfon b. Nethanil auf dem Weg nach Indien, von seinem Partner Abū Zikrī», und T-S J 22, «Empfangsurkunde von Abū Zikrī an Halfon b. Nathanil im Zusammenhang mit ihrem Indiengeschäft»; Shaul Shaked, *Tentative Bibliography*, a. a. O., S. 132 u. 160).

S. 152 ...der Hauptvertreter der Kaufleute: Siehe S. D. Goitein, *Letters*, a. a. O., S. 62; «The Beginnings of the Kārim Merchants», in: *Journal of the Economic and Social History of the Orient*, Bd. I, Leiden 1958, S. 176–177, sowie «Bankers Accounts from the Eleventh Century AD», ebd., Bd. IX, Leiden 1966, S. 62–63.

S. 152 ...einem Schiffsbesitzer namens Mahrūs: Siehe T-S 8 J 7, fol. 23, recto, Zeile 3; T-S N. S. J 10, verso 1. Rechnung, Zeile 9; und 2. Rechnung, Zeile 1.

S. 152 So eng war die Verbindung zwischen den dreien: Siehe S. D. Goitein, *Letters*, a. a. O., S. 62–65.

S. 153 In der Zeit... schrieben dort... talentierte hebräische Dichter: Vgl. Yosef Tobi, «Poetry and Society in the Works of Abraham ben Halfon (Yemen, twelfth century)», in: *Biblical and Other Studies in Memory of S. D. Goitein*, hrsg. von Reuben Ahroni, *Hebrew Annual Review*, Bd. IX, Ohio State University, 1985.

S. 154 Händler, die... im Ausland gelebt haben: Siehe z. B. S. D. Goitein, «Abraham Maimonides and his Pietist Circle», in: *Jewish Medieval and Renaissance Studies*, hrsg. von A. Altmann, S. 157.

S. 154 Der zweite Grund... in einem rätselhaften Brief: T-S MS Or. 1080 J 263, verso.

S. 154 Zum Glück enthält das Fragment: Ben Yiju war eindeutig der Empfänger dieses Briefes, weil die Rückseite in einer Handschrift beschrieben ist, die unverwechselbar die seine ist. Professor Goitein nahm die Katalognummer dieses Briefes in Shakeds Katalog der Genisa-Dokumente auf, und er muß seinen Inhalt gekannt haben, denn er beschrieb ihn dort als «den ersten Teil eines Briefes von Madmūn ... aus Aden an Ben Yiju in Indien» (Shaul Shaked, *Tentative Bibliography*, a.a.O., S. 47). Er zitierte ihn jedoch nirgends in seinen Veröffentlichungen über Ben Yiju. Wahrscheinlich war er sich nicht ganz der Bedeutung bewußt, die der Brief für Ben Yijus Lebensgeschichte besitzt.

S. 155 «Betreffs dessen, was er»: T-S MS Or. 1080 J 263, recto, Zeilen 16–22. Die Bedeutung des zweiten Teils des letzten Satzes ist unklar, und meine Interpretation kann bestenfalls als provisorisch gelten. Mit «Gericht» könnte der Rat ausländischer Kaufleute gemeint sein. Vgl. M. N. Pearson, *Merchants and Rulers in Gujarat*, Berkeley 1976, S. 17.

S. 155 «Sein Diener sprach ... bei (dem König) ... vor»: Es ist nicht ganz klar, auf wen sich das bezieht. In Aden herrschten zu dieser Zeit die Zurayiden, eine Dynastie der Ismāīli-Sekte, die nominell mit den Fatimiden in Ägypten verbunden war. Die Daten und Erbfolgen innerhalb der Dynastie sind weitgehend unbekannt, aber anscheinend trug keiner der Zurayiden-Herrscher in dieser Zeit den Namen Saīd. (Vgl. R. Smith, *The Ayyubids and Early Rasulids in the Yemen*, London 1978, Bd. 2, S. 63–67.) Der Name könnte jedoch der volkstümliche Name des damaligen Zurayiden-Herrschers gewesen sein.

S. 156 Das Wort heißt Dhimma: Im islamischen Recht waren die Mitglieder geduldeter religiöser Gruppen als die «Dhimmī» bekannt.

S. 168 Im zwölften Jahrhundert ... ein Ort namens Qūs: Vgl. J.-C. Garcin, «Un centre musulman de la Haute-Egypte médiévale: Qūs», Kairo 1976, sowie W. J. Fischel, «The Spice Trade in Mamluk Egypt», a.a.O., S. 162–164. Der im zwölften Jahrhundert wirkende Geograph al-Idrīsī beschrieb Qūs als eine große Handelsstadt mit vielen Ressourcen; die Luft sei jedoch ungesund gewesen, und wenige Fremde seien von der Unverträglichkeit des Klimas verschont geblieben (*Kitāb*, a.a.O., S. 127).

S. 169 ... «eine Station für den Reisenden»: Dieses Zitat stammt aus R. J. C. Broadhursts Übersetzung des *Rahla* von Abū al-Hasan Ibn Dschubaīr, veröffentlicht als *The Travels of Ibn Jubaīr*, London 1952.

S. 169 Während der nächsten siebzehn Tage: Ibn Dschubaīr brauchte für die Durchquerung nur siebzehn Tage, doch al-Idrīsī behauptet, daß sie gewöhnlich mindestens zwanzig Tage dauerte. *Kitāb*, a.a.O., S. 132.

S. 169 Ibn Dschubaīr bemerkte: R. J. C. Broadhurst, *Travels*, a.a.O., S. 60.

S. 170 Die umliegende Gegend war von einem Stamm bewohnt: Dies war einer der Bedscha-Stämme des Sudans und südlichen Ägyptens, die von mittelalterlichen arabischen Geographen und Reisenden häufig erwähnt werden (z. B. al-Idrīsī, *Kitāb*, a.a.O., S. 133). Siehe auch Paul Wheatleys Artikel «Analecta Sino-Africana Recensa», in: *East Africa and the Orient*, hrsg. von H. Neville Chittick und R. I. Rotberg, New York und London 1975, S. 82.

S. 170 «Die Männer und Frauen»: R. J. C. Broadhurst, *Travels*, a. a. O., S. 66.
S. 170 «Ein Aufenthalt dort»: Ebd., S. 67.
S. 170 «Es ist einer»: Ebd., S. 63. Bezüglich der Seerouten durch das Rote Meer siehe G. R. Tibbetts, «Arab Navigation in the Red Sea», in: *Geographical Journal*, 127, 1961, S. 322–324.
S. 171 Etwa fünfhundert Jahre lang fungierte Aidhāb: Siehe z. B. H. A. R. Gibbs Artikel über Aidhāb in der *Encyclopaedia of Islam* und G. W. Murrays Artikel «Aidhāb», in: *The Geographical Journal*, 68, 1926, S. 235–240.
S. 171 Davon übriggeblieben sind heute: Vgl. J.-C. Garcin, «Jean-Léon l'Africain et Aydab», in: *Annales Islamologiques*, XI, 1972, S. 190.
S. 171 «Der Überbringer dieses Briefes»: T-S N. S. J 1, recto, Zeilen 13–16.
S. 172 Doch die Schrift ... ist klar: Vgl. Shaul Shaked, *Tentative Bibliography*, a. a. O., S. 134.
S. 172 «Scheich Abraham Ibn Yiju versprach»: T-S 13 J 24, fol. 2, recto, Zeilen 9–22 und Ränder.
S. 173 «Betreffend die Angelegenheit mit Scheich Makhlūf»: T-S MS Ov. 1081 J 3, recto, Rand.
S. 219 ...eine rechtlich beglaubigte Übertragungsurkunde: Vgl. S. D. Goitein, *Letters*, a. a. O., S. 202.
S. 219/220 Das zweite ... ist ein grober Entwurf: T-S 12. 458 verso, Zeilen 5–13. Ich möchte Dr. Geoffrey Khan meinen Dank dafür aussprechen, daß er mir die aramäischen Worte in diesem Dokument übersetzt hat.
S. 220 ...«daß das Konkubinat ... gestattet ist»: Al-Idrīsī, *Kitāb*, a. a. O., S. 179.
S. 221 «Danken wir Gott»: Vgl. G. Ferrand, *Voyage du Marchand Arabe Sulayman en Inde et en Chine*, Paris 1922, S. 124.
S. 221 «Öffentliche Frauen sind überall»: «The Travels of Nicoló Conti in the East in the Early Part of the Fifteenth Century», Übersetzung des von Poggio Bracciolini verfaßten Originals von J. Winter Jones, in: *India in the Fifteenth Century; Being a Collection of Narratives of Voyages to India*, hrsg. von R. H. Major, London 1857, S. 23.
S. 221 «Gleich nach dem Mittagsgebet»: «Narrative of the Voyage of Abd-er-Razzak, Ambassador from Shah Rukh, A. H. 845, A. D. 1442»; R. H. Majors Übersetzung der französischen Übertragung aus dem Persischen von M. Quatremère, in: *India in the Fifteenth Century*, hrsg. von R. H. Major, S. 29.
S. 221/222 «Ich habe auch ein Stück Koralle»: T-S N. S. J 1 recto, Zeile 11.
S. 222 Die Verbindung scheint so naheliegend: S. D. Goitein, *Letters*, a. a. O., S. 202.
S. 222 ...den er seinem «Schwager» schuldet: T-S 20.137, verso, Zeile 19 (Rechnung Nr. 2). Das von Ben Yiju benutzte Wort war «Sahrī», Schwager. Es ist bemerkenswert, daß in Ben Yijus Kreis dieser Terminus gewöhnlich im spezifischen Sinne gebraucht wurde, nicht als allgemeine Verwandtschafts-

bezeichnung. Für einen einschlägigen Fall siehe S. D. Goiteins Artikel «The Beginnings of the Kārim Merchants», a. a. O., S. 178.

S. 222 Er verknüpft sie … mit der Volksgruppe der Nāīrs: Das stimmt mit dem überein, was über die soziale Struktur Mangalores in jener Zeit bekannt ist, denn in damaligen Inschriften wird berichtet, daß zu jener Zeit tatsächlich eine Gemeinde von Nāīrs in dieser Gegend lebte. Spätere Reiseberichte legen die Vermutung nahe, daß die Nāīrs jener Gegend besonders enge Beziehungen zu ausländischen Händlern entwickelt hatten. Siehe P. Gururaja Bhatt, *Studies in Tuluva History and Culture*, Manipal, Karnataka 1970, S. 234–235.

S. 223 «Und im ganzen Land»: Benjamin of Tudela, *The Itinerary*, hrsg. von Michael A. Signer, 1983, S. 120–121.

MANGALORE

S. 234 Als Ben Yiju nach Mangalore kam: Siehe Neville Chittick, «East Africa and the Orient: Ports and Trade before the Arrival of the Portuguese», in: *Historical Relations Across the Indian Ocean*, Paris 1980.

S. 234 … die «in einer Ansiedlung … lebten»: Siehe Ibn Battuta, *Travels in Asia and Africa, 1325–1354*, übers. und ausgewählt von H. A. R. Gibb, London 1939, S. 233.

S. 234 «China, Sumatra, Ceylon»: Ebd., S. 234.

S. 235 «Araber, Perser, Gujaraten»: Duarte Barbosa, *A Description of the Coasts of East Africa and Malabar in the Beginning of the Sixteenth Century*, übers. von H. E. J. Stanley, London 1856, S. 202.

S. 235 «(Sie) haben … Ehefrauen»: Ebd., S. 202.

S. 235 «Sie kleiden sich»: «Narrative of the Voyage of Abd-er-Razzak», in: *India in the Fifteenth Century*, hrsg. von R. H. Major, S. 17.

S. 235 … den arabischen Namen «Malabar» gaben: In den Genisa-Dokumenten finden sich unterschiedliche Schreibweisen dieses Namens, Malābār sowie Malībār, manchmal auch Pluralformen wie Malībārāt.

S. 236 Die Sprache von Mangalore: Siehe K. V. Ramesh, *A History of South Kanara*, Dharwar, Karnataka 1970, S. xxiv–xxvi; «Geographical Factors in Tuluva History», in: *Academy Silver Jubilee Lecture*, Manipal, Karnataka 1981, S. 7; *Bhuta Worship: Aspects of a Ritualistic Theatre*, hrsg. von U. P. Upadhyaya & S. P. Upadhyaya, Udupi, Karnataka, 1984, S. 1.; P. Claus, «Mayndala: A Legend and Possession Cult of Tulunād», in: *Asian Folklore Studies*, Bd. 38 : 2,

1979; S. 96; sowie G. R. Krishna, *Caste and Tribes of Fishermen*, Neu-Delhi 1990, S. 103–111.

S. 236 Die Sprache hat der Gegend: Tulu wird von 47 Prozent der Bevölkerung des Distrikts Süd-Kanara gesprochen – der Gegend, die früher als Tulunād bekannt war (*Karnataka State Gazetteer [South Kanara District]*), Bangalore 1973, S. 94.

S. 236 «Alupa»: Der Name dieser Dynastie weist in verschiedenen Inskriptionen auch folgende Schreibweisen auf: Alva, Aluka und Alapa. Vgl. K. V. Ramesh, *A History*, a. a. O., S. 30, sowie P. Gururaja Bhatt, *Studies*, a. a. O., S. 18.

S. 237 ...mehrere Jahrhunderte lang: Ausführliche Darstellungen der Geschichte der Alupas finden sich in: K. V. Ramesh, *History*, a. a. O.; P. Gururaja Bhatt, *Studies*, a. a. O., S. 18–41; sowie B. A. Saletore, «Ancient Karnataka»«, in: *History of Tuluva*, Bd. 1, Poona 1936.

S. 237 ...während der Herrschaft des Königs... Alupendra: Vgl. K. V. Ramesh, *A History*, a. a. O., S. 115. P. Gururaja Bhatt datiert Kavi Alupendras Regierungszeit von 1115 bis 1155. *Studies*, a. a. O., S. 23.

S. 238 Mir war... versichert worden: Ich bin sehr vielen Menschen zu Dank verpflichtet, die mir während meiner Forschungsarbeit in Karnataka mit Rat, Tat und Kritik geholfen haben. Mein besonderer Dank gilt Dr. C. Veeranna, Dr. G. S. Sivarudrappa, Dr. M. N. Srinivas, Sm. Tara N. Chandravarkar und Dr. Vivek Dhareshwar in Bangalore, Dr. Vijaya Dabbe in Mysore und Dr. K. S. Haridas Bhatt, Shri S. A. Krishnaiah, Dr. Alphonsus D'Souza und Sm. L. Lobo-Prabhu in Mangalore. Die verstorbenen Shri K. S. Niranjana und Sm. Anupama Nivanjana haben mir während meines Aufenthalts in Bangalore viel Zeit gewidmet und mich tatkräftig unterstützt. Ich möchte ihnen an dieser Stelle meinen Dank aussprechen.

S. 238 In der übersetzten Fassung des Briefes: S. D. Goitein, *Letters*, a. a. O., S. 191.

S. 239 ...eine allgemeingültige Schreibweise für das Wort: Der arabische Reisende und Geograph Masūdī (zehntes Jahrhundert) zum Beispiel verwendet das Wort «brāhma» und verschiedene verwandte Worte häufig in seinem enzyklopädischen Kompendium *Murūdsch al-Dhahab* (Les Prairies d'or), arabischer Text mit französischer Übersetzung von C. Barbier de Meynard und Pavet de Courteille, Paris 1861, Bd. 1, S. 149, 154 und 157–158. Dem Geographen al-Idrīsī, Ben Yijus Zeitgenossen, war das Wort völlig geläufig, obwohl er nie auch nur in die Nähe des Indischen Ozeans kam. Al-Idrīsī verwendet das Wort oft, aber manchmal auch als Bezeichnung für Brahmane (wie übrigens auch Masūdī).

S. 240 Zu Ben Yijus Zeit war der Sklavenhandel: Ein persischer Chronist aus dem neunten Jahrhundert beschreibt reisende Händler, die «Eunuchen, Sklavinnen (und) Knaben» aus «dem Lande der Franken» mitnahmen und sie in

Indien und China gegen «Moschus, Aloen, Kampher und Zimmt» tauschten. Ibn Khurdādhbih, zitiert nach Reinauds Vorwort zu Abū al-Fidā, *Kitāb Taqwīm al-Buldān* (Géographie d'Aboulfélda), S. 58, arab. Text, hrsg. von M. Reinaud & Baron MacGuckin de Slane, Paris 1860, S. 58. Ein Jahrhundert später bemerkte der Geograph Ibn Hauqāl, daß in den Städten des Ostens regelmäßig mit byzantinischen, slawischen und berberischen Sklaven gehandelt wurde. Vgl. H. Z. Hirschberg, *Jews in North Africa*, a. a. O., S. 252. Edward H. Schafer geht in: *The Golden Peaches of Samarkand*, Berkeley 1963, S. 43–47, kurz auf die Einfuhr ausländischer Sklaven nach China ein.

S. 240 Aus einer vagen Andeutung: In einem seiner Briefe an Ben Yiju bemerkt Madmūn: «Dieses Jahr sind die ‹Händler› (Dschallāb) hier noch nicht aus Zabīd eingetroffen» (T-S 20.130, recto, Zeilen 45–46). Das Wort «Dschallāb» beinhaltet die Assoziation von «Sklavenhändler». Die Passage bezieht sich darauf, daß Ben Yiju auf die Ankunft einer Gruppe von Sklavenhändlern in Mangalore gewartet hatte. Al-Idrīsī erwähnt, daß Zabīd ein Hauptziel abessinischer Sklavenhändler war (*Kitāb*, a. a. O., S. 49).

S. 240 Den Sklaven, die auf den Märkten Ägyptens gehandelt wurden: Siehe S. D. Goitein, «Slaves and Slavegirls in the Cairo Geniza Records», in: *Arabica*, Bd. 9, 1962, S. 1–20, sowie *A Mediterranean Society*, a. a. O., Bd. 1, S. 130–147.

S. 240 Doch der Name des Sklaven: Dr. Geoffrey Khan hat den Namen «Bāmah» auf einem arabischen Papyrus aus dem dritten Jahrhundert gefunden und interpretiert ihn als eine Wiedergabe des koptischen Namens «Pamei/Pame» (persönliche Information). Es ist jedoch äußerst unwahrscheinlich, daß das B–M–H aus MS H.6 den gleichen Namen bezeichnen soll, da es anders geschrieben ist, nicht nur einmal, sondern durchgängig in Ben Yijus gesamter Korrespondenz.

S. 241 ... ein Mann namens Māsaleya Bamma: Siehe *Karnataka Inscriptions*, hrsg. von R. S. Pauchamūkhi, Dharwar, Karnataka 1951, Bd. 2, S. 71–72.

S. 241 ... den Namen eines gewissen Setti Bamma: Ebd., S. 72–73.

S. 242 Im Verlauf der letzten Jahrzehnte: Einer der größten matrilinealen Klans von Tulunād zum Beispiel trägt den Namen «Bommiya-bali». Unter den vielen auf mittelalterlichen Inschriften erwähnten matrilinealen «Balis» gibt es auch einen Bommi-settiya-bali. Siehe P. Gururaja Bhatt, *Studies*, a. a. O., S. 243 und 250–251.

S. 242/243 Wenngleich sie ... getrennt waren: Vgl. P. Claus, «Spirit Possession and Spirit Mediumship from the Perspective of Tulu Oral Traditions», in: *Culture, Medicine & Psychiatry*, 3, 1979, S. 94–129. Das für die Tuluva typische matrilineale Rechtssystem heißt Aliya-santāna-Recht. Nach den Regeln dieses Systems übertragen Männer ihren Immobilienbesitz nicht ihren Kindern, sondern matrilineal den Kindern ihrer Schwester. Es gilt allerdings zu beachten, daß bei den Tuluva, wie bei den meisten als «matrilineal» charakterisierten Gruppen, diese Regeln nur für bestimmte Kategorien von Besitz gelten. P. Claus hat in seinem Artikel «Terminological Aspects of Tulu Kinship: Kin Terms, Kin Sets, and Kin Groups of the Matrilineal Castes», in: *American Studies in the Anthropology of India*, 1981, mit Recht den Nutzen solcher Etiketten wie «matrilineal» und «patrilineal» in Fällen wie diesem angezweifelt (S. 213). Seiner Ansicht nach deuten einige Tuluva-Institutionen auf eine doppelte unilineale Vererbung hin (S. 234). Wenn ich den Terminus «matrilineal» ohne Einschränkung benutzt habe, so geschah dies aus Gründen der Vereinfachung. Die genannten Einschränkungen verstehen sich dabei von selbst.

S. 243 Ebenso wurden ... Bhūtas ... gemeinsam angebetet: Siehe z. B. die folgenden Artikel: Heidrun Brückner, «Bhūta-Worship in Coastal Karnataka: An Oral Tulu Myth and Festival Ritual of Jumadi», in: *Studien zur Indologie und Iranistik* 13/14, Reinbek 1987, S. 18.; P. Claus, «Possession, Protection and Punishment as Attributes of Deities in a South Indian Village», in: *Man in India*, 53, 1973, S. 231–242; sowie Mark Nichter, «The Joga and Maya of Tuluva Buta», S. 140, in: *Eastern Anthropologist*, 30:2.

S. 243 Traditionell spielte beim Bhūta-Kult: Ebd., S. 143.

S. 243 Der Kult war eng mit dem Land verbunden: Ebd., S. 139. Interessant ist auch, daß Tuluva-Brahmanen patrilineales Erbfolgerecht einhalten. Siehe P. Claus, «Terminological Aspects of Tulu Kinship», a. a. O., S. 214.

S. 243 Darin lag ... kein Widerspruch: Siehe Mark Nichters «Joga and Maya», in dem ausführlich auf dieses Phänomen eingegangen wird.

S. 244 Koti und Chennaya: Vgl. G. R. Krishna, *Caste and Tribes*, a. a. O., S. 109.

S. 245 Später erklärte er mir: Ich bin Prof. Viveka Rai zutiefst dankbar für diesen wie für viele andere Hinweise und Vorschläge, für die Zeit und Sachkenntnis, die er mir so vorbehaltlos und großzügig geopfert und zur Verfügung gestellt hat, und für viele andere Gefälligkeiten. Zum Thema Berme siehe H. Brückner, «Bhūta-Worship in Coastal Karnataka», a. a. O., S. 29, sowie P. Claus, «Spirit Possession and Spirit Mediumship», a. a. O., S. 40. Bermeru, oder der Tulu-Brahma, wird stets als eine Figur dargestellt, die auf einem Pferd sitzt und ein Schwert in der Hand hält. Vgl. Tafeln 437–438 in P. Gururaja Bhatt, *Studies*, a. a. O., und U. P. Upadhyaya & S. P. Upadhyaya, *Bhuta Worship*, a. a. O., Tafel 4.

S. 246 Der fragliche Brief: T–S 20.137 recto. Ben Yiju schrieb auf die Rückseite dieses Fragments einige unschätzbare Notizen und Rechnungen.

S. 247 ... ist es sicher wissenswert, daß sich mit diesem Betrag: Diese Summen wurden auf der Basis von E. Ashtors Statistiken berechnet. Vgl. *A Social and Economic History*, a. a. O., S. 200–201. Die Summen für Lamm und Olivenöl orientieren sich an den zu Beginn des elften Jahrhunderts vorherrschenden

Preisen. Es gab jedoch zu verschiedenen Zeiten erhebliche Wertunterschiede zwischen den Maliki-Dinaren von Aden und den Dinaren der Fatimiden. Der Leser sei daher darauf hingewiesen, daß die genannten Summen bestenfalls nur sehr grobe Annäherungswerte darstellen.

S. 247 Wahlweise... drei erwachsene Spanier: Vgl. S. D. Goitein, «Changes in the Middle East (950–1150)», a. a. O., S. 21. Das Lösegeld für eine erwachsene Person aus Spanien betrug damals 33 ⅓ Dinare.

S. 247 was... dem Lohn eines Handwerkers entsprach: E. Ashtor, *A Social and Economic History*, a. a. O., S. 200. Standardlöhne blieben im Verlauf des elften und zwölften Jahrhunderts erstaunlich stabil. Vgl. S. D. Goitein, «Urban Housing in Fatimid Times», a. a. O., S. 9.

S. 247 Aus Madmūns Büchern geht hervor: T-S 20.137, recto, Zeile 36–7; T-S N. S. J 1, recto, Zeile 5–6.

S. 247 ein prachtvolles Herrenhaus in Fustāt: Siehe E. Ashtor, *Histoire des prix et des salaires dans l'Orient médiéval*; Paris 1969, S. 184.

S. 248 Der Überfall: S. D. Goitein, «Two Eye-Witness Reports on an Expedition of the King of Kish (Qais) against Aden», in: *Bulletin of the School of African and Oriental Studies*, XVI / 2, London 1956, S. 247–257.

S. 248 Die Emire von Kish: Vgl. al-Idrīsī, *Kitāb*, a. a. O., S. 59, 153 und 171.

S. 248 ...vermieden es die Piraten, die Aufmerksamkeit... auf sich zu ziehen: Zu den Bemühungen der Sung-Herrscher, der Piraterie in chinesischen Gewässern Herr zu werden, siehe Jung-Pang Los Artikel «Maritime Commerce and its Relation to the Sung Navy», in: *Journal of the Economic and Social History of the Orient*, XI, 3, 1968, S. 57–101. Lo bemerkt: «Die Bekämpfung der Piraterie war nicht lediglich eine Frage von Polizeiaktionen. Neben den skrupellosen Händlern, die mit den Banditen verbündet waren, gab es auch ehrenwerte Händler, die ihre Karriere als Piraten begonnen hatten» (S. 74).

S. 249 ...versuchten jemals, das Meer... unter ihre Kontrolle zu bringen: Der Historiker K. N. Chaudhuri z. B. bemerkt: «Vor Ankunft der Portugiesen im Indischen Ozean im Jahre 1498 hatte es von keiner politischen Macht irgendeinen Versuch gegeben, Kontrolle über die Seewege und den Fernhandel Asiens zu erlangen... Der Indische Ozean insgesamt wie auch seine verschiedenen Meere waren von keinem bestimmten Land oder Reich dominiert.» *Trade and Civilisation in the Indian Ocean*, Cambridge 1985, S. 14.

S. 249 Sīrāf: Sīrāf war im Mittelalter einer der wichtigsten Häfen im Persischen Golf. Siehe ebd., S. 48; sowie Rita Rose Di Meglio, «Arab Trade with Indonesia and the Malay Peninsula from the Eighth to the Sixteenth Century», in: *Islam and the Trade of Asia*, hrsg. von D. S. Richards, S. 106.

S. 249 Rāmisht von Sīrāf: Siehe S. M. Stern, «Rāmisht of Sīrāf, a Merchant Millionaire of the Twelfth Century», in: *Journal of the Royal Asiatic Series*, 1967, S. 10.

S. 249 Rāmishts Handelsimperium: Vgl. S. D. Goitein, *Letters*, a.a.O., S. 193.

S. 250 «So schenkte Gott»: S. D. Goitein, «Two Eye-Witness Reports», a.a.O., S. 256.

S. 251 «Und danach»: T-S 20.137, recto, Zeilen 1–5.

S. 251 Völlig anders als jene: Siehe M. I. Finley, *Ancient Slavery and Modern Ideology*, London 1990, S. 58–62.

S. 251 ... die Sklaverei ... eine Art Karrierechance: S. D. Goitein leitete den Abschnitt über Sklaverei in *A Mediterranean Society*, a.a.O., Bd. 1, S. 130, mit der Bemerkung ein: «Um die wirtschaftliche Rolle und gesellschaftliche Position der Sklaven in der Gesellschaft, wie sie sich in den Dokumenten der Genisa widerspiegelt, zu verstehen, müssen wir uns vollständig von den Vorstellungen lösen, die uns von der Lektüre über das Leben auf amerikanischen Plantagen oder im alten Rom geläufig sind.» In der umfassenden anthropologischen Literatur über das Thema hat man natürlich längst erkannt, daß es beinahe unmöglich ist, zwischen Sklaverei und bestimmten anderen gesellschaftlichen Ständen formal zu unterscheiden. Vgl. Claude Meillasoux, *L'esclavage en Afrique précoloniale*, Paris 1975; sowie Jack Goody, «Slavery in Time and Space», in: *Asian and African Systems of Slavery*, hrsg. von James L. Watson, Berkeley 1980.

S. 252 In der Welt des Mittelalters wurde die Sklaverei: In verschiedenen Sprachen besaßen Worte, die heute mit «Sklave» übersetzt werden, eigentlich die Bedeutung von «Abhängiger». Eine ausführliche Beschäftigung mit der Bedeutung und Etymologie chinesischer Sklavenbezeichnungen findet sich in: E. G. Pulleybank, «The Origins and Nature of Chattel Slavery in China», in: *Journal of the Economic and Social History of the Orient*, Bd. I, 2, Leiden 1958, S. 193–204.

S. 252 In ihrer Dichtung: In seiner Schilderung der Sklaverei im mittelalterlichen Karnataka, *Pagarana mattu itara samprabandhagalu* («Pagarana und andere Forschungspapiere»), Mysore 1984, bezieht M. Chidanandamurthy z. B. ein Großteil seines Materials aus dem Werk von Basavanna und anderen Vachanakara-Dichterheiligen (ich danke Prof. B. A. Viveka Rai dafür, daß er mir die relevanten Teile des Artikels übersetzt hat).

S. 253 Der Judaismus bekam ... die Wirkung des Sufismus zu spüren: Vgl. Paul Fentons Übersetzung von «Obadyāh Maimonides (1228–1265)», in: *Treatise of the Pool*, London 1981, S. 2–3. Fentons Vorwort liefert einen Abriß sufistischer Einflüsse auf den jüdischen Mystizismus.

S. 253 Ägypten war ein besonders guter Nährboden: Siehe z. B. S. D. Goiteins «A Jewish Addict to Sufism in the Time of the Nagid David II Maimonides», in: *Jewish Quarterly Review*, Bd. 44, 1953–54, S. 37–49.

S. 253 ... würdigere Jünger: S. D. Goitein, «Abraham Maimonides and the Pietist Circle», in: *Jewish Medieval and Renaissance Studies*, hrsg. von Alexander Altmann, S. 146.

S. 253 In ihren eigenen Vorstellungen: Siehe Annemarie Schimmel, *Mystische Dimensionen des Islam*, Aalen 1979, S. 159–161.

S. 253 ...die Vorstellung, in Banden gehalten zu werden: Formen des arabischen Wortstamms, der die Vorstellung von «binden, zusammenknüpfen» ausdrückt, r-b-t, finden sich im gesamten sufistischen Diskurs, von den Bruderschaften, die «Rabīta» heißen, zu den Murābit (Marabus) von Marokko und auch in «rabita kurmak», dem türkischen Ausdruck, der das Band zwischen dem Sufi-Scheich und seinen Jüngern bezeichnet. (Siehe Annemarie Schimmel, *Mystische Dimensionen*, a. a. O., S. 264.)

S. 253 «Sklave seines Sklaven»: Ebd. Siehe auch Franz Rosenthal, *The Muslim Concept of Freedom Prior to the Nineteenth Century*, Leiden 1960, S. 93.

S. 255 Bei den Mitgliedern seiner Gemeinde: Dokumente, die sich auf derartige esoterische und magische Kulte beziehen, sowie schützende Talismane usw. sind in großer Zahl in der Genisa erhalten geblieben. Siehe Norman Golb, «Aspects of the Historical Background of Jewish Life in Medieval Egypt», a. a. O., S. 12–16. Der Brauch, Heiligengräber zu besuchen, war in der Gemeinde der Synagoge von Ben Ezra in Fustāt weit verbreitet (siehe z. B. S. D. Goiteins Artikel «The Sexual Mores», a. a. O., S. 58). Zum Gebrauch von Talismanen in jüdischen Gemeinden Nordafrikas in der Neuzeit siehe Yedida Stillman, «The Evil Eye in Morocco», in: *Folklore Research Centre Studies*, hrsg. von Dov Noy und Issachar Ben-Ami, Jerusalem 1970, Bd. 1.

S. 256 ...wurde der Kult... abgetan: P. Gururaja Bhatt z. B. schreibt: «Teufelsanbetung bildete seit Jahrhunderten den Kern des Tuluva-Kults unter Nicht-Brahmanen.» *Studies*, a. a. O., S. 356.

S. 256 Der Platz wurde von einem Pujari gepflegt: Zur Rolle des Pujari im Bhūtaradhana siehe G. R. Krishnas *Caste and Tribes*, a. a. O., S. 175–178.

S. 258 Mit den Jahren... Bommas Rolle: Siehe z. B. S. D. Goitein, *Letters*, a. a. O., S. 191; E. Strauss, «Documents», a. a. O., S. 149 (Zeile 23: «dem Bruder Bomma besonders von mir viele Grüße»); sowie T-S 18 J 4, fol. 18, recto, Zeile 47: «und besondere Grüße an Scheich Bomma».

S. 258 Unter den Dingen, die er mitbrachte: T-S 20.137, recto, Zeilen 46–48, u. T-S N. S. J 1, recto, Zeilen 8–11. Koralle war im Mittelalter ein wichtiges Produkt des muslimischen Westens. Es wurde von den Küsten Spaniens und Nordafrikas bezogen (vgl. Norman Stillman, «The Merchant House of Ibn Awkal», a. a. O., S. 63). Seife war ein weiterer Exportartikel, der vom muslimischen Westen ausgeführt wurde. Stillman schreibt: «Daß sich Seife aus Olivenöl herstellen ließ statt aus übelriechenden Tierfetten, hatten die Araber entdeckt. Die Araber parfümierten oft ihre Seife, und in Europa wurde Seife aus arabischen Ländern als Luxusartikel betrachtet» (ebd., S. 66). Ben Yiju importierte häufig Seife aus Aden nach Mangalore.

S. 259 «Sie tragen nur Binden»: R. H. Major, *India in the Fifteenth Century*,

a. a. O., S. 17. Abd al-Razzāq bemerkt, daß dieser Aufzug «König wie Bettler gemein» war. Siehe Goiteins Abhandlung über die Einstellungen zum Thema Kleidung, wie sie in den Dokumenten der Genisa dargestellt sind (*A Mediterranean Society*, a. a. O., Bd. 4, S. 153–159).

S. 259 ... werden importierte ägyptische Roben ... erwähnt: Diese Gewänder trugen die Bezeichnungen «Fūta» und «Maqta». Siehe z. B. T-S 1080 J 95, recto, Zeilen 8–9; T-S 10 J 9, fol. 24, Zeilen 14–15; T-S 20.137, recto, Zeile 48; sowie T-S 10 J 12, fol. 5, verso, Zeile 9 u. T-S 10 J 9, fol. 24, Zeilen 14–15 (Maqta iskandarānī). Bezüglich der Stoffe, die er als Turbane benutzt haben könnte, siehe T-S 8 J 7, fol. 23, recto, Rand.

S. 259 «Ich habe Euch auch ... geschickt»: T-S 18 J 2, fol. 7, recto, Zeilen 15–18.

S. 259 Im Nahen Osten ... wurde Papier: Zur mittelalterlichen Papierindustrie im Nahen Osten siehe S. D. Goitein, «The Main Industries of the Mediterranean Area as Reflected in the Records of the Cairo Geniza», in: *Journal of the Economic and Social History of the Orient*, IV, 1961, S. 189–193, sowie E. Ashtor, «Levantine Sugar Industry in the Later Middle Ages – An Example of Technological Decline», in: *Israel Oriental Studies*, VII, Tel Aviv 1977, S. 266–273. Zur Rolle des Papiers in der islamischen Kultur des Mittelalters siehe Qazi Ahmadmian Akhtar, «The Art of Waraqat», in: *Islamic Culture*, Jan. 1935, S. 131–145, sowie «Bibliophilism in Medieval Islam», in: *Islamic Culture*, April 1938, S. 155–169. Es gibt natürlich umfassende Literatur über Buchherstellung in der islamischen Welt des Mittelalters. Siehe z. B. T. W. Arnold und A. Grohmann, *The Islamic Book*, Paris 1929.

S. 260 ... «von makelloser Qualität»: T-S K 25.252, verso, Zeilen 14–15.

S. 260 ... daß «niemand etwas Vergleichbares besitzt»: T-S 18 J 2, fol. 7, recto, Zeilen 19–20. Weitere Beispiele in Ben Yijus Korrespondenz, wo auf Papier (Waraq) Bezug genommen wird, finden sich in T-S 8 J 7, 23, verso, Zeile 1 (Waraq masrī); T-S 18 J 4, fol. 18, recto, Zeile 42; T-S Misc. Box 25, fragm. 103, recto, Zeile 48; u. T-S N. S. J 1, recto, Zeile 9.

S. 260 Ein Großteil seiner Küchenutensilien: Die Erwähnungen sind an folgenden Stellen zu finden: Eiserne Bratpfannen (Maqlā hadīd), T-S 20.137, recto, Zeile 47; Gläser (Zadschdschādsch), 20.137, recto, Zeile 45; T-S MS Or. 1081 J 3, recto, Zeile 7; und Seife (Sābūn), T-S 10 J 9, fol. 24, recto, Zeile 16; T-S 8 J 7, fol. 23, recto Rand, und T-S 20.137, recto, Zeile 48.

S. 260 Seine Matten: Matten aus Berbera (Husūr barbarī) werden an folgenden Stellen erwähnt: T-S 18 J 2, fol. 7, recto, Zeile 12, T-S 20.137, recto, Zeile 46; und T-S K 25.252, recto, Zeile 21. Ein «Barūdschī tanfasa» wird in T-S K 25.252, recto, Zeile 23 erwähnt.

S. 260 Seine Freunde schickten ihm oft Rosinen: Zucker («Sukkar» in Ben Yijus Korrespondenz) wird an folgenden Stellen erwähnt: T-S 10 J 12, fol. 5, recto, Zeile 22, T-S 10 J 9, fol. 24, recto, Zeile 16; T-S K 25.252, verso, Zeile 13; T-S 18 J 2, fol. 7, recto, Zeile 22, T-S Misc. Box 25.103, recto, Zeile 43; T-S N. S. J 1, recto, Zeile 9; sowie (Staats- und Universitätsbibliothek Jerusalem) Genisa MS H. 6, Zeile 18 (E. Strauss, «Documents...»). Rosinen (Zabīb): T-S 18 J 5, fol. 1, recto, Zeile 23, T-S N. S. J 1, recto, Zeile 9; T-S K 25.252, verso, Zeile 13, T-S 10 J 9, fol. 24, recto, Zeile 43; T-S 18 J 2, fol. 7, recto, Zeile 22, T-S Misc. Box 25, fragm. 103, recto, Zeile 43; T-S 8 J 7, fol. 23, recto, Rand; sowie (Staats- und Universitätsbibliothek Jerusalem) Genisa MS H.6, Zeile 19 (E. Strauss, «Documents...»).

S. 260 Die verschiedenen Sorten Palmzucker: Als er in Aden einmal keinen Zucker auftreiben konnte, schrieb Khalaf Ibn Ishāq: «Euer Diener hat nach Zucker gesucht, aber dieses Jahr ist keiner zu bekommen», wie um sich für die Entbehrung zu entschuldigen, die er seinem Freund zumutet. T-S 18 J 5, fol. 1, recto, Rand.

S. 260 Wenn es heute seltsam erscheint: Ben Yijus Zuckerimporte werfen ein neues Licht auf die Geschichte dieses Erzeugnisses in Indien. Zuckerrohr ist natürlich in Indien heimisch und wird sogar in den Veden erwähnt. In seinem Artikel «Sugar-Making in Ancient Egypt», in: *Journal of the Economic and Social History of the Orient*, VIII, 1, 1964, S. 57–72, weist Lallanji Gopal darauf hin, daß Herstellungsprozesse für raffinierten Zucker in den Jatakas erwähnt werden und in Indien offenbar schon seit dem Altertum allgemein bekannt waren. Doch die Reisenden, die im späteren Mittelalter die Malabarküste besuchten (wie Marco Polo), sprechen von Zucker, der aus Palmprodukten hergestellt wurde, und nicht von Rohrzucker (S. 68 f). Das bedeutet entweder, daß in Indien Rohrzucker nicht im kommerziellen Maßstab hergestellt wurde, oder daß das Herstellungsverfahren an der Malabarküste ungebräuchlich war. Jedenfalls deutet die Tatsache, daß Ben Yiju Zucker aus dem Nahen Osten importierte, eindeutig darauf hin, daß raffinierter Zucker an der Malabarküste im allgemeinen nicht erhältlich war und wahrscheinlich zu jener Zeit in Indien nicht kommerziell hergestellt wurde. Im sechzehnten Jahrhundert jedoch war in Bengalen Zucker bereits zu einem wichtigen Exportartikel geworden (vgl. Archibald Lewis, «Maritime Skills in the Indian Ocean», in: *Journal of the Economic and Social History of the Orient*, XVI, 2–3, 1973). Das bedeutet, daß Indien in den dazwischenliegenden Jahrhunderten Zuckerherstellungsverfahren in großem Maßstab übernommen hatte – wahrscheinlich aus dem Nahen Osten. Vielleicht ist das der Grund, warum in den Namen bestimmter indischer Zuckerprodukte immer noch nahöstliche Ursprünge anklingen.

S. 260 Im Mittelalter spielte Ägypten: Der Leser sei auf E. Ashtons hervorragenden Artikel «The Levantine Sugar Industry in the Later Middle Ages – An Example of Technological Decline», in: *Israel Oriental Studies*, VII, Tel

Aviv 1977, verwiesen. Siehe auch Norman Stillman, «The Merchant House of Ibn Awkal», a. a. O., S. 47.

S. 261 Als Fischer … von Beschränkungen befreit: Es gilt jedoch zu beachten, daß die Ursprünge und die Art des Verbots von Seereisen für Hindus («das schwarze Wasser überqueren»), um das im neunzehnten Jahrhundert soviel Aufhebens gemacht wurde, äußerst obskur sind. Vieles weist darauf hin, daß die Privilegierung von Beschränkungen für Seereisen unter Hindus eine relativ späte, möglicherweise postkoloniale Entwicklung darstellt. Eine aufschlußreiche Behandlung dieses Themas findet sich in M. N. Pearsons vorzüglichem Artikel «Indian Seafarers in the Sixteenth Century», in: M. N. Pearson, *Coastal Western India, Studies from the Portuguese Records*, Neu-Delhi 1981, S. 132.

S. 262 Bald nach meiner Ankunft in Mangalore: Siehe U. P. Upadhyaya und S. P. Upadhyaya, *Bhuta Worship*, a. a. O., S. 60; B. A. Saletore, *Ancient Karnataka*, a. a. O., S. 461; sowie K. Sanjiva Prabhu, *Special Study Report on Bhuta Cult in South Kanara District*, Mysore 1971, S. 143–144. Die Legenden und Rituale, die mit dem Bobbariya-Bhūta im Zusammenhang stehen, werden in G. R. Krishnas *Caste and Tribes*, a. a. O., S. 180–185, einer detaillierten Studie über die Magavīra-Kaste, in einiger Ausführlichkeit behandelt.

S. 262 … keine Magavīra-Siedlung … Bobbariya-Schrein: U. P. Upadhyaya und S. P. Upadhyaya, *Bhuta Worship*, a. a. O., S. 60.

S. 266 «Mit einem ganzen Tempel»: Allama Prabhu, *Speaking of Siva*, übers. von A. K. Ramanujan, London 1987, S. 153. (Dt. Übertragung vom Übersetzer.)

S. 267 «Der Kā(r)dār: T-S 20.137, verso, 2–4. In diesem Text schreibt Ben Yiju das Wort «Kārdār» fälschlicherweise «Kādār».

S. 267 «Ihr, mein Gebieter»: S. D. Goitein, *Letters*, a. a. O., S. 193. Ich habe die Worte «exkommunizieren» und «Exkommunizierung» durch «entehren» und «Tadel» ersetzt. Die in der Handschrift (T-S 12.320 recto) verwendeten Worte sind zwei Formen des arabischen Stammes «sch-m-t». Dr. Geoffrey Khan hat mich darauf hingewiesen, daß dies nicht der Stamm ist, der in den Genisa-Dokumenten gewöhnlich verwendet wird, um eine Exkommunizierung zu bezeichnen. Das Wort sollte vielmehr als die metathesierte Form von «sh-t-m» (beleidigen, verleumden) gelesen werden, die im maghrebinischen Arabisch verwendet wird. Das Wort würde sich demnach auf irgendeine Form der öffentlichen Bloßstellung oder eine Art «Verbrecheralbum» beziehen (persönliche Information). Prof. Goitein benutzte den Begriff «exkommunizieren» wahrscheinlich deswegen, weil er annahm, daß der Kārdār Jude war. Wie wir noch sehen werden, war dies nicht der Fall.

S. 267 Kārdāl: Das Wort war Yusūf Ibn Abraham vermutlich nicht geläufig, da er es fälschlicherweise «Kārdāl» schrieb.

S. 267 «Was den Verzug... betrifft»: T-S 18 J 4, fol. 18, recto, Zeilen 25–28. Hier ist zu beachten, daß bei Khalaf und seinen Freunden «eine Person an eine Schuld zu erinnern fast einer Beleidigung gleichkam». S. D. Goitein, «Portrait of a Medieval India Trader», a. a. O., S. 452.

S. 268 Er und Yusūf: Eine etwas ausführlichere Version der Affäre um den Kardamon des Kārdār findet sich in meinem Artikel «The Slave of MS H.6», in: *Subaltern Studies*, Bd. III, Neu-Delhi 1992. Ich möchte hier die Gelegenheit ergreifen, der Fakultät des Centre for Studies in Social Sciences, Kalkutta (wo dieses Buch hauptsächlich geschrieben wurde), für ihre Anmerkungen und Kritik zu einer früheren Version dieses Artikels zu danken. Mein Dank gilt auch Professor Asok Sen, Ranabir Samaddar, Tapati Guha Thakurta, Anjan Ghosh, Pradip Bose und Tapti Roy für die vielen anregenden Diskussionen und Streitgespräche. Partha Chatterjee ist seit vielen Jahren eine ständige (wenn auch lakonische) Quelle der Unterstützung und Ermutigung gewesen, und seine Kommentare und Vorschläge zu diesem Manuskript waren von unschätzbarem Wert für mich. Ihm zu danken wäre eine Unverschämtheit.

S. 268 Der Hinweis... findet sich... auf einem winzigen Stück Papier: Der Satz lautet folgendermaßen: «(Bei mir) verbleiben für den Nāīr, des Kārdārs Bruder, 3 Fīlī Dirham-s.» T-S N. S. J 10, verso, Rand.

S. 269 Die Kaufleute aus Gujarat: Vgl. M. N. Pearson, *Merchants and Rulers*, a. a. O., S. 7–12. In Ben Yijus Papieren wird von den Vanias gewöhnlich als einer einzigen Gruppe geredet – den Bāniyān –, aber tatsächlich bestanden sie aus vielen verschiedenen Unterkasten (ebd., S. 26). Zur transozeanischen Verstreuung der Gujarati-Händler im Mittelalter siehe Paul Wheatley, *The Golden Khersonese*, Kuala Lumpur 1961, S. 312. Wheatley zitiert eine Beobachtung von Tomé Pires, dem portugiesischen Chronisten aus dem sechzehnten Jahrhundert, daß von den 4000 ausländischen Händlern, die 1509 in Malakka wohnten, 1000 Gujaratis waren. Siehe auch R. B. Serjeant, *The Portuguese of the South Arabian Coast*, Oxford 1963, S. 10; M. N. Pearson, «Indian Seafarers», a. a. O., S. 132; sowie Archibald Lewis, «Maritime Skills», a. a. O., S. 243 f.

S. 269 Madmūn etwa unterhielt: In einem seiner Briefe an Ben Yiju bat Madmūn diesen, seine Gujarati-Partner über das für das kommende Jahr prognostizierte Preisverhalten bei Pfeffer und Eisen im Nahen Osten zu informieren (T-S 18 J 2, fol. 7, verso, Zeilen 3–6). Siehe auch S. D. Goiteins Artikel «From Aden to India», a. a. O., S. 53.

S. 269 ...fungierte Ben Yiju oft als Kurier: Vgl. T-S N. S. J 1, verso, Zeile 4–10.

S. 269 ...daß Madmūn einmal ein Joint-venture... vorschlug: T-S 18 J 2, fol. 7, verso, Zeile 1–2. Seltsamerweise wird Ishāq «der Bāniyān» genannt. Die Namen der anderen lauten folgendermaßen: Kanābtī und Sūs Sītī. Ich bin Prof. B. A. Viveka Rai für den Hinweis dankbar, daß letzterer auch «Sesu Shetty» sein könnte. Vgl. auch Goitein, «From Aden to India», a. a. O.

S. 270 Desgleichen befanden sich die Schiffe: S. D. Goitein hielt es für möglich, daß sich der Name der mächtigen Karīmī-Händlervereinigung von dem tamilischen Wort «Kāryam» herleitet, das unter anderem «Geschäfte» bedeutet («The Beginnings of the Kārim Merchants», a. a. O., S. 183).

S. 270 Unter den vielen Nākhuzas: Zu «Pattani-Swami» siehe Goitein, *Letters*, a. a. O., S. 188 ff. Madmūn erwähnt einen gewisen NMBRNI als Schiffsbesitzer (T-S 25.252, recto, Zeile 13). Zur Bedeutung des Begriffs «Nākhuza» (der in Ben Yijus Papieren mehrere unterschiedliche Schreibweisen aufweist) siehe M. N. Pearson, «Indian Seafarers», a. a. O., S. 118.

S. 270 «Zwischen ihm und mir»: Goitein, *Letters*, a. a. O., S. 64. Der Brief war an Abū Zikrī Sidschilmāsī gerichtet, der sich in Gujarat befand.

S. 270 Außerdem stand Ben Yiju… in enger Verbindung mit… metallverarbeitenden Handwerkern: Bronzegegenstände und Utensilien, die Ben Yiju an seine Freunde verschickte, werden in den Dokumenten wiederholt erwähnt. Siehe z. B. T-S K 25.252, verso, Zeile 11; T-S Misc. Box 24, fragm. 103, recto, Zeile 34; T-S 18 J 5, fol. 1, Zeile 13; T-S 18 J 2, fol. 7, recto, Zeile 7. Siehe auch S. D. Goitein, *Letters*, a. a. O., S. 192–195.

S. 271 Die Namen dieser Handwerker: Die Namen, Lyārī und LNGY geschrieben, scheinen Varianten des tamilischen brahmanischen Namens «Ayyar» und des Namenelements «Linga» zu sein. In seinen Papieren wird oft auf Einfuhren von Kupfer, Blei und Bronze für die Werkstatt Bezug genommen. Siehe z. B. T-S K 25.252, recto, Zeilen 6 u. 28; sowie T-S 8 J 7, fol. 23, verso, Zeile 6. Siehe auch S. D. Goitein, *Letters*, S. 192–194.

S. 271 Die Mitgliedschaft… bedingte… bindende Übereinkünfte: Die Wirtschaft Ägyptens in der Fatimidenzeit war, um Goiteins Worte zu gebrauchen, größtenteils eine «Papierwirtschaft» – d. h., daß Zahlungen gewöhnlich nicht bar geleistet wurden, sondern durch Schuldverschreibungen, Kreditbriefe und Zahlungsanweisungen. Vgl. S. D. Goitein, «Changes in the Middle East (950–1150)», a. a. O., S. 19; «Bankers Accounts from the Eleventh Century AD», a. a. O., S. 28–68; sowie *A Mediterranean Society*, a. a. O., Bd. 1, S. 241–262. Siehe auch W. J. Fischel, «The Spice Trade in Mamluk Egypt», a. a. O., S. 170; sowie A. L. Udovitch, «Commercial Techniques», a. a. O., S. 53–61. Ben Yijus Papiere und Rechnungen deuten darauf hin, daß diese Papierwirtschaft nicht nur auf Ägypten oder den Nahen Osten beschränkt war. Es gibt mehrere Stellen in Ben Yijus Papieren, wo auf Kreditvereinbarungen zwischen ihm, seinen Freunden in Aden und indischen Händlern Bezug genommen wird.

S. 272 Es liegt nahe… alltägliche Geschäftssprache: Die kulturelle und sprachliche Vielfalt der Anrainer-Regionen des Indischen Ozeans spiegelt sich im Mikrokosmos all seiner großen Häfen wider. Der portugiesische Beobachter Tomé Pires, der Anfang des sechzehnten Jahrhunderts zweieinhalb Jahre in Malakkka verbrachte, berichtete, daß in den Straßen jener Stadt vierundachtzig Sprachen gehört werden konnten – Babel, wie es leibt und lebt! (Vgl. Paul Wheatley, *The Golden Khersonese*, a.a.O., S. 312.) Bei oberflächlicher Betrachtung könnte man aus dieser Zahl schließen, daß die Kommunikation in Malakka zum Stillstand gekommen oder nur noch innerhalb winziger Sprachgemeinden möglich war.

S. 272 Nach dem, was wir... wissen: Siehe Kees Versteegh, *Pidginization and Creolization: The Case of Arabic*, Amsterdam 1984, S. 114; sowie Keith Whinnom, «Lingue France: Historical Problems», *Pidgin and Creole Linguistics*, hrsg. von A. Valdman, Bloomington 1977, S. 296.

S. 272 Der arabische Geograph Masūdī: S. Muhammad Husayn Nainar, *The Knowledge of India Possessed by Arab Geographers down to the 14th. century AD with Special Reference to Southern India*, Madras 1942, S. 96.

S. 273 Ben Yijus Gebrauch: Siehe z. B. Masūdī, *Murūj*, a.a.O., Bd. 1, S. 163, und al-Idrīsī, *Kitāb*, a.a.O., Bd. 1, S. 162–183. Die Namen «Sīn» und China» könnten sich natürlich aus dem Sanskrit und Pakrit herleiten. Siehe den Artikel «The Name China» von Berthold Laufer, in: *T'oung Pao*, II/13, 1912, S. 719–726, sowie Paul Pelliots Artikel «L'Origine du nom de ‹Chine›» in derselben Ausgabe (S. 727–742).

S. 273 Indien... wie die arabischen Geographen sehr wohl wußten: G. Ferrand, *Voyage du Marchand Arabe Sulayman*, a.a.O., S. 48; sowie Masūdī, *Murūj*, a.a.O., Bd. 1, S. 162.

S. 274 ...ein König, der den Titel «Ballahrā» trug: Mehrere arabische Geographen und Reisechronisten des Mittelalters behaupteten, der «Ballahrā» sei Indiens «König der Könige», der erste Herrscher des Landes. So bemerkte Ibn Khurdadhbih im neunten Jahrhundert, «der größte König Indiens ist der Ballahrā oder König der Könige», während einer seiner Zeitgenossen feststellte: «Der Ballahrā ist der edelste unter den Fürsten Indiens. Die Inder erkennen seine Oberhoheit an» (Gabriel Ferrand, *Relations de Voyages et Textes Géographiques, Arabes, Persanes et Turks, Relatifs à l'Extrème-Orient du VIIIe au XVIIIe Siècles*, Paris 1913, Bd. 1, S. 22 und 42). Masūdī schrieb im zehnten Jahrhundert: «Der Mächtigste unter den Königen Indiens ist der Ballahrā, Gebieter über die Stadt Mankīr. Die meisten indischen Häuptlinge wenden sich ihm zu, wenn sie ihre Gebete sprechen» (*Murūj*, a.a.O., Bd. 1, S. 177). Al-Idrīsī bestätigte einige Jahrhunderte später diese Aussagen mit dem ganzen Gewicht seiner Autorität. Siehe *Kitāb*, a.a.O., S. 47; G. Ferrand, *Relations*, a.a.O., S. 196, und André Miquel, *La Géographie humaine du Monde Musulman jusqu'au milieu du 11e siècle*, Paris 1975, Bd. 2, S. 84.

S. 274 Ein angesehener Arabist: S. M. H. Nainar, *The Knowledge of India*, a. a. O., S. 138–140.

S. 274 ...kleine Königreiche und Fürstentümer: Wie Ibn Battūta es ausdrückte: «Am (Malabar) gibt es zwölf ungläubige Sultane, einige stark, mit Heeren von fünfzigtausend Mann, und andere schwach, mit Heeren von dreitausend. Doch es herrscht keinerlei Zwietracht unter ihnen, und der Starke begehrt nicht danach, sich der Besitztümer des Schwachen zu bemächtigen» (*Travels*, a. a. O., S. 232).

S. 275 Der Ort... Jurbattan: S. M. H. Nainar, *The Knowledge of India*, a. a. O., S. 41.

S. 276 «Budfattan»: Ebd., S. 29–30. Die Stadt ist auch unter dem Namen Valarapattanam bekannt.

S. 276 Für den Großteil dieser Strecke: Ibn Battūta, *Travels*, a. a. O., S. 232.

S. 277 Das «Dahfattan» seiner Korrespondenz liegt: S. M. H. Nainar, *The Knowledge of India*, a. a. O., S. 32. Die Stadt ist auch unter dem Namen Dharmapattanam bekannt.

S. 277 Ein Stück weiter unten an der Küste: Ebd., S. 35.

S. 277/278 Cabral übergab... einen Brief: Vgl. K. N. Chaudhuri, *Trade and Civilization*, a. a. O., S. 68.

S. 278 Die portugiesische Flotte segelte wieder davon: Vgl. R. S. Whiteway, *The Rise of Portuguese Power*, a. a. O., S. 86–87.

S. 278 Etwa ein Jahr später kehrte Vasco da Gama... zurück: Vgl. George D. Winius, «From Discovery to Conquest», in: B. W. Diffie und G. D. Winius, *Foundations of the Portuguese Empire, 1415–1580*, Minneapolis 1977, S. 224.

S. 279 «Die Heiden (von Gujarat)»: Zitiert von M. N. Pearson, in «Indian Seafarers», a. a. O., S. 121.

S. 279 ...«zwischen Widerstand und Unterwerfung»: M. N. Pearson, *Merchants and Rulers*, a. a. O., S. 69. Siehe auch C. R. Boxer, *The Portuguese Seaborne Empire, 1415–1825*, New York 1969, S. 46.

S. 279 Was die Portugiesen anging: 1595 ging Philipp II. von Spanien noch einen Schritt weiter und «verfügte, daß kein nichtchristlicher Bewohner Westindiens direkt noch durch einen Mittelsmann mit anderen Orten als jenen an der westindischen Küste Handel treiben dürfe». M. N. Pearson, *Merchants and Rulers*, a. a. O., S. 53.

S. 279 Im Jahre 1509: Siehe M. N. Pearson, *Merchants and Rulers*, a. a. O., S. 31; George D. Winius, *Foundations of the Portuguese Empire*, a. a. O., S. 240; sowie S. A. I. Tirmizi, «Portuguese Problems under the Muzaffarids», in: *Some Aspects of Medieval Gujarat*, Delhi 1968.

*R*ÜCKKEHR

S. 291 Berichte aus Ifrīqiya: H. Wieruszowski, «The Norman Kingdom», a. a. O., S. 22.

S. 291 «Scheich Abū Ishāq»: T-S 18 J 4, fol. 18, recto, Zeilen 33–35.

S. 291 «Was Nachricht... betrifft»: T-S Misc. Box 25, fragm. 103, recto, Zeilen 27–29.

S. 292 «Mein Gebieter (Ben Yiju)»: T-S 13 J 7, fol. 27, recto, Zeilen 15–18. Insgesamt beziehen sich fünf Briefe von Ben Yiju, drei von Khalaf Ibn Ishāq und zwei von Yūsuf Ibn Abraham auf Ben Yijus Bruder Mubashshir. Diese Briefe scheinen innerhalb eines relativ kurzen Zeitraums geschrieben worden zu sein. Der letzte dieser Reihe ist wahrscheinlich der Brief aus MS H.6 (von Khalaf Ibn Ishāq), den Strauss auf das Jahr 1148 datierte. Ein weiterer Brief von Khalaf (T-S Misc. Box 24, fragm. 103) wurde von S. D. Goitein auf das Jahr 1147 datiert (vgl. S. Shaked, *Tentative Bibliography*, a. a. O., S. 147). Da Mubashshirs Aufenthalt in Ägypten vermutlich nicht von längerer Dauer war, ist es wahrscheinlich, daß die anderen in den Jahren unmittelbar vor 1147 geschrieben wurden. Die fünf Briefe sind: T-S 12.235 (von Yūsuf Ibn Abraham); T-S 13 J 7, fol. 27 (von Yūsuf Ibn Abraham); T-S 18 J 4, fol. 18 (von Khalaf Ibn Ishāq); T-S Misc. Box, fragm. 103 (von Khalaf Ibn Ishāq); MS H.6, E. Strauss, «Documents», a. a. O. (von Khalaf Ibn Ishāq).

S. 292 «Was die Neuigkeit... betrifft»: T-S 13 J 7, fol. 27, recto, Zeilen 18–19.

S. 292 Seuchen und Hungersnöte: Vgl. H. Wieruszowski, «The Norman Kingdom», a. a. O., S. 23.

S. 292 Im westlichen Europa: Vgl. Virginia G. Berry, «The Second Crusade», in: K. M. Setton (Hrsg.) *A History of the Crusades*, a. a. O., Bd. 1, S. 463–512.

S. 292 «Sehet, der Tag der Abrechnung»: *The Jews and the Crusaders (The Hebrew Chronicles of the First and Second Crusades)*, übers. und hrsg. von Shlomo Eidelberg, Madison 1977, S. 123.

S. 293 Sie hatten Glück gehabt: H. Z. Hirschberg, *History of the Jews in North Africa*, a. a. O., S. 128, sowie «The Almohade Persecutions and the India Trade», in: *Yitzhak F. Baer Jubilee Volume*, hrsg. von S. W. Baeon u. a., Jerusalem 1960.

S. 293 Der Brief... von Abū Zikrīs... Sohn: Vgl. ebd. In diesem Brief findet sich ein erstaunlicher Wortgebrauch: Der Schreiber verwendet das arabische Wort «Fatah» (Sieg, wörtl. «Öffnung»), das den Sinn von «befreit» hat, um die Einnahme Tlemcens durch die Almohaden zu beschreiben – ein Ereignis, das er eindeutig als Katastrophe betrachtet. Dies ist ein bemerkenswertes Beispiel für die Paradoxien, die das Judäo-Arabisch gelegentlich seinen Benutzern auferlegt (Zeile 41, S. 142).

S. 293 Einige Jahre vorher: Vgl. S. D. Gotein, *Letters*, a. a. O., S. 62–65.

S. 293 Bei dieser Gelegenheit hatte Ben Yiju: Der Nākhuza Mahrus fungierte oft als Kurier für Ben Yiju und seine Freunde und wird mehrmals in ihren Briefen erwähnt (vgl. T-S 8 J 7, fol. 23, recto, Zeile 3; T-S N. S. J 10, verso, 1. Rechnung, Zeile 9, 2. Rechnung, Zeile 1. Siehe auch S. D. Goitein, *Letters*, a. a. O., S. 62–65. Goitein bemerkt dort, daß Mahrus' Schwester mit Judah b. Joseph ha-Kohen [Abū Zikrī Sidschilmāsī] verheiratet war).

S. 293 «Ich befragte (einige Leute)»: Vgl. E. Strauss, «Documents», a. a. O., S. 149 (Zeilen 10–14, MS H.6).

S. 294 «Jedes Jahr sprecht Ihr davon»: Vgl. ebd. (Zeilen 23–24, MS H.6).

S. 294 «Ich weiß nicht»: Die Katalognummer dieses Dokuments lautet T-S 10 J 10, fol. 15. Der Brief wurde zuerst 1942 von J. Braslawsky transkribiert und veröffentlicht (in *Zion*, 7, S. 135–139). Goitein veröffentlichte 1973 ebenfalls eine englische Übersetzung davon (*Letters*, a. a. O., S. 201–206).

S. 295 «(Daher) bitte ich Euch»: Ich habe das Wort «Bruder» hier in den Plural gesetzt, um den impliziten Sinn der Passage zu erhalten.

S. 296 «Ich wollte fragen»: Bod. Lib. Ox. MS Hebr., d 66, fol. 139, recto, Zeilen 6–12.

S. 305 Das Mißgeschick... war so groß: Die Chronologie dieses Abschnitts von Ben Yijus Leben läßt sich schwer rekonstruieren. Das Dokument T-S 12.337 scheint drei Jahre nach T-S 10 J 10, fol. 15 geschrieben worden zu sein, das Goitein auf den 11. September 1149 datierte (*Letters*, a. a. O., S. 201). Dies, sowie die Reihe von Dokumenten und Ereignissen, die darauf folgen, läßt darauf schließen, daß T-S 12.337 1152 oder 1153 geschrieben wurde.

S. 305 «Ich schrieb Dir... einen Brief»: T-S 12.337, recto, Zeilen 4–6.

S. 305 «Ich tat, was in meiner Macht stand»: T-S 12.337, recto, Zeilen 6–8.

S. 305 «Was Mubashshir betrifft»: T-S 12.337, recto, Rand.

S. 306 ...den fröhlichen Namen Surūr: «Surūr» war natürlich die Verkleinerungsform von Farhia (Perahyā), und beide Namen leiten sich von Stämmen her, die die Konnotation von «Fröhlichkeit» haben (vgl. Goitein, *Letters*, a. a. O., S. 327 ff.). Farhia war auch der Name von Ben Yijus Vater, weswegen sowohl er wie sein Bruder Yūsuf ihre erstgeborenen Söhne Farhia (Surūr) nannten. Ben Yiju wurde sogar manchmal mit dem Tekonym «Abū Surūr» oder «Vater von Surūr» angeredet.

S. 306 ...«zwei Kinder wie Zweige»: T-S 12.337, recto, Zeile 13.

S. 306 «Und das ältere»: T-S 12.337, recto, Zeilen 14–16.

S. 306 Zū Dschibla: G. R. Smith, *Ayyūbids and Early Rasūlids*, a. a. O., S. 66.

S. 307 «Den Sklaven... erreichte die Nachricht»: T-S 10 J 13, fol. 6, Zeilen 13–17. Der zweite Teil des Zitats (Zeilen 14–17) ist auf hebräisch. Dr. Geoffrey Khan hat ihn mir freundlicherweise übersetzt. Siehe auch S. Shaked, *Tentative Bibliography*, a. a. O., S. 102.

S. 307 ...ein hebräisches Gedicht: T-S 8 J 16, fol. 23. Vgl. S. Shaked, *Tentative Bibliography*, a. a. O., S. 86.

S. 307 Nach dem zu schließen, was... bekannt ist: Seine Stellung war derart angesehen, daß einer seiner Briefpartner jener Zeit Ausdrücke wie «der gütige Weise», «das Oberhaupt der Gemeinde» und andere solche Ehrenbezeichnungen als Anrede verwendete. Vgl. T-S 10 J 13, fol. 6, Zeilen 5 und 7 (ich danke Dr. Geoffrey Khan für die Übersetzung dieser Ehrenbezeichnungen). Ein Dokument, das Teile von drei von Ben Yiju verfaßten Rechtsinterpretationen enthält, deutet darauf hin, daß er in der Gemeinde irgendeine richterliche Funktion innehatte. Sie wurden auf die Rückseite eines Briefes geschrieben, den Yūsuf Ibn Abraham ihm nach Mangalore geschickt hatte (T-S 10 J 9, fol. 42), doch Goitein war der Meinung, daß die Entwürfe nach Ben Yijus Weggang aus Indien verfaßt wurden, «wahrscheinlich im Jemen». Vgl. S. Shaked, *Tentative Bibliography*, a. a. O., S. 100.

S. 307 ...mit vielen Ängsten verbunden gewesen sein: Der fragliche Brief ist Bod. Lib. Ox. MS Hebr. d 66 (Katalognr. 2878), fol. 61. In den Zeilen 10–15 geht es um die Sicherheit auf den Straßen. Sie wurden offenbar auf eine Anfrage Ben Yijus hin geschrieben. Zu dieser Zeit war der Jemen von Kämpfen zwischen den Mahdiden und den Nadschāhiden zerrissen. Siehe G. R. Smith, *Ayyabids and Early Rasulids*, a. a. O., S. 58.

S. 308 ...solche Eheschließungen waren... üblich: Khalafs Verwandter Madmūn z. B. war mit der Schwester von Abū Zikrī Sidschilmāsī verheiratet, der natürlich ursprünglich aus dem Maghreb stammte. Siehe S. D. Goitein, *Letters*, a. a. O., S. 62.

S. 308 Statt dessen träumte er: Ein knapper Überblick über die Literatur zur Verwandtenheirat im Nahen Osten findet sich in J. M. B. Keysers Artikel «The Middle Eastern Case: Is There a Marriage Rule?», in: *Ethnology*, 13, S. 293–309.

S. 308 «Scheich Khalaf (Ibn Isḥāq)»: T-S 12.337, recto, Zeilen 20–25.

S. 309 «Und wir werden uns... erfreuen»: T-S 12.337, recto, Zeile 19.

S. 309 «Schicke mir Deine Briefe nach Ägypten»: T-S 12.337, recto, Zeilen 30–32.

S. 309 «Sulīmān und Abraham»: T-S 12.337, recto, Zeilen 34 und Rand.

S. 316 Aber dafür gab es andere Entschädigungen: In dieser Zeit, und noch lange danach, orientierten sich die Juden Siziliens in Dingen der Liturgie und Religion nach Nordafrika. Siehe David S. H. Abulafia, «The End of Muslim Sicily», in: *Muslims Under Latin Rule*, hrsg. von James M. Boswell, Princeton 1990.

S. 317 Der junge Surūr: Meine Beschreibung von Surūrs Reise nach Messina basiert auf S. D. Goiteins Übersetzung des Briefes, den er nach Eintreffen in dieser Stadt nach Hause schrieb (*Letters*, a. a. O., S. 327–330).

S. 317 Sulīmān Ibn Satrūn: Wird in Ben Yijus zweitem Brief an Yūsuf erwähnt (T-S 12.337, recto, Zeilen 25–26).

S. 317 ... einer davon der Kurier: In diesem Brief nach Hause schrieb Surūr den Namen offenbar «Ben Sitlūn». Goitein weist in seiner Übersetzung dieses Briefes darauf hin, der Name sei identisch mit Ibn Satrūn, und die fragliche Person sei fast sicher dieselbe, die Ben Yiju in seinem Brief an seinen Bruder Yūsuf erwähnt hatte (T-S 12.337, Zeilen 25–26).

S. 318 Der Brief... war kurz: In dem Brief wird ein gewisser «Abū al-Fakhr al-Amschātī» erwähnt, ein Freund der Familie und Surūrs Verbindung in Fustāt.

S. 318 Doch Surūr hatte noch einen weiteren Grund: T-S 8 J 36, fol. 3, recto, Zeilen 4–6.

S. 318 Ihre Eltern, bereits außer sich: Surūrs Brief an seine Familie ist zwar nicht erhalten, aber dafür der Brief, den ihm sein Bruder Schamwāl zurückschrieb. Seine Katalognummer lautet Bod. Lib. Ox. MS Hebr., b. 11 (Cat. no. 2874), fol. 15. Vgl. S. Shaked, *Tentative Bibliography*, a. a. O., S. 207.

S. 318 «Wir waren von Kummer überwältigt»: Bod. Lib. Ox. MS Hebr., b. 11 (Cat. no. 2874), fol. 15, recto, Zeilen 8–9. Ich möchte Dr. Geoffrey Khan für die Übersetzung des hebräischen Satzes (kursiv) in dieser Passage danken.

S. 319 ... «wohlauf und guter Dinge»: T-S 13 J 20, fol. 7, recto, Zeilen 22–23.

S. 319 Nahrungsmittel waren knapp: Bod. Lib. Ox. MS Hebr., b. 11 (Cat. no. 2874), fol. 15, recto, Zeilen 34–35 und 36–37.

S. 319 «Wenn du (unseren) Vater sähest»: Bod. Lib. Ox. MS Hebr., b. 11 (Cat. no. 2874), fol. 15, Zeilen (recto) 45 – (verso) 4 und (verso) 8–13.

S. 319 «Kehrt schnell... nach Hause zurück»: T-S 16.288, recto, Zeilen 10–11.

S. 319 Die Hochzeit fand tatsächlich statt: S. D. Goitein, *Letters*, a. a. O., S. 202.

S. 319 Sowohl Surūr als auch Mosche: Ebd., S. 186 und 328.

S. 333 Ich fand heraus, daß der Name Abū-Hasīra: Die wichtigste wissenschaftliche Arbeit über den Heiligenkult nordafrikanischer Juden ist die des bekannten israelischen Volkskundlers Issachat Ben-Ami. Siehe z. B. seinen Artikel «Folk Veneration of Saints among Moroccan Jews», in: *Studies in Judaism and Islam*, hrsg. von Shelomo Murag u. a., Jerusalem 1981. Im Verlauf ihrer Feldforschung bei marokkanischen Juden stellten Ben-Ami und seine Mitarbeiter eine Liste von 571 Heiligen zusammen, von denen 21 Frauen waren. Der französische Gelehrte L. Voinot schätzte 1948, daß 45 jüdische Heilige in Marokko von Juden und Moslems gleichermaßen angebetet wurden, während 31 von Juden wie von Moslems als ihre eigenen beansprucht wurden (zitiert von Ben-Ami in ebd., S. 283).

S. 334 Das Grabmal des Rabbi»: Siehe Alex Weingrods Artikel «Saints and Shrines, Politics and Culture: a Morocco-Israel Comparison», in: *Muslim*

Travellers, hrsg. von Dale F. Eickelman und James Piscatori, Berkeley 1990, S. 228; Gudrun Krämer, *Die Juden in Ägypten*, a. a. O., S. 221; Issachar Ben-Ami, «Folk Veneration of Saints», a. a. O., S. 324–328; sowie *Baba Sali, His Life, Piety, Teachings and Miracles*, hrsg. von C. T. Bari, übers. von Leah Doniger, New York 1986.

EPILOG

S. 340 …eine von Ben Yijus vielen Rechnungsaufstellungen: Dropsie 472. Es folgen hier die anderen Genisa-Dokumente, die ich benutzt habe, um Bommas und Ben Yijus Leben zu rekonstruieren. Diese Liste enthält nur jene Dokumente, mit denen ich hauptsächlich oder teilweise aus meinen eigenen, direkt von den Handschriften angefertigten Transkriptionen gearbeitet habe. In den Fällen, wo ich mit veröffentlichten Transkriptionen oder Übersetzungen gearbeitet habe, finden sich die entsprechenden Hinweise in den Anmerkungen. Ich möchte den Verantwortlichen der Universitätsbibliothek Cambridge für die Erlaubnis danken, diese Dokumente verwenden und aus ihnen zitieren zu dürfen. Ebenso möchte ich der Bodleian Library, Oxford, und dem Annenberg Research Centre, Philadelphia, dafür danken, daß ich ihre Genisa-Sammlungen einsehen durfte.

1. T-S 12.235
2. T-S 12.337
3. T-S 16.288
4. T-S 20.130
5. T-S 20.137
6. T-S N.S. J 1
7. T-S N.S. J 5
8. T-S N.S. J 10
9. T-S K 25.252
10. T-S MS Or. 1080 J 95
11. T-S MS Or. 1080 J 263
12. T-S MS Or. 1081 J 3
13. T-S Misc. Box. 25, fragm. 103
14. T-S 6 J 4, fol. 14
15. T-S 8 J 7, fol. 23
16. T-S 8 J 36, fol. 3
17. T-S 10 J 9, fol. 24
18. T-S 10 J 10, fol. 15
19. T-S 10 J 12, fol. 5
20. T-S 10 J 13, fol. 6
21. T-S 13 J 7, fol. 13
22. T-S 13 J 7, fol. 27
23. T-S 13 J 20, fol. 7
24. T-S 13 J 24, fol. 2
25. T-S 18 J 2, fol. 7
26. T-S 18 J 4, fol. 18
27. T-S 18 J 5, fol. 1
28. Bod. Lib. Ox. MS Hebr., b. 11, fol. 15
29. Bod. Lib. Ox. MS Hebr., d. 66, fol. 61
30. Bod. Lib. Ox. MS Hebr., d. 66, fol. 139

113 ein eigenes Dorf schaffen
147 ff Ibn Yijun
167 Flughafentransitshallen
193 f. Vorstellungen der Moderne, Evolutionsmodell
331 Grenzgänger